U0555624

　　本书系北京市哲学社会科学基金重大项目"马克思与怀特海思想的共通性研究"（18ZDA11）结项成果，同时还得到"中央高校基本科研业务费专项资金"（supported by "the Fundamental Research Funds for the Central Universities"）和北京高校中国特色社会主义理论研究协同创新（中国政法大学）的资金支持。

历史、实践与过程：
马克思与怀特海思想的共通性

HISTORY, PRACTICE AND PROCESS:
THE COMMONALITIES BETWEEN THE THOUGHTS OF MARX AND WHITEHEAD

张秀华 ◎ 著

中国政法大学出版社

2024 · 北京

图书在版编目（CIP）数据

历史、实践与过程：马克思与怀特海思想的共通性/张秀华著.

北京: 中国政法大学出版社, 2024. 6. -- ISBN 978-7-5764-1555-1

Ⅰ. B0-0；B561.52

中国国家版本馆 CIP 数据核字第 2024PR0172 号

书　名	历史、实践与过程：马克思与怀特海思想的共通性 LISHI SHIJIAN YU GUOCHENG：MAKESI YU HUAITEHAI SIXIANG DE GONGTONGXING
出版者	中国政法大学出版社
地　址	北京市海淀区西土城路 25 号
邮　箱	bianjishi07public@163.com
网　址	http://www.cuplpress.com (网络实名：中国政法大学出版社)
电　话	010-58908466(第七编辑部) 010-58908334(邮购部)
承　印	固安华明印业有限公司
开　本	720mm×960mm　1/16
印　张	22
字　数	360 千字
版　次	2024 年 6 月第 1 版
印　次	2024 年 6 月第 1 次印刷
定　价	88.00 元

摘　要

　　今天，随着工具理性所支撑的科学主义、技治主义和经济主义的盛行，人与自然的冲突加剧，人类面临前所未有的环境污染、生态恶化、生存困境等现代性"急难"。如何破解时代的难题不仅催生可持续发展和生态文明构建的理念，也推动了走绿色发展道路的实践。可以说，正是现代化、全球化运动及其发展悖论引发理论上的哲学转向与实践上的生态转向，使兼具批判、解构精神气质以及建设性、理想主义于一身的以阿尔弗雷德·诺思·怀特海为奠基者的建设性后现代主义，以马克思为创始人的马克思主义，这两种意识形态在当代产生广泛而深远的影响。在对话文明的新形势下，如何创造性地坚持和发展马克思主义、促进马克思主义中国化时代化，既需要正视国际大环境与中国的现实问题，深刻体察其理论的历史性处境，又要善于吸收、借鉴并有效整合中国传统哲学、西方哲学与马克思主义哲学三种思想资源。在此语境下，为了寻求人与自然、人与人、人与自身关系和解的解放人、解放自然的出路，以现代性批判与拯救实践为理论旨趣的现代思想家——马克思与建设性后现代主义奠基人——怀特海得以聚合。国内与国外学术界无不试图在二者那里发现可资借鉴的理论资源，不仅出现一批着眼于资本主义批判、现代性反思、和谐共生与生态文明建设等不同向度对二者哲学进行比较研究的学术成果，而且产生基于建设性原则以期克服生态灾难和探索资本主义替代方案而将马克思与怀特海思想联结起来的别一种西方马克思主义——有机马克思主义或建设性后现代的马克思主义，也就是凸显有机论与生成论立场、历史与实践视域、过程与辩证思维方式的过程马克思主义。为此，有必要在历史唯物主义立场下通过文本分析与比较研究系统呈现马克思与怀特海思想的共通性之所在。但本书并非面面俱到而是围绕他们思想共通性的主要维度，按照既在殊异中看共通又在共通中辨殊异的原则，着重解决和回答以下几个问题。

首先，基于生态文明的形而上奠基，从自然价值的存在论确认、人与自然内在化的有机关系、现实世界的生成性与理想主义的和谐发展论等方面，阐明马克思与怀特海思想比较研究的必要性。同时，分析他们思想共通性的多维向度，指出把二者的思想加以比较研究的可能性，即从哲学观与哲学范式以及存在论、认识论、方法论和价值论乃至伦理学等几个基本理论进路呈现其共同点和共通性；着眼于视界融合探讨马克思实践过程论、实践生成论与怀特海过程哲学的契合点；洞悉怀特海的过程实在论、过程辩证法对马克思哲学的多维回应；考察马克思与怀特海哲学重建的理论和现实基础；说明马克思实践辩证法与怀特海过程辩证法对黑格尔思辨辩证法的超越。进而，在前提批判意义上给予对马克思与怀特海思想比较研究的合理性与合法性辩护。

其次，指认马克思与怀特海在批判主客二元论和实体论形而上学的基础上都把理论的目光朝向现实世界，建构了具有现当代哲学范式的新唯物主义、新宇宙论。马克思从"现实的人"及其物质生产出发，按照实践的观点和辩证思维方式确立历史唯物主义以及建立在历史唯物主义解释原则之上的现代实践哲学；怀特海则立足"现实实有"这一经验主体的感受活动分析，在有机论、整体论和泛主体论、泛经验论立场下确立起经验—过程实在论的经验形而上学。他们的哲学不仅是感性活动论的，而且还关注主体的精神实践。

再次，阐明马克思与怀特海以他们各自的哲学拯救并改造黑格尔的辩证法，分别建立起唯物辩证法也即历史辩证法、实践辩证法或历史—实践辩证法和过程—关系辩证法。由于他们的辩证法凸显着总体、整体的观点，而凸显总体性辩证法的特征，因此，使二者的哲学不但体现出关系思维的思想方式，还成为内在关系论的哲学。这一结论的得出，主要是通过辩证法思想史上历险的辩证法以及拯救者被拯救、西方马克思主义者对卢卡奇辩证法的重释及其与马克思辩证法的背离、有机总体观的自然辩证法对实践辩证法的确证、总体性辩证法与马克思、怀特海的内在关系论等问题考察完成的。

此外，探究新唯物主义和新宇宙论重建的基础、原则及共同体关涉，也就是分析马克思与怀特海哲学的现代科学基础、马克思与怀特海哲学的新主体性原则、马克思与怀特海的共同体思想。从而指出马克思与怀特海对自然和生命的关切及宇宙情怀，且主要体现在他们哲学的机体思想、生命观、情感论、母性特征中。

在此基础上进一步展示马克思与怀特海立足有机论、整体论和过程论的立场，诉诸主体间性的主体性原则，无论是其存在论、认识论还是价值论都开显着他者之维，让他者始终在场，并在他们的伦理观和正义观中得到进一步表达。只不过马克思基于历史唯物主义解释原则，考察"现实的人"之实践，共时态与历时态地阐释一切"属我关系"：从对象性存在物、社会存在物、社会关系和生产方式的人之解读，到感觉官能、意识能力的历史性生成，再到自我价值的他者确证等，彰显出制度伦理之维与对他者的关注。怀特海则基于泛主体论、泛经验论的解释原则，在其过程—关系的机体哲学下，立足经验主体的"现实实有"或"现实事态"的"合生"，把价值主体、伦理主体拓展到非人类社会；这些经验主体能够自我感受或摄入、自我创造性生成和实现，因其摄入的"两极性"不仅有"从下至上"而且有"从上到下"的因果效验关系。这样，万事万物既有基于生存的独特价值，又成就了依赖他者的宇宙整体，为环境伦理学奠基。

最后，回到马克思与怀特海哲学的源头，运用对比分析，明确马克思与怀特海哲学的理论旨趣在"解释世界"与"改变世界"上的殊异，进一步呈现二者的哲学观和理论特质。

马克思通过对黑格尔精神实体双重化运动的批判性改造，实现从抽象主体的双重化运动向具体主体实践的双重化转变、从单纯精神的提升向人的解放与发展转变、从劳动创造人向劳动解放人和成就人的转变，表明内在尺度与外在尺度、成物与成己以及解释世界与改变世界的辩证统一，人们总是在改变对象世界的过程中改变自身。

不同于马克思，怀特海对莱布尼茨有机宇宙论的回归与超越则旨在重建宇宙论形而上学，他在泛主体论和主体间性的主体性原则下基于实在论形成新有机宇宙论，用经验主体的"现实事态"代替无窗户的"单子"，用"过程思维"代替"实体思维"，用"两极性"摄入活动代替纯精神的"欲求、知觉、表象"；用现实实在的"生成""关系"代替实体的"性质""变化"；用处于过程中诗人般的上帝代替全知全能全善的造物主；用创造性"合生""进化"去实现宇宙文明代替"预定和谐"。

显然，在发掘马克思与怀特海思想共通性以彰显马克思哲学的当代意蕴的同时，还必须正视他们思想的差异性。二者不仅哲学观不同，提问方式与理论旨趣不同，而且研究对象的领域也不同；马克思关注的主体是现实的人，而怀特海把主体拓展到非人类的存在；前者探究社会历史的发展规律与人类文明的构建，强调"改变世界"、不断使现实世界革命化。后者则关切整个宇宙和谐与美的秩序及其如何实现的问题，仍未能彻底逃脱西方哲学"主导问题"的羁绊，重建旨在拯救现象和"解释世界"的有机宇宙论形而上学，其"机体哲学"就是体系化的新有机宇宙论形而上学——以整个宇宙为对象的过程实在论的经验形而上学。从而彰显马克思之于怀特海哲学的实践性、革命性及与时俱进的理论品格。

ABSTRACT

Currently, with the prevalence of scientism, technocracy, and economism supported by instrumental rationality, the conflict between human beings and nature has intensified, and human beings are facing unprecedented pressing difficulties such as environmental pollution, ecological deterioration, and survival difficulties caused by modernity. Seeking ways of solving the problems of the time not only gave birth to the concept of sustainable development and the construction of ecological civilization but also promoted the practice of eco-friendly growth model. It can be said that it was the developmental paradox of the movement of modernization and globalization that triggered the philosophical turn in theory and the ecological turn in practice, enabled the two ideologies, constructive post-modernism that dialectically internalized both critical deconstructive ethos and constructive idealism, which is founded by Alfred North Whitehead, and Marxism named after Karl Marx, to have an extensive and profound influence in the contemporary era. Under the new situation of dialogue civilization, how to creatively uphold and develop Marxism and promote the modernization and Sinicization of Marxism requires not only facing up to the international situation and China's real problems, understanding the historical situation of the theory in depth, but also being good at absorbing and effectively integrating the three ideological resources, traditional Chinese thoughts, West Philosophy and Marxism. In this context, in order to seek a way out of the liberation of humans and nature that reconciles the relationship between human and nature, man and man, and man and self, a modern thinker whose theoretical purpose is to criticize modernity and save the practice, Marx, and the founder of the constructive postmodernism, Whitehead got together. Domestic and foreign academia are all trying to find theoretical resources in the two author's works. Consequently, there are not only a number of comparative studies of the two authors that focused on different dimensions such as the criticism of capitalism, reflection on modernity, harmonious coexistence, and ecological civilization construction, but also another kind of Western Marxism—organic Marxism or constructive postmodernist Marxism—which is born to overcoming ecological catastrophe and exploring alternatives to capitalism based on the constructive principles and the integration of Marx and Whitehead's thoughts. In other words, Western Marxism is a process Marxism that emphasizes the standpoint of organism and generation theory, historical and practical horizons, process and dialectical thinking. For this reason, it is necessary to systematically present the commonality of Marx's and Whitehead's thoughts through text analysis and comparative research from the perspective of historical materialism. However, this work is not exhaustive, but focuses on the main dimensions of the commonality of their thoughts, and focuses on solving and answering the following questions in accordance with the principle of seeing the commonality in the differences and distinguishing the differences in the commonality.

First, this work demonstrates the necessity of the comparative study of Marx and Whitehead's thoughts in terms of the ontological confirmation of the value of nature, the internalized organic relationship between human and nature, the generativity of the real world and the idealistic harmonious development theory which are based on the metaphysical foundation of ecological civilization. Meanwhile, it analyzes the multi-dimension of the commonality of their thoughts and points out the possibility of the comparative study of the two thoughts, that is, reveals their commonalities, find the conjunction of Marx's theory of practical process, practical theory of generation and Whitehead's process philosophy, gains insight into the process realism and the process theory of generation of Whitehead's multidimensional response to Marx's philosophy, examine the theoretical and real basis of a reconstruction of Marx and Whitehead's philosophy, explain the transcendence of Marx's practical dialectics and

Whitehead's process dialectics to Hegel's speculative dialectics, thence generally explains the rationality and legitimacy of comparing Marx's and Whitehead's thoughts in the sense of premise criticism, from several basic theoretical dimensions, such as philosophical conception and paradigm, ontology, epistemology, methodology, theory of value and even ethics.

Secondly, this work points out that Marx and Whitehead, based on criticizing subject−object dualism and metaphysics of substantialism, turned their philosophical views to the real world and constructed a new materialism and a new cosmology with modern and contemporary philosophical paradigms. Starting from the "real individual" and its material production, Marx established historical materialism according to the conception of practice and the dialectical mode of thought, also established modern philosophy of practice that is based on the historical materialist principles of interpretation. Whitehead, based on the analysis of the sensuous activity of the subject of experience, the "actual entity", established the empiricist−process realist metaphysics under the standpoints of organicism, holism, pan−subjectivism and pan−empiricism. Their philosophies are not only theories of sensuous activity but also concerned with the spiritual practice of the subject.

Thirdly, it clarifies Marx and Whitehead's transformation of Hegel's dialectics through their philosophical salvation, and their establishment of materialist dialectics respectively, that is, historical dialectics, practical dialectics, or historical−practical dialectics and process−relational dialectics. Their dialectics highlight the conception of holism and totality and have the characteristics of dialectics of totality. Therefore, the philosophies of the two not only reflect the relational mode of thinking, but also become the philosophies of internal relationship. This conclusion is mainly reached through the exploration of the adventurous dialectics in the history of dialectics, the salvation of the saviour, the reinterpretation of Lukacs' dialectics by Western Marxists and their deviations from Marx's dialectics, the confirmation of practical dialectics by the organic holist dialectics of nature, dialectics of totality, and Marx and Whitehead's theory of internal relationship.

In addition, exploring the basis, principles and community involvement of the reconstruction of neo−materialism and neo−cosmology means analyzing the modern scientific basis of Marx and Whitehead's philosophy, the new principle of subjectivity in Marx and Whitehead's philosophy, and Marx and Whitehead's ideas of the community. Thus, Marx and Whitehead's concern for nature and life, which are embodied in their organicism, concept of life, emotionalism and maternal characteristics.

On this basis, it is further demonstrated that Marx and Whitehead's perspective of organicism, holism and theory of process, as well as the principle of subjectivity resorting to inter-subjectivity. Whether it is their ontology, epistemology, or axiology, they have opened up the dimension of the other, allowing the other to always be present and to be further expressed in terms of their conceptions of ethics and justice. Based on the historical materialist principle of interpretation, Marx examined the practice of "actual human beings" and all "relations with me" in a synchronic and diachronic manner. From the humanist interpretation of object beings, social beings, social relations, and mode of production, to the historical generation of sensory and conscious abilities, and to the confirmation of self-value by the other, it demonstrated institutional ethics and the concern for the other. Based on the interpretive principles of pan-subjectivity and pan-empiricism, Whitehead, under the perspective of his process-relational philosophy of organism, based on the "co-existence" of "actual entity" or "actual occasions" of empirical subjects, expanded the subject of value and ethics to non-human society; these empirical subjects can experience, prehend, creatively become and realize themselves, because the polarity of prehension not only has a bottom-up but also a top-down causal efficacy. In this way, everything has a distinctive value based on existence, accomplished the cosmos totality that relies on the other, and laid the foundation for environmental ethics.

Finally, returning to the source of Marx and Whitehead's philosophy, we can clarify the differences between the theoretical purports of Marx and Whitehead's philosophy in "explaining the world", and "Changing the world", further presenting their philosophical views and theoretical characteristics through comparative analysis.

Through the critical transformation of Hegel's dualization movement of spiritual entities, Marx realized the transformation from the dualized movement of the abstract subject to the dualized practice of the concrete subject, from the enhancement of spirit to the liberation and development of human being, from the creation of human by labour to the liberation and accomplishment of human by labour, illustrated the dialectical unity of internal and external dimensions, for–thing and for–self, explaining the world and changing the world. In a word, human beings always change themselves by the transforming the world as the object world.

Whitehead's return to and transcendence of Leibniz's organic cosmology aim at rebuilding the metaphysics of cosmology. Under the subjectivity principles of pan– subjectivism and inter–subjectivity, he forms a new organic cosmology based on realism, substituting the "actual occasion" for the windowless "monad", process thinking for substantial thinking, bipolar prehension activities for purely spiritual desires, perceptions and representations, real becoming and relation for qualities and changes of substance, poet–like God in process for the almighty Creator, and realization of the civilization of the cosmos by means of creative concrescence for predetermined harmony.

Obviously, while exploring the commonality of Marx and Whitehead's thoughts to stress the contemporary implications of Marx's philosophy, it is also necessary to face up to the differences in their thoughts. The two are not only different in philosophical views but also in modes of questioning and theoretical purposes. The subject that Marx mainly paid attention to is "actual individual" (living person), whereas Whitehead expands the concept of subject to non–human beings; The former deals with the general law of social history development and the construction of human civilization, also emphasizes changing and constantly revolutionizing the world, while the latter is concerned about the cosmos order of harmony and beauty and how to achieve it. Whitehead is unable to completely free from the fetters of the "dominant problem" of western philosophy, but he rebuilds the organic cosmological metaphysics which aims at salvaging the phenomena and interpreting the world. Whitehead's organic philosophy is a new systematic organic cosmological metaphysics—an empirical metaphysics of process realism with the whole cosmos as its object. Thereby, this book emphasizes the practical, revolutionary, and up–to–date character of Marx's theory in contrast to Whitehead's philosophy.

目 录

CONTENTS

引 言

马克思与怀特海的聚合：
前提批判和合法性辩护

　　随着现代科学技术的进步及其在现代工程实践中的运用，科学、技术的社会功能日益凸显，似乎人们已经成了自然的主宰，科学主义、技治主义和经济主义的意识形态使得现代性困境日益加深，环境污染、生态恶化，全球性瘟疫频繁爆发。可以毫不夸张地讲，今天人类面临前所未有的急难，人与自然的冲突迫切需要解决。然而，如何走出困境来破解时代的难题不仅引发理论上的哲学转向、实践上的生态转向，而且催生了可持续发展和生态文明构建的理念，也推动了走绿色发展道路的实践。正是在此语境下，为了寻求解放人、解放自然的人与自然和谐的道路，以现代性批判与拯救为理论旨趣的现代思想家——马克思与建设性后现代主义奠基人——怀特海得以聚合。因为他们的哲学不仅解构传统的实体论形而上学、批判主客二元论思维方式和静态分析的认识论，而且都从黑格尔那里创造性地改造了总体性辩证法，使理论体系融贯性的有机统一转换为有机宇宙论和社会机体论，以处于过程中的"现实的人"和"现实实有"为逻辑起点，在实践观点、历史视域和过程思维下借助主体的感性活动——实践、感受或摄入（有的也译为"包容"），内在地考察人与自然、人与人、人与自身以及主体间性关系，以期超越资本逻辑和暴力逻辑并最终实现人类文明和宇宙文明。所以，我们有必要从拯救现代性的现代思想家马克思和重建现代性的建设性后现代奠基人怀特海那里挖掘可资借鉴的理论资源。事实上，他们的哲学的确具有共通性，并探索摆脱危机的方案与道路，共同构成当今生态文明构建的观念基础，或者说他们的哲学能为生态文明建构的理论与实践提供坚实的形而上基础。这无疑是回答为什么要把马克思与怀特海的思想进行比较研究的关键所在。

一、生态文明的形上奠基——马克思与怀特海思想比较研究的必要性

党的十七大提出建设生态文明，作为中国梦的一个重要组成部分，"美丽中国"的生态文明建设目标第一次被写进政治报告。党的十八届五中全会提出，坚持绿色发展，必须坚持节约资源和保护环境的基本国策，坚持可持续发展，坚定走生产发展、生活富裕、生态良好的文明发展道路，加快建设资源节约型、环境友好型社会，形成人与自然和谐发展现代化建设新格局，推进美丽中国建设，为全球生态安全作出新贡献。党的十九大明确指出：我国社会主要矛盾已经转化为人民日益增长的美好生活需要和不平衡不充分的发展之间的矛盾。这使得新时代建设生态文明这一历史使命变得更为迫切。二十大报告则将中国式现代化的特征之一视为人与自然和谐共生的现代化。梳理有关文献会发现有众多与生态文明有关的关键词，这类关键词关涉目标、原则和手段三个方面。

从生态文明建设的目标（中国梦的组成部分）来看，包括三个层次：一是实现美丽中国（国家层面）；二是环境友好型社会（社会层面）；三是美好生活（个人层面）。

从生态文明建设的原则来看，有四大原则（涉及存在论和辩证思维的维度、隐喻及价值论维度）：一是"两山"理论；二是"两个共同体"思想；三是要人与自然和谐共生；四是要"像对待生命一样对待生态环境"。

从生态文明建设的手段来看，可概括为：（1）绿色发展、可持续发展、人与自然和谐发展的道路（发展模式）；（2）实施五位一体的发展格局（发展战略）；（3）实行最严格的生态环境保护制度、加快建立绿色生产和消费的法律制度和政策导向（制度和政策导向）；（4）提高污染排放标准、强化排污者责任、健全环保信用评价、信息强制性披露、严惩重罚等制度、完成生态保护红线、永久基本农田、城镇开发边界三条控制线划定工作、改革生态环境监管体制等（具体运行机制）。

可见，生态文明构建就是在全球化背景下，在现代化进程中面对现代性发展困境的语境下，在回答人类如何恰当地处理人与自然的关系（关涉人与人的关系、国与国的关系、共同体之间的利益关系的平衡，以及人类共同体、民族国家、社会组织和企业、个人多个层次），怎样实现可持续发展、科学发展的时代性急迫问题的探索中提出来的，试图摆脱发展遇到的困境与危机，

属于发展道路探索与文明走向选择问题，也是面对现代性危机，提出的一种建设性拯救方案。目前对生态文明建设有两种理解理路：一种是历时态的理解，把它看成是在农业文明与工业文明之后未来要达到的文明形态；另一种是共时态的理解，把它看成是与经济、政治、文化、社会相并列的文明之一个向度。我国就是在五位一体的文明建设上确立生态文明地位的。它不同于以往一维发展理念（GDP 评价尺度）、二维发展理念（经济+政治）、三维发展理念（经济+政治+社会）、四维发展理念（经济+政治+社会+文化），而走向五维发展理念（经济+政治+社会+文化+生态，即五位一体以人为本的科学发展观）。无论哪种理解理路都表明，建设生态文明意义重大，是面对工业文明下工具理性盛行所导致的现代性急难而在重新审视发展道路、发展模式上的理性博弈与明智选择。

为了解决好这一涉及全球的战略任务，必须寻求生态文明构建的理论基础。这需要回到马克思主义奠基人马克思那里。因为，在马克思看来，人是自然界的一部分、自然界与人互为对象（存在论：自然存在前提论）；自然界是人的无机身体、是我们的母亲（隐喻，价值论）；自然界是人的审美和理论的对象（认识论）；自然界为人提供生产资料和生活资料（功能论）；人与自然关系从冲突到和解（在唯物史观下的发展论、文明论）。严格来说，马克思是在历史唯物主义的立场上，借助实践的观点、总体性思维和机体理论来审视和看待人与自然关系的，就是着眼有生命的现实的人或"现实的个人"及其历史性活动——劳动、生产等实践所生成的社会历史来考察人与自然关系的。同时，还需要回到与马克思哲学具有共通性的当代西方思想家怀特海、杜威、维特根斯坦和海德格尔等人那里。考虑到怀特海的有机宇宙论和过程哲学或有机哲学更具典型性、代表性，特别是后怀特海的过程思想家们也更关注生态问题并努力寻求可能的替代资本主义工业文明的方案。所以，我们在课题选题上将研究对象聚焦在比较马克思与怀特海思想的共通性上，并集中探讨他们哲学的当代意蕴——为生态文明构建提供了形上基础。

（一）自然价值的存在论确认

马克思与怀特海作为现代哲学家，都不同程度地反思批判近代以来的传统知识论，尤其是主客二分的二元论和意识哲学。因为，在二元论的哲学范式内，人是主体，自然是客体，自然客体是主体的人认识、改造、征服和宰制的对象，以至于使自然丧失了自身的存在论价值和根基。对此，马克思明确指出，人是自然的存在物，有意识的存在物，是受动与能动的统一；在理论上，自然界是人的审美对象、精神食粮，即"植物、动物、石头、空气、光等，一方面作为自然科学的对象，另一方面作为艺术的对象，都是人意识的一部分，是人的精神的无机界，是人必须事先进行加工以便享用和消化的精神食粮"〔1〕；在实践上，自然界为人们提供劳动资料和劳动对象，就其不是人的有机体而言，它是人的无机身体，人是自然界的一部分。这就是说，"自然界是人为了不致于死亡而必须与之持续不断的交互作用过程的、人的身体"。〔2〕在《德意志意识形态》中，马克思进一步确认了自然界的先在性，尽管他是以否定的方式表达的，即先于人存在的那个原生态的自然界对于人来说等于"无"，这个"无"不是说先于我们人类的自然界不存在，而是说它对于我们没有意义。因为"现实的人"就生活在"现实的世界"——人化的自然界和人类社会中。由于这个人化的世界是人们劳动、生产等实践活动的结果，而物质生活资料的生产首先发生的是人与自然的能量变换。而且，马克思在谈论"自然形成的工具"和"文明创造的工具"时，再次确认自然为我们提供生存的劳动资料，以及人的能动的创造。因此，"人创造环境，同样，环境也创造人"。〔3〕就是说，人在与自然的交往中，既改变着自然，又改变着自身。实际上，无论人和人类社会的生存还是发展问题，都与自然密切相关，它关系到人们的认识能力、实践水平、本质力量和生存状态。根本来说，历史的自然与自然的历史是统一的。

所以，在马克思那里，自然和属于自然的现实的人成为其考察社会历史的首要前提，而如何实现人与自然的和解是其理论的落脚点之一。传统意识哲学和思辨哲学包括费尔巴哈的人本学唯物主义的问题就在于，看不到这种现实的人和感性的实践活动，只是抽象地理解人，因为那些抽象的形而上学家们看不到精神生活的现实基础——与自然打交道的物质生活本身。

怀特海的过程哲学则把整个宇宙，包括无机界、有机界、动物界以及人等万事万物，都视为经验主体（Empirical Subject），拥有自身的目的和价值。

---

〔1〕 ［德］马克思：《1844 年经济学哲学手稿》，人民出版社 2014 年版，第 52 页。
〔2〕 ［德］马克思：《1844 年经济学哲学手稿》，人民出版社 2014 年版，第 52 页。
〔3〕 《马克思恩格斯选集》第 1 卷，人民出版社 1995 年版，第 92 页。

任何一个"现实实有"（Actual Reality）或"现实事态"（Actual Occasion）的经验、感受与生成活动，都是在自身内完成的，是作为主体的现实事态自身的有目的、自主的自我摄入、自我创造、自我满足活动。就是说，现实实有或现实事态在其合生、生成新的存在状态时，整个过程总是从主体的目的出发，通过物质性摄入和精神性摄入，既有受制于环境和过去经验的一面，又有自我感受、自主选择、自主决定的自由创造向度，伴随着新颖性的生成最终获得满足，而超越自身原有状态，成为"超体"（Superject）。[1]用怀特海自己的话说，由于"哲学的陷阱是仅仅关注那些易于控制的关系，而忽视那些作为基础的自然的必然性。因此，思想家们拒斥了我们亲密而又模糊的经验，而仅仅对清晰地感觉情有独钟，同时还与作为基础的现实这一神话结合起来。我现在要辩护的是，我们全部经验的构成是出于我们与其他事物的关系，是由于即将出现的事物新的结构关系而形成的。现在迎接过去而建设未来"。[2]就是说，任何现实事态都有其存在的自然的环境，面向未来的生成和创造总是有其现实基础的。

于是，怀特海针对传统哲学在心灵与自然之间设置的鸿沟，再次强调：（1）我们发现自己就生活在自然中。（2）我们应当把心智的活动设想为补足自然之构成的诸多要素的一个。（3）我们应当抛弃自然过程中的"空转轮"的观念，因为每一个在自然过程中浮现出来的要素都起着重要作用，而这些作用只能根据那个要素的个体特征来表达。（4）我们现在的任务是要定义自然事实，以便理解心灵事件在调节自然的接续过程中是如何起作用的。[3]

这样，在存在论意义上，无论是马克思主义哲学还是过程哲学都在它们的创始人那里，确认自然的存在论根基，为生态文明建设提供了理论前提。只是严格来说，马克思哲学是生存论存在论或基于历史唯物主义解释原则的历史生存论，而怀特海的哲学是宇宙论的存在论。

（二）人与自然内在化的有机关系

由于对黑格尔辩证法之总体性、历史性特征的批判性继承，马克思把整

---

[1]　Alfred North Whitehead. *Process and Reality*. The Free Press；A Division of Macmillan Publishing Co.，Inc.，1978.

[2]　［英］阿尔弗莱德·怀特海：《思想方式》，韩东晖、李红译，华夏出版社1999年版，第30-31页。

[3]　［英］阿尔弗莱德·怀特海：《思想方式》，韩东晖、李红译，华夏出版社1999年版，第138页。

个社会看成一个活的有机体，整个自然界和现实世界是对人来说的不断诞生的过程，在具体的、总体的联系和关系下理解、阐释事物，因此马克思哲学是有机论和整体论的。正是立足整体论和有机论及总体性方法，通过实践或历史辩证法，马克思把自然与人的关系给内在化了。在他看来，现实的人之所以不同于动物，就在于人能够根据自身肉体的需要而生产物质的生活资料和生产资料。当然，人们可以根据意识、宗教或者其他特征来区别人和动物，但"一旦人开始生产自己的生活资料，即迈出由他们的肉体组织所决定的这一步的时候，人本身就开始把自己和动物区别开来"。[1]这就必然地发生人与自然的关系，在这种关系中，人表现出受动与能动的统一，既依循他律的自然规律，又有从自身目的和需要出发的自由意志，并且只有按照美的规律来建造，才使"人的生产"与"动物的生产"区别开来，才能更好地寻求人与自然的和解，才能摆脱仅仅满足肉体需要的异化劳动，[2]而随着科学技术、工业所引领的生产力的发展，消除强制人的分工和私有制，在未来的共产主义使自由自觉的劳动成为人的第一需要，现实地解决人与自然、自由与必然的矛盾。

可见，马克思的确把人与自然的关系给内在化了，人就生活在人的世界——现实人的现实世界内在地发生着人与自然的能量变换、人与人的活动互换和人与己的观念转换，一切关系都是属我的关系。作为社会的存在物，人的本质在其现实性上是社会关系的总和。[3]然而，社会关系被归结为生产关系，生产关系最终被归结为生产力——人们改变自然与自然相协调的能力。这样，环境不仅创造人，人也创造环境；自然的历史与历史的自然是统一的，因为与人无关的先在的自然界对于人来说等于"无"；历史是人们的生活过程，内在地包含着人与自然的关系。

在《过程与实在》一书中，怀特海则径直地把自己的哲学叫做"有机哲学"（Philosophy of Organism）[4]以区别机械论，并被称为"过程—关系哲学"[5]。怀特海认为，宇宙是现实实有的有机总体，这些实有不仅在等级上

〔1〕《马克思恩格斯文集》第1卷，人民出版社2009年版，第519页。

〔2〕[德]马克思：《1844年经济学哲学手稿》，人民出版社2014年版，第53页。

〔3〕《马克思恩格斯选集》第1卷，人民出版社1995年版，第56页。

〔4〕Alfred North Whitehead. *Process and Reality*. The Free Press, A Division of Macmillan Publ ishing Co., Inc., 1978.

〔5〕C. Robert Mesle. *Process-Relational Philosophy*: *An Introduction to Alfred North Whitehead*. Templeton Foundation Press, 2008.

有"四等级说"：一是最低层次的非生物集，其相互影响的表达方式主要是形式科学，如数学（表达的形式特征），平均化压倒个体化；二是植物等级，展示了源于各个部分有目的的影响的民主制，有机体的目标在于为其自身协调的个体表达而存在，增添了协调的有机个体性，限制和影响着个体表达；三是动物等级，至少包括一个由复杂的机体功能支撑的核心实存，它展现了纯粹超越生存目的的目标，无论这一目标有多微弱，如道德和宗教就作为人类追求尽善尽美的冲动的体现，在高等动物中存在道德表达，但无宗教；四是社会集合，在该集合的每一等级中，从无生命的物质到人的身体，都存在表达的必要性。单纯物质的平均化表现为普遍的自然律法的统治法则；人的表达与接受才有了人类的表达性活动：如亲密感的、情感的、目标性活动。[1]而且对于宇宙所发生的事件而言还有"六类型说"：第一种类型是身体和心灵的人类存在；第二种是所有种类的动物生命……；第三种是所有植物；第四种是由单细胞构成的生物；第五种是所有大的无机物的聚合体，它们在尺度上与动物体相仿或更大；第六种是在极其微小的尺度上的、由现代物理学的精密分析所揭示出来的显像。在这一一分类基础上，怀特海进一步指出，所有这些活动之间相互影响、相互需求、相互诱导。因此，这些相互联系着的不同等级的群集或事件类型，构成了宇宙整体。[2]

　　在他看来，不断生成的自然界是生成着的现实事态，现实世界就是现实事态的群集，它作为人的现实环境，而作为现实事态的人在其感受和摄入活动中受制于其当下所处的环境以及过去所经验到的环境，人从自身价值和目标出发甚至选择和确定价值目标的过程都受制于自然环境和社会环境，在这个意义上自然环境和社会环境就具有客观性和不可避免性，当然人也能通过自身的创造性生成活动，而改变环境，甚至自觉地"干预历史进程"。[3]这里，人与自然的关系不是可有可无的，而是人的生成过程的物质摄入或物质性感受所必需的，因此，这是一种整体论和有机论立场下的内在关系。

　　怀特海不仅在《科学与近代世界》中讨论了内在关系的本质，而且在《思想方式》中又进一步讨论内在关系。实际上在考察问题时，他总是把任何

---

〔1〕　[英] 阿尔弗莱德·怀特海：《思想方式》，韩东晖、李红译，华夏出版社1999年版，第28页。

〔2〕　Alfred North Whitehead. *Modes of Thought*. New York：The Free Press, 1968：pp. 156-157.

〔3〕　Russell L. Kleinbach. *Marx via Process*. University Press of America, Inc. , 1982.

一个实有和现实事态放到整体与部分、个体与共同体、主体与客体、系统与环境、物质与精神、目的与手段、现实性与超越性等关系中来描述和说明。他在关系中分析现实事态或现实实有的发生、演变、发展与消亡，从而说明现实世界是怎样的，人的思维、思想是何以可能的，以及观念的冒险对社会历史进步和文明的意义。因而，他的过程哲学是名副其实的存在论上的关系论，而其辩证法的阐释原则，使得这些关系必然是内在关系，表现为"任何事物对自身、他者和整体都有价值"。[1]

可见，马克思与怀特海的哲学根本来说就是内在关系的哲学，[2]人与自然的关系也不例外，因而突显了生态文明建设的必要性，否则，随着自然之死，人必死无疑。

(三) 现实世界的生成性

不仅怀特海哲学是过程论的，而且马克思哲学也是过程论的，在二者的哲学中共同拥有实践和历史的视野，使他们的辩证法成为过程辩证法和实践辩证法、历史辩证法，因而必然是生成论的。

在马克思看来，历史就是人们的生活过程，是人们的实践活动在时间中的展开，历史规律只不过是有目的的人的活动规律而已。通过解剖资本主义社会，马克思发现了历史规律，确认社会历史是不断进步发展的过程，并找到社会历史发展的动力、发展机制以及发展形态。他指出：一般而言，人类社会将依次经历人对人的依赖社会——以物的依赖性为基础的人的独立性——共同占有社会财富而实现个人全面发展的人的自由个性。[3]这是历史辩证法，是一个生成过程。因而，人不再有先在的本质，而是通过生产什么和运用什么方式生产来规约人是怎样的人。伴随着人们的实践活动和生活过程，人与属人的世界、现实的世界、人类社会不断生成、发展着自身。

怀特海的过程哲学则把宇宙间万事万物都看成是不断生成着的"现实事态"（Actual Occasion），或者说过程就是现实事态的生成过程。尽管生成受制于环境和主体过去、当下的经验，但主体又是自由选择理想目标，自主决定

---

〔1〕[英] 阿尔弗莱德·怀特海：《思想方式》，韩东晖、李红译，华夏出版社1999年版，第100页。

〔2〕Russell L. Kleinbach. *Marx via Process*. University Press of America, Inc., 1982.

〔3〕马克思：《1857-1858 经济学手稿》，参见《马克思恩格斯全集》第46卷，人民出版社1979年版，第104页。

自为过程，进而实现理想获得满足。因此，他将"实在"（Reality）看成是不同于以往的不变的实体（Substance）与现成的存在，而是变化着、生成着的"现实事态"（Actual Occasion），宇宙并非事实的总和，而是事件或事态的群集，而因着物质与精神的感受或摄入活动，在"合生"过程中不断展开自身、创造新颖性。宇宙中的一类较高级的存在——人也是生成着的现实事态。

对怀特海来说，作为现实实有拥有意识的人的概念感受、命题摄入，制造了新的主体——逻辑主体（Logical Subject），他与现实主体（Actual Subject）相区分。这是由意识的否定性判断和想象力所致。因此，在观念的冒险中制造出意识形态的不同形式：哲学的、宗教的、道德的、艺术的、政治的等。而这些意识形态又成为主体经验反思的对象材料，影响着主体的价值判断的世界观，影响着合生的创造性实践活动。人拥有意识，尤其是人的否定性思维的获得，使人能自觉干预历史进程。这就引出一个新概念，知性的感受（Intellectual Feeling），就是对感受资料进行一般比较，即比较现实实体与命题拥有的逻辑成员，比较"实然"与"应然"，然后做出抉择，既考虑环境、社会遗产，又面向当下的潜在性与未来的可能性，从而参与历史的发生。怀特海通过"思辨的哲学"试图回答知识生产以及意识的选择与创造新颖、干预历史的关系。这里有意识对既有现状的认知问题，涉及主体的理解与阐释。

在某种意义上说，怀特海的哲学也是现实事态生成的现象学和实践解释学。然而，解释最终在于意识自觉参与历史进程，这展现了理论与实践的维度以及二者的关系。在过程视野下，怀特海指认，生成是主体自在自为的过程，是个体与总体的互动过程。因而，文明就是观念的冒险与否定性的活动——反思和能动的实践，这就给出了文明建设的可能性，当然也包括生态文明建设的可能性。如果仅仅停留于他律，就只能像动物一样适应自然界，而不是协调自然界。

这样尽管怀特海的哲学作为自然哲学的机体论，马克思的哲学作为社会实践的能动论，但因为进化论（生命科学）的缘故，特别是对主体创造性的强调，他们又都是生成论的，即二者在过程视野下对生成的指认，并且生成又是主体自在自为的过程，是他律与自律、必然与自由的辩证统一。因而生成论也就是过程辩证法、实践辩证法、历史辩证法。

（四）理想主义的和谐发展论

应该说，马克思与怀特海思想的科学基础都是进化论的，尽管怀特海主要探讨自然、对物理学感兴趣并借助数学的形式化而走向宇宙论，马克思关注社会而研究社会历史哲学，但无疑，马克思和怀特海都是理想主义者，着眼于和谐论、发展论，分别探讨了人类文明和宇宙文明问题。

马克思终其一生都在探讨人类解放何以可能，并依循历史的逻辑，诉诸现实运动，以期消除奴役人的分工和私有制，扬弃资本和异化劳动，最终实现公平公正、促进人和社会的发展，切实达成人与自然、人与人和人与自身关系的和解。这种努力充分体现在其哲学的鲜明理论立场、革命性与批判性实践哲学范式以及"改变世界"的哲学旨趣上。

在怀特海宇宙论的存在论那里，认为宇宙自身有目的，其目标就是成就美，而美就是和谐。作为现象与实在相符合的真理，是促成美的必要条件而不是充分条件，真理的实现变成增进感受美的一个要素，因此，真理关系（Truth-Relation）是实现和谐的直接方式。整体与部分的定性特征通过摄入的主观形式，获得互释，即整体增进对部分的感受，部分增进对整体的感受。这就是感受的和谐，拥有感受的和谐，其客观内容是美的。当现实世界是美的、和谐的时候，才是善的。[1]

因此，马克思与怀特海为马克思主义哲学、过程哲学确立了和谐的价值指向，也为生态文明建设提供了努力目标：实现拥有美的秩序的宇宙和谐，并最终实现人与自然、人与人和人与自身的和谐。总之，根据当代中国发展着的马克思主义——中国化的马克思主义，只有认真挖掘和借鉴上述理论资源，并自觉开展与多种思想的广泛对话，促进不同视野的视界融合，才能更好地推进包括生态文明在内的多维度的文明建设，并根本上自觉进入与工业文明相区分的生态文明的新时代，确保以和谐为指归的科学发展，让人工重返自然，进而诗意地栖居在大地上。

二、共通性的多维向度——马克思与怀特海思想的比较研究之可能性

如果说上文着重回答为什么进行马克思与怀特海思想的比较研究问题，以及该课题研究的意义与合法性问题，那么下文将对如何展开这一比较研究

---

〔1〕 Alfred North Whitehead. *Adventures of Ideas*. New York : The Free Press, 1967 : pp. 265-272.

做出说明。

现代化、全球化运动使兼具批判、解构精神气质以及建设性、理想主义于一身的以怀特海为奠基者的建设性后现代主义，和以马克思为创始人的马克思主义，这两种意识形态在当代产生广泛而深远的影响。在对话文明的新形势下，如何创造性地坚持和发展马克思主义，既需要切实面对中国的现实问题、深刻体察其理论的历史性处境，又要善于吸收、借鉴并有效整合中西马三种思想资源。然而，既有的对马克思与怀特海哲学的比较研究，或立足怀特海过程思想的立场来整合马克思哲学；或限于某个侧面，还未触及问题根本；或囿于其理论立场和视野，而无法澄明二者的真实关系。

这就使得在历史唯物主义及唯物史观立场上，基于形态学和辩证思维方式，依循文本诠释对马克思与怀特海的哲学特质尤其是二者的共通性进行系统的比较研究成为必要。

问题是，这种比较研究的可能性何在？为此，必须呈现二者的共通性、契合点和殊异。

马克思与怀特海作为现当代思想家，都自觉立足自然科学和经验的现实基础、吸收并改造黑格尔具有总体性、有机性、过程性的思辨辩证法，继承其历史主义、整体论、发展论的立场以及反思意识和批判精神，这使他们的思想存在交集并有一定的共通性。在"文明对话"与"对话文明"背景下，当代马克思主义研究者、怀特海的追随者——建设性后现代主义理论家们，不约而同地把视域聚焦到马克思与怀特海的哲学，并对二者进行比较研究。

国外以建设性后现代思想家为核心，围绕对资本主义和现代性的批判，对正义、生态、文明等问题的探讨，以建设性姿态广泛开展与马克思主义的学术对话。其中：

①Anne F. Pomeroy 在《马克思与怀特海：过程、辩证法以及对资本主义的批判》[1]一书中，系统地比较马克思与怀特海思想，把过程哲学作了过程辩证法的解读，把马克思主义哲学作了过程论的阐释。

②L. Kleinbach Russell 在《经由过程的马克思》[2]著作中，基于过程思

---

〔1〕　Anne Fairchild Pomeroy. *Marx and Whitehead：Process，Dialectics，and Critique of Capitalism*. State University of New York Press，2004.

〔2〕　L. Kleinbach Russell. *Marx via Process*. University Press of America，Inc.，1982.

想，详细地考察了马克思哲学，试图把马克思主义理论从"唯物主义"转换到"过程"的范式。

③美国克莱蒙的培泽学院的沙伦·思诺伊斯教授立足怀特海的有机哲学来阐发马克思著作中有关的"共生"思想。她认为，马克思、恩格斯的唯物辩证法理论是欧洲第一个探讨人类与自然共生关系的哲学思想；马克思将自然描述为人类的"无机身体"，也发现人类能够按照"美的规律"创造，这种创造意识被强大的异化劳动所束缚的同时把人类作为一个宇宙之物来塑造；人类这种根据历史规律、自然规律来缔造社会的能力，能够创造具有新现实意识的"新人类"；马克思相信自然社会能够通过其新的组织（共产主义的后期阶段）和超凡技术使人类获得自由、平等且富有创造力。因此这种社会共生性地利用了物质世界，包括人的身体、物质形态，进而改变了人的意识。

④菲利普·克莱顿（Philip Clayton）等著的《有机马克思主义》[1]一书直接声明其理论来源主要是怀特海的过程哲学、经典马克思主义以及中国传统文化，确认马克思与怀特海的哲学具有一致性，并将建设性后现代主义与马克思主义联结创立了旨在克服生态灾难、寻求资本主义替代方案的别一种西方马克思主义，即有机马克思主义、建设性后现代的马克思主义。实际上，也就是凸显有机论与生成论立场、历史与实践视域、过程与辩证思维方式的过程马克思主义。进入21世纪，过程研究中心、中美后现代发展研究院等机构组织举办的怀特海过程哲学研究国际会议、生态文明国际论坛，极大地推动了中外学术交流，直接催生有机马克思主义，这也是近年中美学者特别是当代著名的怀特海主义者——小约翰·柯布（John B. Cobb, Jr.）、大卫·格里芬（David Ray Griffin）、菲利普·克莱顿等广泛同国内学术界深入开展学术对话、中西马思想融合的结果。他们对我国提出建设生态文明的主张极其赞赏，主张中国的传统文化与过程思想相契合，并认为生态文明的希望在中国。柯布把自己看成是"怀特海式的马克思主义者"，他主张马克思主义与怀特海思想是互补的，并撰文《论有机马克思主义》[2]阐发他对有机马克思主义的理解，说明有机马克思主义与马克思主义的关系。他确信"生态文明时代需

---

[1] Philip Clayton, Justin Heinzekehr. *Organic Marxism: An Alternative to Capitalism and Ecological Catastrophe*. Process Century Press, 2014.

[2] [美] B. 柯布：《论有机马克思主义》，载《马克思主义与现实》2015年第1期。

要有机马克思主义"；"与其他国家相比，中国正在努力实践，正在负责任地应对可怕的全球问题"。[1]当菲利普·克莱顿被问及是什么促使他关注生态问题，尤其是从马克思主义视角关注生态问题并创造出"有机马克思主义"的概念时，他回答道：[2]当今人类面临日益严重的生态灾难问题，是促使自己思考和研究的首要原因，而要解决生态灾难问题需要建设性的方案。怀特海哲学、柯布和格里芬等人的建设性后现代思想、中国优秀的传统文化都为深入思考有机马克思主义提供了哲学基础，特别是马克思主义的基本观点和分析方法（包括阶级分析方法），能帮助深切地洞察资本主义和现代性存在的严重弊端。有机马克思主义引入生态的视角而补充和丰富了经典马克思主义，具有六大贡献：有机马克思主义强调富裕国家的过度消费与全球环境危机存在关联；它是后现代的；它是多元的；它包容每一个民族的传统；它是某种形式的过程哲学；它代表着一种生态思维方式。

国内学界自20世纪80年代以来，在大量翻译怀特海及过程思想著作的基础上，有一些文章和著作从不同视角进行了马克思与怀特海的比较研究。例如：

（1）对马克思和怀特海哲学思维方式的比较研究；

（2）对马克思哲学作过程论和生成论的阐发；

（3）对马克思与怀特海的机体思想、他者、精神实践进行比较；

（4）对生态文明哲学根基的追问而使马克思与怀特海聚合；

（5）国内学者代表性的成果。

其中，（1）到（4）主要是课题主持人和课题组成员的研究成果，这里不再赘述。

（5）国内学者代表性的成果集中在两个方面。一方面是针对有机马克思主义做出的积极理论回应，不仅召开了多次专题学术会议，成立了多个与有机马克思主义有关的学术研究中心，而且还发表了200多篇的学术文章介绍

---

〔1〕［美］小约翰·柯布：《生态文明时代需要有机马克思主义》，陈伟功、史彦虎译，参见杨丽、温恒福、王治河主编：《中国过程研究》第五辑，中国社会科学出版社2019年版，第136—141页。

〔2〕杨富斌：《关于有机马克思主义和有机教育的若干重要问题——菲利普·克莱顿教授访谈录》，参见杨丽、温恒福、王治河主编：《中国过程研究》第五辑，中国社会科学出版社2019年版，第142—145页。

或给予理论评论。[1]这些研究成果有对有机马克思主义的意义和价值的肯定，也有对其局限性的批评和质疑。例如：黄铭、吕夏颖认为有机马克思主义是"当代国外的一种新范式"[2]；王治河与杨韬肯定地阐明有机马克思主义及其当代意蕴，[3]指出有机马克思主义的生态取向，即"有机马克思主义系当代建设性后现代主义思想家和过程哲学家为了应对现代性危机，特别是生态危机，从有机整体概念出发，依据自然科学的最新成果而提出的对经典马克思主义的新阐释、新发展"[4]。不只如此，王治河等人还将有机马克思主义给予伦理维度的诠释，认为有机马克思主义是一种厚道的马克思主义[5]；王雨辰对有机马克思主义的生态文明观做出具体评析[6]。与肯定的正向回应不同，也有批评性的回应，如《有机马克思主义与马克思的马克思主义》一文则刻意将有机马克思主义与马克思的马克思主义区别开来，并对有机马克思主义提出质疑[7]；还有对有机马克思主义哲学理念的质疑[8]、对有机马克思主义"第三条道路"的反驳[9]、对有机马克思主义现代性批判的批判[10]等。针对各种对有机马克思主义的比较激进的批评，也有对有机马克思主义的辩护。管小其撰文《善待有机马克思主义》在详细列举国内一些学者对有机马克思主义的种种批评后，将这些看法归纳为五点：[11]一是如何评价有机马克思主义对马克思主义的认识，它对经典马克思主义的修正与更新是偏离还是坚持和发展了马克思主义；二是有机马克思主义是不是一种马克思主义；

---

　　〔1〕　管小其：《善待有机马克思主义》，参见杨丽、温恒福、王治河主编：《中国过程研究》第五辑，中国社会科学出版社 2019 年版，第 157-170 页。

　　〔2〕　黄铭、吕夏颖：《当代国外马克思主义的一种新范式：读〈有机马克思主义：生态灾难与资本主义的替代选择〉》，载《江海学刊（南京）》2016 年第 3 期。

　　〔3〕　王治河、杨韬：《有机马克思主义及其当代意义》，载《马克思主义与现实》2015 年第 1 期。

　　〔4〕　王治河、杨韬：《有机马克思主义的生态取向》，载《自然辩证法研究》2015 年第 2 期。

　　〔5〕　王治河、高凯歌、樊美筠：《有机马克思主义是一种厚道马克思主义》，载《江海学刊（南京）》2016 年第 3 期。

　　〔6〕　王雨辰：《有机马克思主义的生态文明观评析》，载《马克思主义与现实》2015 年第 12 期。

　　〔7〕　汪信砚：《有机马克思主义与马克思的马克思主义》，载《哲学研究》2015 年第 11 期。

　　〔8〕　卜祥记、周巧：《对有机马克思主义哲学理念的质疑》，载《黑龙江社会科学》2015 年第 6 期。

　　〔9〕　吴艳东：《有机马克思主义的"第三条道路"研究》，载《国外社会科学》2016 年第 1 期。

　　〔10〕　田世锭：《有机马克思主义的现代性批判有误》，载《中国社会科学报》2016 年 5 月 26 日，第 4 版。

　　〔11〕　管小其：《善待有机马克思主义》，参见杨丽、温恒福、王治河主编：《中国过程研究》第五辑，中国社会科学出版社 2019 年版，第 160 页。

三是有机马克思主义是不是像马克思主义一样足以为生态文明奠基；四是有机马克思主义提出的第三条道路是否行得通；五是有机马克思主义能否指导中国的生态文明建设。实际上涉及有机马克思主义与马克思主义的关系问题，有机马克思主义的科学性及其实践指导意义的评估问题。对此，管小其回到马克思和恩格斯的文本，并依据其对文本的理解一一做出回应和理论辩明。他主张"有机马克思主义与其他马克思主义流派一样，仍然行走在理解马克思主义的路上"，〔1〕尽管尚存在一定不足，但有机马克思主义应时代急需而来，对当下克服生态灾难、走出人类生存的困境具有实践意义。也有学者保持了比较中立的立场，认为既不能夸大有机马克思主义的意义、作用和地位，也不能持完全排斥的立场，毕竟有机马克思主义是正在生成和发展中的一个国外马克思主义研究新流派。为此，应该不断"深化有机马克思主义研究，必须进一步重视、切实加强研究并准确把握有机马克思主义"。〔2〕

另一方面是依循文本的问答逻辑而对有机马克思主义理论主张的阐发，如杨富斌在对菲利普·克莱顿的访谈录中确认有机马克思主义主要有十个方面的实质性内容或理论贡献：〔3〕（1）有机马克思主义针对资本主义现代化存在的严重弊端，尤其是造成生态灾难和社会发展的不可持续性，明确提出以社会生态文明来超越和替代资本主义工业文明；（2）针对第二国际和苏联马克思主义，有机马克思主义提出坚持开放的文化嵌入式的马克思主义；（3）针对以牛顿物理学为代表的近代科学和以笛卡尔哲学为代表的实体哲学及二元论的弊端，主张有机马克思主义以量子力学、相对论和复杂性科学等后现代科学为基础，吸纳人类一切优秀成果使马克思主义与时俱进，以指导 21 世纪的发展；（4）针对西方马克思主义某些学派轻视实践、脱离实际的纯学术弊病，有机马克思主义强调马克思主义的实践品格，主张用实际行动改变资本主义工业文明带来的生态灾难，以马克思主义解放全人类的理想指导实现生态文明社会；（5）针对亚当·斯密经济学主张自由市场、放任自由的资本主义带

---

〔1〕　管小其：《善待有机马克思主义》，参见杨丽、温恒福、王治河主编：《中国过程研究》第五辑，中国社会科学出版社 2019 年版，第 166 页。

〔2〕　冯颜利：《为什么要加强有机马克思主义研究》，载《国外社会科学》2016 年第 1 期。

〔3〕　杨富斌：《关于有机马克思主义和有机教育的若干重要问题——菲利普·克莱顿教授访谈录》，参见杨丽、温恒福、王治河主编：《中国过程研究》第五辑，中国社会科学出版社 2019 年版，第 145–146 页。

来的弊端，有机马克思主义提出建设以人类共同体福祉为最终目标的生态经济模式，认为只有生态经济才是可持续发展的经济；（6）针对福山的"历史终结论"，有机马克思主义明确指出社会历史的发展没有终点，超越和取代资本主义制度的是马克思主义指导下的社会主义生态文明制度；（7）针对现代资本主义自由、平等、民主和正义的虚假性，有机马克思主义坚持马克思主义的自由观、平等观、民主观和正义观；（8）针对资本主义生产以无限增长为前提的错误，有机马克思主义主张社会发展要保持适度的可持续发展战略；（9）针对美国官方不支持生态文明、对环境灾难不负责任的问题，有机马克思主义强调只有马克思主义指导的社会主义国家才能真正进行社会主义生态文明建设；（10）作为社会主义国家的中国有可能在世界上率先实现生态文明社会，并引领世界。再如，柯进华把有机马克思主义看成是过程思想与马克思主义在当代的发展，指认过程思想和马克思主义可以而且应该结合起来，两者的结合必然带来重大的理论和实践创新，这对中国这个发展中的社会主义大国尤为重要。[1]他在文中详细地阐发了柯布的有机马克思主义观。

应该说上述这些既有研究都很重要，尤其是中外学者对有机马克思主义的思考，表明马克思主义与过程思想联结以及融合的必要性。同时，进一步彰显了作为马克思主义和过程思想奠基者，马克思与怀特海哲学的共通性之所在。但是，面对后怀特海时代的过程思想家、建设性后现代主义者，特别是有机马克思主义者们，主动接纳马克思主义并与中国化马克思主义积极对话的姿态，针对"怀特海式的马克思主义者"理论和实践上的探索，立足马克思理论视域审视怀特海哲学的工作显得滞后，尚未在哲学形态学和唯物史观的视域下基于文本对马克思与怀特海的思想做出系统的比较及理论回应，还没有总体呈现二者的理论共通性，甚至在缺乏反思和批判性分析的情况下，直接把二者的共同点当作比较研究的前提。这些研究的不足与空场，恰为本课题留下理论创新的可能性和空间。

更为重要的是，只有揭示出马克思与怀特海思想的共通性，在"回答是什么"的问题基础上，对各种共通性存在的客观性做出论证，也就是"回答为什么"的问题，才能最终获得对二者比较研究的合法性。因此，这也使该

---

〔1〕 柯进华：《有机马克思主义：过程思想与马克思主义在当代的发展》，参见杨丽、温恒福、王治河主编：《中国过程研究》第五辑，中国社会科学出版社 2019 年版，第 171–182 页。

课题研究显得尤为紧迫和必要，并具有独到的学术价值。

　　本课题以马克思与怀特海思想的比较并寻求其共通性为研究对象，在哲学形态学的意义上，立足经典著作的文本分析与阐释，揭示二者比较研究的必要性与可能性，从哲学观与哲学范式、存在论、认识论、方法论和价值论乃至伦理学等几个基本理论向度呈现其共同点和共通性，如有机论、整体论立场，辩证、过程和内在关系的思维方式，对主体性原则的重释、对自然、生命与他者的关切、对共同体合理秩序与正义的寻求；探讨马克思实践过程论、实践生成论与怀特海过程哲学的契合点；洞悉怀特海的过程实在论、过程辩证法对马克思哲学的多维回应；考察马克思与怀特海哲学重建的科学基础；说明马克思实践辩证法对怀特海过程辩证法的超越；同时指出马克思与怀特海思想的殊异，即在"解释世界"与"改变世界"上表现出来的理论旨趣的差异，进而阐明怀特海的过程哲学变革的不彻底性，没能摆脱西方哲学"存在者是什么"这一"主导问题"[1]的提问方式而重建有机宇宙论形而上学——新有机宇宙论的经验形而上学。马克思哲学则回归现实世界，探究资本主义大工业所导致的社会历史领域的问题，从现实的人出发，按照实践的观点和实践辩证法，在历史的逻辑下追问人类解放何以可能，进而建构了唯物主义的新形态——新唯物主义、现代唯物主义，也即历史唯物主义、实践唯物主义，完成了哲学革命，创立了立足历史唯物主义解释原则的现代实践哲学。

　　该研究致力于马克思与怀特海哲学比较研究的前提批判，试图为一切从事二者比较研究的努力做出合理性辩护，无疑有助于进一步推动二者的比较研究，促进学术对话与视域融合，并且有助于马克思主义哲学的理论创新，为建构中国化马克思主义提供一定理论支撑。

　　因此，本课题研究的主要目标在于通过文本研究、视域融合系统呈现马克思与怀特海思想的共通性，不仅借助前提批判指出这种比较研究的必要性与可能性，给出其共通性的不同维度，而且指认二者共同的科学基础与理论旨趣，最终说明他们作为现代哲学家所共同遵循的现代哲学范式及其殊异。

　　这就是说，开展马克思与怀特海思想的比较研究，不仅需要在哲学观总

---

　　〔1〕　〔德〕马丁·海德格尔著，〔德〕英格特劳德·古兰特编：《黑格尔的精神现象学》，赵卫国译，南京大学出版社 2018 年版，第 16 页。

体上对二者的关键范畴、理论内核及研究纲领进行比较与阐释，而且需要从不同侧面和维度交锋。

一方面，二者存在共通性：过程视野与历史视阈的一致性；遵循整体论、有机论、生成论主张；实在论、经验论、符合论的认识论立场；对关系和辩证法的强调；感受或摄入与实践活动所达成的决定论（必然）与选择论（自由）的统一；理想主义、发展论、文明论的现代观念；终结传统形而上学、批判现代性的后现代意蕴，以及回归现实世界、建立在现代科学和经验基础之上的现代实践哲学转向等。

另一方面，二者又有明显分歧，如有神论与无神论的区别，新有机宇宙论存在论的形而上学与以历史唯物主义为根本解释原则的历史生存论的不同，以"现实实有"为主体的泛主体论下主体间性的主体性原则与以"现实的人"为主体的主体性原则的差异，以及提问方式有别最终导致理论旨趣的差异等。

从而，通过二者的共通性与殊异，概要说明马克思哲学的理论优位，凸显"实践"对于"过程"的联结与拓展，展示历史、实践与过程在二者考察问题的本根性。这主要体现在以下几个方面。

其一，马克思实践过程论、实践生成论与怀特海过程哲学的契合。

马克思依循历史逻辑，从实践活动出发，阐明自然界是不断诞生的过程；社会存在是生成的，并表现为社会形态由低级向高级的发展过程；人的本质力量并非先定而是因生产什么和怎样生产而获得的过程；劳动也经历劳动异化和异化劳动扬弃的过程；而人们的认识更是一个实践—认识—再实践的循环往复以至无穷的辩证过程。这样，历史不外是人们的生活过程，是实践活动在时间中的展开。

离开了现实的人之生活过程，劳动辩证法、生产辩证法、历史或实践的辩证法将没有可能性。因此，马克思的辩证法也是生存辩证法，内在地把实践、历史、过程关联起来。

由于马克思诉诸现实的人的能动实践活动，而开显人的生成与解放历程、社会的进步与发展过程。生产实践过程塑造了主体，提升并印证主体本质力量，标明主体生存样式与境界，在这个意义上说，马克思哲学的确是过程论，而且是实践过程和实践生成论。

其二，怀特海过程实在论、过程辩证法对马克思哲学的回应。

　　一是遵循了历史主义和历史性观念。怀特海在阐释现实实有的生成时，总是把现实事态的存在状态归因于它自身过去的经验以及当下的感受、摄入活动，强调环境和现实世界对其生成活动的影响和决定作用，并通过因果关系范畴给予说明。二是彰显个体精神的能动性。现实实有、现实事态的生成过程是自我选择、自我摄入、自我创造、自我满足的过程。三是强调关系的存在论意味。马克思认为，人是对象性存在物，在社会关系中定义自身。怀特海哲学则被 C. Robert Mesle 叫做"过程—关系哲学"，强调作为经验主体的现实事态之间的相互关系，主体完成自我生成而变成超体，也就成为其他实体的环境客体，因而整个宇宙是有机联系、相互影响的个别实在构成的群集。四是展现辩证法的思维方式。马克思哲学被理解为实践辩证法、历史辩证法、生存辩证法、辩证法的现象学。怀特海则把辩证法运用于全部的理论生产过程，以至于辩证法成为其思维方式。正如 Pomeroy 所看到的：怀特海与马克思的哲学都是内在关系的哲学，需要辩证思维，过程哲学即过程辩证法。

　　其三，从怀特海重建形而上学到马克思终结传统形而上学、确立现代实践哲学。

　　马克思与怀特海都致力于批判传统形而上学，以至于怀特海被看作建设性后现代主义的奠基者，而马克思被视为后现代的鼻祖。然而，怀特海在反思传统哲学的基础上，结合现代科学的新发展，又建立了新形而上学——过程实在论的新有机宇宙论存在论，尽管蕴含着实践哲学的某些解释原则，但由于其哲学旨趣主要是追问和回答宇宙是怎样生成的，并把主体泛化，对人的主体性、人的生成和人的观念、思想方式的说明都是在其宇宙论体系下完成的，因而，在对传统哲学的变革上具有不彻底性。

　　相比之下，马克思不仅彻底终结了传统思辨哲学，而且在现代科学技术发展的历史境遇下确立起现代实践哲学新范式，现实的人、劳动、生产、实践以及科学、技术、工业等成为以历史唯物主义为解释原则的现代实践哲学的关键词。

　　毫无疑问，二者哲学的重建都立足经验立场的感性活动论、辩证与过程的思维方式，有其科学基础、新主体性原则等共通性，需要得以阐发。同时，又必须正视马克思与怀特海哲学的根本性殊异——实践辩证法对过程辩证法的超越，诸如，在哲学变革上的彻底性与调和性分野；前者是无神论的自然主义与人道主义的统一，后者是有神论的自然主义；前者主要关注社会历史以及人的解放问题，后者按照宇宙论的方式阐释实在问题；前者的理论旨趣在于主体——现实的人如何实际地改变世界并获得解放和自由而全面地发展，后者的理论旨趣是探寻物理世界的数学形式和宇宙秩序，以现实实有为构成宇宙一切事物的基本实在和经验主体，泛主体、泛经验地解释世界。

因此，对以上问题的阐释就构成本课题研究的主体内容，也是研究的重点和难点。

对上述理论任务的讨论遵循的基本思路大体如下。

第一，首先说明课题研究的历史性处境，通过前提批判，澄明问题提出的背景、既有研究现状、理论创新空间与拟解决的任务，回答课题研究的必要性、可能性及合法性。进而，总体确定马克思与怀特海哲学比较的几个基本理论向度，凸显实践思维方式与过程思维方式的联结与拓展。

第二，一方面剖析马克思与怀特海哲学的契合点，阐明历史视域下马克思哲学的实践思维方式以及实践辩证法、历史辩证法与生存辩证法特质，必然走向实践过程论和实践生成论，不仅内蕴着怀特海的过程论，并且具有更强的解释力。另一方面揭示怀特海过程哲学对马克思哲学的多维回应，表明二者的共通性之所在。

第三，指认马克思哲学是现代实践哲学，不同于怀特海自然哲学范式的宇宙论存在论，无论是其哲学的出发点、理论旨趣，还是解释原则等都有所区别。因而，需要回到他们思想的源头，借助对照分析进一步讨论二者的根本分野，从而彰显马克思哲学的理论品格和当代价值。

按照上述思路拟采取以下方法：（1）形态学与文本研究的方法；（2）比较研究与差异分析的方法；（3）历史主义与历史性相结合的方法；（4）现象学与诠释学方法；（5）总体性与辩证思维方法；（6）科学知识社会学与意识形态批判的方法。

一方面引入了形态学的研究方法，在哲学转向语境下基于文本研究，进而把马克思与怀特海的哲学归属于现当代实践论的哲学，即现当代实践哲学范式，二者共同关注时间、过程与历史，都强调经验主体的感性活动，如感受与摄入、劳动与生产实践，并在过程、历史思维中加以阐释。另一方面把意识形态批判的方法与科学知识社会学的方法相结合，从而关注马克思与怀特海思想形成的社会历史情境，不仅有助于现象学地还原与始源性追问，而且有助于语境化地展示二者的科学基础、遭遇的理论困境与求解的思路。

　　此外，依循辩证法区分怀特海的"现实世界"与马克思的"生活世界"意义上的现实世界；区分两种"具体主体"：现实实有与现实的人；区分两种"感性活动"：摄入活动与劳动、生产实践。从而，在共通中看殊异，在殊异中看共通。

　　本研究在学术思想、观点上力图有所创新，并主要体现在以下几个方面。

　　（1）基于理论的哲学转向和实践的生态转向说明对马克思与怀特海哲学比较研究的历史性境遇以及必要性与可能性，进行合法性辩护。

　　（2）以"实践"对"过程"的联结和拓展为线索，系统阐发马克思与怀特海哲学具有共通性的契合点和多维表现。例如，过程视野与历史视阈的一致性；遵循整体论、有机论、生成论主张；实在论、符合论、诉诸经验和现实基础的认识论立场；对关系和辩证法的强调；感受或摄入与实践活动所达成的决定论（必然）与选择论（自由）的统一；理想主义、发展论、文明论的现代观念；终结传统形而上学、批判现代性的后现代意蕴，以及回归现实世界、建立在现代科学和经验基地上的现代实践哲学转向等。

　　（3）主张马克思以"现实的人"之实践为出发点的实践过程论、实践生成论内在地包含并拓展怀特海的过程论，彰显马克思之于怀特海思想的包容性、开放性与实践性特征。

　　（4）指认马克思哲学是建立在历史唯物主义解释原则立场之上的现代实践哲学，相对于怀特海的宇宙论、存在论具有哲学革命的彻底性、当代性和现实性，即基于生活世界感性活动过程论的实践辩证法、历史辩证法或历史—实践的辩证法，对过程实在论之过程—关系辩证法的逻辑蕴含。

　　（5）揭示怀特海哲学从"因果规律"到"因果效验"、马克思哲学从"进化论"到"发展论"所体现的自然科学、历史科学基础与理论之现实的前提批判。

　　（6）从文明观的视角审视马克思与怀特海关于个人与共同体、自我与他者、人与自然环境之间关系的共通性。同时，回归他们各自的思想源头——黑格尔哲学与莱布尼茨哲学，通过对比分析进一步发掘马克思历史唯物主义的实践哲学、怀特海有机宇宙论形而上学的哲学观和理论特质，揭示二者的思想的根本差异性，指出马克思哲学之于怀特海哲学的理论优势。

　　全书除了引言"马克思与怀特海的聚合：前提批判和合法性辩护"和结语"共通与殊异"外，共分为六章。

第一章"回归现实世界的哲学：现代实践哲学与过程—经验形而上学的契合"，主要讨论四个子问题：马克思的现代实践哲学与历史唯物主义、怀特海经验—过程实在论与经验形而上学、马克思与怀特海哲学的感性活动论、马克思与怀特海的精神实践。

第二章"拯救辩证法：历史—实践的辩证法与过程—关系辩证法的超越"，旨在探究历险的辩证法以及拯救者被拯救、西方马克思主义者对卢卡奇辩证法的重释及其与马克思辩证法的背离、有机总体的自然辩证法对马克思历史—实践辩证法的确证、总体性辩证法与马克思、怀特海的内在关系论等问题。

第三章"解构与建构：新唯物主义和新宇宙论重建的基础、原则及共同体关涉"，重点考察三个问题：马克思与怀特海哲学的现代科学基础、马克思与怀特海哲学的新主体性原则、马克思与怀特海的共同体思想。

第四章"对自然与生命的关切：机体理论的文明旨趣与宇宙情怀"，追问并回答马克思与怀特海的机体思想、马克思与怀特海的生命观、马克思与怀特海哲学的情感之维、怀特海有机哲学的母性特征。

第五章"在场的他者：马克思与怀特海哲学的他者之维"，着意研究马克思与怀特海存在论、认识论和价值论上的他者在场问题，在此基础上阐发马克思与怀特海正义观的他者向度。

第六章"理论旨趣的差别：解释世界与改变世界的张力"，回到马克思和怀特海思想的发源地，讨论成物成己之辨——马克思对黑格尔实体双重化运动的批判性改造、形而上学的重建——怀特海对莱布尼茨有机宇宙论的继承与发展。从而表明他们思想的差异性，进一步洞悉马克思与怀特海哲学所实现的哲学革命及其使命与理论旨趣的殊异。通过对比分析指认，在马克思那里以"改变世界"为旨趣，实现了从抽象主体的双重化运动向具体主体实践的双重化转变、从单纯精神的提升向人的解放与发展转变、从劳动创造人向劳动解放人、成就人的转变；怀特海则注重"解释世界"，在泛主体论和主体间性的主体性原则下基于实在论形成新有机宇宙观，用经验主体的"现实事态"代替无窗户的"单子"，用"过程思维"代替"实体思维"，用"两极性"摄入活动代替纯精神的"欲求、知觉、表象"，用现实实在的"生成""关系"代替实体的"性质""变化"，用诗人般的上帝代替全能的造物主，用创造性"合生""进化"去实现宇宙文明代替"预定和谐"。

　　这里需要说明的是，如果说该本书第一章到第五章主要考察马克思与怀特海哲学的共通性的多重维度的话，那么第六章则回到他们思想的源头——黑格尔和莱布尼茨哲学，通过对比研究，一方面揭示马克思对黑格尔哲学的继承和超越以及所实现的哲学革命，在哲学观上确立了新唯物主义、现代唯物主义、历史唯物主义和唯物辩证法、历史辩证法或实践辩证法（也可叫做历史—实践的辩证法）；另一方面阐明怀特海对莱布尼茨单子论有机宇宙观的跟随与发展，在万有在神论的立场下按照过程—关系辩证法的解释原则重建有机宇宙论，进而走向新有机宇宙论。

　　所以，在结语部分以"共通与殊异"为题，阐明马克思与怀特海思想的共通性是以差异性为前提的，但他们思想的殊异又是发掘其共通的条件。最终强调，既不能因差异性而看不到二者思想的共通性，又要避免因突出二者哲学的共通性而遮蔽其殊异性。进而指出，怀特海未能逃脱西方哲学"主导问题"的羁绊，仍追问"存在者是什么"，拟发现宇宙的秩序，以期重建拯救现象和解释世界的宇宙论形而上学——新宇宙论形而上学；马克思则改变了传统西方哲学的提问方式，不再追问宇宙世界的本原、本质是什么，而是追问人类解放何以可能，人们如何在现实的世界中建构文明的未来社会，以实现每个人的自由和全面发展。因而，马克思的哲学不只是重建唯物主义哲学——新唯物主义、历史唯物主义和现代实践哲学的问题，更重要的是回答如何改变世界的问题。进一步彰显马克思之于怀特海哲学的实践性、革命性及与时俱进的理论品格。

第一章

回归现实世界的哲学：现代实践哲学与过程—经验形而上学的契合

马克思与怀特海作为现代思想家，都把哲学的目光投向现实世界，在批判传统实体论形而上学和主客二元论思维方式的基础上，立足具体主体的实践活动分析，在历史逻辑和过程思维下完成哲学革命，形成新哲学观。马克思确立了历史唯物主义或现代实践哲学，怀特海则在新有机论下建构起过程—经验形而上学。前者的实践辩证法即实践过程论，内蕴着后者的过程辩证法之经验过程论，并与之相契合。所以，本章将讨论以下几个问题：马克思的现代实践哲学与历史唯物主义、怀特海经验—过程实在论与经验形而上学、马克思与怀特海哲学的感性活动论、马克思与怀特海的精神实践。

一、马克思的现代实践哲学与历史唯物主义

国内马克思主义研究，经历了苏联的教科书阶段、教科书改革阶段，目前已经进入后教科书阶段。[1]在这一过程中一直必须回答并引发热议的问题是：马克思主义哲学究竟是怎样的一种哲学？而随着对现当代哲学转向的讨论，又使得对马克思主义哲学观、哲学范式的阐释成为必要。许多学者已经从不同的理论理路指认：马克思主义哲学就是历史唯物主义、实践唯物主义、就是旨在变革世界的实践哲学，或者就是实践本体论等。问题是作为实践哲学的马克思主义哲学与以往实践哲学有何不同？是否有必要对其作实践本体论的解读？它与学界已基本取得共识的、作为历史唯物主义的马克思主义哲

---

〔1〕 孙正聿：《三组基本范畴与三种研究范式——当代中国马克思主义哲学研究的历史与逻辑》，载《社会科学战线》2011 年第 3 期。

学观是否契合或冲突？这些问题都有待课题化并作出进一步考察。

（一）作为现代实践哲学的马克思哲学

无疑，产生于现代性展开与启蒙话语文化背景下的马克思哲学，只能是现代哲学；如果是实践哲学的话，也只能是现代实践哲学。

首先，从哲学形态学的意义来说，现代西方哲学发生了哲学范式的转向，即由近代认识论和实体论形而上学转向现当代实践哲学。这主要是由其哲学的兴趣和使命所决定的，前者在于"拯救知识"，回答普遍的确定性的知识何以可能；后者则让哲学回归生活世界，试图"拯救实践"，以寻求摆脱人类生存困境的可能方案。正是哲学使命的不同，使得哲学的思维方式、理性根据、理论旨趣都发生了重大转变，并最终转换了哲学范式，表现为哲学革命。各种领域哲学的兴起构成了现当代实践哲学的不同表达样式，而各种"哲学转向说"也只有回到实践哲学的地基上才能得以说明。

因此，对马克思主义哲学的哲学观定位，只能在现代哲学——现代唯物主义、现代实践哲学的范式下解读才是恰当的。

其次，从马克思哲学本身来看，充分体现了新实践哲学——现代实践哲学的特质：（1）在提问方式上，不再按照科学的逻辑追问世界和宇宙的本原、本体是什么，而是在历史的逻辑下探究社会历史的产生、发展的规律以及人类解放何以可能。就是说马克思主义哲学转换了传统哲学的基本问题，由思—存关系问题转向观念与现实、理论与实践、社会意识与社会生活的关系问题，根本来说就是以实践为中介的人与外部世界的否定性关系问题。（2）在解决问题的方法上，不再单纯地诉诸客体性原则或主体性原则，而是二者的辩证统一，按照总体性辩证法、实践辩证法，重新考察现实的人与社会——现代资本主义社会，既看到资本主义的积极方面，也揭示了资本逻辑下的异化劳动、强迫分工以及资本主义深层的社会冲突与矛盾，并诉诸历史主体——无产阶级的社会革命这一直接动力，来拯救现代性、重建现代性，以终结文明的史前史，进而建设没有剥削压迫的平等正义的共产主义社会，实现人的解放和自由全面发展。（3）在理性的诉求上，不再是客观理性、世界精神、逻各斯，也不是主观理性（心灵的思维、主体自我、纯粹理性等），而是现实的人的社会（历史）理性、交往理性和实践理性，而且借助对以往一切虚假意识形态的批判，进而说明人的感觉、意识和理性能力都不过是社会历史的产物、实践活动的结果。（4）在理论旨趣上，不再是为思辨而思辨的"解释世界"，而是回归现实的生活世界，不仅要"解释世界"，更要"改变世界"。它的根本目的就是要使现存世界革命化。因此，马克思哲学要终结一切旧哲学，特别是传统的二元论和形而上学。其立足点不再是市民社会，而是人类社会。马克思的全部问题在于如何通过对现实的资本主义社会批判，而实际地进展到未来共产主义社会。

在"实践"概念的界定上，它不再只是在 praxis 意义上与 practice 相对立的目的在自身的活动之亚里士多德式的实践概念，或者是单纯的物质实践 practice，而是在 praxis 和 practice 相统一意义上的实践概念，但这种统一却是以 practice——物质生产实践为基础的。正是基于此而凸显出历史唯物主义、现代唯物主义、实践唯物主义的立场。就是说，劳动、生产实践在改变对象世界的过程中，也改变着人自身，并通过实践活动的结果确证和提升人的本质力量。实践活动不仅生成着人工世界、人类社会，而且生成人的社会关系、人的感觉、思维和生产生活能力以及道德审美境界。因此，你是什么，要看你生产什么和用什么方式生产。被亚里士多德传统所忽略的创制、技术生产活动得到了重视，并使其获得了内在的目的性与规范性价值，而非单纯的工具性和手段性。这也是马克思实践哲学区别于传统实践哲学的关键。

最后，借助西方马克思主义对马克思主义哲学观的理解与阐释理路，特别是对其哲学与现实、理论与实践之统一性的强调，在社会、历史总体范畴下对马克思主义总体性辩证法、主客体辩证法、实践辩证法、人学辩证法、交往辩证法、具体辩证法的解读，不仅进一步指认实践作为人的生存方式，而且通过对启蒙理性的批判，针对资本主义全面异化、物化的现实，给出寻求拯救现代化、重建现代性的种种乌托邦方案，等等，无一不彰显出作为现代实践哲学的马克思哲学的总特征。特别是东欧新马克思主义的南斯拉夫"实践派"，法兰克福学派、分析马克思主义的政治伦理转向，以及生态社会主义中的生态学马克思主义等，无一不弘扬了马克思主义实践哲学，尽管更多是在 praxis 意义上。

国内学界对马克思主义哲学是实践哲学的理解，要么从马克思主义伦理、政治哲学的维度来说明马克思主义哲学是实践哲学；要么从实践唯物主义的立场，坚持马克思主义哲学是实践哲学；要么从实践本体论的角度，指认马克思主义哲学是实践哲学；要么从元实践学的阐释来回答马克思主义作为实践哲学何以可能；要么从哲学思维方式上来探究马克思主义哲学的实践哲学本性；要么从哲学人类学的路径来说明马克思主义实践哲学，等等。应该说这些研究成果在探讨马克思主义哲学观方面都有一定价值和意义。然而，还没有看到现代实践哲学与传统实践哲学的根本差异，马克思主义实践哲学的独特性在于，它既不同于亚里士多德、康德传统的实践哲学，也不同于现代西方各种领域哲学的实践哲学。

　　根本来说，建基在"实践"基地之上的马克思主义实践哲学，在历史的视域下认为，历史是有目的的人的实践活动在时间中的展开，物质生产是历史产生的前提，生产力则是社会发展的最积极因素，不仅把"实践"看成是现实的人的理论的、伦理的、政治的活动，而且把它们放置在物质的生产、劳动，这一最切近人的生存方式基础之上，正是后者曾被亚里士多德的实践传统所忽略，但却最早被基督教因上帝是第一个工程师和劳作者而看中劳动的意义与价值，特别是经近代宗教改革，加尔文教使得世俗事务神圣化，劳动作为天职，成为目的在自身的活动；伴随现代科学技术的发展及其社会功能的凸显，尔后经黑格尔对劳动创造人的理解，马克思在继承这一传统的基础上，在《1844 年经济学哲学手稿》（以下简称《手稿》）中把劳动看成是自由自觉的活动、实践——人的类生活，把工业和工业产生的历史性存在视为人的本质力量的公开展示，并且从实践出发，把历史看成是劳动、异化劳动和扬弃异化劳动的过程；而在《关于费尔巴哈的提纲》中明确提出社会生活在本质上是实践的；在《德意志意识形态》中，马克思、恩格斯不仅用劳动区别人和动物，而且用生产什么和怎样生产作为评价人的依据，还把消除了劳动者的分工看成是未来共产主义社会的一个特点。而恩格斯在《自然辩证法》一书中也强调劳动创造了人本身，以及人的劳动应该不愧于人的本性。此外，劳动还被说成是人的第一需要，也是出于劳动是人的基本生存方式而言的。

　　所以，对马克思主义实践哲学的阐释必须在历史的视域下把握劳动、生产的实践内涵，及其之于人的生存之存在论意义。唯有在此路径下，才能避免直接把实践作为本体的实践本体论阐发。后者有悖于马克思哲学所实现的哲学革命，因为马克思哲学作为现代哲学，它反对和终结一切旧本体论的形而上学。对马克思主义哲学作出现代实践哲学的解读，其意义在于，凸显马克思主义哲学的实践辩证法特质。即，现实的人通过劳动、生产等实践活动，从其目的和需要出发，在改变对象世界的过程中，也改变人自身，是一个永不停歇的"人—物—人"的辩证过程，在这个过程中，实践是人根本的存在方式和媒介。一方面人的生存空间——人化的自然界不断生成和扩展，人所需要的物质产品不断丰富；另一方面人的本质力量包括认识能力和道德情感的不断提升和不断生成。

必须说明的是，强调马克思主义的实践观点，并不必然得出与唯物主义相冲突的实践一元论的本体论结论。但是，离开了实践的观点，忽略马克思基于感性的实践活动对自然、社会和人的理解，就无法彻底回答唯物主义关于世界的物质统一性问题。也只有在社会生活本质是实践的这一命题基础上，才能解决一切旧唯物主义包括费尔巴哈的人本学唯物主义试图回答但却回答不了的人类社会的客观实践性、物质性问题，而这恰是现代唯物主义、新唯物主义对以往旧唯物主义的超越。也就是说，只有在借助于现实的人的生产、实践所确立的历史唯物主义基础上，马克思主义才可能成为最完备的唯物主义形态。如果说"唯物论是马克思主义哲学的第一特征"的话，那么只有历史唯物主义的发现才使得唯物论成为彻底唯物论、辩证唯物论。

把葛兰西对马克思主义所作的实践哲学阐发，理解成实践本体论或实践一元论是不恰当的。葛兰西从未把马克思主义的实践哲学称为实践一元论。在葛兰西那里，（现代的）实践哲学不但不同于现代唯心主义，更不同于传统的形而上学唯物主义，是一种超越了一切旧唯心主义和旧唯物主义并包含着历史唯物主义的新哲学。因此，实践哲学是历史性的，也是历史主义的。用他自己的话说，"实践哲学以一种历史主义的方式思考它自身，把自己看成是哲学思想的一个暂时阶段……而且，在某种意义上，实践哲学是黑格尔主义的一种改革和一种发展；它是一种已经（或企图从）任何片面的和狂信的意识形态要素中解放出来的哲学；它充满着矛盾的意识……甚至实践哲学也是历史矛盾的一种表现"[1]；因此，"实践哲学是以前一切历史的结果和顶点。从对黑格尔主义的批判中产生出现代唯心主义和实践哲学。黑格尔的内在论变成历史主义，但只在实践哲学那里，它才是绝对的历史主义——绝对历史主义或绝对的人道主义"[2]。实际上，这种历史主义表达了马克思主义实践

---

[1] [意] 葛兰西：《实践哲学》，徐崇温译，重庆出版社1990年版，第93-94页。

[2] [意] 葛兰西：《实践哲学》，徐崇温译，重庆出版社1990年版，第108页。

哲学以历史性为主导的历史主义，并给予实践哲学辩证法的本性。同时，这种辩证法根本来说就是"历史的方法论"——不同于"反历史主义的"、形而上学唯物主义的"社会学"实证主义方法的"历史的辩证法"。

显然，不能把马克思主义哲学观的解读——（现代）实践哲学与历史唯物主义对立起来，毋宁说，前者是对历史唯物主义世界观的实践基质和实践观点的强调，以彰显马克思主义哲学是不同于一切传统理论形态的哲学，而是旨在"改变世界"并最终寻求人的解放，以期拯救现代性的现代哲学。如果说对马克思主义哲学的历史唯物主义称谓有助于突出马克思主义哲学对以往旧唯物主义理论空场问题的有效解决，以及对黑格尔唯心史观的批判，那么对马克思主义哲学的实践哲学称谓，则在于彰显不同于理论形态哲学范式的马克思主义哲学革命和对传统形而上学的终结；如果说前者强调的是与旧唯物主义一脉相承的唯物主义立场下的历史观和世界观，那么后者则着眼于在现代意义上所实现的哲学思维方式与方法论的变革或哲学范式的转换。所以，在这一意义上，我们可以把新唯物主义、现代唯物主义叫做历史唯物主义、实践唯物主义或实践辩证法、历史辩证法，进而也可叫做现代实践哲学。

之所以要把马克思主义哲学再赋予一个新名称，不只是因为现当代哲学的实践转向，而强调马克思主义哲学是具有现代性特征的现代哲学，"马克思是西方现代实践哲学的奠基者"[1]；还由于现代实践哲学更容易说明马克思主义哲学对传统形而上学的终结和所实现的哲学革命，进而更好地理解马克思的新唯物主义、现代唯物主义新质，批判并拒斥一切试图把马克思主义哲学给拉回到旧的理论哲学范式——"理论理路的哲学"（王南湜语）的倾向；再次以走近马克思、回到马克思的学术姿态，在去蔽的意义上澄明马克思主义哲学的本真性。

应该说，西方马克思主义理论家的马克思主义理解理路，通过对第二国际试图把马克思主义理论仅仅作为经济和社会理论的实证主义倾向的批判，对第三国际等所谓正统的马克思主义将马克思主义哲学所作的倒退的解释——倒退到旧唯物主义的思想方式，比较准确地回答了马克思哲学革命的问题，并开显出马克思主义哲学的实践哲学特质。

卢卡奇在西方马克思主义奠基之作《历史与阶级意识——关于马克思主

---

〔1〕　王南湜：《进入现代实践哲学的理路》，载《开放时代》2001 年第 3 期。

义辩证法的研究》中，通过对正统马克思主义的批判指认马克思主义哲学是主客体相互作用的辩证法、实践辩证法、历史辩证法、总体性辩证法，进而指出无产阶级只有确立起阶级意识、让自身作为总体才能把握社会、历史的总体，最终成为推动历史进步、变革现实社会的主体，但这一过程本身就是一个理论与实践的辩证统一过程。因此，"马克思的唯物主义辩证法是革命的辩证法"……因此只有无产阶级"既是认识的主体，又是认识的客体，而且按照这种方式，理论直接而充分地影响到社会的变革过程时，理论的革命作用的前提条件——理论和实践的统一——才能成为可能"。[1] 这样马克思主义辩证法只能在历史领域，是历史辩证法，是无产阶级革命道路寻求的理论根据。

柯尔施通过对马克思主义和哲学关系的探讨，阐明马克思主义有哲学而且是现代哲学，这种现代哲学终结了一切传统形而上学，它不同于"资产阶级意识必然地把自身看作像纯粹的批判哲学和不偏不倚的科学一样离开世界并独立于世界的东西，正像资产阶级国家和资产阶级法律好像是超出社会之上似的一样。应当由作为工人阶级的哲学的革命的唯物辩证法去同这种意识进行斗争。只有当整个现存社会和它的经济基础在实践上完全被推翻、这种意识在理论上全部被取消和被废除的时候，这一斗争才会结束"。[2] 他在文尾引述马克思的话："不在现实中实现哲学，就不能消灭哲学"，表达了马克思主义实践哲学的理论诉求——改变现实，并终结一切旧哲学。

葛兰西则径直把马克思主义哲学叫做实践哲学，并批判性、论战性地回答了实践哲学的理论组成、特质、方法论、工作任务等。他认为"实践哲学的理论应当指对于在历史唯物主义的标题下一般所知道的哲学概念的逻辑的和融贯的系统论述"，试图在世界观、哲学观、理论与实践的关系的意义上做出回答。同时，葛兰西批评布哈林在《通俗教材》中把实践哲学总是分裂为两个部分：一种关于历史和政治的学说，和一种哲学——辩证唯物主义的做法。但是，用这种方式设想问题，人们就不再能够理解辩证法的重要性和意义，因为辩证法从它的作为一种认识论、编史工作的精髓以及政治科学的位

---

〔1〕［匈］卢卡奇：《历史与阶级意识——关于马克思主义辩证法的研究》，杜章智、任立、燕宏远译，商务印书馆1992年版，第48—49页。

〔2〕［德］卡尔·柯尔施：《马克思主义和哲学》，王南湜、荣新海译，重庆出版社1989年版，第54页。

置上，被贬黜为形式逻辑和初级学术的一个亚类。只有当着把实践哲学看作是一种开辟了历史新阶段的世界思想发展中的新阶段的、完整和独创的哲学的时候，才能领会辩证法的基本功能和意义，而实践哲学则在其超越作为过去社会的表现的传统唯心主义和传统唯物主义，而又保持其重要要素的范围内做到这一点。如果只是把实践哲学看作臣服于另一种哲学，那就不可能领会新的辩证法，然而，实践哲学却正是通过它（指辩证法）来实现对旧哲学的超越的。[1]而葛兰西在"论形而上学"这一节中，进一步批评布哈林"没有理解形而上的概念，正如他没有理解历史运动的概念，生成的概念，从而辩证法本身的概念那样"，[2]把历史的运动与生成看成是历史的辩证法。可以说，葛兰西把唯物的辩证法、历史的辩证法看成是实践哲学超越旧哲学的根本所在。在这个意义上可以指认葛兰西所说的实践哲学内蕴着历史唯物主义世界观和辩证法，重视历史性和历史主义的方法。

因此，上述西方马克思主义早期理论家对马克思主义哲学观的阐发，对于说明马克思主义哲学是现代实践哲学，以及为什么如此称谓是大有裨益的。

（二）现代实践哲学与历史唯物主义的逻辑互蕴和互释

上文通过作为现代实践哲学的马克思哲学观的解读，确认现代实践哲学的根本特质在于其实践辩证法或历史辩证法，它与历史唯物主义都是马克思哲学的不同称谓。还必须看到，这种实践辩证法构成了历史唯物主义世界观的根本解释原则，正是在这个意义上，西方马克思主义的思想家才把马克思主义哲学指认为实践辩证法、主客体辩证法、历史辩证法或总体性辩证法等。只有建立在实践辩证法这一思维方式与逻辑的基础上，历史唯物主义才能获得合理的说明。同样，具有实践辩证法特质的马克思主义的现代实践哲学，只有在历史唯物主义的立场与框架内才是可能的，由于它不是"从天国降到人间"，而"是从人间升到天国"，[3]进而避免了康德式的先验的消极辩证法、黑格尔思辨的意识辩证法，成为社会历史中现实的人的劳动辩证法、生产辩证法、革命的辩证法即实践辩证法。就是说，现代实践哲学与历史唯物主义是互蕴互释的。

---

〔1〕　[意]葛兰西：《实践哲学》，徐崇温译，重庆出版社1990年版，第128页。
〔2〕　[意]葛兰西：《实践哲学》，徐崇温译，重庆出版社1990年版，第129页。
〔3〕　《马克思恩格斯文集》第1卷，人民出版社2009年版，第525页。

1. 实践辩证法的解释原则对历史唯物主义世界观的成就

需要说明的是，这里所说的历史唯物主义世界观就是马克思的新唯物主义世界观，就是马克思主义哲学观，而非作为与自然、思维相区别的一个历史领域的唯物主义的历史观。后者是传统教科书的观点，认为马克思主义哲学由自然观、辩证法、认识论和历史观构成，而唯物主义的历史观意义上的历史唯物主义被看成是自然领域的辩证唯物主义在社会历史领域的推广或应用，以至于辩证唯物主义是优越于历史唯物主义的，具有时间在先性。而没能看到，"马克思在《德意志意识形态》第一章中，主要是论述历史唯物主义，但标题是一个世界观的标题《唯物主义与唯心主义观点的对立》，说明马克思在这里是把历史唯物主义作为世界观来讲的：我们'周围的感性世界决不是某种开天辟地以来就已存在的、始终如一的东西，而是工业和社会状况的产物，是世世代代活动的结果'，'这种生产，是整个现存感性世界的非常深刻的基础'。人与自然的关系也是随实践的发展而发展的。人与自然的统一性在每一个时代都随着工业或快或慢的发展而不断改变。传统观点只是看到了历史唯物主义的历史观的意义，而没有看到世界观的意义，这是很肤浅的"。[1]正是基于此，刘福森成为国内第一个把马克思主义哲学叫做历史唯物主义的学者，但同时他还认为也可以把马克思的新世界观叫做"实践唯物主义"或"辩证唯物主义"，因为离开了实践唯物主义的辩证唯物主义不是马克思的辩证唯物主义（而是苏联教科书的辩证唯物主义），离开了历史唯物主义的实践唯物主义也不是马克思的实践唯物主义。历史唯物主义的解释原则是新世界观的基础。[2]所以这种唯物主义的马克思主义哲学的基本特征只能是"实践、辩证、历史的唯物主义"。[3]

显然，作为马克思主义实践哲学特质的实践辩证法有理由成为历史唯物主义的方法论和逻辑基础，或者说实践唯物主义或历史唯物主义是以实践辩证法或历史辩证法为理论前提的。后者之于前者如影随形。

---

〔1〕 刘福森：《我们需要什么样的哲学——哲学观变革与历史唯物主义研究》，北京邮电大学出版社 2012 年版，第 179 页。

〔2〕 刘福森：《我们需要什么样的哲学——哲学观变革与历史唯物主义研究》，北京邮电大学出版社 2012 年版，第 179 页。

〔3〕 杨耕：《马克思主义哲学：我们时代的真理和良心》，载《光明日报》2014 年 11 月 24 日，第 16 版。

　　首先，实践辩证法是历史发展的基本表达。根据历史唯物主义的世界观及其历史观，社会历史是不断发展的，表现为从一种较低的社会形态向一种较高级的社会形态的跃迁。而当问及如何实现跃迁的时候，只能回到现实的人的劳动、生产、实践领域，并借助劳动辩证法、生产辩证法、"工程辩证法"〔1〕等实践辩证法来加以说明。在《手稿》中，马克思通过劳动—劳动异化—异化劳动的扬弃，指出人类社会必然要消灭私有制、扬弃异化劳动而进入未来的共产主义社会。在他看来，"整个所谓世界历史不外是人通过人的劳动而诞生的过程，是自然界对人说来的生成过程……"。〔2〕在《关于费尔巴哈的提纲》中明确提出"社会生活在本质上是实践的"。〔3〕在《德意志意识形态》中，马克思把现实的人的存在看成是一切历史的前提，而把物质生产、物质再生产、人口生产和社会关系的生产看成是历史的四大要素，指出生产力的发展引发社会分工的深化，以至于导致强迫分工对人的奴役，进而探讨如何消除劳动者分工来消除人生存的片面化、异化；尤其详细考察了生产力与交往形式的矛盾运动，随着生产力的发展推动历史向世界历史的转变而进入交往的普遍化时代，因而共产主义被看成是现实运动而不是某种社会理想。在《〈政治经济学批判〉序言》中，马克思在其著名的唯物史观经典表达式中明确指出三个层次的辩证关系：一个是生产力与生产关系之间的辩证关系，一个是经济基础与上层建筑之间的辩证关系，一个是社会存在（社会生活）与社会意识之间的关系。同时，还指明社会革命这一政治实践产生的必然性与时机，及其在推动社会进步中的意义。总之，生产力作为人与自然之间能量、信息变化的实践能力、作为推动社会进步的最活跃因素，发挥着决定性作用，以至于有学者认为马克思主义在社会发展的问题上是生产力推定论的，是技术乐观主义的。不过有一点是确定的，实践的辩证法是革命的辩证法，不断地改变现实，使现实世界革命化，构成历史发展的逻辑表达式，在这个意义上逻辑与历史的统一是可能的，它与黑格尔的历史与逻辑的统一相反，前者是历史唯物主义的命题，后者是历史唯心主义的命题；前者强调一切观念的东西都是对现实生活的表达，后者主张理性统治历史，是历史发展的动

〔1〕　张秀华：《历史与实践：工程生存论引论》，北京出版社 2011 年版。

〔2〕　《马克思恩格斯文集》第 1 卷，人民出版社 2009 年版，第 196 页。

〔3〕　《马克思恩格斯文集》第 1 卷，人民出版社 2009 年版，第 505 页。

力；前者强调社会历史运动、发展的规律是有目的的人的活动的规律，后者相信历史是合目的性与合规律性的统一。

其次，实践辩证法是现实的人之自我生成过程。正如怀特海主义者所看到的那样，辩证法是过程论的，也是生成论的。[1]实践的辩证法是主客体相互作用的辩证法，它凸显了主体性原则，但是以客体性原则为基础的主体性原则，是自律与他律的统一。因此，在作为主体的现实的人、人群共同体的实践过程中，主体在改变客体——对象世界的过程中，也改变着自身，表现为自我的历史性生成过程。如果说马克思在《手稿》中跟随费尔巴哈把自由自觉的实践看成是人的类生活和类本质，并按照以往"科学的逻辑"来定义人：人是自然的存在物，人是有意识的存在物，人是社会存在物，人是对象性存在物，人是人的自然存在物（是能动与受动的统一）等；但也以感性的实践活动及其劳动的辩证法超越了费尔巴哈，认为即使人的感觉器官的感觉能力也是社会历史的产物、实践的产物，"工业的历史和工业的已经生成的对象性的存在，是一本打开了的关于人的本质力量的书，是感性地摆在我们面前的人的心理学"[2]；……"自然科学却通过工业日益在实践上进入人的生活，改造人的生活，并为人的解放作准备，尽管它不得不直接地使非人化充分发展"……"工业是自然界对人，因而也是自然科学对人的现实的历史关系。因此，如果把工业看成是人的本质力量的公开的展示，那么自然界的人的本质，或者人的自然的本质，也就可以理解了"。[3]就是说，此时马克思已经用感性的实践活动及其成果历史性地理解人的本质力量，消解人的本质的先在性、先天性和不变的抽象性，主张人的本质力量及其人的一切关系都是随着人的劳动而生成的。在《关于费尔巴哈的提纲》中，马克思批评费尔巴哈"把宗教的本质归结于人的本质。但是，人的本质不是单个人所固有的抽象物"，进而明确提出，"在其现实性上，它（人的本质）是一切社会关系的总和"。[4]此后，在《德意志意识形态》中，马克思不仅用生产来区别人和动物，而且还主张人们生产了什么（产品）和怎样生产（用什么方式生产，

〔1〕 Anne F. Pomeroy. *Marx and Whitehead*: *Process*, *Dialectics*, *and Critique of Capitalism*. State University of New York Press, 2004; L. Kleinbach Russell. *Marx via Process*. University Press of America, Inc, 1982.

〔2〕《马克思恩格斯文集》第1卷，人民出版社2009年版，第192页。

〔3〕《马克思恩格斯文集》第1卷，人民出版社2009年版，第193页。

〔4〕《马克思恩格斯文集》第1卷，人民出版社2009年版，第505页。

如区别了自然的工具和文明的工具），也就是怎样的人。[1]进一步明确人的解放的历史生成性，强调"只有在现实的世界中并使用现实的手段才能实现真正的解放；没有蒸汽机和珍妮走锭精纺机就不能消灭奴隶制；没有改良的农业就不能消灭农奴制；当人们还不能使自己的吃喝住穿在质和量方面得到充分保证的时候，人们就根本不能获得解放。'解放'是一种历史活动，不是思想活动，'解放'是由历史的关系，是由工业状况、商业状况、农业状况、交往状况促成的"。在此基础上声明，"对实践的唯物主义者即共产主义者来说，全部问题都在于使现存世界革命化，实际地反对并改变现存的事物"。[2]此外，马克思还基于生产力的发展所决定的交往形式（生产关系），在《1857—1858年经济学手稿》中，提出了"三形态说"："人的依赖关系（起初完全是自然发生的），是最初的社会形态，在这种形态下，人的生产能力只是在狭窄的范围内和孤立的地点上发展着。以物的依赖性为基础的人的独立性，是第二大形态，在这种形态下，才形成普遍的社会物质变换，全面的关系，多方面的需求以及全面的能力的体系。建立在个人全面发展和他们共同的社会生产能力成为他们的社会财富这一基础上的自由个性，是第三个阶段。第二个阶段为第三个阶段创造条件。因此，家长制的、古代的（以及封建的）状态随着商业、奢侈、货币、交换价值的发展而没落下去，现代社会则随着这些东西一道发展起来。"[3]马克思在这里突出表达了与社会形态同步的人的生存、发展的三种形态：前资本主义社会人对人的依赖性—资本主义社会以对物的依赖性为中介的人的独立性—未来共产主义社会将实现人的自由个性。这实际上，就是经历了"自然逻辑"的群体本位下的人—"资本逻辑"或"自私逻辑"下的个体本位的人—"自由逻辑"下的类本位的人之发展的三个不同阶段。其解释原则是而且只能是实践的辩证法。

2. 历史的逻辑之解释原则对现代实践哲学的内在支撑

一方面，在历史唯物主义的立场下，依循历史的逻辑，按照历史性和历史主义的方法，才能克服以往认识论或知识论抽象的实践观。

在马克思看来，"费尔巴哈不满意抽象的思维而诉诸感性的直观，但是他

---

〔1〕《马克思恩格斯文集》第1卷，人民出版社2009年版，第520页。

〔2〕《马克思恩格斯文集》第1卷，人民出版社2009年版，第527页。

〔3〕《马克思恩格斯全集》第46卷（上），人民出版社1979年版，第104页。

把感性不是看做实践的、人的感性活动"。[1]苏联哲学教科书体系的认识论是思维—存在二元论思维模式下的传统知识论和形而上学的反映论，认识被看成是主体与客体同时在场而对外物的反映。由于是被动的、消极的感受和反映对象，而忽略了认识主体的主体性，如主体的社会性、能动性、创造性，以及生存的历史性等。这种认识论虽然也主张实践是认识的来源，实践是认识的基础，实践是认识的动力，实践是检验真理的标准等，但是，这里的"实践"是单纯服务于认识的，是第二性的，是抽象的。因为，这种传统的苏联教科书式的认识论考察，是在排除了历史唯物主义之后而引入实践观的。在这种情况下，认识主体被看成是孤立的而非社会历史中的人，存在也被看成是自然对象而非社会历史的存在，实践必然被抹去社会历史条件和具体的交往关系。这方面刘福森教授的讨论极为准确和精当，他认为："传统教科书的认识论公式：实践—认识—实践，可进一步具体化为：实践—感性认识—理性认识—实践。这里的作为一切认识基础的实践是产生感性认识的实践，只能是个体的直接实践，不可能是社会历史的实践。因为，感性认识只能从（个人）的直接实践中产生，不可能来自他人实践。而作为认识基础的实践只能是社会历史性的实践，即社会整体和历史之总和的实践整体"。[2]

显然，只有在历史唯物主义的世界观下，按照历史的逻辑，现代实践哲学作为马克思主义哲学观所讨论的认识论才能克服旧唯物主义认识论的局限，走出以思维与存在的关系为哲学基本问题的二元论思维方式，而转向新的哲学基本问题：社会意识与社会存在也就是理论与实践或观念与现实的关系的问题。这就是为什么马克思在《德意志意识形态》中在讨论了现实的人是如何生活、如何存在、如何创造社会历史的以后，才开始关注意识、精神生产的原因之所在。他认为意识也经历了纯绵羊式的意识到自我建构的纯粹意识的进化过程，而且强调生产实践特别是体脑劳动的分工的决定性作用。进而主张，社会生活决定社会意识，观念的东西不外是移入人的头脑并在头脑中改造过了存在而已。这表明，认识主体与客体都受制于社会历史的实践境遇，无论是认识主体的思维能力还是认识的问题域、对象的课题化等，都与具体

---

〔1〕《马克思恩格斯文集》第1卷，人民出版社2009年版，第505页。

〔2〕刘福森：《我们需要什么样的哲学——哲学观变革与历史唯物主义研究》，北京邮电大学出版社2012年版，第180页。

的社会实践水平有关。或者说，人们生存、实践的历史性，直接影响认识的兴趣、目的和解决问题的方式方法等。在马克思看来，存在着两个文本，一个是观念的文本，另一个是实践的文本，要理解观念的东西必须回到生活实践的地平线上。也就是说，实践是理解观念的钥匙，实践是理解和解释活动的基础。[1] 更为重要的是，马克思主义哲学不是以往为思辨而思辨的"纯粹的哲学"——旨在"解释世界"的理论形态的哲学，而是着眼于实践、服务于实践——"改变世界"、改造现实的革命的哲学，是科学性与革命性统一的哲学。所以，理论与实践的关系问题构成马克思主义哲学的根本问题，这一点为安德森在《西方马克思主义探讨》一书中所言明；而哈贝马斯的著作《理论与实践》则系统研究了理论与实践的关系。在他看来，"历史唯物主义想要全面地说明社会进化，因此这种说明既涉及理论本身的形成联系，也涉及理论本身的运用联系"[2]；因此，"历史唯物主义可以被理解为一种以实践的意图拟定的社会理论；这种理论避免了传统政治和近代社会哲学互补的缺陷，所以它把科学性要求同一种与实践相关的理论结构相联系"。[3] 因而，哈贝马斯主张，批判的社会哲学通过理论对自身形成过程中的联系的反思有别于科学和哲学。科学不考虑结构联系，它客观主义地去对待自己的对象领域。哲学（传统哲学。——笔者注）则相反，它太相信自己的起源，它用本体论的观点把自身的起源视作根基。批判的社会哲学通过理论对自身运用过程中的联系的预测有别于霍克海默所说的传统理论；它的公认的要求只能在成功的启蒙过程中，也就是说，只能在有关人员的实际对话中得到兑现；它拒绝人们以独白方式建立的理论苦思冥想出来的要求，并且认为，迄今为止的哲学，尽管它也提出过自己的要求，但带有苦思冥想的性质。进而，可从三个方面解释理论与实践的关系：从晚期资本主义社会制度中科学、政治和公众舆论的关系的经验方面；从认识与兴趣的认识论方面；从肩负批判使命的社会理论的方法论方面。[4]

---

〔1〕 俞吾金：《马克思的权力诠释学及其当代意义》，载《天津社会科学》2001 年第 5 期。

〔2〕 ［德］尤尔根·哈贝马斯：《理论与实践》，郭官义、李黎译，社会科学文献出版社 2010 年版，第 1 页。

〔3〕 ［德］尤尔根·哈贝马斯：《理论与实践》，郭官义、李黎译，社会科学文献出版社 2010 年版，第 2 页。

〔4〕 ［德］尤尔根·哈贝马斯：《理论与实践》，郭官义、李黎译，社会科学文献出版社 2010 年版，第 2 页。

历史唯物主义立场下的实践观，才能确立起实践的总体性地位，如何做（How to do）的实践问题——H 问题[1]，以及应该怎么做的实践规范问题才能凸显出来，旨在拯救实践、拯救现代性的现代实践哲学对马克思主义哲学观的解读才有了可靠的理论进路。

另一方面，在历史的逻辑下，现实的人之生存实践的历史性，内蕴着实践辩证法这一思维方式。

历史唯物主义与一切旧唯物主义的根本区别在于"历史"和"实践"的观点，或者说"历史的逻辑"和"实践的逻辑"。历史与实践是互动互释的，只有在"历史的逻辑"下，实践的前提性、境遇性或历史性和过程性才获得重视，实践的辩证法才得以浮现，并最终使得逻辑与历史的统一成为可能。因为，费尔巴哈之前的唯物主义者仅仅是自然唯物主义者，看到的是自然界的物质性和客观性；费尔巴哈把人看成是自然界的最高存在，并用自然存在物来抽象地定义人，当他把视野转向人类社会时，由于偏执于"感性"而看不到"感性的实践活动"，用抽象的类本性来思考人，进而成为历史唯心主义者。可以说，历史始终在旧唯物主义哲学视野之外。造成这种情况的根本原因是，一切旧唯物主义者不了解感性的实践活动之于现实的人和社会历史的意义。而在马克思看来，历史是人们的生活过程，是人们的实践活动在时间中的展开，世界历史也是随着人们的劳动而不断生成的过程，而且不同于自然规律，历史规律是有目的的人的活动的规律。因此，对历史的考察必然回归现实的生活世界，回到现实的人的感性实践活动这一基础上来，展现为历史与实践思维方式的内在联结和不可分性。他对历史的说明是感性活动过程论的——实践过程论的；他对实践和感性活动的说明又总是强调历史性境遇的历史主义立场。正是在此意义上，历史唯物主义的历史的逻辑内蕴着实践的思维方式——实践的逻辑、实践辩证法。那也就是为什么马克思注重劳动批判、生产批判和资本主义工业批判的原因。对感性实践活动的迷失与遮蔽是传统形而上学和旧唯物主义共同的局限。

马克思在《关于费尔巴哈的提纲》的第一条中就明确指出："从前的一切唯物主义——包括费尔巴哈的唯心主义——的主要缺点是：对对象、现实、

---

[1] 徐长福：《走向实践智慧——探索实践哲学的新进路》，社会科学文献出版社 2008 年版，第37 页。

感性，只是从客体的或者直观的形式去理解，而不是把它们当做人的感性活动，当做实践去理解，不是从主体方面去理解。因此，结果竟是这样，和唯物主义相反，唯心主义却把能动的方面发展了，但只是抽象地发展了，因为唯心主义当然是不知道现实的、感性的活动本身的。费尔巴哈想要研究跟思想客体确实不同的感性客体，但是他没有把人的活动本身理解为对象性的活动，因此，他在《基督教本质》中仅仅把理论的活动看做是真正人的活动，而对于实践则是从它的卑污的犹太人的表现形式去理解和确定。因此，他不了解'革命的''实践批判的'活动的意义。"[1]

只有历史唯物主义凭借历史的逻辑，最终解除了以往对不变、永恒、绝对的实体论形而上学信念，运动变化、生成与过程的历史性思维以及由此所确立的感性活动过程论或实践过程论，也就是实践的辩证法、实践的逻辑和实践总体的解释原则才成为历史唯物主义同历史唯心主义、旧唯物主义的根本分野，成为现代实践哲学的内在特质。如果说新唯物主义、现代唯物主义的解释原则是"历史的解释原则"，遵循"历史的思维逻辑"[2]，那么，"历史的思维逻辑就是辩证法的逻辑"[3]，而这种辩证法又超越了单纯概念的辩证法，而进展到现实的主体与客体的相互作用的辩证法——实践的辩证法的基地。

总之，把马克思主义哲学解读为现代实践哲学是基于现当代西方哲学实践转向的总体境遇，通过西方马克思主义对马克思主义哲学观的理解理路，特别是按照"以马解马"和走近马克思的理论诉求等，彰显了马克思哲学范式的转换及其所实现的哲学革命。然而，这种对马克思主义哲学所作的现代实践哲学的阐释和称谓，只有在历史唯物主义世界观和解释原则下才是可能的，而且二者在逻辑上是互释共融的。因此，它是对作为马克思主义世界观的历史唯物主义的另一种凸显对话姿态的表达，既不同于西方传统实践哲学，也有别于当代西方实践哲学。然而无论如何，对马克思实践哲学的称谓都凸显着现代哲学范式转化的特征以及与其他现当代哲学的共通性，其实践的观点或实践的思维方式——实践辩证法根本来说是实践生成论、实践—过程论

---

〔1〕《马克思恩格斯文集》第 1 卷，人民出版社 2009 年版，第 503 页。

〔2〕 刘福森：《我们需要什么样的哲学——哲学观变革与历史唯物主义研究》，北京邮电大学出版社 2012 年版，第 164 页。

〔3〕 刘福森：《我们需要什么样的哲学——哲学观变革与历史唯物主义研究》，北京邮电大学出版社 2012 年版，第 167 页。

的，与怀特海的经验形而上学的生成论、经验—过程论相契合，或者说实践与过程的联结使得实践—过程论内蕴着经验—过程论。

二、怀特海经验—过程实在论与经验形而上学

怀特海作为建设性后现代的奠基人，其过程哲学或有机哲学不仅批判传统实体论形而上学，而且解构建立在传统形而上学基础之上的近代认识论，试图超越思—存二元对立并外在化地寻求主—客统一的唯理论、经验论和先验论哲学的理论理路和思想方式，在有机宇宙论下建构了一种基于过程思维、经验分析的新实在论（经验—过程实在论）和新形而上学——"经验形而上学"，并将认识论与该形而上学内在地统一起来。所以，这里将着重从以下几个方面加以考察，以期说明怀特海基于经验—过程的实在论所建构的"经验形而上学"是何以可能，以及认识如何与经验获得了内在统一。

（一）对以往经验论的回归与超越：怀特海的激进经验论

经验一直是怀特海思辨哲学体系所力图遵循的事实基础。然而，由于怀特海构建哲学体系时更多地把其论述置于对理论融贯性的考察上，即相互关系与适当性，在一定程度上使人认为经验在怀特海哲学中只是作为存在的某一特性而存在。同时，怀特海从未对经验给出过明确的定义，而只是以经验对于生成的描述，以至似乎又使人认为经验只是存在生成的一个普遍性质。

但是，人们往往忽视一个根本的事实基础，即无论怀特海的观念体系如何具有连贯性或体现逻辑融贯性，它都是"把自己限定在与直接事实相沟通的那些经验上"，因为我们建构体系的目的就在于使这个体系"具有对全部经验的普遍性保证"。[1]因此，我们首先要讨论的问题就是怀特海如何通过对以往一些哲学的考察，来沟通特殊认识主体与普遍整体之间相通的共在因素，从而把每一个经验事态作为实在的同时又置于整体内的实在范畴来建构认识论与形而上学。

1. 对传统经验论的考察：解构经验认识的特殊主客体结构

尽管怀特海在其著作中对自柏拉图到20世纪哲学家的思想皆有论述，但其目的在于探讨一种思维模式，发现一种经验固定结构。因此，他把关注点主要集中在传统经验论是由于这是其"基于从笛卡尔开始到休谟结束的这个

---

[1] ［英］怀特海：《过程与实在》，李步楼译，商务印书馆2011年版，第10页。

阶段哲学思想的重新发现"。〔1〕

通过回溯文本，不难看出怀特海在其著作中花费大量篇幅对从笛卡尔、牛顿到洛克、休谟等人的有关经验思想进行了考察，而其目的就在于思考对经验基础的合理论证。结论是上述思想家对于"经验基础的论述都有一定的片面性"。〔2〕

怀特海发现，无论是笛卡尔、休谟等人如何试图通过自我或心灵来认识外部世界——即试图通过相对于自我或者心灵这种特殊性来认识异于其的普遍性——最终都陷入了某种"知觉的表象理论"，结果就是不得不给心灵加上并非来自于客观经验的成分，如洛克在第一性质的基础上添加了第二性质，或直接如康德那般"把世界降低为单纯的现象铺平了道路"。〔3〕究其原因，他们对经验的思考方式多少都受到了"来自亚里士多德逻辑学的缓慢影响"，〔4〕而忽视了主体内外部之间在经验上更深层次的关联。尽管顺沿亚氏这条路线而对物质世界中实在的具体事物进行描述"简单得美丽"，但这却也为传统的经验认识方式最终走向休谟的不可知论埋下了伏笔，因为通过这种严格的经验主客体模式，我们最终会发现经验主体失去了与外部不依赖经验主体的客观实在间的因果联系，这使得经验无法确认宇宙终极原因。

通过此分析，怀特海认为，尽管传统经验论试图使用他们自身经验用清晰而又分明的成分，但这却更加导致了经验主体间的割裂。因而，怀特海通过考察传统经验论认为，主体与客体之间这种经验分析结构可以作为"经验的基本结构"，〔5〕但是他却拒斥了"主—客关系等同于知者—被知者关系"，为他以一个更大范畴的经验事实为依据，去建构认识论而奠定基础。

为此，怀特海意识到，假使我们不能意识到赋予我们个体认识判断的整体性经验，即如果我们不根据"使我们隐隐约约地想到存在的完整性的大量问题来对清晰性作出解释"，〔6〕而始终以个体意识与知识作为优先级对整体

---

〔1〕　[英] 怀特海：《过程与实在》，李步楼译，商务印书馆2011年版，第1页。

〔2〕　[英] 怀特海：《过程与实在》，李步楼译，商务印书馆2011年版，第2页。

〔3〕　[英] 怀特海：《过程与实在》，李步楼译，商务印书馆2011年版，第80页。

〔4〕　[英] 阿尔弗雷德·诺思·怀特海：《观念的冒险》，周邦宪译，译林出版社2014年版，第144页。

〔5〕　[英] 阿尔弗雷德·诺思·怀特海：《观念的冒险》，周邦宪译，译林出版社2014年版，第191页。

〔6〕　[英] 怀特海：《思维方式》，刘放桐译，商务印书馆2016年版，第101页。

经验作出判断，颠倒了关系，就会使得近几个世纪以来基于经验的认识论显得异常薄弱。

2. 对现代实在论与实用主义的考察：建构普遍整体下的泛经验实在论

发现了传统经验认识存在的问题，怀特海希望凭借经验去确认认识论更真实的基础，即把认识归于一种更广泛的经验之流。大卫·格里芬把怀特海这种经验认识原则称作"泛经验论"，即我们的"意识经验应被视为'自然'的一部分……不应被视为另类于其他自然事件"。[1]的确，怀特海正是解构了意识这一主体形式在认识方面的优越性后，确认自然不对心灵开放，遵循泛经验论这种建设性后现代激进的经验论立场，在分析了传统经验论之后，试图在现代哲学中寻找答案。

尽管怀特海考察了现代种种宇宙论，但他把目光集中于个别学派的思想在于借鉴这些人的经验思想，"讨论各种经验论题来揭示这些观念的意义，最终建构起一种完善的宇宙论"，[2]而他"得益于英美的实在论哲学家是很明显的"，[3]虽然对詹姆士与杜威等人在何种意味上属于实在论这一范畴尚有争议。不过，怀特海分析传统经验论后认为，过去主客体结构之所以存在缺陷，是由于忽视二者应首先是相互内在于一种整体流动之中，而怀特海这一思想发现，无论从柏格森、桑塔亚纳等人或是实用主义学派内詹姆士与杜威的讨论方式来看，他自己从中受益都是相当明显的。

一方面，怀特海这种整体论首先站在了反理智主义立场来拒斥经验主体在认识论上的优先性与表象认识，即存在在柏格森看来只是流动和变化的，而除了我们个体经验的纯粹知觉外还有更多的"材料"，这二者之间相当于"部分与整体的关系"。[4]詹姆士受柏格森的影响颇深，因而他把柏格森的这种"材料"分析为主客体所共同享有的连续经验。另一方面，把一切认识与存在首先同等地归因于整体性存在。正如杜威觉得"模糊而广大的背景在每一个有意识的经验中都呈现出来"[5]那般，个体经验首先应归于整体的"自

---

〔1〕［美］大卫·雷·格里芬：《复魅何须超自然主义——过程宗教哲学》，周邦宪译，译林出版社 2015 年版，第 137 页。

〔2〕［英］怀特海：《过程与实在》，李步楼译，商务印书馆 2011 年版，第 3 页。

〔3〕［英］怀特海：《过程与实在》，李步楼译，商务印书馆 2011 年版，第 3 页。

〔4〕［法］亨利·柏格森：《材料与记忆》，肖聿译，北京联合出版公司 2013 年版，第 54 页。

〔5〕［美］约翰·杜威：《经验与自然》，傅统先译，商务印书馆 2017 年版，第 300 页。

然"经验。

正基于此，怀特海认为自己"也要十分感谢柏格森、威廉·詹姆士和约翰·杜威……就是要维护他们的思想方式"，[1]通过吸收上述思想家关于流动与整体经验的构想，怀特海一方面希望解构以往经验哲学所认为的有任何实在的性质能客观独立于任何个体的认识与情感的观念，另一方面把一个个体认识经验置于流动的整体性之中。但他认为这还不够，因为我们不知道特殊的经验事态究竟在何种意义下存在，"各种现代实在论哲学对于科学原则没有任何论述"，因而他最终的目的就是建构可以融贯不同层面的经验论，以此最终在形而上学上能符合诸如现代宇宙论等交叉科学间的不同争论而"涵盖那些特殊原则"。[2]就是确认处于过程中的自然整体经验存在的实在性和现实性，宇宙不过是众多的经验主体构成的一个大的经验共同体，是拥有时间和历史之维的四维的广延连续体，是一个活的生命体。宇宙秩序无外乎将拥有身体的物理事件数学化和形式化的自然律；主客体之间的关系是相对而言的，根本来说是主体间性关系。

3. 特殊物与普遍性质：个体的实在与认识同整体共在经验间的关系

基于上述考察，怀特海重新发现了其有机哲学所遵循的基础：一是确认认识是基于一个主体对一个客体的经验认识，而主客体关系是以此为基础的认识论的基本结构。对于传统认识论，我们扩展了这种结构，因为认识的知识是"高度抽象的概念……仅存在于经验事态的更复杂的实例中"。[3]

以此推之，就是这特殊的经验主体与不属于此主体的客体之间享有共同的经验因素，而共同的因素便使它们共同处于整体关系之中。因为我们的认识材料总是首先会是一些"现实实有"，而我们认识无论如何都要"通过客体化的现实和经验主体共同拥有某些普遍因素"[4]，即我们认识的总概括必须"建立在现实经验的基本因素上"[5]。这便是上文所述"泛经验论"——激进的经验论所应具有的双重内涵。其一是怀特海力图超越以往经验论，把经

〔1〕［英］怀特海：《过程与实在》，李步楼译，商务印书馆2011年版，第3页。

〔2〕［英］怀特海：《过程与实在》，李步楼译，商务印书馆2011年版，第182页。

〔3〕［英］阿尔弗雷德·诺思·怀特海：《观念的冒险》，周邦宪译，译林出版社2014年版，第191页。

〔4〕［英］怀特海：《过程与实在》，李步楼译，商务印书馆2011年版，第78页。

〔5〕［英］怀特海：《过程与实在》，李步楼译，商务印书馆2011年版，第246页。

验主体扩展到以往哲学所固定的人的视角之外，主张任何现实实有均为经验主体（包括人类的和非人类的一切实存），且均享有与人同等之地位，即经验主体的非人之"泛"。其二，世界便是由此无数的经验实在主体所构成，在此种泛经验意义下的世界便是一种由特殊所构成的普遍，即泛经验下的整体、总体。进而，"泛"便表达出了特殊的经验主体与由无数经验主体构成的世界间的关系：一种基于共在经验的特殊与普遍的融贯关系。同时，也在此回应了为什么怀特海哲学可以称得上是一种激进的经验论。

简言之，对于怀特海所考察的一些传统实体论的认识论，问题在于都以不同方式割裂了整体经验存在的基本范畴下不同事实之间的内在联系，正如特殊事实首先在现实存在上与其他特殊物是量与量（或是一种能与能）之间的区别，而后才作为个体上质与质之间的区分，即普遍的经验"属性"首先规定了特殊"物质实体"，任何个体经验都必须被放置到宇宙整体经验的大背景中加以考察。接下来便是讨论为什么这一共在因素对主客体之间是相互流通的，以及为何它是相对普遍而作为个体上现实的，从而进一步说明怀特海经验的实在性与经验实在论形而上学的合法性。

（二）作为现实实在性的经验：怀特海经验实在论的"本体论"合法性

通过第一部分的讨论，我们得以厘清怀特海经验思想的来源及分析方式，发现其希望通过扩展经验分析的基本模式，回溯此模式真实的整体存在基础，以此打造一种基于整体经验背景，围绕个体特殊经验事态而存在的泛经验论，承认经验事态最终又是构成整体的基本单位。

1. 经验之于过程与关系：为什么经验的才是实在的

现当代哲学基本已经在不同层面拒斥了实在的完全独立性与不变性，即实体最具现实性、实在性的观点，并开始关注生活世界的经验考察。而在怀特海哲学中经验的重要性在于，经验是唯一具有现实性的存在事态的经验。因此，经验相较于怀特海哲学体系中事物生成过程与相互关系在何种意味上具有现实实在性与优先性，就是为什么经验事态才是实在而非实体，是我们首先要站在其有机宇宙论视角所要回答的问题。实际上，怀特海的有机宇宙论就是一种过程—关系的哲学或经验形而上学——经验"本体论"，但这里的过程或经验本体论不同于实体本体论。经验本体论——经验形而上学是经验—过程实在论的，而实体本体论则是一种实体实在论。

首先来看经验与过程的关系。对于"过程"一词而言，现代物理学将宇宙或自然中的终极存在事态"设想为能量的所在地"，[1]代表了我们的世界处于不断流动或持续性之中，怀特海把此种事态称作"广延连续体"的一种过程性事态。以此来论，"过程"似乎对于一切"事物"具有某种优先性或本体论地位，因为世界作为某种流动之整体而存在，但对此种持续性的能的整体或广延连续整体，我们在此阶段却无法界别"这"是什么，只要对于任何可指出的"这"，它已然"总是一桩怀有那种能量的个体事实"。或者说，在日常的意味上，我们可以把世界首先理解为詹姆士式的纯粹经验，以怀特海经验实在论思想而言，我们并不否认它是连续的与流动的，但此过程世界并非任何的现成存在的事物。当"这"被分割作为一个主体或超体被识认时，已然是作为一个具有现实性的、实在的经验事态。过程或流动在其中作为形成此经验实在的"过程"，或实在的"流动潜能"，而最终能够作为实在的"形成形态"必然是一种经验机缘的复合体，即经验实在。任何特定的"过程"必复合于经验事态中，而"'现实性'是这种复合的基本体现"。[2]所以，在过程中无法划分能或广延性是由于"这"在经验状态之前并非实在，而当我们意在存在论意味上指出"它"为能量个体时"它"已是经验的事实，对于缺少现实经验的规定性的能或整体广延，毫无意义也不可想象。质言之，任何宇宙时期下过程的"生成一致性"或划分"有"某种东西在过程中的生成，只有通过"世界中现实事件才能加以确定"，[3]而现实事件即经验的事态。然而，不同于亚里士多德仅仅把过程视为事物从潜在性向现实性的转换进程或中间环节，怀特海则把过程直接看成是由现实事态构成的事物自我感受、自我生成、自我实现的历史进程，是前一刻的我来到当下并承传过去和获得新颖性的经验主体存在本身，因此，过程即实在，也就等于说经验即实在。

其次来看关系与过程和经验之间的关系。在怀特海那里，由于现实事态这一经验主体不是现成持存或不变的永恒的存在，而是处于自我展开、自我创造的过程中，过程就是现实事态（经验事态）的存在样态。正是过程式存

---

[1]　[英] 阿尔弗雷德·诺思·怀特海：《观念的冒险》，周邦宪译，译林出版社2014年版，第202页。

[2]　[英] 怀特海：《过程与实在》，李步楼译，商务印书馆2011年版，第229页。

[3]　[英] 怀特海：《过程与实在》，李步楼译，商务印书馆2011年版，第200页。

在的现实事态——经验主体的生成过程恰恰是其在现实世界（环境）和大宇宙背景中的合生过程，因此必然发生与自身过去的关系、与现实世界的关系与宇宙整体的关系以及与其他现实事态的关系。显然，这些关系不是外在于我的，而是最具有现实性和实在性的属我的内在关系。就是说，没有时间性、过程性、历史性存在现实事态，就没有经验可言，更谈不上内在关系。如果说过程的实在性与现实性标志着经验的实在性与现实性，那么同时也必然使得关系具有实在性与现实性，在这个意义上我们说怀特海的经验论形而上学也是关系论的。

我们从怀特海处得知，广延连续体是普遍性关系的复合物，这些关系包括"整体与部分的关系，拥有共同部分的重叠关系、接触关系以及从这些基本关系派生出来的其他关系"。[1]它们在亚里士多德那里都是具有"潜在性的"，它们既非现实的，亦无现实意味上的边界，如无现实性的支撑只具有形而上的意味，尽管在潜能上是"实在的"，却是非现实的。但就它们表达了现实世界有关的关系事实而言，它们又具有潜在中的现实性。当我们把这些无界的广延关系指派给现实性的经验事态时，也即只有在这潜在的基础上把"这"的无限性区分为经验的一个个个体的事态，当通过经验现实化后，把它们分辨为在某处的某物，即给予它们怀特海所谓的"位域"，划分为诸如电子、物质、虚空等，才可称作宇宙中的实际存在事物，关系总是一种以经验为视角而抽象后的关系，即抽象的关系以经验的个体为基础，因而"宇宙的唯一实在就是由这些个体事物构成。这些个体事物便是个体的经验特殊事态，即实际实有"。[2]这里"实际实有"（Actual Entities）就是现实实有。

因而，任何意义上所谓的事物在生成过程与普遍的关系，在缺乏经验的基础下都是一种非现实性的存在，无论从发生学来看作为一种事件过程的现实机缘也好，抑或从形态学上考察作为某种普遍性关系的结构，经验在存在层面对于两者实质上都是具有现实性的基本构成要素，没有经验个别与经验总体的一般，现实事态的合生过程及其确立的内在关系都难以开启。怀特海这就回答了为什么经验是实在的。

---

〔1〕[英]怀特海：《过程与实在》，李步楼译，商务印书馆2011年版，第105页。

〔2〕[英]阿尔弗雷德·诺思·怀特海：《观念的冒险》，周邦宪译，译林出版社2014年版，第194页。

2. 经验与秩序：经验事态构成真正实在的个体统一体与整体

既然经验具有宇宙中真正现实存在的意味，那它以何种形式存在？抑或如何作为实在而存在？在上文已经提及，只有当现实被区分为一个个个体经验事态或事件时，它才是真正的实在。一方面，在首先以经验整体而存在的意义上，怀特海在此处应是吸收了部分杜威式的经验实在论，正如杜威反对实在的普遍化，支持某种情境论的实在论，而把实在"转向处于特定情境中的实在之物的研究"，[1]怀特海把宇宙中的现实存在行为称为一种"经验事态"或"经验机缘"（Occasion of Experience），而"这种存在的统一体、这种经验的情境是真正实在的事物"，[2]因为由经验构成的周遭环境与秩序影响着生成于其中的经验事态之实在化，"秩序"一词在某种程度上作为环境的同义词，它就是那种经验事态形成所需的经验环境与限制，一种经验背景的"既定性"。经验与秩序，即事物与形成事物所需背景间的关系，构成从下到上的因果效验。

因此，任何经验的形态——电子、物质乃至我们的时空——都是由于在相互作用的"既定"的经验环境下形成了相对稳固的秩序，它们都是经验的复合物，或怀特海把它们称为具有内在关系的"聚合体"和"社群"。同时，作为个体或特殊的某一经验事态才是真正的实在，怀特海以一种主体特有的事实即经验秩序下形成的主体自身特有的形式来区别不同经验统一体间的区别，主体形式是经验事态作为一个"事物"感到了某种经验并形成了自身的目的、情感、评价、意识等，这种经验的形式产生，首先来自周遭的经验环境但却又并非全来自外部。因为经验首先是作为流动的整体存在，所以经验之流是具有"矢量"性质的，当整体之流中的特定经验汇聚成一个统一体，使该统一体形成了自身特殊的经验"形式"，也即它在形成经验统一体时从它内部感觉到它与外部世界的确定的关联时，这些经验在统一过程中就使自身具有了自身的形式，成为一个经验的实在统一体，而成为自身。因此，经验主体的主体形式是其感受活动所必须的要素之一。

这里不涉及任何认识论层面的问题，但是在存在层面确认经验主体作为

---

〔1〕　涂纪亮：《实用主义：实在论与反实在论之争》，载《云南大学学报（社会科学版）》2006年第2期。

〔2〕　［英］怀特海：《思维方式》，刘放桐译，商务印书馆2016年版，第138页。

一个个特殊的实在是为了我们最后说明"主体性经验活动是提供形而上学进行分析的基本的形而上学的情境"。[1]经验环境生成了特殊经验实在，而这种特殊作为实在构成了整体，这就是为什么怀特海把终极范畴确定为以事物、现实事态或现实实有和存在为基础的"一"与"多"以及"创造性"的根本原因。"一"与"多"互为先决条件，使得宇宙整体的同一性与分离性的多样性在创造性的合生中成为可能。因而，"这种终极范畴代替了亚里士多德的'第一实体'"[2]。

（三）认识论与形而上学的统一：以经验的共在性建构的逻辑融贯性

最后我们来到怀特海的认识论层面，认识既产生自共同的经验整体，又作为主体自身经验的认识，这正是由于我们站在经验事态作为唯一构成现实实在因素的立场来讨论。没有经验主体的感受活动认识的说明就会缺乏深厚的宇宙根基，因此怀特海的认识论是建立在其经验形而上学的有机宇宙论基础之上的。

1. 认识：作为顽固事实的经验共在性

首先，基于上一部分的分析，我们已经阐明怀特海把任何"高于"经验的事物置于经验环境之中，因而，在经验实在论或"本体论"那里来到认识论这里。认识已经属于经验的"二阶经验"，"经验并非是经验者与外在于它的某物的一种关系"，而"经它可知，任何认识都必须基于经验事态所形成的构造中，以此便构建了万事万物之间一种天然的关联性，认识就是特殊经验基于普遍经验本身便是一个'包容'的整体，这个整体就是'一中之多'所需的关联性"。[3]在共在经验的特殊与普遍相互包容的意义上，怀特海就通过经验的个体与整体间的经验共性弥合了一直困扰过去特殊物与普遍性质即抽象的主客思维方式上导致的二元对立的鸿沟，把个体经验置于整体经验，二者享有共同的经验共在性之关联。

值得注意的是，此处怀特海所用的人称代词为"它"，具有两层含义：一是经验间具有物理向量的指示性质；二是表明经验者并非特指有生命的人或

〔1〕［英］阿尔弗雷德·诺思·怀特海：《观念的冒险》，周邦宪译，译林出版社2014年版，第249页。

〔2〕A. N. Whitehead. *Process and Realty*. The Free Press, 1978：p. 21.

〔3〕［英］阿尔弗雷德·诺思·怀特海：《观念的冒险》，周邦宪译，译林出版社2014年版，第256页。

生物，而是万事万物，这就是以经验共在性扩展了经验认识的特殊形式。因为怀特海认为，"事物的关联性不是别的，就是事物在经验事态中的共在性（Togetherness）"，而任何事物在此基础上作为同等的经验主体都享有自身经验的认识。对此怀特海特别明确这一"共在"是在何种意味上使用，即"只有在经验中的事物才是'共在'的，只有作为经验中的构成成分……事物才会'是'，无论这个'是'是什么意义"。主—客、特殊—普遍在共在经验内的相互关联，这就是彻底否定了康德以主体先天形式为先，以期先天地经验对象，建构出被给予的存在——现象界的理论，因为这一理论在存在上先使"自己脱离了与日常生活的普通的顽强事实的联系"。[1]基于此，怀特海颠倒了康德式的处理经验的理论和他的先验论的理解理路，因为经验认识首先需要一种顽强的存在性事实，而我们的认识体系应"积极探索如何通过这种观念体系来说明经验"。[2]正是把万事万物置于经验之流中共在的地位，怀特海打通了经验认识在方法上对于一切事物的可分析性，沟通了主体性经验与共同的外部世界的经验，从纯粹理性批判和感觉主义认识论进展到经验主体的纯粹感受批判。

所以，怀特海的经验认识论并非是以人的特殊经验为固定视角打造的认识论，也并非传统经验论所认为的各种可知的事实是心灵的创造物，而是在经验的共在性中，一个主体对另一个主体所享有的经验成分的分析。对此，怀特海像杜威"真正的自然主义经验论"[3]那样，把经验的范围平等地扩展到了主体之外，正如杜威批评以往经验论限定经验在知识范围内，怀特海也必然会同意杜威的"经验既在自然之内，也是关于自然的"论述，怀特海也正是遵守了此思路，即我们不是用知识说明经验，而是用经验去说明知识，因为知识首先产生于意识，而"经验是意识的先觉条件"。[4]

在此意义上，我们发现了我们自身这样特殊的认识主体，尽管我们易于认为我们自身的经验不同于周遭世界，但这以不同类别来看这种认识"是认

---

〔1〕［英］怀特海：《过程与实在》，李步楼译，商务印书馆2011年版，第4页。
〔2〕［英］怀特海：《过程与实在》，李步楼译，商务印书馆2011年版，第6页。
〔3〕［美］约翰·杜威：《经验与自然》，傅统先译，商务印书馆2017年版，第14页。
〔4〕［英］怀特海：《过程与实在》，李步楼译，商务印书馆2011年版，第85页。

识论的，而不是本体论的"。[1]在怀特海那里，我们需要站在经验本体论的视角上来建立特殊的认识论，即将认识论建基在经验宇宙论这一新形而上学之上，切实将认识与处于过程中的经验实在即经验主体内在地统一起来。

2. 作为特殊经验认识主体的原则：认识是经验流向经验的双重指向

我们进一步考察的就是，在怀特海那里，拥有意识主体形式的人这种特殊的认识主体是如何基于由外而来经验的共在性，而作为特殊经验统一体又从内统领我们认识的。

上文已表明，在怀特海的哲学中，把我们通常的认识主要分为两种，第一种是以表象直接性的方式认识世界，即之前讨论过的传统经验论的方式。这种方式尽管在某种程度上是正确的，因为它代表了复杂经验所形成的抽象能力，却也使我们忽视了作为经验载体的身体，因为我们作为整体一部分的经验身体首先在经验中形成了如此的认识能力。这在某种意义上，认识仅停留在经验认识的二阶，而尚未进行经验认识的始源性追问，也造成了缺少因果关系与当下的唯我主义。

作为易于被忽视的第二种认识方式是，先于这种表象直接性认识方式的是以身体作为经验整体的方式感受世界而非单纯诉诸心灵、意识和理性。怀特海认为，第一种认识是我们各部分身体器官（主要是视觉为主导感官）所统一形成的经验主体对对象的认识，但我们的身体器官却首先源于外在经验，尽管最终以身体整体的某一种主体的形式占据主导，却忽视了各部分非主导器官对经验的感知。因此第一种认识尽管是准确的，却是不完全的。我们之所以发现我们的认识似乎不同于周遭世界任何经验，仅仅是因为"它是我从内部认识到的"，[2]是经验中的一部分占据主导后反向对世界的认识。

而这两种认识的统一，表象性的以及前表象性的身体跟部分的经验知觉性认识，就是一个主体向另一个客体的指向性的认识方式的最终形成，是经验之流流向主体，外经验流向内经验形成了主体自身的形式，主体作为特殊经验的统一而形成经验主体后又指向别处的经验客体之间的相互作用。因此主体认识的原则可以概括为，在限定特殊经验主体的经验感受活动中认识到

---

〔1〕［美］大卫·雷·格里芬：《复魅何须超自然主义——过程宗教哲学》，周邦宪译，译林出版社 2015 年版，第 137 页。

〔2〕［美］大卫·雷·格里芬：《复魅何须超自然主义——过程宗教哲学》，周邦宪译，译林出版社 2015 年版，第 137 页。

经验的普遍性及其规定的特殊实在，是经验在相互对象间的流动，有主体间的感受（经验）与被感受（经验）及环境的参与。

3. 终极概念：走向经验建构的"形而上学"

由此，怀特海以整体中的特殊经验最终走到了经验论意义上的形而上学，"各种潜能在原初的现实实有中的这种理想性的实现构成了形而上学的稳固性，从而使现实的过程得以体现形而上学的普遍原则，并达到了适于各种特殊类型自然发生的秩序的结果"。[1]

"各种特殊类型"即经验事态、经验主体，所以还有必要简要说明怀特海如何从经验出发而从特殊扩展到适合所有实在的形而上学特性的原则。因为一个现实实有的"形而上学特征——在形而上学这个词的确当的一般意义上说——应当是适用于所有现实实有的那些特征"。[2]因此，把任意特殊经验事态设想为一个圆圈为例，一个圆圈即代表一个由经验过程构成的现实实有，作为某种意义下闭环而形成一个复合物才能称为实在，即一个基本的经验单位，而这些经验的复合体囊括了小到原子、生物，大到时—空维度的经验实存，它们都可被视为在某种经验的秩序下相互作用所复合成的经验统一体，由于作为经验主体所感受到的经验材料不同，经验主体之间的关系各异，而最终意味上的"整体"即是由这些大大小小的无数经验单元所构成，反过来任何讨论整体的概念又都是以某一经验统一体为视角。

但是仍然不能"可靠地把这些社群的确定特征都归于所有那些一直存在或可能存在的现实实有"，[3]经验作为一个经验事态时，是一个真正现实单位。如广延连续体，在怀特海经验论的意味下，代表经验复合物的各种潜能，正如时间是广延以某种经验秩序复合下的时间化，空间是广延的空间化，时空之外或许还存在其他尚未形成的经验秩序的潜能，而广延连续体就是对经验秩序的最初规定。

简言之，怀特海从现实层面确证了经验事态的过程性、实在性、内在关系性和现实性，继而在流动的整体经验之流中把个体的、特殊的经验统一体当作实在，继而建构整体实在，以不同特殊实在作为认识论的出发点从而满

---

[1]　[英]怀特海：《过程与实在》，李步楼译，商务印书馆2011年版，第64页。

[2]　[英]怀特海：《过程与实在》，李步楼译，商务印书馆2011年版，第141页。

[3]　[英]怀特海：《过程与实在》，李步楼译，商务印书馆2011年版，第141页。

足了普遍性的要求，并最终扩展到形而上学。显然，怀特海批判身心对立的二元论，在解构传统实体论形而上学及其所对应的表象思维的知性认识论基础上，既反对把认识单纯归属于心灵、自我、我思的做法，也反对被动地反映外物的感觉主义认识论，更是拒斥纯粹理性批判的先验论对经验的处理方式，而走向基于经验主体间互动、把宇宙整体作为大身体、把现实世界作为载体、把经验事态自身作为从事感受或摄入活动的经验主体并携带主体形式去感受、理解和把握对象的"纯粹感受批判"的新认识论，这种认识论以其将经验事态——实在作为构成单位和经验主体的宇宙论形而上学为基础，进而建构了基于激进的经验论和经验—过程实在论或者过程—关系实在论的经验形而上学。这种新形而上学根本来说就是有机宇宙论，不仅蕴含了过程论的新实在论，而且表达一种激进的经验论——泛经验论立场，既凸显了总体的观点——总体性辩证法，又将经验主体拓展到非人类的事物，在主体间性下彰显了他者伦理与生态正义，[1]无疑有助于深化理解"生命共同体"思想，同时也为当下生态建设提供了一种可资借鉴的理论支撑。

三、马克思与怀特海哲学的感性活动论

马克思与怀特海作为现当代的思想家，他们都把哲学目光投向现实世界，并寻求哲学的经验基础，在辩证思维和整体论、有机论立场下，超越和终结传统形而上学、意识哲学及主客二元对立的思维方式。因此，他们不再分析作为实体、本体的"物"、作为主体的自我和自我意识，而是分析现实的人之生存活动、现实事态的感受和摄入活动，并回答主体如何在环境中自我生成、实现自身。在这个意义上说，尽管马克思与怀特海的哲学使用的核心概念不同，比如前者强调现实的人、人类社会（现实世界、属我世界）、劳动、生产、实践，后者则运用现实实有、现实世界、感受、摄入、创造，但他们都立足"经验事实"，是感性活动论的，强调"周围世界"、环境也即客观世界的实在性、现实性和生成性及其对于考察主体问题的不可或缺性、内在性与决定性等，而具有诸多共通性。通过对这些共通性的呈现，一方面展示马克思与怀特海对推动当代哲学转向所做的理论贡献；另一方面，又在二者思想

---

〔1〕 张秀华：《在场的他者——马克思与怀特海的他者之维》，载《上海交通大学学报（哲学社会科学版）》2017年第4期。

的共通性下借助细微的比较，彰显马克思哲学革命的彻底性及其历史唯物主义解释原则的根本性。现具体阐释如下。

（一）对动词的诉求：从"劳动""生产""实践"到"感受""摄入"

可以说，随着整个现当代哲学的转向，在形态学的意义上，不同于古代世界论的本体论、近代意识论的认识论，现当代哲学则是活动论的实践哲学。这种新范式的哲学，不再追问世界的始基、本原，也不再考察实体及其属性的表象问题，其理论旨趣在于拯救和规范实践，即使分析哲学对命题意义的讨论也转向了日常生活语言的分析，强调用法即意义。[1]正是在这一哲学重建的大背景下，马克思把劳动、生产、实践等作为核心范畴，率先完成了哲学革命；怀特海则于20世纪初在分析哲学传统下诉诸过程辩证法，关注经验主体的感受、摄入活动，从而解释万事万物的自我生成、揭示宇宙秩序。因此，马克思与怀特海二者都诉诸经验主体的感性活动，将哲学的关键词由名词转换成动词，将名词动词化，强调现实世界的历史性、生成性和过程性。

1. 马克思的劳动、生产与实践概念

在马克思那里，劳动、生产绝不只是经济学术语，而恰恰是其哲学建构的核心范畴，属于总体性下的内在性关系范畴。离开现实的人之劳动、生产，马克思的哲学观就来不到历史唯物主义这一现代唯物主义、新唯物主义这里。如果说实践观点是马克思哲学的根本观点，由于作为实践的最基础形式乃是物质生产实践，[2]那么物质生产是实践观点的不可或缺的内核，既是历史产生的首要因素，也是人与动物区别开来的界限，还是区别一个人是怎样的人的标准。感性的物质生产实践是现实的人在现实世界中最切近的生命和生存活动方式，是确认实践的物质性与客观实在性的关键。

众所周知，马克思最初是青年黑格尔主义者，在其博士论文中主张世界的哲学化和哲学的世界化，伴随其对现实问题的关注，开始从哲学批判、宗教批判进展到国家和法的政治批判，尔后来到政治经济学批判；由于他受费尔巴哈人本学唯物主义影响，关注现实的人的现实生活、感性事物和感性存在，把人的类生活看成是自由自觉的活动——实践，但在资本主义私有制下，作为人的类生活的劳动异化了。他在《手稿》中说，"全部人的活动迄今为止

---

〔1〕 ［奥］维特根斯坦：《哲学研究》，韩林合译，商务印书馆2013年版，第39页。

〔2〕 张秀华：《现代实践哲学与历史唯物主义》，载《哲学研究》2015年第3期。

都是劳动，也就是工业，就是同自身相异化的活动"[1]，因为"异化借以实现的手段本身就是实践的、现实的关系才能表现出来"[2]。所以他相信异化与异化的扬弃走的是同一条道路。在《手稿》中马克思经常使用劳动、生产、实践这三个互释性概念。他把劳动看成是生产活动，进而区别了"两种生产"——动物的生产和人的生产，前者具有受动性（只是按照自身种的尺度进行生产），后者具有能动性（能够按照任何种的尺度进行生产）；前者是本能性生产（总是从自身需要出发），后者是真正的生产、社会性生产（从他人需要出发）；前者是完全受环境制约的生产（在必然律的链条上），后者是拥有自由的生产（能按照美的规律来建造）。可是异化劳动下的生产，使工人不仅生产出异己和敌对的生产对象、生产行为的关系，而且还生产出他人对他的生产和他的产品的关系，以及他对这些他人的关系，生产出不生产的人（资本家）对生产和产品的支配。在私有制下资本主义"生产不仅把人当作商品、当作商品人、当作具有商品的规定的人生产出来；它依照这个规定把人当做既在精神上又在肉体上非人化的存在物生产"。[3]就是人通过劳动既生产人也生产社会。生产和消费所主导的私有财产运动是迄今为止全部生产运动的感性展现，是人的现实或人的实现（即使以异化形式），以至于马克思认为，"宗教、家庭、国家、法、道德、科学、艺术等等，都不过是生产的一些特殊的方式，并且受生产的普遍规律的支配"。[4]同时，马克思辩证地指出"正像社会本身生产作为人的人一样，社会也是由人生产的"。[5]对社会主义的人来说，整个所谓世界历史不外是人通过人的劳动而诞生的过程，是自然界对人来说的生成过程，所以关于他通过自身而诞生、关于他的形成过程，他有直观的、无可辩驳的证明。[6]

如果说在《手稿》中马克思跟随费尔巴哈关注感性存在，但他已经从感性直观进展到感性活动——劳动、生产和实践。那么在《神圣家族》中，马克思对黑格尔哲学的批判推进到抽象思维层面的意识哲学批判，不仅指出"黑格

---

[1] 《马克思恩格斯文集》第 1 卷，人民出版社 2009 年版，第 193 页。
[2] 《马克思恩格斯文集》第 1 卷，人民出版社 2009 年版，第 165 页。
[3] 《马克思恩格斯文集》第 1 卷，人民出版社 2009 年版，第 171 页。
[4] 《马克思恩格斯文集》第 1 卷，人民出版社 2009 年版，第 186 页。
[5] 《马克思恩格斯文集》第 1 卷，人民出版社 2009 年版，第 187 页。
[6] 《马克思恩格斯文集》第 1 卷，人民出版社 2009 年版，第 196 页。

尔把人变成自我意识的人，而不是把自我意识变成人的自我意识，变成现实的、因而是生活在现实的对象世界中并受这一世界制约的人的自我意识"〔1〕；而且认为鲍威尔把绝对知识改名为批判，给自我意识的规定性换上了一个听起来更具有世俗意味的名字——观点。在神圣家族那里，宗教世界只是作为自我意识的世界而存在，所以无论如何也不能想到："意识和存在是不同的，而当我只是扬弃了这个世界的思想存在，即这个世界作为范畴、作为观点的存在的时候，也就是说，当我改变了我自己的主观意识而并没有用真正对象性的方式改变对象性现实的时候，这个世界仍然像往昔一样继续存在。"〔2〕神圣家族一伙的根本问题在于，他们"都把现实的人变成了抽象的观点"。〔3〕

在《关于费尔巴哈的提纲》中，马克思开篇就言明无论是以往一切旧唯物主义，还是唯心主义他们都不懂得感性的实践活动，要么单纯持守客体性原则仅把感性理解为对现实、对象的直观，要么仅关注主体的能动性原则而漠视感性与感性活动。进而，马克思把教育与环境的改变归结为革命的实践活动，并指出社会生活本质上是实践的。

在《德意志意识形态》中，马克思不仅把物质生产劳动看成是人与动物区别开来的关键，用生产什么和用什么方式生产来说明你是什么样的人的问题，而且把现实的人的物质生产活动作为历史的前提，使物质生产的历史具有独立性，解构一切意识形态和语言王国的历史独立性，从而确立了历史唯物主义的立场和解释原则。

怀特海的有机哲学，在过程思维下也格外强调经验主体的感性活动，用物质极感受和精神极摄入活动来阐释一切作为经验主体的现实实有或现实事态的自我生成与自我实现过程。在怀特海看来，包括宇宙在内的一切事物都是由终极实在——现实实有或现实事态构成的，且都处于过程中，无一例外地进行着感受与摄入活动。当现实实有的感受与摄入活动终止了，一个事物也就完成了生命历程而消亡。

2. 怀特海的感受与摄入范畴

与马克思不同的是，在怀特海这里，从事感性活动的主体不只限于有意

---

〔1〕《马克思恩格斯文集》第 1 卷，人民出版社 2009 年版，第 357 页。
〔2〕《马克思恩格斯文集》第 1 卷，人民出版社 2009 年版，第 358 页。
〔3〕《马克思恩格斯文集》第 1 卷，人民出版社 2009 年版，第 359 页。

识的人，意识仅是主体进行感性活动必须携带的主体性形式之一，就是说主体性形式有多种，包括情感、评价、目的、喜欢、厌恶、意识等。

在《过程与实在》中，怀特海指出，有机哲学是关于现实的最小构成单位的理论。事实的每一终极单位是一种最小构成单位的复合……根据发生学理论，这个最小单位表现为把它得以从中产生的宇宙中的各个要素据为己有，作为其自身存在的基础。而把具体要素据为己有的每一过程叫做摄入。以这种方式据为己有的那些宇宙的终极要素就是那些已经构成的现实存在和永恒客体。所有现实存在都是被肯定地摄入（也叫感受），但对永恒客体的摄入却是有选择的（这种摄入属于否定性摄入）。在整合这些各式各样的摄入过程中，其他一些范畴类型的存在都成为相关的存在；而这些类型的某些新存在，诸如新的命题和类属对比，也进入存在之中。这些其他类型的相关存在也被摄入到合生的最小构成单位的构成之中。[1]可见，在怀特海这里，离开了作为经验主体的现实实有之感受和摄入活动，其过程哲学和有机宇宙论无法得以说明。因为，在"实在世界中没有什么纯粹的惰性事实，世界上的每一种实在都是因感受而存在的：实在既能引起感受，又能被感受"。[2]没有现实实有的感受，就没有因果关系。也正是这种相互感受关系，构成了相互联系、秩序的整体宇宙。怀特海用经验主体——现实实有的物质性感受，使其与其他客体化的现实实有、聚合体——现实世界与周围环境甚至整个宇宙身体关联起来；他通过时空中的现实实有的概念极感受与被作为现实实有的上帝概念性摄入而秩序化了的永恒客体关联起来，这样就形成了"从下到上"和"从上到下"的有机联系的宇宙整体。宇宙中的任何现实实有都必须进行物质性感受，即使是上帝也要与世界互动，进行物质性感受而不断获得其后继性的质，使自己处在过程中，成为陪伴世界的诗人。这里不难看出，怀特海用现实实有的感受与摄入活动回答了宇宙间万事万物都处于过程中，以哲学的方式并彻底过程论地回应宗教现象，解构了基督教人格神之完满形象，让神也非现成的持存，一切实在都必须在过程中。而支撑过程的是物质性与精神性感受、摄入活动。

---

〔1〕［英］怀特海：《过程与实在：宇宙论研究》，杨富斌译，中国人民大学出版社2013年版，第279-280页。

〔2〕［英］怀特海：《过程与实在：宇宙论研究》，杨富斌译，中国人民大学出版社2013年版，第396页。

（二）对意识哲学的反动：从"实践解释学"到"纯粹感受批判"

正是二人上述的动词诉求，在实在论立场上，即无论从事感性活动的经验主体还是被经验的外在对象都是现实的客观实在，把感性活动路径确立起来。进而，马克思与怀特海先后都解构、终结了传统实体论形而上学，反对建立在传统形而上学基础之上的认识论和知识论，批判主客二元对立的思维方式，经历了从"反"到"返"，从而回归现实世界，要么基于物质生产实践的文本解释理论、思想、观念文本和意识的认识问题，具有"实践解释学"特质；要么诉诸身体哲学，从纯粹意识批判、纯粹理性批判，进展到"纯粹感受批判"。二者都体现了感性活动论的真意。

1. 马克思的"实践解释学"

马克思先是批判黑格尔及青年黑格尔主义者们仅仅停留在观念和意识层面进行哲学批判，没能认识到意识只能是被意识到了的存在，人们的思维不过是人们实践活动的内化与升华；感觉能力、思维及其结果也是社会历史的产物；人应该在实践中证明自己思维的真理性、现实性和力量。他在《德意志意识形态》中指出：思想、观念、意识的生产最初是直接与人们的物质活动，与人们的物质交往，与现实生活的语言交织在一起的。人们的想象、思维、精神交往是人们物质行动的直接产物，表现在某一民族的政治、法律、道德、宗教、形而上学等的语言中的精神生产也是这样。人们是自己的观念、思想等的生产者，但这里所说的人们是现实的、从事活动的人们，他们受自己的生产力和与之相适应的交往的一定发展——直到交往的最遥远的形态——的制约。[1]进而，马克思批判德国哲学"从天上降到人间"，而声明自己的哲学是"从人间升到天国"，把精神生产、理论、意识形态观念的文本放置在实践文本的基础之上，消解掉前者的独立性，从而确立起历史唯物主义立场和实践解释学原则。马克思强调：道德、宗教、形而上学和其他意识形态，以及与它们相适应的意识形式便不再保留独立性的外观了。它们没有历史，没有发展，而发展着自己物质生产和物质交往的人们，在改变自己的这个现实的同时，也改变着自己的思维和思维的产物。不是社会意识决定社会生活，而是社会生活决定社会意识。前一种考察方法从意识出发，把意识看做有生命的个人。后一种符合现实生活的考察方法则从现实的、有生命的

---

〔1〕《马克思恩格斯文集》第1卷，人民出版社2009年版，第524-525页。

个人出发，把意识仅仅看做是他们的意识。[1]所以，马克思注重考察方法的前提批判，再次确认现实世界——人类社会中现实的人是在一定条件下进行生产的发展过程中的人。只要描绘这个能动的生活过程，历史就不像抽象的经验主义者所认为的那样，作为僵死事实的汇集，也不像唯心主义者所认为的那样，是想象的主体的想象活动。他确信，只有在思辨终止的地方，在现实生活面前，才是描述人们实践活动和实际发展过程真正的实证科学开始的地方。关于意识的空话将终止，一定会被真正的知识所代替。[2]

尔后，马克思批判费尔巴哈与一切旧唯物主义者，要么没有把目光投向社会历史领域，要么因抽象地直观历史（对单个人和市民社会的直观及单纯的感觉）却成了历史唯心主义。不过，马克思还是看到，费尔巴哈与"纯粹的"唯物主义者相比有很大的优点：他承认人也是"感性对象"。但是，他把人只是看做"感性对象"，而不是"感性活动"，因为他在这里仍然停留在理论领域，没有从人们现有的社会联系，从那些使人们成为现在这种样子的周围社会条件来观察人们……可见，"他从来没有把感性世界理解为构成这一世界的个人的全部感性活动"。[3]

因此，无论是传统的唯心主义者还是旧唯物主义者，他们都不理解理论与实践的关系。马克思指出，"我们看到主观主义和客观主义，唯灵主义和唯物主义，活动和受动，只是在社会状态中才失去它们彼此间的对立，从而失去它们作为这样的对立面的存在；我们看到，理论的对立的解决，只有通过实践方式，只有借助人的实践力量，才是可能的；因此，这种对立的解决绝对不只是认识的任务，而是现实生活的任务，而哲学未能解决这个任务，正是因为哲学把这仅仅看做理论的任务"。[4]

马克思批判费尔巴哈诉诸直观（无论是普通直观还是"真正本质"的高级直观）来讨论认识是存在问题的。费尔巴哈没有看到他周围的感性世界也是工业和社会状况的产物、历史的产物，是世世代代活动的结果。即使"纯粹的"自然科学也只是由于商业和工业，由于人们的感性活动才达到自己的目的和获得自己的材料。而"这种活动、这种连续不断的感性劳动和创造、

---

〔1〕《马克思恩格斯文集》第1卷，人民出版社2009年版，第525页。
〔2〕《马克思恩格斯文集》第1卷，人民出版社2009年版，第526页。
〔3〕《马克思恩格斯文集》第1卷，人民出版社2009年版，第530页。
〔4〕《马克思恩格斯文集》第1卷，人民出版社2009年版，第192页。

这种生产，正是整个现存的感性世界的基础……"。[1]就是说对于马克思而言，感性的实践活动不仅是现实世界——社会历史产生和发展的基础（物质生产与再生产是历史产生的前提），而且是认识的关键。正是体脑劳动的分工，人们的意识才由纯绵羊式的意识转换为"纯粹意识"。语言是一种实践的、既为别人存在也为自身存在的现实的意识。语言也和意识一样是基于交往的需要才产生。哲学家们的语言总是以其日常的普通语言为基础，不存在独立的语言王国。一切理解和解释所形成的观念、意识形态，都是从事着感性活动的现实的人在现实世界中并受制于现实生活状况而进行的精神生产的结果，必须完成虚假的意识形态批判，才能看到实践的地平线，了解真实的生活过程。某种程度上说，《德意志意识形态》就是意识形态现象学，就是实践解释学。

2. 怀特海的"纯粹感受批判"

怀特海在批判基于传统形而上学的认识论的过程中，直接声明自己不同于以意识分析为主的意识哲学，返回现实世界，借助经验主体的感受活动，而声称有机哲学渴望建构一种"纯粹感受批判"。[2]

在怀特海看来，"现实世界"是一个过程，过程就是各种现实实有的生成。因此现实实有不是现成的持存物，而是因感受、摄入活动进行合生的创造物，也可叫作现实事态（也有译作现实机缘）。在与合生相关的领域中，现实实有的聚合体或公共事实就是"现实世界"，每个现实实有都符合"现实世界"本身特有的意义。该现实世界构成一个现实实有摄入的最为切近的背景环境，更遥远的背景或者大身体乃是整个宇宙。在这个意义上说，怀特海的机体哲学也可称为身体哲学，这种身体哲学是与意识哲学相悖的。如果说意识哲学以意识为中心，怀特海身体哲学则以身体为基础。他拒斥传统哲学隐含的一种假定，即，经验的基本要素可以根据意识、思想、感官知觉这三个成分中的任何一个或全部来描述。感官知觉是在以表象直接性方式表现出来的有意识的知觉。对此，怀特海鲜明地做出了自己的判断：这三个成分不论在物理经验还是精神经验中都是非本质的要素。任何经验事例都是两极性的，

---

〔1〕《马克思恩格斯文集》第1卷，人民出版社2009年版，第529页。

〔2〕［英］怀特海：《过程与实在：宇宙论研究》，杨富斌译，中国人民大学出版社2013年版，第145页。

不论这种事例是作为现实实有的上帝还是现实世界中的现实事态。上帝产生于精神极，而现实事态则产生于物质极。但是，不论在哪一种情况下，这些要素即意识、思想和感官知觉都属于合生的派生的"非纯粹"阶段，即使它们在任何有效意义上进入这些阶段。[1]实际上，只有到命题摄入环节，才有了意识这种主体性形式的出场。他将命题判断与命题感受区别开来，批评逻辑学家只讨论关于命题的判断。在他那里，（1）命题没有感受的特殊性，也没有聚合体的实在性，命题是感受的材料，期待着主体去感受；（2）命题性感受的最简单例子并不是有意识的感受，意识仅仅产生于命题性感受是其被整合成分的整合之中。物质性感受永远是命题性感受发展史中的一个组成部分；（3）新的命题会随着世界的创造性进展而产生。因为每一种命题都包含逻辑主体，而逻辑主体就是现实世界中的现实实有。因此，怀特海作了如下概括，命题性感受只能产生于摄入主体发展过程的后期，它的早期阶段需要：（1）物质性感受的客体性材料包含必需的逻辑主体；（2）物质性感受在决定其材料的确定性的确定因素中包含某种永恒客体；（3）这种永恒客体的概念性感受，根据第四种范畴条件，必然地产生于上述第（2）中的物质性感受；也许还有（4）根据第五种范畴条件，某种概念性感受作为前一个概念性感受之逆转，包含着另一个永恒客体，把它当作材料。[2]为了消解传统意识哲学，他进一步强调：命题性感受的主体性形式将取决于面临的环境。它可能包含也可能不包含意识，可能包含也可能不包含判断，但它会包含喜欢或厌恶的决断。只有在"肯定与否定"的对比进入这种主体性形式之中，才会包含意识。[3]

怀特海还敏锐地指出，全部近代哲学都是以如何根据主词和谓词、实体和属性、特殊和普遍来描述世界这个难题为转移的。其结果总是与我们的直接经验相抵触，而这种直接经验是通过我们的各种活动、我们的种种期望、我们的各类同情心和我们的诸多目的表现出来的，尽管我们缺乏对这种直接

---

〔1〕［英］怀特海：《过程与实在：宇宙论研究》，杨富斌译，中国人民大学出版社 2013 年版，第 46 页。

〔2〕［英］怀特海：《过程与实在：宇宙论研究》，杨富斌译，中国人民大学出版社 2013 年版，第 330—331 页。

〔3〕［英］怀特海：《过程与实在：宇宙论研究》，杨富斌译，中国人民大学出版社 2013 年版，第 332—333 页。

经验进行语言分析的术语，我们却都有这种直接经验。[1]

　　针对主客二元对立的思维方式和心身关系问题，怀特海明确指出：有机哲学废除了这种分离的心灵，精神活动某种程度上属于全部现实实有的一种感受方式，只有在某些现实实有中，它才等同于有意识的智能。这种高级的精神活动是由合生的晚期阶段产生的精神感受对未完成的早期阶段的存在所作的理智性自我分析。[2]他认为，有意识的知觉是命题性感受与物质性感受的整合。正如小约翰·柯布所说：怀特海虽然承认在纯粹的直接表象模式中我们能经验到现象，但，他同时强调，这种纯粹模式起源于因果效验模式的知觉。而该种知觉是由物质性感受构成的，只有物质性感受才能使我们与现实机缘联系。因此，怀特海推断被感受之物与现实地存在之物之间具有某种真实的联系。[3]

　　传统认识论强调对对象表象的直接性，而在怀特海看来，这种表象直接性有更为深刻的经验基础——因果效验。他说：为了避免"当下时刻的唯我论"，我们必须在直接的知觉中包含某种超越直接表象的东西。对有机理论来说，最原始的知觉就是"感受到身体的作用"。这是对过去的世界的感受，是要承继作为感受集合体的世界，也就是说要感受那些产生出来的感受。后面这种复杂的知觉就是要"感受共时性的世界"。即使这种直接表象也开始于对当下身体的感官表象。然而，身体只是一小块特别密实的世界而已。[4]无疑，怀特海拒绝了休谟彻底经验论的怀疑论和单纯的感觉主义认识论，与马克思的意识总是对某物的意识唯物主义认识论有异曲同工之处。

　　怀特海还明确说，有机哲学是对康德哲学的颠倒。《纯粹理性批判》描述了主体性材料赖以进入客体世界的现象之中的过程。有机哲学则试图描述客体性材料如何进入主体性满足之中，以及客体性材料中的秩序如何提供主体性满足中的强度。在康德看来，世界产生于主体；而在有机哲学看来，主体

---

〔1〕　[英] 怀特海：《过程与实在：宇宙论研究》，杨富斌译，中国人民大学出版社 2013 年版，第 63 页。

〔2〕　[英] 怀特海：《过程与实在：宇宙论研究》，杨富斌译，中国人民大学出版社 2013 年版，第 71 页。

〔3〕　John B. Cobb Jr, *Whitehead Word Book*: *A Glossary with Alphabetical Index to Technical Terms in Process and Reality*. P. & F. Press, 2008: pp. 54-55.

〔4〕　[英] 怀特海：《过程与实在：宇宙论研究》，杨富斌译，中国人民大学出版社 2013 年版，第 140 页。

产生于世界——世界是一个"超体"而不是"主体"。这样一来，"主体"一词便意味着一种可以成为感受中某一成分的潜在性的存在；而"超体"一词则是指由该感受过程所构成的存在，并包含这一过程在内。感受者是产生于其自身各种感受的统一体，而感受则是沟通该统一体与其诸多材料的该过程中的具体成分。这些材料对于感受来说是一些潜在物，也就是说是一些客体。而过程则是从一种主体性经验的统一体中排除感受的不确定性。这些材料中的秩序度是由该客体性诱导中的丰富性程度来衡量的，而其获得的"强度"属于该满足的主体性形式。[1]

怀特海通过上述感受批判，旨在解构意识中心主义，而回到身体感受的泛经验论立场，并明确意识与经验二者的关系：意识之光忽隐忽现，即使在最闪亮时，也只会照亮经验的一小片中心区域，而周围的一大片区域则朦胧不清，只显示出一些模糊理解的强烈经验。清晰意识的简洁性无法表示完全经验的复杂性。我们的经验具有这样的特征也表明，意识乃是经验的顶峰，只是偶尔才能达到，经验的必然基础并非是意识。[2]

（三）对思辨辩证法的改造：从"主客体"相互作用到"主体间性"的交往

无论是马克思还是怀特海，他们都超越了直观、静观的知性逻辑，依循历史的逻辑和发生学路径，在有机论、整体论下创造性地改造了黑格尔的辩证法，只是马克思把思想的目光投向社会历史领域这一现实世界——属我世界，在历史唯物主义立场下将黑格尔的思辨的辩证法改造成主客体相互作用的劳动辩证法、生产辩证法和实践辩证法；而怀特海试图重新考察宇宙秩序，基于经验主体的感受和摄入活动，在泛主体论的主体间性原则与主体性范畴下，形成了过程—关系的辩证法。因此，不同于以往哲学诉诸知性的逻辑、直观，马克思与怀特海的哲学在感性活动论下，分别诉诸"历史的逻辑"和"因果效验"，来理解人之本质的生成性、现实实有的自我实现。

1. 马克思主客体相互作用的劳动、生产、实践辩证法

对于马克思来说，辩证法的本性就是批判性和革命性。他为黑格尔概念

---

〔1〕［英］怀特海：《过程与实在：宇宙论研究》，杨富斌译，中国人民大学出版社2013年版，第113页。

〔2〕［英］怀特海：《过程与实在：宇宙论研究》，杨富斌译，中国人民大学出版社2013年版，第341页。

的逻辑运演找到了历史运动的现实基础，即把概念辩证法看成是社会历史运动的观念表达。历史不再是绝对理念在时间中的展开，而是人们的实践活动、劳动、生产在时间中的展开。克服了黑格尔的历史目的论，把目的看成是从事着生产、劳动的现实的人之目的，并将历史规律解释成有目的的现实的人的活动规律。因此，主体不再是自我意识，意识只能是现实的人的意识，进行着物质生产的现实的人才是真正的主体——既有自然的限制表现为受动性又有意识之能动性，是能动与受动的统一体。正是这些现实的人通过可以经验到的现实的感性活动——生产、劳动、实践，在改变对象世界的过程中改变着人自身，不仅丰富自己的感觉能力，提升思维水平和本质力量，而且赢获自身的全面发展。在这一过程中，主体与客体相互作用，对象化与非对象化、客体性原则与主体性原则既对立又统一。马克思在强调现实的人通过生产劳动创造历史的过程中，一方面承认当下的实践活动总是在以往积累下来的生产力、资金和自然环境基础上开始实践活动的，另一方面又是在现有历史条件下的积极和能动的创造。前者体现了他的客体性原则，后者体现了他的主体性原则。然而，马克思认为，费尔巴哈等从前的一切唯物主义者仅仅持守客体性原则和知性思维，主体直观对象，把人当成机器或者最高的自然存在物，只是从客体或直观的形式去理解，而遮蔽了人的实践活动的具体性和能动性；黑格尔等德国的唯心主义者们却与唯物主义相反，把能动的方面抽象地发展了，而根本不知道现实的感性活动——实践。这样，马克思既解构了知性逻辑下旧唯物主义方法论意义上的形而上学，也批判了思辨逻辑下唯心主义辩证法，而来到历史的辩证法。这种历史的辩证法是建立在现实的人之感性劳动、生产和实践活动之上，即立足唯物主义立场、依循实践观点的实践解释学的新唯物主义的辩证法——实践辩证法、生产辩证法、劳动辩证法，不断使主体作用的对象世界——客体的现实世界革命化。所以，马克思在《德意志意识形态》中说，对于实践的唯物主义者来说，"全部问题都在于使现存世界革命化，实际地反对并改变现存的事物"[1]；在这一过程中，借助主客体的相互作用，"人创造环境，同样，环境也创造人"[2]；一个真正的共产主义者的任务就在于"推翻这种现存的东西"；因此，人的解放问题

---

〔1〕《马克思恩格斯文集》第1卷，人民出版社2009年版，第527页。
〔2〕《马克思恩格斯文集》第1卷，人民出版社2009年版，第545页。

不能仅仅停留于政治领域，还历史性地取决于人们的农业状况、工业状况和商业状况。克服了对人之本质的抽象追问，而通过现实地生产了什么和用什么方式生产来评价你是什么人，以及借助你在生产中结成的各种生产关系、社会关系来衡量。所以马克思说，工业和工业的历史所产生的对象性存在是人的本质力量的公开展示；在其现实性上，人的本质是社会关系的总和。

这也就是为什么自卢卡奇把马克思主义的辩证法叫做主客体相互作用的辩证法、实践辩证法和历史辩证法并将其仅仅限定在社会历史领域后，整个西方马克思主义者都做出相应回应，并否定自然辩证法的原因所在。[1]然而，马克思的辩证法绝不仅限于社会历史领域，他的总体性辩证法和有机体思想反对将自然与社会对立起来的做法。在他看来，历史是自然史的一部分，自然的历史与历史的自然是统一的（"历史本身是自然史的一个现实部分，即自然界生成为人这一过程的一个现实部分。"）；自然界是人的母亲，就其不是人的有机身体而言，它是人的无极身体；一切关系都是属我的关系，既是回到主体性原则，又包含着主体间性的意味，因为人总是与他人共同处于社会之中，并在生产、交换、分配和消费环节结成一定的关系；在工业中向来就有那个很著名的"人和自然的统一"[2]，尽管在资本主义雇佣劳动制度下劳动异化导致人与自然的关系、人与人的关系异化，但随着私有制的扬弃，异化的消除，人与自然、人与人、人与己的关系将得到和解，每个人的自由而全面的发展是一切人自由而全面发展的前提，社会也将成为自由人联合体的社会——真正的共同体。

显然，马克思已经将主体与客体的相互作用关系进展到主体间性的关系。实际上，马克思在《手稿》中谈论人是社会的存在物时，早就把主客体的相互作用的讨论放置在主体间性的原则下来考察。因为，任何一个劳动都不是孤立的行为，不仅发生人与自然的关系，而且发生着人与人之间的关系，即使是科学家的劳动都是社会的。马克思在《关于费尔巴哈的提纲》中指出人的本质在其现实性上是社会关系的总和。在《德意志意识形态》中，马克思主张人们生产总是结成一定社会关系下的生产，这种社会关系又被归结为交往形式即后来的生产关系。马克思不仅分析了历时态代际的主体间性关系，

---

〔1〕 张秀华：《历险的辩证法——拯救者与拯救者被拯救》，载《理论探讨》2019 年第 2 期。
〔2〕 《马克思恩格斯文集》第 1 卷，人民出版社 2009 年版，第 529 页。

而且考察了共时态的主体间性关系。在阶级社会，任何个人都是某一阶级的一员，具有共同的阶级属性。马克思《资本论》通过对资本主义商品经济现象的考察和经济规律的批判分析，进一步揭示资本与劳动、死劳动与活劳动、资本家与工人的对立统一关系，阐明资本主义生产是价值形成过程与价值增值过程的统一，是剩余价值生产与资本主义剥削关系生产的统一，指出资本不是物而是反映着资本家对工人的剥削关系。可以说，马克思对这些问题的讨论，都既体现了物质生产的前提性和基础性，又表明主客体相互作用的物质、能量和信息转换，以及社会成员间劳动互换的主体间交往关系、劳动力成为商品下工人与资本家之间的契约关系和资本主义生产关系——雇佣与被雇佣的关系、剥削与被剥削的关系。无论是对虚假、虚幻的意识形态批判，还是资本主义经济生活的分析，马克思都是要揭示物质生产、劳动、实践之于社会历史乃至经济生活（包括剩余价值生产与资本积累）、政治生活与文化生活的基础性、根本性。他相信："人类始终只提出自己能够解决的任务，因为只要仔细考察就可以发现，任务本身，只有在解决它的物质条件已经存在或者至少是在生成过程的时候，才会产生出来。"〔1〕但，如何发挥好这些生产力核心要素的积极作用，必须调整主体间性的生产关系尤其是所有制关系。只有当生产关系再也不适合其生产力发展时，社会革命才会到来。这也是为什么马克思的实践概念是有结构的，但物质生产实践是变革社会的政治实践和精神生产实践的基础，只有理解了这个基础才能持守历史唯物主义的根本立场，才能理解马克思感性活动论的重要性，让主客体相互作用的劳动辩证法与主体间交往的辩证法共存并互动互释。哈贝马斯使得劳动与交往对立并只强调后者，认为马克思只注重劳动，显然是有偏颇的。

2. 怀特海主体间下过程—关系的辩证法

怀特海认为，有机哲学提出摄入学说，这些摄入包含在合生的整合过程中，结束于确定的、复合的感受统一性中，要成为现实的就一定意味着所有现实事物都同样是客体，在形成创造性活动中都有客体的永恒性；同时，一切现实事物都是主体，各自摄入着产生自己的宇宙。这种创造性活动乃是宇宙在特殊而统一的自我经验中总是生成为"一"，并由此而增加了作为"多"的宇宙多样性。这种持续的成为统一体的合生过程是每一种存在最终的自我

---

〔1〕《马克思恩格斯文集》第2卷，人民出版社2009年版，第592页。

同一的结果。任何存在——不管是普遍的还是特殊的——都不能起着离散的作用。自我同一要求每一种存在都有一种联合的自我维持的功能，不管这种功能拥有有什么样的复杂性。[1]这里不难看出，怀特海既回应了以往作为主体的自我同一性问题，但这不是没有世界、没有身体的意识和精神自身的同一性，而是拥有现实世界乃至宇宙大身体的现实实有的自我同一性，每一次感受和摄入完成的新颖性生成都是合生，有环境中的他者参与和贡献，同时，他也和马克思一样不仅考察了主客体相互作用，即主客体的摄入与被摄入关系，又在泛主体论下处理了主体间性关系。他借助主客体关系的讨论，揭示出"从下到上"和"从上到下"的因果效验关系，指出没有现实实有就没有因果关系。当然，怀特海的因果观不再是近代认识论被休谟质疑的那种因果关系，而是在其宇宙论形而上学的存在论、功能论乃至价值论意义上谈论因果效验的。这种因果效验因怀特海对现实实有感受和摄入的双极性——物质极与精神极区分，而有了"自下而上"和"自上而下"的因果效验。其中，"自下而上"的因果效验是由简单的物质性感受决定的，因而也可以叫做"因果"感受。如一种事态或机缘感受到先前机缘的情感并因而具有这种情感。再如能量流从一种事态流到下一个事态，这便是世界上因果性存在的基础。所谓"自上而下"的因果效验，就来自现实实有或现实事态（机缘）精神极的概念性摄入。概念摄入的客体材料是被上帝概念性摄入秩序化的永恒客体，由此就提供了一个"预定"的潜在秩序，一旦现实实有摄入某种永恒客体并让永恒客体进入后，永恒客体的潜在性也就转换为现实性，并为现实实有的物质性感受"定型"或"保型"，影响现实实有的合生。也就是说传统的因果关系被赋予了存在论、功能论和关系论的说明，并建基在现实实有的两极性感受和摄入活动之上。

从而，怀特海确认表象直接性心灵认识是建立在表象主体、知觉主体——现实实有的身体对环境中其他现实实有的物质性感受基础之上的，作为被感受和被摄入的其他现实实有对当下感受主体、表象主体有影响和制约，这种影响和制约恰恰表明他者对于主体的意义和价值，因此对于任何一个现实实有而言都不是孤立的存在，而是在其现实世界中与他者共在并合生。这

---

〔1〕 [英] 怀特海：《过程与实在：宇宙论研究》，杨富斌译，中国人民大学出版社 2013 年版，第 72 页。

是由其哲学的有机论、整体论立场和总体性辩证法的方法论所决定的。他对表象能力仅仅赋予会思想的主体、能感知的心灵、理论理性的反思与批判，肯定洛克对知觉的外在对象之客观性思想，确认不仅作为表象主体的现实实有这一经验主体是现实的客观存在，而且经验主体所知觉和表象的外物——其他现实实有也是客观存在的现实实在。只不过与机械论的形而上学唯物主义不同的是，一切现实实有作为客观的实在都是处于过程中，过程即实在。就是一切作为实在的现实实有都不是孤立的现成存在，而是处于宇宙总体中与万物关联且运动、变化和生成过程中。在这一点上，也就是基于现实实有的物质性感受所导致的从下到上的因果效验思想，与马克思的辩证的唯物主义自然观和基于感性的劳动、生产实践活动的唯物史观具有了一致性。怀特海从上到下的因果效验给出宗教现象的哲学解释模型，但正是在这一点上与马克思的宗教观和唯物主义立场相殊异，后者把宗教情感和宗教的产生与消亡与社会现实的不合理性与非正义性尤其与商品生产的现实内在相关，认为随着私有制的扬弃、商品生产的终结和物质产品极其丰富的未来自由人联合体社会的到来，宗教必将自动消亡。然而在怀特海那里，宗教总是以其进化的形式改变着自己存在样态，使作为现实实有概念的上帝具有存在的存在论依据和价值论意义，他将作为诗人引导人的价值选择，参与世界和宇宙的进化直至通过观念的冒险走向平和、秩序、美的宇宙文明，而一个社会是文明的，它必须具备五种品质：真、美、冒险、艺术与平和。[1]这既需要正视从下到上的因果效验，也不能忽视从上到下的因果效验，只有二者结合才能把蕴含在事物自身中的美好天性实现出来。因此，我们说怀特海未能将其从下到上的因果效验贯彻到底，而马克思的唯物史观恰恰凸显了物质性生产活动之于走出史前文明史的前提性。

　　总之，通过上述讨论，现在能够确认马克思与怀特海的哲学的确在完成了"反"的任务——解构传统形而上学之后，在"返"——回归生活世界的实践哲学理路上重构各自的哲学。马克思通过回归生活世界、现实世界，并借助现实的人的劳动、生产、（物质生产性）实践等感性活动的分析与考察，不仅发现了历史规律、回答历史规律何以可能，创立唯物史观，确立了历史

---

〔1〕　A. N. Whitehead. *Adventures of Ideas*. The Free Press，A Division of Macmillan Publishing Co.，Inc.，1967：p. 274.

唯物主义这一现代唯物主义的解释原则和劳动辩证法、生产辩证法、实践辩证法，使其哲学具有"实践解释学"的意味，而且以物质生产劳动为出发点考察了资本主义经济，发现了剩余价值生产的秘密，并指出这种资本主义的商品生产过程也是资本主义生产关系、剥削关系的生产过程，因而资本积累是不可持续的，并将通过无产阶级革命完成社会形态的跃迁，最终消除强迫分工和异化劳动，让真正属于人的存在方式的劳动——合目的性与合规律性的实践活动成为自由人联合起来的真正共同体下人们的第一需要，从而解放劳动、解放人和自然。怀特海通过作为宇宙最小构成单位的现实实有这一经验主体的感受、摄入活动的考察，借助从下到上和从上到下的"因果效验"阐发，以"纯粹感受批判"，说明了心灵认识的涉身性和"身体"感受的现实世界基础乃至遥远的宇宙背景的影响，指出创造性合生不能没有物质性感受的限度，宇宙秩序的形式化研究旨在揭示现实实有因物质性感受而建立起来内在关系。因此，马克思与怀特海都把感性活动论作为理论建构的关键因素，都考察了这些感性活动之于经验主体自我实现、共同体秩序建构的根本性。尽管怀特海感性活动论不同于马克思的感性活动论，但通过前者可以确认马克思哲学的当代影响。同时，说明理解马克思的哲学革命一个不能遮蔽的理论进路就是其感性活动论，重新评价劳动、生产、实践这些关键范畴在马克思哲学中的基础性地位与作用，进而凸显历史唯物主义的解释原则。

四、马克思与怀特海的精神实践

如果把精神实践理解为一种"精神以自身为对象的活动"[1]与外化的话，那么，它将包括一切感受、情感等经验活动以及理论、审美、伦理、政治、宗教的生活等。按着这种理解，在具有过程思想和历史思维的现代思想家中，马克思与怀特海对精神实践的讨论尽管都有其个性，表现为存在论上的历史唯物主义与泛经验论的实在论的根本差异，但同时也彰显了二者在考察的问题以及思维方式和理论旨趣上的许多共通之处，并具体体现在以下几个方面。

（一）对精神存在之维的确认

马克思与怀特海作为现当代思想家，在对人的阐释上都自觉拒斥了传统

---

〔1〕 刘孝廷：《精神实践视野中的科学与科普》，载《科普研究》2010 年第 3 期。

的二元论和按照科学的逻辑对人之本质的提问方式，并立足整体论确认了人之存在的精神维度。

马克思在历史唯物主义立场下，既批评把人仅仅当成纯精神的理性存在物的看法，也批评把人完全归结为自然存在物的观念。

他在《手稿》中主张，人不仅是自然的存在物，而且是有意识的存在物，因而是类存在物，自由自觉的活动——实践是人的类生活，进而表明人是人的自然存在物，是受动与能动的统一。还提出，人是对象性存在物，自然界是他的理论的对象、审美的对象，是人的精神食粮；同时，人也是社会存在物。就是说拥有精神生活的人不是在世界之外，而是在现实的世界、社会之中，即使是科学家科学研究活动也是社会性的；人的精神本性表现为：人的生产不同于动物本能、片面的生产，不仅能够摆脱肉体的直接需求、自由支配自己的产品，并且懂得处处把固有尺度运用到对象上去，"人也按照美的规律来构造"。[1] 工业和工业的历史所产生的对象性存在是一本打开的关于人的心理学，标志着人的本质力量。就是说，对人的精神实践的考察是必要的，因为，人才是精神的存在物，拥有文化的生命。但不能抽象地研究人的精神，而必须回到生活世界的人类实践的地平线上。

从而，马克思在《德意志意识形态》中，基于现实的人及其物质生产实践的考察，说明社会历史的产生、变化及其发展，特别是通过虚假意识形态的批判，确立起历史唯物主义的解释原则。

怀特海则在泛经验论的宇宙论哲学——"有机哲学"（Philosophy of Organism）[2]下，把对人的考察放到整个宇宙之中，人之为人和宇宙中的万事万物都是经验事件或经验事态，是作为宇宙基本单元的经验事件的复合个体，因此，他们都是经验主体，心灵与身体、人与万物没有质的区别，只有感受程度的不同。从无机物，到有机物，到动物、人，再到上帝都是感受性的经验事件。把经验这种精神生活不仅归于上帝、人、有生命的存在，而且归于无生命的存在。因为万物都有接受创造的那一瞬间。怀特海相信上帝是宇宙（个体）的可接受性的（receptive）灵魂，并认为，相信上帝是宇宙之活动（欲望的、愿望的、渴望的）灵魂，能为人的道德实践提供基础。上帝领悟

---

〔1〕《马克思恩格斯文集》第 1 卷，人民出版社 2009 年版，第 162-163 页。
〔2〕 Alfred North Whitehead. *Process and Reality*. New York：The Free Press, 1978：XI.

（感受、摄入）世界，同时，世界的经验事件包括人也领悟上帝，以至于跟随、信仰上帝，过宗教的精神生活。

可见，怀特海的泛经验论的宇宙论本体论确认，组成万物与宇宙的"现实事态"（Actual Occasions）的经验感受或摄入活动具有"两极性"，都既有"物质感受"（Physical Feeling），又有"精神摄入"（Mental Prehension），不仅人而且万物都有感受性精神生活，只不过人不仅有物质感受，还有包括概念摄入和命题摄入等否定性感受，有"观念的冒险"，就是"精神一旦进入合作的活动中，它便对人类的选择、强调、分析产生了巨大影响。我们研究了观念是如何来自活动，又如何反过来影响产生它们的活动。观念始自解释习俗，而终于建立起新方法新建制"。[1]因此，万物都有自身的目的和价值，因为他们都有依自身经验的非感知的知觉和自决的能力与自由。用大卫·格里芬的话说："泛经验论认为，所有个体（包括非人类个体）在某种程度上都是真正（自决）自由的个体，并认为，不同等级的个体具有不同程度的自由。"[2]

（二）对精神生成性的强调

马克思与怀特海都能够在历史的逻辑下运用过程思维，坚持生成论的解释原则，来思考精神实践的精神提升问题。

马克思立足唯物史观，认为物质生产劳动创造了人，物质生产活动是人和动物区别开来的真正原因。人是什么样的人要看他生产了什么和用什么方式生产。因此，历史地看，由于生产能力的低下，人们像牲畜一样慑服于自然界，表现为对自然界的一种纯粹动物式的意识（自然宗教），使得人最初的意识只不过是"纯粹的畜群意识"，与动物不同的是其有对自己本能的意识。随着体力劳动与脑力劳动的分工——真正的分工开始，人才有了独立进行思想建构的"纯粹意识"。"从这时候起，意识才能够摆脱世界而去构造'纯粹的'理论、神学、哲学、道德等。"[3]而后有了阶级意识、共同体意识（民族意识）和类意识等。

因此，在马克思那里，人的精神活动能力是随着生产实践活动的展开与

---

〔1〕 Alfred North Whitehead. *Adventures of Ideas*. New York：The Free Press，1967：p. 100.

〔2〕 ［美］大卫·雷·格里芬等：《超越解构——建设性后现代哲学的奠基者》，鲍世斌等译，中央编译出版社 2002 年版，第 17 页。

〔3〕 《马克思恩格斯文集》第 1 卷，人民出版社 2009 年版，第 534 页。

深化而历史地进化和生成的。他在评价费尔巴哈基于感觉的唯物主义本体论证明时，特别指出了人的感官的感觉能力也是社会历史发展的产物，人的丰富的、全面感觉的形成有赖于社会的物质实践活动、生产方式状况。正是在这个意义上，马克思强调不是社会意识决定社会生活，而是社会生活决定社会意识；意识形态没有历史，要揭开意识形态虚假的面纱必须回到实践的文本中来。不了解实践文本就不能理解意识形态、观念的文本本身。

尽管马克思把道德的、法的、艺术的、宗教的和哲学等意识形态都看成是人的存在方式，但是，对任何一种意识形态的批判，都必须批判产生它的现实基础。因为，在他看来，宗教批判、道德批判和法的批判、哲学批判等都是对副本的批判，必须深入到原本的社会批判，如经济和政治批判。在《关于费尔巴哈的提纲》中，马克思批判费尔巴哈关于宗教批判的不彻底性，指出费尔巴哈虽然把宗教世界与世俗世界区分开来，并将世俗世界作为宗教世界的基础，但仅仅停留在对宗教世界的批判，而没能进展到对产生宗教的社会现实的批判，以至于"费尔巴哈没有看到'宗教感情'本身是社会的产物，而他所分析的抽象个人，是属于一定的社会形式的"。[1]

这样一种思考理路反映了马克思对精神实践的理解，特别是理论与实践的统一的哲学旨趣，即哲学不仅要"解释世界"，更重要的是"改变世界"，使现存世界革命化。进而，使精神生活与社会进步、人类解放、过上一种好的生活联系起来，去实现那种"每个人的自由发展是一切人的自由发展的条件"[2]之社会理想。

怀特海把人的精神看成是一个不断成长的历史生成过程，这主要体现在，他在《形成中的宗教》中对宗教生活演进的考察，在《思维方式》中对否定性思维方式产生的说明，在《观念的冒险》中对走向和平、美的宇宙的讨论，特别是在《过程与实在》中对经验事件在过程中自我生成的阐发等。

在怀特海看来，精神实践应扩展到一切有感觉的受造物，包括人在内的一切个体——现实事态或经验事件，不仅在空间中，而且在时间中，能够自我感受、自我摄入（领会）、自我选择、自我决定、自我享受、自我满足，并以其新颖性创造活动来自我实现，而由主体（Subject）成为使得主体与客体

---

〔1〕《马克思恩格斯文集》第 1 卷，人民出版社 2009 年版，第 500-501 页。
〔2〕《马克思恩格斯选集》第 1 卷，人民出版社 1995 年版，第 294 页。

（主体客体化了客体）统一的超体（Superject）。需要说明的是，他所说的主体，不是主客二分的认识主体，而是既感受、摄入或领悟曾作为主体的客体给与的经验材料，也基于自身的既有经验而知觉存在，并面向未来通过自我决定和创造，来完成自己而最终成为客体。因此，每一个现实事件作为一个个体是实在，也是主客体的统一体，但不是凝固不变的实体，而是一个一个流动着的经验瞬间的聚合。对此，怀特海强调"主体与客体是一个相对的术语。一个事态是一个主体，在其具体活动中关涉一个客体；而任何事物是一个客体在于它诱发了一个主体的活动；这种活动方式就被叫做摄入（Prehension）。于是，一个摄入活动涉及三个因素"：经验事态——主体、诱发摄入活动的资料——客体、拥有情感调子的主体形式。[1]用小约翰·柯布的话来说：怀特海的假设是，所有原子事件都是经验事态，在他们显现的时候，他们是主体，而在他们完成其自身的时候，他们就成了其他事件的客观材料。[2]

正是在这一个经验流变的过程中，展开了经验个体的精神生活。以人为例，人是众多经验事态的复合个体，他的当下的经验事态既有物理的感受，也有精神、情感的感受，既摄入环境的客观资料产生物理感受，而获得"表象直接性模式中的知觉"，同时也存在对于个体过去的"因果效应模式中的知觉"——非感性知觉的超感性之精神感受包括概念和命题的摄入（领悟）等，而且正是后者为人的精神实践留下了可能性空间，使人能向一切美好的理想、意义的可能性世界和最高的存在上帝开放自身。因为，上帝作为现实实在，他也在过程中感受和领会着世界。其物理感受使他感受着曾经存在着的受造物的感受，感受到在其直接性的完整性中所存在的一切。在世界上过去了的东西在上帝那里获得了永生，在世界上失去了的东西在上帝那里仍然活着。正是如此，对受造物来说，确立了我们感受的一切现实意义。事件不是一个产生并接着永恒消失的私人感受的瞬间，相反，它永远有助于神的生活。上帝也不再是立法者和裁判者，而是"理性受难者的伙伴"，[3]以及美好事物和行为的鉴赏者。可以说，人的精神实践对于一个信徒来说，就是跟随上帝

---

[1] Alfred North Whitehead. *Adventures of Ideas*. New York：The Free Press, 1967：p. 176.

[2] ［美］大卫·雷·格里芬等：《超越解构——建设性后现代哲学的奠基者》，鲍世斌等译，中央编译出版社 2002 年版，第 245 页。

[3] Alfred North Whitehead. *Process and Reality*. New York：The Free Press, 1978：p. 351.

一同去冒险，因为未来是非决定论的而是开放的。人必须通过自己的精神实践和努力去实现自身。

（三）对精神实践的前提追问

马克思与怀特海对精神实践的讨论是有其前提和本体论根据的。他们也都追问了这一前提和根据。

马克思对精神实践的理解不仅限于科学实验，而且包含精神生产，在《德意志意识形态》一书中，他集中回答了意识形态是何以可能的，因而完成了意识形态生产也就是精神生产的前提批判。

在他看来，精神的建构是生产力发展到一定阶段——体力和脑力劳动分开后的产物；不仅思想一旦离开利益就会出丑；而且观念的东西不外是移入人的头脑并在头脑中改造过了的存在而已；社会意识受制于社会存在；在阶级社会一般不存在普遍的意识形态，占统治地位的阶级，为了维护本阶级的统治和利益，总是把本阶级的主导意识形态说成是普遍的具有真理性的一般意识形态，于是意识形态就有了虚幻性和欺骗性；因此，要想去除虚假意识形态之蒙蔽，就必须进行意识形态的批判，进而把对意识形态的理解和评价放置在那种意识形态得以产生的实践处境的基础之上。也只有去除统治阶级的意识形态之蔽，才能揭穿统治阶级——资产阶级对无产阶级的剥削，使人们看清在资本主义制度下劳动与资本的根本对立，并用现代唯物主义武装无产阶级，使其由自在的阶级变成自为的阶级，实现从批判的武器到武器的批判的转换，通过无产阶级革命，变革资本主义社会制度，最终获得人类的自由和解放。或者说，人的解放与自由个性的获得最终仍取决于工业、农业和商业的状况。

这一历史过程被马克思描述为社会发展的"三形态说"。[1]经历了前资本主义社会"群体本位"下人对人的依赖性，到现代资本主义社会"个体本位"下以物的依赖性为基础的人的独立性，再到未来的共产主义社会"类本位"下的自由人联合体。在这一不断走向人的解放的进程中，个人不断占有社会和类的精神的丰富性，使自己成为一个整全的真正意义上的个体，摆脱自然而然的封闭的共同体的人、隶属于某个阶级的人、异化的人，到拥有自由个性的人。然而，这只是对人之存在状态的表述，而这一描述是建立在社

---

〔1〕《马克思恩格斯全集》第46卷（上），人民出版社1979年版，第104页。

会经济形态和技术形态变迁这一唯物史观的解释原则之上的。

怀特海对经验事件的精神活动的阐释，一方面是建立在泛经验论的形而上学假设基础上，另一方面是建立在有神论的宇宙论基础之上。怀特海看到对认识论的研究离不开形而上学的存在论假设，要想解构笛卡尔身心、主客二元论，克服能思维的心灵无广延而有广延的物体不会思维的冲突，以及解决二者的沟通问题，必须既反对唯物主义把心灵还原为身体的自然主义立场，也必须反对把精神仅仅归为有生命的存在而忽略了物理的存在。

进而，正像柯布所描述的：[1]当经验事件被看成现实的终极单位时，"心"和"物"的关系的难题也就迎刃而解了。"心"被分解为"心物"事件，"物"则被分解为物理事件；而且心物在形而上学上不必然被视为不同的。它们的共同特征可以被描述为事件，而它们的区别与其说是形而上学类型上的区别，不如说是程度的区别。

由于所有原子事件都是处在时间与空间之中，广延性构成了暂时的绵延；人的经验事态不仅有从过去经验到当下的流入的物理感受，还有其过去存在的精神感受或情感的摄入（领悟），因此，人的当下经验事态是对各种经验事态的综合或整合，并做出回应。类比于人的经验事态，一切受造物都是经验事件的复合个体，因此它们是主体在其完成瞬间同时也是其他关联事件的客体。因此，用事件之间的关系代替了实体和它的属性的考察；用主—客关系（客体都曾是主体，主体都将转化为客体）、主体—超体的关系代替了主体与客体的隔离，现实的客体世界就是过去的主体世界。另一方面，在泛经验论下宇宙中的万事万物都作为现实的经验事态，在与环境和世界的关联中感受着、领会着，但它们只能作为特殊的个别视域理解世界，表现为多样性。对此，怀特海把上帝作为感受着的宇宙灵魂引入其宇宙论。由于宇宙是整体的一，是一个整全的个体，因而上帝的感受和视域就是宇宙整体的视域，无所不包。也正是上帝是宇宙灵魂的假设，以及其在过程中作为整一的感受者、同情者和价值的鉴赏者，从而使认识的真理性、道德行为、审美情感以及宇宙和谐成为可能。

怀特海指出："真理本身不过是世界的事物如何在神的本性中得到适当的

---

〔1〕 ［美］大卫·雷·格里芬等：《超越解构——建设性后现代哲学的奠基者》，鲍世斌等译，中央编译出版社 2002 年版，第 236 页。

再现。"〔1〕大卫·格里芬则强调：建设性后现代主义者对上帝的信仰以及真理和价值（包括道德价值）的客观性导致了詹姆士所说的那种"狂热的情结"，而相信上帝是所有价值的鉴赏者，则导致哈茨霍恩所说的"献身主义"。〔2〕

显然，怀特海在解决人类的精神实践是何以可能的问题上，已经自觉做出了前提和根据性形而上学及宇宙论说明。

（四）对精神生活的缺场与在场的考察

马克思作为现代思想家、怀特海作为建设性后现代哲学的奠基者，他们目睹了现代生活的危机与困境，都自觉地进行了现代性批判，进而使其哲学范式发生根本性转换，即，终结实体论形而上学，其哲学的理论旨趣从"拯救知识"，转到"拯救实践"上来，以重建现代性或走向建设性后现代。因此，他们都关注过属于人的精神生活的缺场问题，并努力寻求如何使精神实践回归人自身的精神在场，只不过怀特海还把精神生活赋予包括人在内的万事万物。

马克思的现代性批判不仅体现为宗教批判和哲学批判，而且更重要的是经济批判和政治批判，特别是对资本逻辑的批判，揭示资本与劳动的对立，以及这种对立下人的生存的异化。在《手稿》中，马克思摆脱了以往抽象地讨论异化的问题，而深入到异化劳动的研究。〔3〕在马克思看来，劳动原本是成就人自身的自由自觉活动——实践，因为人通过劳动在改变对象世界的过程中也改变人自身，提升人的本质力量，正是在这个意义上马克思主张劳动是人的类生活，能实现人的类本质。但是，在资本主义制度下，由于资本与劳动的对立，劳动仅仅成为维持工人及家庭成员肉体生存的手段，劳动产品和劳动都不是肯定人之为人的存在，而是否定人，使人丧失了类本质和类生活，因此劳动异化了。马克思看到这种异化劳动导致工人越是在劳动中占有对象，却越是失去对象，自然界不再是其审美、理论的对象和精神的食粮，因为精神生活对工人这种"非人""商品人"来说是不现实的缺场。然而，人却是有意识的存在物，具有能动性和创造性的存在，因此，必须扬弃这种

---

〔1〕 Alfred North Whitehead. *Process and Reality*. New York：The Free Press，1978：p. 12.

〔2〕 ［美］大卫·雷·格里芬等：《超越解构——建设性后现代哲学的奠基者》，鲍世斌等译，中央编译出版社 2002 年版，第 42 页。

〔3〕 《马克思恩格斯文集》第 1 卷，人民出版社 2009 年版，第 155-169 页。

使人非人化的异化劳动，以及产生异化劳动的资本主义私有制，让人的本质回归人自身，实现人与自然、人与人、人与自身的和解。

当然，在后来的著作中，马克思则把人的异化生存归因于社会的强迫分工，认为只有最终消除强制的劳动者分工，才能上午狩猎，下午捕鱼，傍晚从事畜牧业，晚饭后进行批判，这样就不会使我老是一个猎人、渔夫、牧人或批判者。[1]从而，摆脱分工的控制和束缚，全面地实现人的才能。所以，在马克思那里人的解放不只是从物质缺乏的自然限制下解放出来，更重要的是从社会的奴役中解放出来，而把精神生活还给人的精神解放至关重要。马克思设想，只有通过现实的运动——生产力与生产关系的矛盾所引发的社会革命，实现未来的共产主义，才能保障每个人的精神生活的可能性与丰富性，心灵受到良好的教育，智能得以增强，道德和审美境界有所提升。就是在历史的逻辑下，人类实践的辩证法最终会使属于人的精神生活到场，并在自由人联合体中全面地占有类本质、类精神。其极端形式表现在人本主义的西方马克思主义传统中，如西方马克思主义的奠基人卢卡奇在《历史与阶级意识——关于马克思主义辩证法的研究》中，在寻找西欧革命道路时选择了"意识革命"，而葛兰西则走向争夺意识形态领导权的"文化革命"，马尔库塞提倡"爱欲革命"，哈贝马斯诉诸"交往合理化"的乌托邦等。

怀特海则在对现代哲学认识论进行批判时指出，把宇宙仅仅看成是物质的存在，认识的客体，人类是认识的主体，主体的精神认识客体的本质和规律，就会丧失人类认识的总视域，而走向多样化的真理的相对主义，况且每个经验个体的有限视域所获得的认识只能是有限的认识，因此机械论的唯物论的认识论获得真理性的认识就成为问题。二元论仅仅把精神、意识赋予人，导致对非人的存在者之存在的忽视，甚至使其沦落为丧失了自性和自我根据的存在，而单纯被看成是客体。这种观点也引发对环境的过度开发与破坏。另外，认识论上感觉论，把感知与知觉看成是天然同一的，把身体的感官当成是知觉的中介，就会拒绝超感性的存在，而走向唯我论，像贝克莱那样存在就是被感知。所以，现代自然主义的唯物论、感觉论和二元论都无法回答真理性认识问题，而使真理退隐，价值和意义缺场，并最终造成精神实践的窘境。

---

〔1〕《马克思恩格斯文集》第1卷，人民出版社2009年版，第537页。

这也就不难理解为什么怀特海一定要坚持泛经验论的形而上学主张，并诉诸上帝存在，把上帝作为宇宙的灵魂来提供认识的总体视域，来感受和领悟一切经验事件的喜怒哀乐，而成为"理性的受难者的伙伴"，进而鼓励引领人的精神实践，去认识宇宙、自然，去从事道德实践。

可以断定，怀特海在对现代性批判的基础上，坚持泛经验论的形而上学立场，以及自然主义有神论的宇宙论，其目的就是试图以此来克服人类中心主义，把感受的精神特性赋予一切受造物，把实践问题扩展到包括所有有感受能力的受造物。让曾经缺场的精神重新在一切拥有经验事态的个体那里有了在场的合法性。

（五）对精神活动外化的关注

马克思和怀特海关于精神实践的探究都不同程度地关注了精神活动的外化问题。在马克思那里表现为科学发现、技术发明，以及有目的、有意识的人的建造活动，合目的性与合规律性的改造对象世界的实践。怀特海则在泛经验论的旗帜下凸显了主体性原则，使以往的主客体的二元对立关系，变成了主体—客体关系，实则是主体间性的平等交往关系。

马克思认为历史规律是有目的的人的活动的规律，在承认客体性"他律原则"的同时，特别强调人的实践的主体性"自律原则"，而把实践活动看成是合目的性与合规律性的统一。因此，工程师的建造活动与蜜蜂建造蜂房具有根本性的不同，前者在没有建造以前，其建造的结果早已经在工程师的意识或脑海之中了，它是意识在先的、目的在先的活动；而后者仅仅是本能的活动，它只是按照它所属的那个种的尺度来生产；人能够按照任何种的尺度并按照其内在的尺度来生产，能够按照美的规律来建造。[1]也就是说人类的对象化活动的结果，是人类精神、智慧的外化——对象化，因而表明人的活动是自由自觉的类生活。这也就容易理解，马克思在《手稿》中特别指出要了解人、说明人的哲学必须从工业和工业活动所产生的历史性存在着手；不仅工业的历史和工业的已经产生的对象性存在是一本打开了的关于人的本质力量的书，是感性地摆在我们面前的人的心理学；而且工业是自然界对人，因而也是自然科学对人的现实的历史关系；在人类历史中即在人类社会的形成过程中生成的自然界，是人的现实的自然界；因此，通过工业——尽管以

----

〔1〕《马克思恩格斯文集》第 1 卷，人民出版社 2009 年版，第 162-163 页。

异化的形式——形成的自然界，是真正的、人本学的自然界。同时马克思还看到，自然科学通过工业的应用日益在实践上进入人的生活，改造人的生活，并为人的解放作准备。[1]

实际上，包括恩格斯在内，多次谈到工业使一切不可知论成为不可能的。应该说，这些论述一方面表明马克思对人的精神活动的对象化、外化而变革现实的努力给予高度重视，常常为每一次科学发现、技术发明而欣喜若狂，认为科学技术是社会进步的巨大杠杆；另一方面也表明，马克思把精神实践放置到其总体性实践概念之下，并最终回答实践是人的存在方式，人通过实践活动在改变对象世界的过程中也改变自身，而使其实践概念不同于亚里士多德的目的在自身的活动——为思辨而思辨的理论的、伦理的和政治的实践内涵，而在近代宗教改革后随着世俗事务——劳动、工作的神圣化，特别是经黑格尔的主奴关系之辨而确立起来的劳动的价值与意义，使得马克思重新赋予实践更为丰富的规定，不仅是工具性的也是规范性的，因此是 praxis 与 practice 的统一，而且物质生产实践是最亲近的基础性实践方式，决定和制约着政治实践与精神实践，而使其坚守了历史唯物主义立场。[2]这也体现在其始终如一地诉求理论与实践相统一的哲学特质上，如相信革命的理论一经为群众所掌握，就能动员起变革社会的力量，"批判的武器"与"武器的批判"相结合等。

这种特质不仅体现在马克思关于哲学与现实的关系上，如在作为青年黑格尔主义者时期主张，"世界的哲学化"和"哲学的世界化"的思想，以及其思想成熟时期关于"终结哲学""消灭哲学"与在现实中实现哲学的论断中；而且体现在他对宗教的考察中，宗教被马克思看成是人的存在方式，正像道德、艺术和哲学一样。在《手稿》中他说，宗教、家庭、国家、法、道德、科学、艺术等，都不过是生产的一些特殊方式，并且受生产的普遍规律的支配。[3]而在《〈政治经济学批判〉导言》中，马克思进一步指出：具体总体作为思想总体、作为思想具体，事实上是思维的理解的产物……整体，当它在头脑中作为思想整体而出现时，是思维着的头脑的产物，这个头脑用它所专有的方式掌握世界，而这种方式是不同于对世界的艺术精神的，宗教

---

〔1〕《马克思恩格斯文集》第 1 卷，人民出版社 2009 年版，第 192–193 页。

〔2〕张秀华：《现代实践哲学与历史唯物主义》，载《哲学研究》2015 年第 3 期。

〔3〕《马克思恩格斯文集》第 1 卷，人民出版社 2009 年版，第 186 页。

精神的，实践精神的掌握的。[1]但是，对于马克思来说，宗教的存在方式是有待超越的特定历史阶段的精神生活样式，一旦消除宗教存在的现实基础，如剥削、压迫和不公正等令人生存异化的条件，在未来共产主义宗教也就自行消亡。

与以往单纯把认识对象客体化、物化的外在于主体的客体不同，因为主客二分的哲学使对象客体丧失了能动性和自性，特别是机械论的唯物论，使得任何超感性的存在都成为可疑的。怀特海的过程哲学、有机哲学在泛经验论下让精神实践属于一切由经验事件构成的复合个体，在这一过程中，当下的任何经验事态都是主体，它感受和摄入作为其环境中其他曾作为主体的客体材料，并将在整合物理感受与精神感受的自决的创造性自我实现活动中而使其自身外化为客体，但这个客体将成为其他作为主体的经验事件的客体而产生因果效应。任何现实事态作为经验主体通过自我感受、自我摄入活动，进行创造性的合生。但这种创造性合生不仅受到"自下而上"的因果效验的制约，表现为环境客体——自我完成了的主体的制约，而且还有"自上而下"的因果效验的影响，就是现实事态在概念摄入阶段必须摄入永恒客体（Eternal Objects）作为资料，使自己从物质感受进入概念感受，但所摄入的永恒客体是被作为现实实在的上帝的概念感受而秩序化的永恒客体。这样每一现实事态的感受和摄入活动都不是孤立的，而是与整个宇宙联系起来，并且最终通过创造性摄入活动的自我实现、自我满足而使自己外化出去，成为一桩客观资料，被其他现实实在的摄入与合生活动所感受。

因此，这是主体性原则的在场，但这种主体是自觉地客体化也就是自主外化着自身，并为他者包括上帝提供感受经验材料。用怀特海的话说："一个事态的个体直接性就是主体形式的最终统一，它便是作为绝对实在的事态。这一直接性便是事态的纯粹的个体时刻，由实质的相关性维系在主客的双方。事态产生于相关的客体，然后消亡而成为另外事态的客体身份。但是，它享有那作为情感统一的绝对自我完成的那一决定时刻。"[2]也可以说这种主体客体化自身是主体精神实践的客观后果，但这种后果又在关系性存在中开显自身，充满主体自性的光辉。而这一认识使得袪魅了的世界再次附魅，使机械

〔1〕《马克思恩格斯选集》第2卷，人民出版社1995年版，第19页。

〔2〕 Alfred North Whitehead. *Adventures of Ideas*. New York：The Free Press，1967：177.

般的宇宙成为一个有机整体，同时也使每一个个体获得深度存在、有根的存在，并且主体的客体化表现为"为他"的道德境界。这使和平、和谐、美的宇宙秩序成为可能。

总之，马克思和怀特海都在整体论、过程论、生成论以及辩证思维方式下讨论了精神实践问题，只不过马克思在历史唯物主义的存在论下把精神实践的主体限定在人类社会中现实的人，并借助实践辩证法，提升人之为人的精神存在，但这种精神生产能力是以物质的生产方式为前提的，强调社会生活决定社会意识，人在改变对象世界的过程中改变自身。商品拜物教是随着产品生产转换为资本主义商品生产而出现的。他相信：人类始终只提出自己能够解决的任务，因为只要仔细考察就可以发现，任务本身，只有在解决它的物质条件已经存在或者至少是在生成的过程中的时候，才会产生[1]；而怀特海则立足泛经验论和有神的有机宇宙论把精神品性赋予了一切存在物，并消除其质的区别，在相互关系中使经验主体的精神实践特别是人的精神实践成为可能。尽管其存在论立场不同，但其关注的问题和思维方式有许多共同之处。相对于马克思，怀特海把文明的进展更多的与精神实践关联起来，他虽然和马克思一样看到物质性活动的基础性，任何经验事态都有物质感受和概念摄入，是必然与自由的统一，但精神一旦出场就能创建新的规则和建制。他在写完《观念的冒险》之后，又写作了《思想方式》一书，进一步指认，"我们关注的那种观念和被纳入可忽略的背景中的那种观念主宰着我们的希望、忧虑及对行为的控制。我思，故我在生活。这就是为什么哲学观念的集合不仅仅是一门专门化的研究，它塑造着我们的文明类型"。[2]这与马克思所强调的正确的理论一经为群众所掌握就会化作变革世界的巨大力量具有很强的一致性。毫无疑问，对二者的比较研究在今天是十分必要的，不仅有助于推动中国化马克思主义与有机马克思主义（我本人最早把其叫做"过程马克思主义"）的深度对话，而且有助于我们摆脱人类当下的生存困境以及拯救现代性的理论与实践诉求。

---

〔1〕《马克思恩格斯选集》第2卷，人民出版社1995年版，第33页。

〔2〕［英］阿尔弗莱德·怀特海：《思想方式》，韩东晖、李红译，华夏出版社1999年版，第57页。

第二章

拯救辩证法：历史—实践的辩证法与 过程—关系辩证法的超越

在西方哲学史上，辩证法从产生那天起就一直存在着肯定辩证法与否定辩证法的两种态度，经历了数次历险，但又不断创生出辩证法的新形态。随着理性主义、体系化的德国古典哲学的终结，在现代哲学家中再次遭受了被抛弃的命运，只有马克思和怀特海都创造性地拯救黑格尔辩证法，将联系、过程、发展的思维贯彻到底，分别创立了马克思主义的唯物辩证法也是历史辩证法或实践辩证法——历史—实践的辩证法、怀特海的过程辩证法或关系辩证法也即过程—关系的辩证法。下文重点讨论三个主要问题，即历险的辩证法以及拯救者被拯救、西方马克思主义者对卢卡奇辩证法的重释及其与马克思辩证法的背离、有机总体的自然辩证法对马克思历史—实践辩证法的确证、总体性辩证法与马克思、怀特海的内在关系论。

一、历险的辩证法以及拯救者被拯救

辩证法是马克思主义的根本方法。今天，在新时代中国特色社会主义思想中再次得到充分运用与阐发。然而，辩证法在西方哲学史尤其在马克思主义传统中却经历了拯救辩证法—遮蔽辩证法—再次拯救辩证法，拯救者被拯救的艰辛历程，即"辩证法的历险"。[1]所以，有必要在思想史和形态学进路下重新考察辩证法，恢复马克思所创立的马克思主义辩证法理解的完整性，并为自然辩证法正名。

---

〔1〕〔法〕莫里斯·梅洛-庞蒂：《辩证法的历险》，杨大春、张尧均译，上海译文出版社2009年版。

（一）思辨辩证法的产生及其最终完成

希腊文的"辩证法"（dialektike）一词，从柏拉图开始才成为一个专门术语，并呈现思辨辩证法的雏形，但在他之前的希腊哲学家早已运用了辩证法的思维方式，展示出辩证法的多种样态。例如，古希腊自然哲学家们变易、生成、转化的辩证法，苏格拉底获得真理的对话辩证法，以及始于芝诺而在柏拉图那里得以成型的理念或共相辩证法。

不同于最初元素派哲学家外在地猜测宇宙万物的本原、"始—基"（海德格尔语）和最终根据，赫拉克里特的辩证法被黑格尔看成是超越了形式的辩证法和静观的主观辩证法，而达到客观的辩证法形态，"哲学的理念第一次以它思辨的形式出现了"，它比芝诺辩证法的"一"增加了"变"，"有"是"一"，是第一者，第二者是"变"，其客观性体现在以辩证法本身为原理。〔1〕这里所说的主观辩证法就是指芝诺的悖论辩证法。芝诺为了捍卫巴门尼德关于作为世界本原的"是者"是"一"且"不变"的存在论观点，他针对人们对该思想的质疑，即不变的东西怎么能解释运动、变化的事物，他把人们认为事物是运动的看法当作自己论辩的前提，通过无穷分割的连续性与无限性的抽象思辨，最终却得出事物不动的结论，这一方法被叫做归谬法，并通过悖论来书写，如"阿基里斯追不上乌龟""飞矢不动"等。为此芝诺被亚里士多德看成是古希腊辩证法的发明家；被黑格尔评价为芝诺抓住了存在于内容本身中的那些范畴，"爱利亚学派的纯思维成为概念自身的运动"，并称芝诺是"辩证法的创始者"。〔2〕但在黑格尔看来，芝诺的辩证法还仅限于静观的主体一边，存在的"一"是孤立的，是没有辩证法的，因此其辩证法还停留在主观的辩证法形态。至此，辩证法已经呈现出不断发展的三种形态：形式辩证法—主观辩证法—客观辩证法，并把辩证法本身作为解释运动、变化的宇宙及其万物的根本原则。

然而，不像自然哲学家那样研究"天上的事物"，苏格拉底把思想的目光投向"人间的事物"，开启实践哲学的研究路向。他不再向外求以期寻找宇宙和世界现象的最终根据，而是向内求让心灵去蔽来发现真理。因此，其根本途径就是与人谈话——对话，通过交谈而不是独白，使心灵对问题的模糊认

---

〔1〕［德］黑格尔：《哲学史讲演录：第一卷》，贺麟等译，商务印书馆1959年版，第295页。

〔2〕［德］黑格尔：《哲学史讲演录：第一卷》，贺麟等译，商务印书馆1959年版，第272页。

识逐渐地清晰起来。也就是，需要借助助产术的方法（无知—对话—提议—反诘），从而达到去蔽，获得真理。我们把这种方法叫做对话的辩证法。其特点是，通过保持对话的开放性，把概念提到人们的意识面前，用一般来规定和解释特殊，不断地逼近对真理的认识。

在柏拉图早期著作中以对话形式呈现了苏格拉底的对话辩证法。但在柏拉图后期著作中又产生了自己的辩证法形态——"共相的辩证法"，也被黑格尔叫做纯粹思想的"思辨的辩证法"，进而，"绝对本质在纯概念的方式下被认识了，并且纯概念的运动得到了阐明"。[1] 在《智者篇》[2] 中柏拉图讨论了"运动"与"静止"、"同"与"异"、"存在与非存在"，在《斐莱布篇》[3] 中他则主要讨论了"有限"与"无限"。从而，柏拉图使得抽象、思辨的理念通过纯概念的方式被表达。但在黑格尔看来，这种思辨的辩证法还不够完备，存在消极性、缺乏理念自我产生的能动性，甚至时常陷于外在的目的性等。[4] 不过，必须看到这种方法已经是对之前辩证法诸形态的综合与超越。它的产生不仅发展了芝诺归谬法辩证法的思辨特性，而且由于柏拉图深受毕达哥拉斯学派和赫拉克里特辩证法思想的影响，使其共相的辩证法与对话的辩证法有明显的差异，尤其体现在柏拉图的"通种论"上。

可以说，在柏拉图那里相外在的两种辩证法形态，在黑格尔思辨哲学那里得到统一并使理念辩证法达到顶峰，黑格尔甚至认为柏拉图在自然哲学、道德哲学之后，加上了辩证法，早已经在其哲学中具有了逻辑学、自然哲学和精神哲学的初步形态。对话的辩证法经黑格尔并为生存辩证法所肯定，最终被融入解释学辩证法、交往辩证法中。

进入中世纪，随着神学中辩证法与反辩证法的争论，辩证法作为讨论问题的逻辑手段地位再次被凸显出来，遗憾的是，它倒退回早期形式的辩证法那里。在加洛林时代的"七艺"中，逻辑学又叫做辩证法，属于形式的、外在的辩证法，即论辩的技艺。显然，这与追求形式与内容统一的内在关系的辩证法是相背离的。

---

〔1〕 ［德］黑格尔：《哲学史讲演录：第二卷》，贺麟译，商务印书馆 1959 年版，第 200 页。

〔2〕 ［古希腊］柏拉图：《柏拉图全集：第三卷》，王晓朝译，人民出版社 2003 年版，第 1-82 页。

〔3〕 ［古希腊］柏拉图：《柏拉图全集：第三卷》，王晓朝译，人民出版社 2003 年版，第 175-264 页。

〔4〕 ［德］黑格尔：《哲学史讲演录：第二卷》，贺麟译，商务印书 1959 年版，第 203-204 页。

近代由于自然科学的发展，特别是牛顿力学使机械论自然观和宇宙论占据了主导地位，在主客二元论的思维方式下，不再像古希腊哲学那样把世界看成是活生生的、有机的。自笛卡尔把世界作为一架机器以来，拉美特利把人也视为机器，机械唯物主义则用片面、静止的形而上学的观点来看待事物。从而使辩证法处于被遗弃的险境，以至于世界被祛魅。

在此境遇下，反映事物相互依赖和内在联系的辩证法在德国古典哲学那里再次出场，并从其消极样态转换成积极样态。

所谓辩证法的消极样态，就是指康德的消极辩证法。康德前批判时期运用牛顿力学探讨太阳系起源，创立了天体演化的星云假说，被恩格斯誉为打开了当时占统治地位的形而上学机械论自然观的第一个缺口。不止于此，康德写作《纯粹理性批判》时，在调和唯理论与经验论的基础上，区分了分析判断和综合判断，并提出先天综合判断，以确保科学命题既有普遍必然性又有新知识的增量。然而，在科学知识何以可能、形而上学何以可能的追问下，他不仅把事物区分为显现出的现象和事物自身（物自体），而且认为我们只能认识事物的现象，物自身不可知。进而他区分出理论理性与实践理性，并为理性划界，限定其有效工作领域，指认纯粹理论理性的功能主要是获得现象界的知识，离不开经验领域，受制于必然律；实践理性的功能在于回答道德问题，涉及本体界（物自身），属于自由范畴。为此，理论理性（包括感性和知性）如果超出经验领域去认识世界、上帝、灵魂等理念本体就是僭越，并必然导致形而上学先验幻相，出现纯粹理性的"二律背反"（Antinomie），[1] 康德把这种"二律背反"就叫做理性的辩证法。由于理性的僭越是在所难免的，解决二律背反的路径只能是限定理性工作领地，为此，康德的辩证法又被叫做消极的辩证法。

然而，康德对辩证法的消极解读却遭到后来德国哲学家们的挑战，如费希特的自我知识学、黑格尔的思辨哲学都超越了基于直观的认识论传统，借助积极的辩证法使认识成为一个过程——不断走向真理的过程。

黑格尔看到康德二元论哲学对辩证法做消极理解的局限性，试图超越其对个体意识的理性批判，让思维能自由地趋赴真理，而探究精神的产生与发展历程。在《精神现象学》中，黑格尔首次尝试使用一种辩证的方法来阐述

---

〔1〕〔德〕康德：《纯粹理性批判》，邓晓芒译，人民出版社 2004 年版，第 361 页。

他的哲学思想。与以往不同，他用"精神"代替了"理性"。"精神"（Geist）不是单纯的认识能力、自我意识或个体主体，而是包容一切的具有实体性、历史性、社会性的能动性主体。在他看来，"精神"超出自身的过程也就是"精神"成就它自己的过程，直至成为"绝对精神"。同时，这也是"绝对精神"的最好和唯一的明证。因为他把矛盾看成是作为实体、主体的精神推动自身运动、变化与发展的根本动力，从而立足概念创造了对立统一的同一性哲学下的思辨辩证法，也叫做积极的辩证法。需要说明的是，黑格尔这种思辨的辩证法不只是逻辑学意义上，还是存在论和认识论意义上的。他还首次发现了辩证法的三大规律，后来被恩格斯在《自然辩证法》[1]一书中做了唯物主义的阐发。

在黑格尔看来，认识活动本身实际上是自己考察自己、自己改变自己的发展过程，所谓批判并不是我们站在理性之外对理性的考察，而是理性自己考察自己，这个理性自己考察自己的过程就是理性的自我批判，也就是理性的辩证法或辩证运动。正如他在《小逻辑》中所说，"考察思维形式已经是一种认识历程了。所以，我们必须在认识的过程中将思维形式的活动和对于思维形式的批判，结合在一起。我们必须对于思维形式的本质及其整个的发展加以考察。思维形式既是研究的对象，同时又是对象自身的活动。因此可以说，这乃是思维形式考察思维形式自身，故必须由其自身去规定其自身的限度，并揭示其自身的缺陷。这种思想活动便叫做思想的'矛盾发展'（Dialektik）"。[2]梁志学直接将 Dialektik 译成"辩证法"。[3]

另外，黑格尔还叙述了逻辑思想的三种形式：抽象的或知性的方面；辩证的或否定性理性方面；思辨的或肯定性理性方面。[4]其中，思辨的或肯定的理性方面是最高的逻辑，且每一方面都构成逻辑实在的环节。所以，黑格尔说："辩证法则是内在的超越，在这种超越中知性规定的片面性和局限性都表现为自己所是的东西，即表现为自己的否定。一切有限事物都要自己扬弃自己。因此，辩证法构成推动科学进展的灵魂，是在科学内容里由以达到内

---

〔1〕　［德］恩格斯：《自然辩证法》，人民出版社 2015 年版。

〔2〕　［德］黑格尔：《小逻辑》，贺麟译，商务印书馆 1980 年版，第 118 页。

〔3〕　［德］黑格尔：《逻辑学：哲学全书·第一部分》，梁志学译，人民出版社 2002 年版，第 103 页。

〔4〕　［德］黑格尔：《逻辑学：哲学全书·第一部分》，梁志学译，人民出版社 2002 年版，第151-152 页。

在联系和必然性的唯一原则……"〔1〕如果说黑格尔从机械的形而上学那里重新恢复了希腊辩证法的传统并使思辨的辩证法达到顶峰，那么马克思则为黑格尔的辩证法寻找到了社会历史运动这一现实基础。马克思在《资本论》第二版的"跋"中指出："辩证法在黑格尔手中神秘化了，但这绝没有妨碍他第一个全面地、有意识地叙述了辩证法的一般运动形式。在他那里，辩证法是倒立着的。必须把它倒过来，以便发现神秘外壳中的合理内核。"〔2〕

（二）马克思、恩格斯对黑格尔辩证法的拯救和超越

黑格尔之后的哲学家们都以不同方式批判理性主义形而上学。在分析哲学传统中怀特海反而自觉运用辩证思维来探究其有机宇宙论哲学。他在《过程与实在》中，明确为"思辨哲学"辩护，〔3〕并展现出过程辩证法特质。马克思、恩格斯则先于怀特海，一方面拒斥传统形而上学，另一方面又在与他们同时代的哲学家们声讨黑格尔哲学的浪潮中，尤其是针对费尔巴哈人本学唯物主义对黑格尔辩证法的摒弃，着手拯救黑格尔辩证法，并创立了唯物辩证法。

1. 劳动辩证法、生产辩证法、实践或历史辩证法——历史—实践辩证法

马克思在《手稿》中专门对黑格尔的辩证法及其整个哲学做了批判性研究。〔4〕他从黑格尔哲学的诞生地《精神现象学》出发，既肯定了黑格尔辩证法的积极意义与价值，又剖析了其抽象性、反思不彻底的实证主义和唯心主义哲学观。

马克思首先指出，当时青年黑格尔主义的批判者们对黑格尔辩证法采取了非批判的态度，提出应该如何对待黑格尔辩证法的问题，并认为相对于那些自称是批判者的批判，费尔巴哈对黑格尔的批判更为严肃。进而认为，黑格尔否定之否定的辩证法只是为历史运动找到抽象的、逻辑的、思辨的表达，但这种历史还不是作为既定主体的人的现实历史，而只是人的产生的活动、人的形成的历史。显然，马克思已经来到历史唯物主义的立场，把思辨的辩证法看成是对现实的人——主体的历史运动的表达，主体不再是黑格尔作为

〔1〕 ［德］黑格尔：《逻辑学：哲学全书·第一部分》，梁志学译，人民出版社 2002 年版，第 156 页。

〔2〕《马克思恩格斯文集》第 5 卷，人民出版社 2009 年版，第 22 页。

〔3〕 Alfred North Whitehead. *Process and Reality*. New York：The Free Press，1978：p. 3.

〔4〕 ［德］马克思：《1844 年经济学哲学手稿》，人民出版社 2014 年版，第 90—117 页。

实体的精神。接着他呈现了《精神现象学》所讨论的自我意识（意识—自我意识—理性）、精神（从真的精神，伦理，到自我异化的精神，教养，再到确定自身的精神，道德）、宗教（自然宗教、艺术宗教、启示宗教）、绝对知识等精神生成的辩证环节。

针对黑格尔《哲学全书》，马克思做了更为深刻的批判。《哲学全书》不过是哲学精神展开的本质，是哲学精神的自我对象化；而哲学精神不过是在它的自我异化内部通过思维方式即抽象方式来理解自身的、异化的世界精神。自然界对抽象思维来说是外在的，是抽象思维的自我丧失；而抽象思维也是外在地把自然界作为抽象的思想来理解，然而是作为外化的抽象思维来理解。最后，精神，这个回到自己诞生地的思维，在它终于发现自己和肯定自己是绝对知识的即抽象的精神之前，在它获得自己的自觉的、与自身相符合的存在之前，它作为人类学的、现象学的、心理学的、伦理学的、艺术的、宗教的精神，总还不是自身。因为其现实的存在是抽象的。因此，在马克思看来，黑格尔在唯心主义哲学下，把主词与谓词位置颠倒了，主词应该是现实的人，自我意识只能是人的意识，不能把人等同于自我意识；黑格尔把自我意识的外化、对象化当成异化，仅仅看到异化的积极意义而未能看到异化的消极意义，并通过赋予意识的物质性，是我的不在家的他在，只有通过扬弃这种异化样态才能回到自身。但是，具有物质性的对象仍然是思维的另一种形式，是同质的，扬弃异化对象是自我扬弃，只是让差异性得以展开，最终赢获精神自身的统一性，并完成同一性哲学下的自我肯定。所以，马克思批评黑格尔，"全部外化历史和外化的全部消除，不过是抽象的、绝对的［XVII］（见第 XIII 页）思维的生产史，即逻辑的思辨的思维的生产史。因此，异化——它从而构成这种外化的以及这种外化之扬弃异化的真正意义——是自在和自为之间、意识和自我意识之间、客体与主体之间的对立……"[1] 这样，对于人的已成为对象而且是异化的对象（如工业、商品物等）的占有，首先不过是那种在意识中、在纯思维中即在抽象中实现的占有，是对这些作为思想和思想运动的对象的占有；因此，在《现象学》中，尽管已有一个完全否定的和批判的外表，尽管实际上已包含着往往早在后来发展之前就先进行的批判，黑格尔晚期著作的那种非批判的实证主义和同样非批判的唯心主义——现有

---

〔1〕［德〕马克思：《1844 年经济学哲学手稿》，人民出版社 2014 年版，第 96 页。

经验在哲学上的分解和恢复——已经以一种潜在的方式，作为萌芽、潜在和秘密存在着了。

同时，马克思还肯定了黑格尔的辩证法。他说："黑格尔的《现象学》及其最后成果——辩证法，作为推动原则和创造原则的否定性——的伟大之处首先在于，黑格尔把人的自我产生看作一个过程，把对象化看作非对象化，看做外化和这种外化的扬弃；可见，他抓住了劳动的本质，把对象性的人、现实的因而是真正的人理解为人自己劳动的结果。"[1]遗憾的是，黑格尔只知道一种劳动——抽象的精神劳动，只看到劳动的积极方面。正是在对黑格尔的辩证法批判中，马克思在之前异化劳动阐释的基础上，指出黑格尔把外化劳动直接等同于异化劳动是成问题的，只有到了资本主义社会对象化的劳动才普遍异化，这种异化是对劳动者的否定，使工人非现实化，所以必须把外化、对象化与异化区分开来，只有在人类实践的某个历史时期外化的劳动才异化了，扬弃异化不能仅停留在思维中，而必须改变产生异化劳动和异化的人的现实基础——资本主义制度，扬弃私有制，才能根本上消除异化。在这个意义上说，历史就是劳动、劳动异化和扬弃异化劳动的过程，是劳动辩证法。

在《德意志意识形态》[2]中，马克思和恩格斯用劳动来区别人和动物，把物质生产作为关键词，并将其看成历史的产生的前提，用生产了什么和如何生产来界说人，借助生产发展所导致的分工和强迫分工的克服、用商业状况、工业状况等来思考人的解放问题。因为，人们只有并总是通过劳动、生产、实践在改变对象世界的过程中，来改变自身的。因此，还可以把马克思的辩证法叫做生产辩证法、实践辩证法。又由于在马克思那里，历史与实践的内在关联、互动互释，社会生活在本质上是实践的。历史不再像黑格尔所理解的那样：历史是绝对理念在时间中的展开，而是人们的实践活动在时间中的展开，也才有了因不同的生产力水平和生产方式所决定的不同历史时期的阶段性差异，并呈现出社会形态从低级向高级形态的变迁规律，即社会发展。所以，马克思的实践辩证法也就是历史辩证法或称之为历史—实践的辩证法。从而在现代唯物主义、历史唯物主义解释原则下创立了辩证法的完备

---

〔1〕 ［德］马克思：《1844年经济学哲学手稿》，人民出版社2014年版，第98页。
〔2〕 《马克思恩格斯文集》第1卷，人民出版社2009年版，第512-587页。

形态。马克思认为，辩证法的本性就是批判性和革命性，因为，辩证法在对现存事物的肯定理解中，同时包含对现存事物的否定性理解，即对现存事物必然灭亡的理解。拥有辩证法气质的马克思主义哲学就是要不断地使现存事物革命化，不仅要解释世界，更要改变世界。

2. 自然辩证法、客观辩证法

恩格斯在《自然辩证法》一书中主张，[1]所谓的客观辩证法是在整个自然界中起支配作用的，而主观辩证法，即辩证的思维，不过是在自然界中到处发生作用的、对立中的运动的反映，这些对立通过自身不断的斗争和最终的互相转化或向更高形式的转化，来制约自然界的生活。吸引和排斥。磁，开始有了两极性，这种两极性在同一物体中显现出来；就电而言，这种两极性分配到两个或两个以上带有相反的电荷的物体上。一切化学过程都归结为化学的吸引和排斥的过程。最后，在有机生命中，细胞核的形成同样应看做活的蛋白质极化，而且进化论证明了，从简单的细胞开始，怎样由于遗传和适应的不断斗争而一步一步地前进，一方面进化到最复杂的植物，另一方面进化到人。同时还表明，像"肯定"和"否定"这样的范畴是多么不适应于这种进化形式。他还说，"知性的思维规定的对立性：两极化"，[2]例如，机械论摆脱不了抽象的必然性，因而也摆脱不了偶然性。同一和差异、必然性和偶然性、原因和结果，"当它们被分开来考察时，都相互转化"，[3]是对立统一的关系。

进而，恩格斯认为，黑格尔将知性与理性分开，并认为只有辩证思维才是理性的，这是有道理的，一切知性活动，如归纳、演绎、分析、综合是人和动物所共有的，只是程度不同而已。但只有发展到一定阶段的人才有辩证思维，因为它是以概念的本性为前提的。此外，恩格斯还指出辩证逻辑与形式逻辑的差别，即，辩证逻辑和旧的纯粹的形式逻辑相反，不像后者那样只满足于把思维运动的各种形式，即各种不同的判断形式和推理形式列举出来，并且毫无联系地并列起来。相反，辩证逻辑由此及彼地推导出这些形式，不是把它们并列起来，而是使它们互相从属，从低级形式发展出高级形式。他

---

〔1〕　［德］恩格斯：《自然辩证法》，人民出版社2015年版，第82-83页。
〔2〕　［德］恩格斯：《自然辩证法》，人民出版社2015年版，第87页。
〔3〕　［德］恩格斯：《自然辩证法》，人民出版社2015年版，第89页。

还得出结论：思维规律与自然规律只要被认识，它们必然是互相一致的。从而，将辩证思维即主观辩证法、概念辩证法建立在自然界运动的规律——自然辩证法基础上，回到唯物主义的立场，创立了自然领域的唯物辩证法。至此，自然领域、社会领域与思维领域的辩证运动都得到了完备的揭示与说明。

(三) 西方马克思主义对马克思主义辩证法的拯救与偏离

西方马克思主义理论家一方面回到马克思、恩格斯的文本试图重新理解马克思及其著作；另一方面他们面对马克思主义理论的分化，针对第二国际和第三国际"正统"马克思主义者对马克思主义观和马克思主义哲学观的误读与误解，特别是对辩证法的忽视，正像马克思拯救黑格尔辩证法那样，他们要从"正统"马克思主义者那里拯救出马克思主义辩证法和马克思主义哲学。其基本理论进路主要是批判"正统马克思主义"的马克思主义观和马克思主义哲学观，采取"以西解马"的方式，到马克思和恩格斯之前的德国古典哲学家那里，甚至近代其他西方哲学家那里，寻找理解马克思主义特别是辩证法的思想资源。因此，呈现了辩证法的多种解读样态，如"总体性辩证法""合理辩证法""否定的辩证法""人学辩证法""交往辩证法""具体辩证法"等。由于篇幅所限，这里着重讨论西方马克思主义奠基人卢卡奇对马克思主义辩证法的拯救与重新界定。

卢卡奇在《历史与阶级意识——关于马克思主义辩证法的研究》[1]一书中，试图将马克思主义辩证法拯救出来。正如他在 1967 年再版序言中所说：对任何想要回到马克思主义的人来说，恢复马克思主义的黑格尔传统是一项迫切的义务。此书代表了当时想要通过更新和发展黑格尔的辩证法和方法论，来恢复马克思理论革命本质的，也许是最激进尝试。他甚至说，该书就是要促使把辩证法问题作为迫切的重要问题而成为讨论的对象。"如果这些论文为对辩证法方法的真正富有成果的讨论提供一个开始，或者甚至是一个机会，使得辩证法的实质重新为大家所了解，那么它们就完满地完成了自己的任务。"[2]因此，他批评"正统的"马克思主义者们只是迷恋于"正统马克思

---

〔1〕［匈］卢卡奇：《历史与阶级意识——关于马克思主义辩证法的研究》，杜章智、任立、燕宏远译，商务印书馆1992年版。

〔2〕［匈］卢卡奇：《历史与阶级意识——关于马克思主义辩证法的研究》，杜章智、任立、燕宏远译，商务印书馆1992年版，第45页。

主义”的称谓，而不面对马克思主义本质本身。进而指出，正统马克思主义并不意味着无批判地接受马克思主义的结果，它不是对这个或那个论点的“信仰”，也不是对某本“圣”书的注解。恰恰相反，马克思主义问题中的正统仅仅是指方法。它是这样一种科学信念，辩证的马克思主义是正确的研究方法，这种方法按其创始人奠定的方向发展、扩大和深化。而且任何想要克服它或者“改善”它的企图已经而且必将导致肤浅化、平庸化和折中主义。[1]

卢卡奇首先指认“唯物主义辩证法是一种革命的辩证法”[2]；“理论无非是革命过程的思想表现”[3]。从而他凸显了理论与实践统一的重要性，把辩证法与社会历史的主体关联起来，并将辩证法限定在社会历史领域。由于卢卡奇诉诸无产阶级的意识革命来寻求革命的道路，并主要采取回到马克思文本和“以黑解马”的研究路向，最终将马克思的辩证法与恩格斯的辩证法对立起来。

基于以上辩证法革命本性的理解，卢卡奇批评恩格斯在辩证法问题的讨论上忽略了社会历史领域及其主客体的相互作用。他说：恩格斯在《反杜林论》中的论述对于后来理论的作用具有决定性的影响。虽然他谈到了辩证法是由一个规定转变为另一个规定的连续不变的过程，是矛盾的不断扬弃，不断相互转换，因此片面的和僵化的因果关系必定为相互作用所取代。但是他对最根本的相互作用，即历史过程中主体和客体之间的辩证关系连提都没有提到，更不要说把它置于与它相称的方法论中心地位了。然而，没有这个因素，不管如何想保持“流动的”概念，辩证法就不再是革命的方法。[4]在卢卡奇看来，形而上学的思考本身只是直观的，不能成为实践的，而对于辩证法来说，中心问题乃是改变现实。如果抓不住辩证法的核心本质，就会使辩证法成为累赘，是马克思主义的“社会学”或“经济学”的装饰品。甚至是

〔1〕［匈］卢卡奇：《历史与阶级意识——关于马克思主义辩证法的研究》，杜章智、任立、燕宏远译，商务印书馆1992年版，第47-48页。

〔2〕［匈］卢卡奇：《历史与阶级意识——关于马克思主义辩证法的研究》，杜章智、任立、燕宏远译，商务印书馆1992年版，第48页。

〔3〕［匈］卢卡奇：《历史与阶级意识——关于马克思主义辩证法的研究》，杜章智、任立、燕宏远译，商务印书馆1992年版，第49页。

〔4〕［匈］卢卡奇：《历史与阶级意识——关于马克思主义辩证法的研究》，杜章智、任立、燕宏远译，商务印书馆1992年版，第50页。

阻碍对"事实"进行"实事求是""不偏不倚"地研究。他在批评伯恩施坦时指出："如果要建立一种彻底的机会主义理论，一种没有革命的'进化'理论，没有斗争的'长入'社会主义的理论，正是必须从历史唯物主义的方法中去掉辩证法。"[1]

因此，在卢卡奇看来，自然界中不存在辩证法，不存在客观的辩证法问题，辩证法必须回到历史领域，回到主体与客体的相互作用方面才是可理解的。他认为恩格斯错误地跟随黑格尔把辩证法扩大到自然界，而实际上辩证法只能与人们认识自然与改造自然的活动有关，与人们变革现实的实践以及赢得自身解放有关。他得出结论："马克思主义哲学不是自然辩证法，而是历史辩证法。"[2]历史的本质在于它是人类活动的产物。马克思以实践唯物主义重建的唯物主义基础不是自然，而是历史。历史作为"自然历史过程"只能被理解为人类社会的实践过程，而不是单纯的自然过程。马克思哲学研究的对象不是自然，而是社会中的人与自然的历史关系。"如果摒弃或者抹杀辩证法，历史就变得无法了解。"[3]

进而，卢卡奇批判一切庸俗主义的马克思主义者，他们注重对孤立的"事实"的研究，但"它们本身必定受历史的和辩证的考察"，[4]有待把对"事实"的认识上升到对"现实"的认识。

在上述对历史辩证法的讨论过程中，卢卡奇同时把马克思的历史辩证法理解为历史实践的辩证法，毕竟"社会生活本质上是实践的"，[5]即历史是人们实践活动的产物，历史过程就是人们通过实践创造自己的生活过程。因此，历史与实践是互释的，历史辩证法说的就是实践辩证法。

在卢卡奇看来，辩证唯物主义的出发点是：人们的存在决定他们的意识。

---

〔1〕〔匈〕卢卡奇：《历史与阶级意识——关于马克思主义辩证法的研究》，杜章智、任立、燕宏远译，商务印书馆 1992 年版，第 52 页。

〔2〕〔匈〕卢卡奇：《历史与阶级意识——关于马克思主义辩证法的研究》，杜章智、任立、燕宏远译，商务印书馆 1992 年版，第 7 页。

〔3〕〔匈〕卢卡奇：《历史与阶级意识——关于马克思主义辩证法的研究》，杜章智、任立、燕宏远译，商务印书馆 1992 年版，第 60 页。

〔4〕〔匈〕卢卡奇：《历史与阶级意识——关于马克思主义辩证法的研究》，杜章智、任立、燕宏远译，商务印书馆 1992 年版，第 55 页。

〔5〕〔匈〕卢卡奇：《历史与阶级意识——关于马克思主义辩证法的研究》，杜章智、任立、燕宏远译，商务印书馆 1992 年版，第 501 页。

进而他批判唯心主义的黑格尔、人本主义的费尔巴哈。费尔巴哈想战胜黑格尔，在这点上遭到失败：他同德国的唯心主义者一样，甚至远远超过黑格尔，在"市民社会"的孤立的个人面前就止步了。这也是为什么马克思要求我们把"感性""客体""现实"理解为人的感性活动。卢卡奇进一步阐释说：人应当意识到自己是社会的存在物，同时是社会历史过程的主体和客体。封建社会中人们的社会关系还主要是自然关系，但资产阶级实现了使社会社会化的过程，社会对人来说变成了名副其实的现实。

上文对马克思主义辩证法的阐发，在卢卡奇那里，实际上历史辩证法、实践辩证法，也就是主客体的相互作用的主客体辩证法，离开了这种主客体的相互作用的自然辩证法，就不再是革命的了。这种主客体辩证法的"中心问题乃是改变现实"。[1]但，问题是得产生认识和把握现实的主体——无产阶级。只有当无产阶级认识到自身作为一个阶级而存在，做到这一步首先需要既把自身作为主体，也把自身作为客体来认识和改造，从而拥有了无产阶级的阶级意识。一旦无产阶级把自己作为一个阶级来看待，就是作为总体来看待，才能够认识资本主义社会历史进程的总体和现实，才能克服物化意识，担当起改变这个现实的历史使命，并最终在改变现实世界的过程中改变自身、获得自身的解放。这里有一个主体与客体相互作用的问题，有一个客体主体化和主体客体化的环节，即主客体的相互作用与转化的过程，因此是主客体相互作用的辩证法。

进而，卢卡奇还认为，"辩证法不管讨论什么主题，始终是围绕着同一个问题转，即认识历史过程的总体"。[2]历史辩证法的特征就是把社会历史看作总体、整体。辩证的总体观是能够在思维中再现和把握现实的唯一方法，具体的总体是真正的现实范畴。只有把社会生活中孤立的事实作为历史发展的环节并把它们归结为一个总体的情况下，对事实的认识才能成为对现实的认识。总体、整体对部分、要素具有绝对的优势。无产阶级只有作为总体时，才能认识资本主义现实，进而完成改变现实的历史使命。无产阶级的总体性意识的确立、对总体性的渴望有助于克服物化意识。因此，历史辩证法作为

---

〔1〕〔匈〕卢卡奇：《历史与阶级意识——关于马克思主义辩证法的研究》，杜章智、任立、燕宏远译，商务印书馆1992年版，第50页。

〔2〕〔匈〕卢卡奇：《历史与阶级意识——关于马克思主义辩证法的研究》，杜章智、任立、燕宏远译，商务印书馆1992年版，第85页。

主客体的辩证法、实践辩证法的本质特征就是总体性，辩证的总体性方法被看作马克思主义方法论的核心。重视主客体的辩证法，就是重视总体性原则；主客体辩证法就是总体性辩证法。在卢卡奇看来，《历史与阶级意识——关于马克思主义辩证法的研究》的重大成就之一，在于使那曾被社会民主党机会主义的"科学性"打入冷宫的总体（Totalität）范畴，重新恢复了它在马克思全部著作中一向占有的方法论核心地位。"总体范畴的统治地位，是科学中的革命原则的支柱。"[1]就是说，总体的观点或总体性原则，也即总体性辩证法是马克思从黑格尔那里通过手足颠倒而拯救出来并最具根本性的原则和方法。他进一步解释说：黑格尔辩证法的革命原则之所以能够在这种颠倒中并通过这种颠倒而显露，是因为马克思维护了这种方法的本质，总体的观点，把所有局部显现都看作是整体——被理解为思想和历史的统一的辩证过程——的因素。马克思的辩证法旨在把社会作为总体来认识。进而，卢卡奇非常细致地分析了各门科学在马克思那里与"关于社会发展的科学"的关系，并得出结论：对马克思主义来说，归根到底就没有什么独立的法学、政治经济学、历史科学等，而只有一门唯一的、统一的——历史的和辩证的——关于社会（作为总体）发展的科学。[2]

需要说明的是，在卢卡奇那里，总体的观点不仅规定对象，而且也规定认识的主体。"在现代社会中，惟有诸阶级才提出作为主体的总体的这种观点……只有当进行设定的主体本身是一个总体时，对象的总体才能加以设定。"[3]

但是，必须看到，卢卡奇尽管自觉立足历史唯物主义的立场，借助马克思对黑格尔辩证法的颠倒性改造，来阐释黑格尔总体性方法的意义与价值，甚至从其辩证法的革命性来说明马克思辩证法的革命性本质，并诉诸于无产阶级的"阶级意识"的意识觉醒与意识革命以期来克服物化、推动阶级斗争、拯救现代性，既有其理论的力量和真知灼见，也有些过于偏激，把总体范畴仅用于社会历史，将辩证法从自然领域排除，从而使马克思的历史辩证法与

---

[1] ［匈］卢卡奇：《历史与阶级意识——关于马克思主义辩证法的研究》，杜章智、任立、燕宏远译，商务印书馆1992年版，第76页。

[2] ［匈］卢卡奇：《历史与阶级意识——关于马克思主义辩证法的研究》，杜章智、任立、燕宏远译，商务印书馆1992年版，第77页。

[3] ［匈］卢卡奇：《历史与阶级意识——关于马克思主义辩证法的研究》，杜章智、任立、燕宏远译，商务印书馆1992年版，第78-79页。

自然辩证法对立起来，并造成了持续的影响。这一点卢卡奇在 1967 年《历史与阶级意识——关于马克思主义辩证法的研究》再版序言中有所检省，比如他认为自己在方法论上抬高社会诸范畴，甚至把自然作为一个社会范畴，造成对自然和自然唯物主义的忽视，以及对实践的片面理解等。

跟随卢卡奇，西方马克思主义理论家们都注重辩证法研究，并产生了理解的张力（这是我另一篇文章解决的问题），但除葛兰西外，他们大都反对自然辩证法存在的合理性，而使自然辩证法历险。显然，这是很成问题的。自然与社会是统一的有机整体，社会不过是人化的自然而已，它既超越又依赖自然。

所以，我们说，西方马克思主义者们在拯救马克思主义辩证法的同时，又制造了马克思与恩格斯在辩证法问题上的对立，导致对唯物主义立场的种种偏离，在拯救者被拯救的过程中，再次使马克思主义辩证法历险，而他们作为马克思主义辩证法的拯救者仍需要被拯救。

应该说，国内自然辩证法界的学人对自然辩证法的研究也一度遭到误解和来自西马传统对自然辩证法理解的挑战，但庆幸的是，新时代中国特色社会主义思想使得总体性辩证法成为根本的解释原则和思维方式，因为无论是历史思维、辩证思维、系统思维、创新思维，还是战略思维，根本来说就是对总体性原则的进一步阐发，也唯有如此才能在总体的范畴下更好地理解"新思想""新时代"与"新现实"三者之间的互蕴互释关系。[1]尤其是"人与自然生命共同体""人类命运共同体"观念的提出，再次把这个宇宙、世界看成是具有内在关系、有机联系、共生的整体，不仅是对马克思主义总体性辩证法的最新表达，而且彰显了自然辩证法的理论地位和当代价值，也可以说，从西方马克思主义那里拯救出自然辩证法，又在自然与社会统一的整体论和总体的观点下赋予自然辩证法的可理解性。

二、西方马克思主义者对卢卡奇辩证法的重释及其与马克思辩证法的背离

众所周知，西方马克思主义一个重要的理论主题，就是对马克思主义辩

---

〔1〕 张秀华：《二十一世纪中国马克思主义的真理力量》，载《光明日报》2018 年 2 月 27 日，第 6 版。

证法的解读与阐释，旨在从第二国际与第三国际的"正统马克思主义"[1]那里拯救马克思主义哲学，尤其是马克思主义辩证法。西方马克思主义的奠基之作——卢卡奇的《历史与阶级意识——关于马克思主义辩证法的研究》一书把理论旨趣直接定位于马克思主义的辩证法研究，以期重新澄清和恢复马克思主义辩证法的革命本性及其在马克思主义那里的理论地位。可以说，经柯尔施、葛兰西对卢卡奇的回应和共同努力开创了人本主义的西方马克思主义辩证法的研究传统。然而，正如马克思主义理论研究内部经历着不断分化的过程那样，西方马克思主义对马克思主义辩证法的阐释也存在不断分化的趋势，特别是对马克思主义辩证法的理解理路经历了从跟随卢卡奇，到超越卢卡奇，再到背离卢卡奇的理论发展脉络，并最终在分析马克思主义那里再次产生反辩证法与为辩证法辩护的理论冲突。为此，有必要立足历史唯物主义立场，重新考察西方马克思主义对马克思主义辩证法的解读，以期深化对马克思主义辩证法思想的当代研究。

（一）"合理辩证法""具体辩证法"对卢卡奇辩证法解读的应和

卢卡奇的《历史与阶级意识——关于马克思主义辩证法的研究》一书作为西方马克思主义的圣经，奠定了马克思主义辩证法的西方马克思主义阐释范式和原则，即把马克思主义辩证法、唯物主义辩证法的本质看成是革命的辩证法，强调理论与实践统一的重要性；认为总体性原则是马克思从黑格尔那里拯救出来的辩证法的根本原则，因此马克思主义辩证法是总体性辩证法、主客体相互作用的辩证法、实践辩证法、历史辩证法；辩证法只能在社会历史领域，把辩证法放到自然领域就会丧失辩证法的革命性，从而把马克思的

---

〔1〕 第二国际的马克思主义理论家往往把马克思主义实证主义地视为科学社会主义和经济、社会理论，忽视并遮蔽了马克思主义的哲学维度，也就遗弃了马克思主义辩证法；第三国际的马克思主义理论家虽然承认马克思主义有哲学，但没能将其与旧唯物主义区别开来，在苏联教科书传统下把历史唯物主义当成是辩证唯物主义在社会历史领域的应用或推广，为此，西方马克思主义者将这两个传统的马克思主义解读路向统称为"正统马克思主义"，将前者叫"老正统马克思主义"，而后者被称为"新正统马克思主义"，由于其理论阐释的局限，遭到卢卡奇等西方马克思主义理论家的批驳。这也是卢卡奇要拯救马克思主义辩证法及其革命性特质的主要原因，他主张"正统马克思主义"的正统应该主要体现在方法上，而不是孤立地记住个别结论，以克服对马克思主义实证主义化、庸俗化和教条主义化的理解与阐发，进而批判了伯恩斯坦的机会主义，并诉诸主客体相互作用的辩证法、实践或历史辩证法，以及总体性辩证法，借助意识革命——超越物化意识以期获得无产阶级对自身与社会的总体性认识，探寻无产阶级革命何以可能的道路。

辩证法与自然辩证法对立起来，强调作为总体的无产阶级意识，并试图回答无产阶级革命取得成功何以可能。[1]尽管之后的西方马克思主义学者对马克思主义辩证法有多种不同的解读，但他们大都批判恩格斯的自然辩证法，把辩证法限定在历史领域与主体关涉起来，凸显马克思主义的主体性原则和主体间性。实际上，卢卡奇在1967年《历史与阶级意识——关于马克思主义辩证法的研究》的再版序言中已经检讨了自己把历史辩证法与自然辩证法对立起来并主要承认前者的做法，但其最初的观点产生了始料未及的后果。

直接认同卢卡奇的是柯尔施，他最早把自己和卢卡奇看成是"非正统的"西方马克思主义，自觉与"正统的马克思主义"区别开来，并且认为马克思主义不仅有哲学，而且马克思主义哲学是现代哲学、现代实践哲学，理论与实践的统一这一最重要的马克思主义原则却被解释成旧哲学的思维与存在、观念与物质的关系。进而，柯尔施主张，马克思主义不是正统意义上的"科学"，既不是第二国际把马克思主义视为经济与社会理论意义上的科学，也不是旧唯物主义意义上的哲学，马克思主义辩证法只能是无产阶级革命运动的理论表现，认识辩证地表现在革命的行动上。因此，"必须从历史的、唯物辩证法的视角，把所有这些较早和较晚的马克思主义意识形态看成是历史演变的产物"[2]；这些马克思主义的意识形态只能被理解为"最近以各种方式复兴的阶级斗争实践经验的理论反思"[3]。不只如此，柯尔施还再次回应和肯定了卢卡奇提出的马克思主义从黑格尔那里继承下来的"总体的观点"，把社会看成是一个不可分割的整体、总体。无疑，这些思想都确认了卢卡奇对马克思主义辩证法的理解。

葛兰西在《实践哲学》一书中倡导，必须研究卢卡奇的思想。他认为黑格尔的辩证法是思辨的辩证法，马克思哲学是对物质一元论与精神一元论的超越，因此是"合理辩证法""实践辩证法"，是对（旧）唯物论与唯心论的辩证统一。

---

〔1〕　这里不再详细讨论卢卡奇的辩证法，因为本人在《历险的辩证法》一文中做了具体探究，该文发表在《理论探讨》（2019年第2期）。

〔2〕　[德] 卡尔·柯尔施：《马克思主义和哲学》，王南湜、荣新海译，重庆出版社1989年版，第60页。

〔3〕　[德] 卡尔·柯尔施：《马克思主义和哲学》，王南湜、荣新海译，重庆出版社1989年版，第70页。

在葛兰西看来，马克思从未把自己的哲学称作"唯物主义的"（这里指旧唯物主义），当他写法国唯物主义的时候，总是批判它，并断言这个批判要更加彻底和穷尽无遗。所以，马克思从来没有使用过"唯物辩证法"的公式，而是称之为同"神秘的"相对立的"合理的"，这就赋予"合理的"一词以十分精确的意义。为了说明"合理的"辩证法，葛兰西还专门在页下做了脚注：马克思在为《资本论》第一卷德文第二版所写的"跋"中说，在黑格尔那里，辩证法以头站地，而为了把它倒过来，就必须从神秘的外壳中抽出合理的内核。所以，合理的辩证法的定义专门用来同黑格尔辩证法的方式相对立。但是，这不能等于，从同"唯心主义"的对立中变成"唯物主义的"，这是一个费尔巴哈的而不是马克思主义的概念。[1]

实际上，葛兰西对马克思哲学的"实践哲学"[2]称谓及其合理的辩证法的命名，一方面要使马克思主义哲学与一切旧唯物主义哲学特别是机械唯物主义和费尔巴哈人本学唯物主义区别开来；另一方面要使马克思主义哲学与黑格尔唯心的辩证法区别开来，强调马克思主义哲学的革命特质。

他首先用"实践"、"生产"的概念来解释"自然"、"物质"的概念，阐释马克思的实践哲学。就是说，物质本身并不是实践哲学的主题，成为主题的是如何为了生产而把它社会地历史地组织起来，而自然科学则应当相应地被看作是一个历史范畴，一种人类关系。[3]

葛兰西在批判《通俗教材》时，认为布哈林只是把马克思主义看作一种形式的社会学，而且没有任何辩证法的内容。其原因在于：一方面把实践哲学当成一种社会学的历史和政治理论，一种按照自然科学方法加以构造的要素；另一方面是哲学的唯物主义被看成是形而上学或机械唯物主义的别名。[4]因而，他指出，《通俗教材》不理解革命的辩证法，"只有当着把实践哲学看作一种开辟了历史的新阶段和世界思想发展中新的阶段的、完整和独创的哲学的时候，才能领会辩证法的基本功能和意义，而实践哲学则超越作为过去社会的表现的传统唯心主义和传统唯物主义，而又保持其重要要素的

---

〔1〕 ［意］葛兰西：《实践哲学》，徐崇温译，重庆出版社1990年版，第152页。

〔2〕 在本人看来，对马克思主义作"实践哲学"的称谓，只有建立在历史唯物主义的解释原则上才是恰当的，详见拙文《现代实践哲学与历史唯物主义》，载《哲学研究》2015年第3期。

〔3〕 ［意］葛兰西：《实践哲学》，徐崇温译，重庆出版社1990年版，第162页。

〔4〕 ［意］葛兰西：《实践哲学》，徐崇温译，重庆出版社1990年版，第127页。

范围内做到这一点。如果只是把实践哲学看作臣服于另一种哲学，那就不可能领会新的辩证法，然而，（实践哲学）却正是通过它（指辩证法）来实现和表现对旧哲学的超越的"。[1]

所以，葛兰西说，人们必须研究卢卡奇教授关于实践哲学的观点。同时，他针对卢卡奇认为人们只能就人类历史，而不是就自然谈论辩证法而进一步评论道：这可能是对的，也可能是错的。当把自然与社会二元分割后，这个结论就是错的；如果人类历史也应被看作是自然史的话，辩证法怎么能同自然分割开来呢？[2]应该说，这一对自然辩证法的理解是深刻的，它体现了葛兰西基于实践哲学对马克思主义辩证法阐释所达到的高度，以有机的总体观进一步确证马克思的总体性辩证法特征。[3]

捷克新马克思主义者科西克跟随卢卡奇对马克思辩证法的解读，特别是"具体总体"的观念，他在自己的《具体的辩证法》一书中，认为观念与概念的区分、形相世界与实在世界的区分、人们平日的功利主义实践和人类的革命实践之间的区分，一句话"分割原一"，是思维透视"物自体"的方式。辩证法是一种批判的思维，它力求把握"物自体"，并系统地探寻把握实在的方式。因此，辩证法与日常观念的学究式的系统化、浪漫化是根本对立的。力图正确认识真实在的思维不会满足于关于这个实在的抽象图式，也不会满足于同样抽象的观念。它必须扬弃直接日常交往世界的表面自主性，扬弃伪具体以达到具体的思维，也就是在表面世界底下揭示出真实世界的过程，是在现象的外表背后揭示出现象的规律、揭示出本质的过程。

在科西克看来，从抽象上升到具体就是唯物主义认识论，它是具体总体的辩证法。"在具体总体中，实在的所有层次和一切向度都得到了理智的再现。"[4]因此，摧毁伪具体的辩证思维方式是改造实在的革命的辩证法的另一面。

---

〔1〕 ［意］葛兰西：《实践哲学》，徐崇温译，重庆出版社1990年版，第128页。

〔2〕 ［意］葛兰西：《实践哲学》，徐崇温译，重庆出版社1990年版，第142-143页。

〔3〕 张秀华、朱雅楠：《辩证本性的回归：葛兰西实践哲学的有机思想》，载《北京师范大学学报（社会科学版）》，2022年第4期。

〔4〕 ［捷克］卡莱尔·科西克：《具体的辩证法——关于人与世界问题的研究》，傅小平译，社会科学文献出版社1989年版，第19页。

（二）"人学辩证法""交往辩证法"对卢卡奇辩证法解读的跟随与超越

萨特继承了卢卡奇关于辩证法的思想传统，把辩证法安置在社会历史领域。他在《辩证理性批判》[1]一书中主张，辩证法是人的"行动的活的逻辑"，是实践辩证法。尔后在《科学与辩证法》一文中，他强调：[2]"辩证法的说明有其限度"，因为"辩证的关系不存在于自然本身中，而是存在于人对自然的认识中"，理性是辩证的；"当人们把辩证法输入自然界时，辩证法的可理解性顿时消失"；"辩证法的特性其本身就是人类的特性"，辩证法根源于人的实践，是"总体化的活动"。作为总体化的实践不可能归结为个别活动的简单总和，但每一个活动又整个地表现着全部实践。实践使得总体表现为一个过程，表现为正在进行或正在构成的发展。实践是辩证法的真正领域。作为总体化的辩证法也就是作为实践的辩证法；辩证法的规律就是社会被我们自己所总体化和我们自己被社会运动所总体化。简言之，"辩证法不是别的，只不过是实践"。然而，萨特在存在主义立场下又认为，"辩证法必须来自一个个的个人"，因此这种辩证法也叫做"人学辩证法"，而且个人的实践体现了最纯粹的辩证法。同时，他认为以集团主体的实践，即社会实践是不同程度地"反辩证法"的，因而是惰性实践。显然，这种对个体主体实践的肯定、对集体实践的否定与卢卡奇的阶级作为总体的主体而进行的阶级斗争实践就有了解读张力。

在1961年12月7日巴黎哲学研讨会上，萨特的发言开始便说：在目前的情况下，我们今天是否有权利谈论一种自然辩证法，如同我们有权利谈论一种历史辩证法？大家知道，历史辩证法已经首先变成显而易见的：它一方面是作为辩证的历史发展规律，另一方面则是作为对这一现实的可理解的发展规律同时发现。这种可理解的发展规律有双重表现：理解作为某种辩证的东西的认识而辩证地自我发展和理解，是在其自身的实在性中辩证地自我发展，在这里理解其实在性中是受历史制约的。就是说，人类历史作为一种辩证过程，恰在历史的某一时刻已经变成明显可见的了，而且在这方面，对历史和

---

〔1〕 ［法］让-保罗·萨特：《辩证理性批判》（上、下），林骧华等译，安徽文艺出版社1998年版。

〔2〕 ［法］让-保罗·萨特：《萨特哲学论文集》，潘培庆等译，安徽文艺出版社1998年版，第136—150页。

理解的辩证意义的发现本身就是受全部历史辩证地制约的。[1]他还引用卢卡奇对辩证法的理解，即不论辩证法讨论什么题目，总是围绕着历史现象的总体理解打转转，进而评论道：由于卢卡奇的这个发现，思想了解到历史是一个总体化过程，同时了解到，思想发现自己已处于历史的中心，并按照产生思想自身为思想所理解的过程同时也在总体化着和被总体化了。人发现基础是整体，而他自身即在此整体之中。因而，从理解的观点来看，辩证法才具有可理解性。那就是说，辩证法本身有一种半透明性，它来自于辩证法所不可分割地联系起来的东西，即"思维的存在和存在的思维"。萨特再次确认，历史存在和关于这个存在的思维的基本范畴是总体范畴，是黑格尔的发现。诚然，黑格尔也曾谈论过自然辩证法，但那时作为他的逻辑学的一个环节而在后来出现的。[2]

萨特承认历史辩证法的存在，为历史辩证法做了人学辩护。因为，"辩证法，作为存在又作为方法，从总体观念来看，是可以具有一种意义深远的可理解性而且是半透明性的：被视为身心相关的总体化过程的个人是被整个历史所总体化了的，因此之故，认识对存在有一种经常的适应。黑格尔得出的结论就是存在与认识的辩证同一性"。[3]他还说，存在并没有被吞没在人们对存在的观念中：它有物质性的存在，有一种既是关于存在的知识又是在存在自身之内，而且受存在所制约的知识。存在不能归结为知识，但是思维参与存在。因此，思维符合存在的辩证法乃是由于思维——就其属于存在而言——是按照现实的规律而发展自己的。[4]这样，萨特就将辩证法的可理解性置于历史领域，与有思维的人的生存密切关联起来，创立了基于总体性原则的人学辩证法、历史辩证法。由于萨特论证把辩证法与自然领域关联起来将会使辩证法变得无法理解，所以他反对恩格斯的自然辩证法，还说恩格斯的自然辩证法就是辩证唯物主义，就是把辩证法从社会历史领域像黑格尔那

〔1〕 ［法］让-保罗·萨特：《萨特哲学论文集》，潘培庆等译，安徽文艺出版社1998年版，第136页。

〔2〕 ［法］让-保罗·萨特：《萨特哲学论文集》，潘培庆等译，安徽文艺出版社1998年版，第137页。

〔3〕 ［法］让-保罗·萨特：《萨特哲学论文集》，潘培庆等译，安徽文艺出版社1998年版，第137-138页。

〔4〕 ［法］让-保罗·萨特：《萨特哲学论文集》，潘培庆等译，安徽文艺出版社1998年版，第138页。

样推到了自然界。一定要说自然界有辩证法或自然辩证法，也只不过是一个类比而已。坚持说自然界存在辩证法不仅看不到，自然规律问题是自然科学研究的领域，而且还会走向神学。萨特还通过自然界对我们的外在性、非总体性存在来拒斥自然辩证法。

总之，萨特作为一个存在主义的马克思主义者，怀抱着要弥补正统马克思主义人学空场的学术抱负，跟随卢卡奇对马克思历史、实践辩证法的解读，以及总体性辩证法的阐释，特别是对自然辩证法的否定，再次否定了自然辩证法的可理解性，并将其与辩证唯物主义相等同，以至于影响了一批西方马克思主义学者对辩证唯物主义的批判。由于萨特坚持从人学视角特别是人的实践考察辩证法问题，就形成了其对马克思主义辩证法的新阐发——人学辩证法、总体化辩证法、纯粹辩证法，这种人学理路的辩证法解读某种程度上又超越了卢卡奇对马克思主义辩证法的说明。

哈贝马斯，也极力倡导辩证法，但他的辩证法既不同于正统马克思主义的辩证法，也不同于黑格尔思辨的辩证法、"劳动"（精神劳动）辩证法，反对恩格斯的自然辩证法，不能容忍唯心主义和唯物主义的思辨及其把辩证法本体论化的倾向，而是跟随西方马克思主义传统特别是跟随卢卡奇的主体—客体的辩证法，在主体间性原则和交往行为理论下，创建了解释学的辩证法。

哈贝马斯在其著作《理论与实践》中提出了一个很有影响的命题："辩证法是主体的，也是客体的。"[1]之所以如此，主要在于辩证法只不过是由主体和客体相互作用于历史的实践活动所产生的，从而辩证法在本质上是历史的。他还用卢卡奇的话来表达，辩证法是阶级意识中引起社会的自我反思的辩证法。这就把辩证法再次限定在社会历史领域。因而，从辩证法的这种理解出发，必然将马克思与恩格斯对立起来。他甚至指责恩格斯及其追随者违背了马克思的意愿，而把历史辩证法降格为自然辩证法与逻辑学这样的科学。

在《唯物辩证法问题》[2]这一附录中，哈贝马斯说：马克思在其《巴黎手稿》中称黑格尔是"伟大的"，说他抓住了劳动的本质，把对象性的人，现实的因而是真正的人理解为他自己的劳动的结果。在称赞了黑格尔之后，马

---

〔1〕 陈学明：《"西方马克思主义"命题词典》，东方出版社 2004 年版，第 130-131 页。

〔2〕 ［德］尤尔根·哈贝马斯：《理论与实践》，郭官义、李黎译，社会科学文献出版社 2010 年版，第 336-344 页。

克思紧接着就表达了他同黑格尔的区别。按照马克思的说法，黑格尔从来没有从这种具体的劳动中来理解作为劳动过程的逻辑学。人作为他的劳动的结果就是在这个过程中创造自身的。劳动是人同自然的交换。对自然对象的强制变成了劳动；甚至，从事劳动的人相互交往，也受自然的统治。不同一的东西归属同一的东西；人遭到了像物一样的对待。劳动成了统治，这不仅表现在人同自然的关系上，而且也表现在从事劳动的人的相互交往上。这种统治以及一切权力所固有的特征，让人想到这种统治是一种谬误，尽管它是实存的。人完全被物化，而辩证法恰在阻挠统治完全成为统治的时刻发挥了光和热。辩证法是统治的一种忧虑和心病，也就是说，辩证法揭示的是客观矛盾，客观矛盾就在于，在异化劳动中——劳动者作为个人不能把自己当物——人必然像物一样地被对待。

在此，哈贝马斯展开讨论：如果物能够从范畴上，而人在同其物的关系方面以及在其相互关系方面只有从对话上才能够恰如其分地来理解，那么，辩证法就可以从对话中来理解；虽然辩证法本身不是对话，而是对话受压制的结果。在这里，哈贝马斯提出：辩证法既是客观的，也是主观的。这就是说，只要自然强制贯穿于辩证法中，如同贯穿于一切逻辑中那样，辩证法就是客观的；只要辩证法既重视自然强制的不平衡，又重视个性的需求，它就是主观的。在辩证法的最明显的反思形式中，即在黑格尔的逻辑学中，辩证法既重复主观要素，又重复客观要素。但是，哈贝马斯引用了阿多尔诺在《黑格尔的哲学观》一书中长长的一段话来证明"唯心主义是错误的，因为它把劳动的总体性在劳动总体性的自身存在中弄颠倒了，把劳动的原理提升为形而上学的原理，提升为纯粹的精神劳动，倾向于把人生产的东西、过时的东西、有条件的东西，连同给人带来痛苦的劳动，变为永恒的东西和合理的东西"。[1]进而哈贝马斯论证了马克思的唯物辩证法就是历史辩证法，讨论的是生产力与生产关系的矛盾，并认为，"辩证法并未占有全部历史：辩证法不是历史的逻辑，而是历史中的逻辑轨迹；这一轨迹，当人们理性地和积极地加以研究时，它导致辩证法的发展和废弃。实践上完美的辩证法同时也是被

---

〔1〕　转引自［德］尤尔根·哈贝马斯：《理论与实践》，郭官义、李黎译，社会科学文献出版社2010年版，第341页。

废弃的辩证法……"[1]最后，他确认：辩证法的实现，就是辩证法的废弃。只要不是唯物主义地在辩证法的历史偶然性中思考辩证法，而是唯心主义地把他想象成一种为绝对意识和一切历史奠定基础的辩证法，它就永远不会被理解……团结一致和相互援助的观念，是在生活必需品得到满足的地方产生的。恰恰因为"历史辩证法本质上不是阶级意识的辩证法"，所以，人对自身的占有和他们的生活联系的重建，才要求每个人同其他人团结一致和相互支援。相互支援和团结的观念不是事先由绝对主体的活动决定的。在历史唯物主义中，找不到阶级作为一个成了历史的主客体的论述；这种论述和相互团结的观念，只有在卢卡奇的新黑格尔主义的观点中才能发现。显然，哈贝马斯试图超越卢卡奇对马克思历史辩证法的解读，并将辩证法与交往关联起来。

哈贝马斯在其《社会科学的逻辑》一书中，还提出了另一个有影响的命题："交往关系是辩证法的网络。"[2]在这本书中，他将自己的辩证法叫做"解释学的辩证法"，并说明这种辩证法在改善人们语言关系、走向社会全面谅解中的作用。进而，在阐释"解释学的辩证法"与其交往理论的相互关系中，强调"交往关系是辩证法的网络"。

在他看来，"解释学的辩证法"与"历史学的解释学科学"有根本区别。"历史学的解释学科学"，如经济学、政治学、法律学等，尽管以"解释学的解释"为基本方法，但它们处理的只是社会生活实践中所产生的某一类具体问题。"解释学的辩证法"则总览社会总体，思考的是怎样实现人类的主要目标——交往行为的合理化。可见，"交往"问题在哈贝马斯的"解释学的辩证法"中占有重要的地位。"交往关系是辩证法的网络"这一命题的提出，正是从这一考量出发。因而，哈贝马斯又把自己的"解释学的辩证法"叫做"交往的辩证法"。又因为实现交往的合理化是人的解放的根本路径，因此，他有时还将自己的"解释学的辩证法"称为"解放的辩证法"。

的确，如何实现交往的合理化是哈贝马斯的根本理论旨趣。因为，他认为晚期资本主义社会的庞大市场体系、国家权力体系导致生活世界被殖民化，使得生活世界的交往难以正常化，因此，如何摆脱体系的干扰，实现生活世

---

[1] [德] 尤尔根·哈贝马斯：《理论与实践》，郭官义、李黎译，社会科学文献出版社 2010 年版，第 341 页。

[2] [德] 尤尔根·哈贝马斯：《理论与实践》，郭官义、李黎译，社会科学文献出版社 2010 年版，第 342 页。

界的交往合理化就成为理论和实践必须解决的问题。由于哈贝马斯认为"对话"对于"交往行为"来说具有根本意义，这就使交往的问题与对话、商谈内在地关联起来，如何创造利益相关者的主体间平等对话的条件和民主机制就有了规范意义，凡是经过商谈获得共识、同意的原则，就应该得到遵守和实施。正是在这个意义上，一般认为哈贝马斯创立了商谈伦理学，也开启了对话的制度化。问题是这种基于对话、商谈的交往是否能确实实现交往的合理化呢？这是交往辩证法有待进一步反思的问题。

（三）"否定的辩证法""科学的辩证法"与卢卡奇辩证法解读的差异

阿多尔诺在《否定的辩证法》一书中，为了表明辩证法批判的彻底性，而在辩证法前加上"否定的"限定词。他认为：否定的辩证法的彻底性主要体现在矛盾的"非同一性"，怀疑一切"同一性"，"辩证法就是对非同一性的一贯认识"；黑格尔强调矛盾对立面的同一，而实际上，矛盾是排斥这种同一性的，同一与非同一绝对的对立。

否定的辩证法在阿多尔诺那里，不仅仅考察客体，即被思考的对象，而且也考察主体，即普遍意识。否定的辩证法又是一种逻辑学和认识论，即以探讨思维方法和概念理论为主要内容的"辩证逻辑"，因此，辩证地思考成为否定的辩证法的应有之义，需要摆脱矛盾同一律，在矛盾中思考，不要对对象进行本质抽象、做出同一的肯定。这是由于不仅对象——客体自身是矛盾体、是非同一性的，而且思维、概念也不能穷尽对象，就是说思维、概念与对象不能同一。于是，他指出，否定的辩证法的根本作用就在于消除对一切概念的崇拜，而"解除概念的魔力乃是哲学的解毒剂"；它（指否定的辩证法）阻止概念的不断升级而成为自身的绝对；甚至它反对一切概念，并指责：（1）概念只体现普遍，从而不能与作为特殊的对象同一；（2）概念不能把握运动。[1]

阿多尔诺这样一种否定辩证法主张，显然是建立在对以往传统形而上学与体系哲学批判、对同一性辩证法（肯定的思辨辩证法）批判、对绝对主义思维方式批判，以及对概念与逻辑霸权批判的基础上，进行阐发的。也可以说，阿多尔诺的确贯彻了马克思关于辩证法的批判性与革命性本质，为了为自己的否定的、非同一性的、寻求差异的辩证法辩护，他首先集中火力反同

---

〔1〕　陈学明：《"西方马克思主义"命题辞典》，东方出版社 2004 年版，第 92 页。

一性辩证法，并鉴于这种同一性哲学与寻求本原、始基、本体的第一哲学即形而上学密切相关，与逻辑优先的实体论密切相关，与建立在概念及其运演之上的体系哲学，特别是与绝对主义的思维方式密切相关，进而解构基础主义的本体论哲学，解构具有融惯性诉求的体系化哲学，解构逻辑优先的原则，解构概念的霸权，解构一切绝对主义的思维方式。因此，阿多尔诺的激进的否定辩证法具有很强的后现代主义的精神气质。无疑，也自觉背离了卢卡奇"以黑解马"的辩证法阐释理路。

阿多尔诺认为，以往的哲学偏爱解释世界，在现实面前畏缩不前，没能发挥改变世界的功能，以至于弄残了自身。但哲学"曾起誓要和现实相统一或接近现实化"。既然哲学破坏了这一誓言，它就"有义务无情地批判自身"。[1]然而，哲学自身却丧失了这种批判的力量。因为，哲学的历史命运最明显地表现在各具体科学迫使它重新成为一门具体科学。由此就产生了哲学的狭隘性，"产生了哲学与现实的比例失调"。为此，必须探索一下"自黑格尔哲学衰落之后，哲学是否存在和如何存在。如果黑格尔的辩证法是不成功的用哲学概念去结合所有与哲学概念相异的东西的尝试，那么就得说明他的失败尝试与辩证法的关系"。[2]

阿多尔诺确信，辩证认识的任务并不像它的对手喜欢指责它那样是自上而下地解决矛盾，是靠解决矛盾来进步；相反，适合于辩证认识的是探求思想与事物的"不相称性"，在事物之中体验这种不相称性。辩证法不必害怕被指责为不管事物的对抗性是否被平息都坚持客观的、对抗的固定观念。在未平息的总体中，任何个别的事物都不是平静的。进而，他强调，辩证的矛盾不"是"简单的，它有它的意图——它的主观的要素——谁也劝阻不了它。以这种意图，辩证法倾向于不同的东西。辩证的运动作为哲学的自我批判仍然是哲学的。[3]

在他看来，黑格尔在同一性哲学下借助于否定之否定的辩证法，也即思辨的肯定辩证法是成问题的。因为"否定之否定"并不会使否定走向它的反面，而是证明这种否定不是充分的否定。否则，辩证法——在黑格尔那里，

---

〔1〕 ［德］阿多尔诺：《否定的辩证法》，张峰译，重庆出版社1993年版，第1页。

〔2〕 ［德］阿多尔诺：《否定的辩证法》，张峰译，重庆出版社1993年版，第2页。

〔3〕 ［德］阿多尔诺：《否定的辩证法》，张峰译，重庆出版社1993年版，第150页。

辩证法使自身一体化是以牺牲它的潜能为代价的——便最终也不关心起初被设定的东西。进而，阿多尔诺坚持："被否定的东西直到消失之时都是否定的。这是和黑格尔的决裂。用同一性来平息辩证矛盾、平息不能解决的非同一物的表现就是忽略辩证矛盾所意指的东西。这是向纯粹推论的思维的复归。只有那种从一开始就以肯定性——作为总概念性——为先决条件的人才会坚持否定之否定就是肯定性的命题。"[1]他举出黑格尔的一句话："真理作为与客体相符合的知识也是肯定的，但只有在知识否定地达到他者时，在它已渗透并取消它所是的这种否定时，它才是我的纯一。"[2]对此，阿多尔诺作出如下评价：这句话表明了一种最深刻的见解，也表明了这种见解的毁灭。他还给出大段分析与说明。他说，没有"否定之否定就是肯定的原则"，黑格尔的体系结构就会倒塌。但辩证法的经验实质不是这个原则，而是他者对同一性的抵制，这才是辩证法的力量所在。既然主体的现实统治产生着矛盾，那么主体也隐藏在辩证法中，但这些矛盾已渗入客体之中。如果我们把辩证法只归于主体，似乎用矛盾来消除矛盾，那么，我们也就是通过把辩证法拓宽成总体来消除辩证法。在黑格尔那里体系是辩证法的源泉，但不是它的尺度。

不同于黑格尔和卢卡奇，阿多尔诺还重新界定了"主客体辩证法"。他认为，"主体和客体的两极性可以表现为一切辩证法都在其中发生的非辩证结构。但这两个概念是作为结果而产生的反思范畴，是表示一种不可调和性的公式。它们不是肯定的原始的事实陈述，而是彻底否定的且只表达非同一性。即使这样，主体与客体之间的差别还是不能被简单地否定。它们既不是一种终极的二元性，也不是一道掩盖终极同一性的屏幕。二者互相构成，就像它们由于这种构成而互相分离一样"[3]。

在解构了黑格尔和卢卡奇基于同一性原则的辩证法之后，阿多尔诺提出了"星丛"[4]概念，认为没有否定之否定，统一的要素也可以生存下来，但它用不着委身于那种作为至上原则的抽象。统一的要素之所以生存，不是靠从概念到更一般的总括性概念的一步步递进，而是因为概念进入了一个星丛。这个星丛阐明了客体的特定性，这种特定性对一种分类方法来说既不是一件

---

〔1〕［德］阿多尔诺：《否定的辩证法》，张峰译，重庆出版社1993年版，第157页。
〔2〕［德］阿多尔诺：《否定的辩证法》，张峰译，重庆出版社1993年版，第157-158页。
〔3〕［德］阿多尔诺：《否定的辩证法》，张峰译，重庆出版社1993年版，第172页。
〔4〕［德］阿多尔诺：《否定的辩证法》，张峰译，重庆出版社1993年版，第159页。

无关紧要的事情，也不是一种负担。

为了让读者能够明白"星丛"，阿多尔诺进一步解释如下：〔1〕星丛只是从外部来表达被概念在内部切掉的东西，即概念非常严肃地想成为但又不能成为的"更多"。概念聚集在认识的客体周围，潜在地决定着的客体内部，在思维中达到了必然从思维中被割去的东西。而客体向一种单子论的主张敞开内心，向对它置身其中的星丛的意识敞开内心。对内部的专心的可能性需要这种外在性。但个别事物的这种内在的一般性像积淀的历史一样是客观的。这个历史既在个别事物之中又在它之外，是个别在其中找到自己位置的包围性的东西。对事物身处其中的星丛的意识相当于对这个星丛的译解，这个星丛一经出现，它便在自身中带有个别。反过来说，外部和内部的合唱是受历史制约的。客体中的历史只能靠一种知识来拯救，这种知识留意客体在它同其他事物的关系中历史地位的价值，即某物已被意识到并被知识改造的东西的现实化和浓缩化。在客体的星丛中，对客体的认识是对客体自身中积淀的过程的认识。作为一个星丛，理论思维围绕着它向打开的概念转，希望像对付一个严加保护的保险箱的锁一样把它突然打开：不是靠一把钥匙或一个数字，而是靠一种数字组合。

这样，阿多尔诺就解构了概念的统治，从而也就动摇了同一性原则。因为在他看来，逻辑优先的本体论哲学，正是凭借概念把同一性原则给实在化了：思维实践纯粹假定的东西是自在的事实、坚实的和持续的事实。统一性思想靠概念的逻辑同一性而客观化了。〔2〕但问题是，阿多尔诺仍然生产了"星丛"这一概念，看来概念是思想表达难以摆脱的。

阿多尔诺还进一步强调，一切追求"同一性"的哲学都行不通，因为根本不存在绝对的第一性，哲学所强调的任何事物都是与它的对立面相互依存的，任何想寻找原初事物或概念的哲学都是走上了错误的道路。由于哲学在人类文明中不惜任何代价寻求秩序与不变性，从而加强了社会上的极权主义和盲从主义倾向。所以，阿多尔诺得出结论：〔3〕哲学所寻求的秩序和不变性实际上是不可能的，唯一可能的是连续的否定，它破坏性地抵制任何打算赋

---

〔1〕〔德〕阿多尔诺：《否定的辩证法》，张峰译，重庆出版社1993年版，第161页。

〔2〕〔德〕阿多尔诺：《否定的辩证法》，张峰译，重庆出版社1993年版，第151页。

〔3〕〔德〕阿多尔诺：《否定的辩证法》，张峰译，重庆出版社1993年版，第3页。

予世界以"同一性"从而把世界限定在一个原则上的企图。这就是他把自己的观点叫做"否定的辩证法"的原因。

正如佩里·安德森所看到的，在意大利，德拉·沃尔佩第一次用意大利文翻译和讨论了青年马克思的新文献——巴黎手稿，特别是《黑格尔法哲学批判》（1947—1950 年），他从此开始在理论上进入历史唯物主义，并创建了一个很大的流派——德拉·沃尔佩派马克思主义，对马克思的早期著作有其特殊的选择和解释，但和卢卡奇、马尔库塞或列斐伏尔有很大不同。安德森认为，不像人本主义的西方马克思主义者们，往往强调马克思与黑格尔学理上的继承与发展关系，德拉·沃尔佩和他的学派"从一开始就是坚决反对黑格尔的"，既以犀利的否定态度评价黑格尔哲学本身，又都肯定地认为马克思的思想代表着同黑格尔的完全决裂。德拉·沃尔佩本人从亚里士多德开始追溯，经伽利略、直到休谟的渊源，来解释马克思，认为这些人都在他们所处的时代进行过马克思针对黑格尔所作的那种实质性批判。而德拉·沃尔佩的学生科莱蒂针对西方马克思主义内部所产生的黑格尔主义做了系统抨击。科莱蒂在他的著作《黑格尔和马克思主义》中，批评黑格尔是一位基督教直观哲学家，他的基本理论目的是宗教而抹杀客观现实和贬低才智，因此他同马克思有天壤之别。科莱蒂主张，马克思的真正哲学前辈是康德，因为康德坚持客观世界是超越一切认识概念的独立现实，预示了从存在到思想的不可反复性这个唯物主义命题。康德的认识论预见到了马克思的认识论，虽然后者从未了解到前者对自己的教益有多大。[1]

上述情况就决定了新实证主义马克思主义——德拉·沃尔佩学派对马克思主义辩证法的理解理路完全不同于卢卡奇的"以黑解马"，特别是在苏共二十大之后，在意大利为了重建党的理论权威，该学派成员拒绝黑格尔主义的马克思主义理解模式、正统辩证唯物主义和早期西方马克思主义，试图要回到马克思的文本，并建构一种不受黑格尔主义污染的新型解读模式，即以科学主义方法为后盾的"科学的辩证法"。

德拉·沃尔佩最先把马克思主义辩证法表达为"科学辩证法"。在探寻了马克思的"科学辩证法"与伽利略的科学的实验方法的内在联系及其根本精神后，他进一步论述了"科学辩证法"的具体内容和"唯物主义逻辑"，并

---

〔1〕　［英］佩里·安德森：《西方马克思主义探讨》，高铦等译，人民出版社 1981 年版，第 82 页。

把它们归结为"具体—抽象—具体"这一公式。

科莱蒂在《矛盾和对立：马克思主义和辩证法》一文中提出，"只有真正的对立才是纯粹的对立"。[1]他认为存在两种对立："真正的对立"和"矛盾的对立"，A 和 B 是真正的对立，而 A 与−A 则是矛盾的对立。后者是既对立又统一的对立，双方不能独立存在。在真正的对立 A 与 B 之间，对立的双方互不依存，它们是纯粹的对立。真正的对立由康德所揭示，而矛盾的对立来自黑格尔，恩格斯继承了黑格尔矛盾的对立，列宁也把这两种对立混淆了。然而，"现实世界存在的对立是真正的对立"，矛盾的对立仅存在于思维之中。

在《马克思主义与黑格尔》等著作中，科莱蒂主张，马克思的辩证法不同于黑格尔思辨的辩证法，而是科学的辩证法，"可以在黑格尔的逻辑学里找到辩证唯物主义的出生地"。[2]进而，他批判辩证唯物主义不属于马克思主义哲学，而是经院形而上学。科莱蒂不仅比较了《反杜林论》和《逻辑学》，而且比较了《哲学笔记》和《逻辑学》，认为恩格斯几乎照抄了黑格尔的原文，而列宁却在黑格尔否定物质的地方"企图去'唯物主义地'阅读黑格尔"。[3]这可以看成是卢卡奇批判自然辩证法的继续和最激进的极端表达，但同时也完全背离了卢卡奇对马克思主义辩证法的阐发。

然而，当科莱蒂主张马克思不再是黑格尔的嫡系传人，而是亚里士多德、伽利略和康德的门徒时，极力证明马克思哲学与自然科学方法的内在同质性。而这恰是卢卡奇努力拯救辩证法，以克服实证主义局限与危害的原因所在。

（四）分析马克思主义、现象学马克思主义对辩证法的重新阐发

分析马克思主义传统中大都是诉诸语言的分析或者是对社会现象和问题的研究采取理性博弈和方法论个人主义的方法，而拒斥辩证法的总体性研究方法，即方法论整体主义的研究方法。但也有学者热衷于研究并为马克思主义的辩证法辩护。

波特尔·奥尔曼（Bertell Ollman）在《辩证法的舞蹈——马克思方法的步骤》一书中直接追问"为什么需要辩证法？为什么是现在？或者说，如何在资本主义现在中研究共产主义未来？"对此，他基于对马克思主义辩证法的

---

〔1〕 陈学明：《"西方马克思主义"命题词典》，东方出版社 2004 年版，第 143–144 页。

〔2〕 陈学明：《"西方马克思主义"命题词典》，东方出版社 2004 年版，第 56–57 页。

〔3〕 陈学明：《"西方马克思主义"命题词典》，东方出版社 2004 年版，第 70–71 页。

认识作出如下回答：[1]辩证法是以整体作为既定的东西开始的，这样，构成整体的内在关系和变化就被看成是与任何事物的性质不可分离，内在于事物的生命之中，因而对于理解事物是必不可少的。孤立的和本质上是死的事物的世界，在我们的思想中，变成了处于相互依存关系中的过程的世界。这是辩证的思考的第一步。辩证法的范畴如"矛盾""量变—质变""对立面的相互渗透""否定之否定"等，在按照事物变化和相互作用的方式来反映实际范式的同时，也可以充当为思考的目的而进行组织的方式，并对任何它们所包含的东西进行研究。在这些范畴的帮助下，我们就永远不会忽视整体是如何存在于部分之中的，我们就能以这样的方式来研究我们所关心的具体条件、事件和问题。随后，我们可以用对部分的认识来加深对整体的理解，包括它是如何发挥功效的，如何发展的，以及它正朝哪里去。分析与综合两者都显示了辩证的关系。他还进一步把辩证法分成六个连续的阶段：[2]一是本体论阶段，该阶段与世界事实是什么有关（结合起来组成结构松散的整体或总体的无数相互依存的过程——没有明晰或固定的边界）；二是认识论阶段，主要解决如何组织我们的思想来认识世界（这涉及内在关系哲学的选择，以及抽象变化和相互作用发生的主要方式，及其发生于其中或其间的主要部分）；三是研究阶段，这里，以对所有部分之间内在关系的假定为优先选择一起作为辅助来进行研究；四是思维重构或自我厘清的阶段（人们为他们自己把研究的结果整合起来）；五是叙述阶段，在这个阶段上，人们试图运用考虑其他人如何思考和知道什么的策略向特定的受众叙述这种对事实的辩证理解；六是实践阶段，该阶段无论自我厘清达到何种程度，人们都以此为基础自觉地在世界上活动，同时改变它和检验它，并加深自己对它的理解。在此基础上，奥尔曼还主张，这六个阶段都不能一劳永逸地走过去，而是要反反复复地经过，每一次理解和阐述辩证的真理并遵循真理的努力，都在增强我们对辩证法思考的能力。因此，在有关辩证法的写作过程中，人们务必非常小心，不要以牺牲其他阶段为代价而挑选出任何一个阶段。只有在各个阶段的内在关联中，才构成可行的辩证法方法。

---

〔1〕　［美］伯特尔·奥尔曼：《辩证法的舞蹈——马克思方法的步骤》，田世锭、何霜梅译，高等教育出版社 2006 年版，第 155-169 页。

〔2〕　［美］伯特尔·奥尔曼：《辩证法的舞蹈——马克思方法的步骤》，田世锭、何霜梅译，高等教育出版社 2006 年版，第 203-204 页。

在奥尔曼看来，辩证法是研究由处于不断演进之中的相互依存的过程所构成世界的唯一明智的方法，也是解读这一方法的最主要研究者马克思的唯一明智方法。所以，辩证法是必要的。因为"理解巨大而又复杂的资本主义、理解帮助我们认识资本主义的马克思主义、指导我们从事离开鹅的公有地的研究、帮助我们发展一种收回公有地的政治策略。资本主义总是并且完全是辩证的，所以，马克思主义对于理解资本主义也总是必要的，而辩证法对于理解马克思主义又总是必要的"。[1]

此外，不同于梅洛·庞蒂在《辩证法的历险》[2]中对卢卡奇辩证法阐释的肯定及其现象学辩护，英美的现象学辩证法则有其新特点，如诺曼·莱文对马克思主义辩证法的这一研究就不同于欧洲现象学——马克思主义哲学。他注意到恩格斯与列宁、斯大林关于辩证法阐释的差异，区分了毛泽东与列宁对马克思主义辩证法的解读，并未将它们统统称为教条的马克思主义或正统的马克思主义而加以拒绝，试图语境化地现象学分析和描述东方社会对马克思主义的辩证法研究，在意识形态与认识论、方法论统一中把握辩证法的结构，以期彰显列宁、毛泽东哲学在马克思主义辩证法理论中的地位和价值。

（五）西方马克思主义者对马克思历史—实践辩证法的背离

应该说，上述对马克思主义辩证法阐释因理解理路不同，在西方马克思主义传统内呈现出对辩证法解读的多种样态和思想张力，展示出对卢卡奇的跟随、超越与重释的研究路向。

从中不难看出，大多数西方马克思主义者都跟随卢卡奇把辩证法仅仅限定在社会历史领域，强调主客体的相互作用和主体间的互动，而否定自然辩证法存在的合理性，将马克思的辩证法与恩格斯的辩证法对立起来，这是很成问题的。

实际上，无论马克思还是恩格斯，他们都强调世界的整体性、有机性、过程性，以及自然界与人类社会的统一性；主张自然界是人的无机身体，人类社会是自然界的延续，人们的实践活动（这里指劳动、生产实践 practice，是作为政治实践的阶级斗争，以及意识与文化革命、交往实践 praxis 的基础）既超越自然又依赖自然，历史只能被理解为自然历史过程，人类史是自然史

---

〔1〕［美］伯特尔·奥尔曼：《辩证法的舞蹈——马克思方法的步骤》，田世锭、何霜梅译，高等教育出版社 2006 年版，第 204 页。

〔2〕［法］莫里斯·梅洛-庞蒂：《辩证法的历险》，杨大春等译，上海译文出版社 2009 年版。

的一部分等。因此，任何将自然与社会历史、劳动与交往割裂开来的解释都是传统形而上学和二元论思维方式的产物。

卢卡奇在《历史与阶级意识——关于马克思主义辩证法的研究》再版序言中早已做了自我反省：不仅指出他自己仅仅以社会为中介来理解自然的局限，而且认识到自身对马克思实践概念的狭隘化，最终导致对自然辩证法的否定甚至背离辩证唯物主义的根本立场。

葛兰西在肯定并跟随卢卡奇拯救马克思主义辩证法的过程中，也已经意识到卢卡奇导致的社会与自然二元分割的问题，并确认了只要不把历史与自然人为地分开，自然辩证法就有其存在的合法性。

遗憾的是，除葛兰西之外，大多西方马克思主义学者在对马克思辩证法的阐释上都出现这样或那样的误解误读。例如，阿多尔诺否定的辩证法激进地反对一切同一性，而诉诸绝对否定，无疑违背了辩证的否定观；萨特的人学辩证法还设定了个体实践与集体实践的冲突，进而重视前者而否定后者，然而任何个人都是共同体中的个人，在阶级社会具有阶级属性；哈贝马斯则把劳动与交往对立起来，甚至把实践只是理解为交往行动，单纯强调交往辩证法，而忽视了劳动和生产辩证法对于提升人的本质力量、推动人类解放的积极作用，毕竟，在马克思那里，人们是在改变对象世界的劳动实践过程中改变自身的，即使解放的问题也是由工业状况、商业状况和农业状况决定的。科学主义的马克思主义者们尽管试图矫正人本主义的马克思主义理论家对马克思主义辩证法解读的偏差，但却从一个极端走向了另一个极端，并且对马克思主义辩证法的现代科学基础重视不够。

所以，当下有必要重新厘清西方马克思主义关于辩证法阐释的思想轨迹与发展脉络，并在回到马克思主义经典作家文本的基础上，坚持历史唯物主义的立场和解释原则，对其加以审视和反思，在重新解读马克思辩证法、创新和发展马克思主义辩证法理论的过程中，尽量避免文本的过度诠释和"理论的叛离"。[1]可贵的是，党的十九大报告关于"两个共同体"的思想，特别是"人与自然是生命共同体"的判断，不仅再次展示了马克思主义总体性辩证法的思维魅力，而且对自然辩证法给予当代的最新表达和阐释。

---

〔1〕　侯惠勤：《马克思主义理论和现实社会主义实践之间的几个重大界限》，载《红旗文稿》2017 年第 5 期。

三、有机总体的自然辩证法对马克思历史—实践辩证法的确证

随着对恩格斯思想研究的不断拓展，恩格斯自然辩证法逐渐走出被误解的尴尬处境，但只是从"三大规律"的视角来理解"自然辩证法"还是不够的。因此，尚有必要基于马克思与恩格斯共同创立的现代唯物主义新哲学观，依循实践的观点和实践的思维方式，尤其是回到恩格斯对黑格尔自然哲学与唯心主义辩证法的改造那里，在有机的总体观下阐释恩格斯的自然辩证法及建立在自然辩证法之上自然观、科学观和历史观，才能避免精神内在与物质外在、自然与历史、科学思维与理论思维的对立。因此，下文将紧紧围绕自然、社会与思维辩证法的统一，自然的历史与历史的自然的统一，自然科学、历史科学与理论科学的统一，并借助其实践指向进一步阐明什么是有机总体的辩证法、有机总体的自然观和有机总体的科学观，进而从不同面向展示恩格斯有机的总体观，旨在表明这种有机的总体观不仅是对自然辩证法的正名，而且是在马克思之后确认和阐发了总体性辩证法而不是背离马克思的实践辩证法或历史辩证法也即历史—实践辩证法。

（一）有机的总体性辩证法：自然、社会、思维辩证法的统一

恩格斯在总结自然科学发展基础上批判改造了黑格尔仅仅在思维领域的唯心主义辩证法和总体观，确立了唯物辩证法的新形态，把作为思维规律的辩证法扩展到自然界与社会历史领域，将总体性辩证法覆盖自然、社会和思维三个领域，并使得自然、社会与思维的辩证法有机统一起来，彰显出其新总体观的特征。

辩证法的三大规律最早是由黑格尔以思辨的形式确立起来，以唯心主义的方式当作单纯的思维规律而予以阐发，并将其运用于自然界与社会历史中，让世界去适应一种思想体系，即把历史逻辑化，而没能看到这种思维体系只是人类思维一个特定阶段的产物。在恩格斯看来，黑格尔的错误就在于把这些规律作为思维规律强加于自然界和社会历史，认为在自然界与人类社会出现之前就存在着一种精神的东西，即绝对观念，而不是从自然界发展中抽象出来的，因而是颠倒的辩证法，"在黑格尔的辩证法中，正像在他的体系中的所有其他分支中一样，一切真实的联系都是颠倒的"。[1]

---

[1] 《马克思恩格斯选集》第3卷，人民出版社2012年版，第879页。

　　恩格斯总结了 19 世纪以来自然科学的发展，形成了以细胞学说、能量转化与进化论为根基的新的辩证法与有机论总体观，与马克思一同从黑格尔唯心主义体系哲学中拯救出革命的辩证法，并加以唯物主义的改造，确立了唯物辩证法的新形态。在《费尔巴哈论》中，恩格斯在梳理黑格尔的辩证法与马克思主义辩证法的关系时明确指出："……这种意识形态上的颠倒是应该消除的。我们重新唯物地把我们头脑中的概念看做现实事物的反映，而不是把现实事物看做绝对概念的某一阶段的反映。这样，辩证法就归结为关于外部世界和人类思维的运动的一般规律的科学，这两个系列的规律在本质上是同一的，但是在表现上是不同的，这是因为人的头脑可以自觉地应用这些规律……这样，概念的辩证法本身就变成只是现实世界的辩证运动的自觉的反映，从而黑格尔的辩证法就被倒转过来了，或者宁可说，不是用头立地而是重新用脚立地了。"[1]因此，辩证法不再是现成的原则体系，而是从自然界与人类社会历史中抽象出来的思维方法。恩格斯就这样恢复了黑格尔体系哲学革命的方面。

　　同时，继承黑格尔对以往静态、直观地考察对象的形而上学思维方式的批判，恩格斯赋予概念辩证法以自然界与社会历史的客观基础，凸显普遍联系与永恒发展是其辩证法的两大特征。联系性阐明了自然界的总体性与系统性特征，反对机械分割、彼此对立的思维形式，事物的存在不是各自孤立的，任何事物与其他事物之间，以及事物内部的各要素之间都存在着一定的联系，构成一幅不可分割、内在关联的有机画卷；发展性是对自然界与人类社会的运动性与过程性的说明，反对孤立静止、一成不变的思维方式，运动是物质的存在形式，不存在不运动的物质，宇宙天体中物体的机械运动、化学物质的变化分解与结合作用等都是运动的具体表现，静止与平衡只是相对的。"整个自然界……都处于永恒的产生和消逝中，处于不断的流动中，处于不息的运动和变化中。"[2]事物的普遍联系与永恒发展也是互相促进、有机统一的，联系中渗透着发展，发展中彰显着联系，没有事物之间的彼此作用与普遍联系就没有事物之间的运动变化与永恒发展。从空间上看，事物之间以及事物内部之间的普遍联系构成了相互统一的整体；从时间上看，每一事物都要经

---

〔1〕《马克思恩格斯选集》第 4 卷，人民出版社 2012 年版，第 249-250 页。
〔2〕《马克思恩格斯选集》第 3 卷，人民出版社 2012 年版，第 856 页。

历过去、现在与未来的前后相继的历史；"除了永恒变化着的、永恒运动着的物质及其运动和变化的规律以外，再没有什么永恒的东西了"。[1]从整体上看，不同系统、不同层次的事物之间也存在着纷繁复杂的联系与永恒发展的历史，形成互相交错的统一整体。联系与发展揭示了物质世界是以有机总体性与生成性为特征的相互联系、运动变化的整体。

进而，恩格斯不仅将总体性辩证法保持在思维领域，而且拓展到外部世界——自然界和人类社会，并把人类社会看成自然界的延续和组成部分，为思维运动规律、主观概念的辩证法确立客观的外部世界的现实基础。"将辩证思维即主观辩证法、概念辩证法建立在自然界运动的规律——自然辩证法基础上，回到唯物主义的立场，创立了自然领域的唯物辩证法。"[2]辩证法的三大规律不只是孤立的内在的思维规律，还是外部自然界与社会历史自身运动的规律，前者正是对后者的反映。从而，在自然、社会和思维三者之间建立整体的有机联系，凸显出有机论的总体观，并使自然辩证法、社会历史辩证法与思维辩证法内在地统一起来。

恩格斯在《自然辩证法》中总结辩证法规律时指出：辩证法的规律就是从自然界以及人类社会的历史中概括出来的。辩证法的规律不是别的，正是历史发展的两个方面（自然界与人类社会）和思维本身的最一般规律。思维领域内的辩证法体现为主观辩证法，是对客观世界的运动与变化的思维反映，即辩证的思维。社会历史与自然领域的辩证法体现为客观辩证法，是关于自然界与人类社会之间相互联系与不断发展的过程的总结，而主观辩证法是这一过程在思维中的反映，是以自觉反映的形式表现出来，主观辩证法与客观辩证法虽然以不同的形式呈现，但是二者之间并不对立，辩证法的规律无论是对于客观世界还是对于主观世界都是普遍有效的。历史的辩证法不同于自然界的盲目、无意识地运动，是人们按照自己的意愿主动参与的结果，每个人都按照自己的预期，在社会中进行一定的实践活动，构成了社会历史的合力。但整个社会历史活动的方向和趋势是不以单个人意志为转移的，因而也体现出一种客观性与必然性。"在自然界里，正是那些在历史上支配着似乎是偶然事变的辩证运动规律，也在无数错综复杂的变化中发生作用；这些规律

---

〔1〕《马克思恩格斯选集》第3卷，人民出版社2012年版，第864页。

〔2〕张秀华：《历险的辩证法——拯救者与拯救者被拯救》，载《理论探讨》2019年第2期。

也同样地贯穿于人类思维的发展史中，它们逐渐被思维着的人所意识到。"[1]辩证法既适用于自然界与人类社会，也适用于思维领域，"思维规律和自然规律，只要它们被正确地认识，必然是相互一致的"。[2]主观的思维与客观的世界遵循的是同一规律，客观辩证法决定主观辩证法，主观辩证法的发展影响对客观辩证法的把握，它们之间是彼此渗透有机统一的。这就使恩格斯的总体观超出概念的总体和思维运动，而将外部世界（自然界与人类社会）及其运动、变化与发展过程也作为总体来把握。

恩格斯确认，自然界、人类社会和思维领域都服从辩证法的规律。就是说，思维领域的概念辩证法与自然、历史领域的客观辩证法（包括自然辩证法和历史辩证法）是一致的。因为有了人和人的实践活动，自然史与社会史便统一于人的实践活动和历史科学中，只要有人存在，自然史与人类史之间就彼此依托，自然辩证法与社会历史辩证法在人类实践的基础上得以统一。在这个意义上，自然辩证法内蕴着劳动辩证法、实践辩证法、历史辩证法，而历史的辩证法总是以自然辩证法为前提的。可见，在总体观下恩格斯的唯物辩证法覆盖了自然、社会和思维三个领域，而且后者以前两者为基础，进而，完成理论思维的前提批判。

也可以说，正是在这种有机、过程的总体观下，恩格斯将自然、社会和思维的辩证法统一起来，让主观概念的辩证法建立在客观辩证法基础之上，在总体性辩证法下完成了自然、社会与思维之间的有机统一。西方马克思主义理论家们把马克思的辩证法封闭在社会历史领域，认为辩证法只在社会历史领域内才是有效的，而否认恩格斯的自然辩证法，并造成马克思与恩格斯之间辩证法的对立，这显然是成问题的。

（二）有机、过程的自然观：自然的历史与历史的自然的统一

如同在历史科学的基础上确立唯物辩证的历史观，将思辨的历史哲学驱逐出历史领域那样，恩格斯阐发了建立在自然科学发展基础之上唯物辩证的自然观，将纯思辨的自然哲学驱逐出自然领域，赋予包括自然界和人类社会在内的物质世界或现实世界以过程性与有机性，世界不再是既存事物的集合，而是过程的集合，处于普遍联系与变化发展的过程中。

---

〔1〕《马克思恩格斯选集》第 3 卷，人民出版社 2012 年版，第 386 页。
〔2〕《马克思恩格斯选集》第 3 卷，人民出版社 2012 年版，第 927 页。

自 19 世纪 50 年代开始，自然科学的迅猛发展从搜集材料转向理论建构。恩格斯以自然科学重大发现作为其自然观的理论基础，运用辩证法重新审视人与客观自然、人类史与自然史、思维发展与科学技术进步的相互依存关系问题。在《反杜林论》《社会主义从空想到科学》和《自然辩证法》等文献中，恩格斯系统阐发了他的有机、过程的自然观。恩格斯指出："由于这三大发现和自然科学的其他巨大进步，我们现在不仅能够说明自然界中各个领域内的过程之间的联系，而且总的说来也能说明各个领域之间的联系了，这样，我们就能够依靠经验自然科学本身所提供的事实，以近乎系统的形式描绘出一幅自然界联系的清晰图画。"[1]整个客观世界被看作一个各部分互相联系的系统，各个领域之间普遍联系并永恒发展，具体表现为地球的演化历史，从无机物到有机物、低等动植物到人类等一系列动态发展的过程，将这些客观世界各种现象、事物与人类的实践活动放置到具有总体性的整体与过程中进行理性思维。在历史的维度上整体地观察自然界和人的关系，在唯物辩证法的总体观下将自然的历史与历史的自然有机统一起来。他批判传统的自然观和机械的宇宙论，"那时，自然界根本不被看做某种历史地发展着的、在时间上具有自己的历史的东西；人们注意的仅仅是自然界在空间的广延性"[2]机械论自然观把机械运动看作是物体的唯一运动形式，将人与自然的历史维度割裂开，丧失了其整体性和历史性，同时也导致自然研究陷入孤立与非历史的状态。恩格斯拒斥这种僵死的、不变的自然观，强调自然界中的万物不仅在空间上并存共在共生，而且在时间上有生有灭处于变化与发展进程中。

人们在探索改造自然的过程中不断寻求突破，就需要有益于其发展的辩证法作为理论支撑。自然科学和人类社会的历史发展都遵循辩证法的基本规律，科学技术进步推动人类对客观自然和人类社会的认识不断深入，在唯物主义基础上坚持辩证法为辩证唯物主义自然观奠定基础，而这一认识的获得也是一个不断生成、发展的有机过程。在有机过程的总体观下自然辩证法强调世界的统一性，客观物质世界不再是静态的，而是有机、有序、有空间、有时间的不断变化发展的过程体系，真正实现从个体实体研究到有机过程研究的思维方式的变革，形成总体性、过程性、历史性的新理论范式，并使其

〔1〕《马克思恩格斯选集》第 4 卷，人民出版社 2012 年版，第 252 页。
〔2〕《马克思恩格斯选集》第 3 卷，人民出版社 2012 年版，第 844 页。

建立在实践的基础之上。

　　恩格斯重视希腊哲学的总体理论思想在自然中的体现。他认为，"在希腊人那里——正是因为他们还没有进步到对自然界进行解剖、分析——自然界还被当做整体、从总体上来进行观察"。[1]进而，恩格斯批判僵硬地将人独立于自然之外的考察，主张整个自然界是永恒流动和动态发展的，是一个有生命的有机体系，具有有机总体性。这也就保证了在历史的逻辑和实践辩证法维度下，进一步深化对自然的历史与历史的自然之有机统一问题的讨论，他不仅摆脱了机械形而上学和社会历史缺场的宇宙论的禁锢，而且终结了孤立的自然领域抽象思辨的自然哲学和社会历史领域的思辨历史哲学。

　　人不是被动地作为自然界的附属物，从无机物发展到有机物再到人和人类社会这个历史过程中，起着关键作用的是人的实践。现实的人之生产劳动实现人与自然的相互联系，不断建构起属我世界——人类社会，并作为自然的一部分使自然得以延续。依赖于自然的人之有目的性的生产劳动使人将自身与动物区分开来，人不只是为延续生命的自然存在物，不像其他低等动物本能地适应与屈服自然，而是能够对自然进行革命的实践，即根据人的感性、对象性活动实现对自然的改变，最终将自然环境的改善和自我需求统一起来。"动物仅仅利用外部自然界，简单地通过自身的存在在自然界中引起变化；而人则通过他所作出的改变来使自然界为自己的目的服务，来支配自然界。"[2]

　　恩格斯认为，人类社会是人与自然在相互依存、协调发展的基础上实现了本质的统一，社会存在于自然界中，是自然界的一部分。从人类的角度来理解自然界，也是用自然的角度来观察人类发展。人与自然之间通过劳动实践相互交融与有机共生，人是自然界中具有自我意识的自然存在物，自然界则不仅为人类社会提供物质资料以维持生命，还是人类意识活动的源泉，作为人的审美对象和精神食粮。正如马克思和恩格斯在《德意志意识形态》中指认的那样，一切人类生存并"创造历史"的第一前提是必须能够生活。"第一个历史活动就是生产满足这些需要的资料，即生产物质生活本身……是一切历史的基本条件。"[3]建立在历史辩证法、唯物辩证法基础上的自然辩证

〔1〕《马克思恩格斯选集》第3卷，人民出版社2012年版，第876页。
〔2〕《马克思恩格斯选集》第3卷，人民出版社2012年版，第997-998页。
〔3〕《马克思恩格斯选集》第1卷，人民出版社2012年版，第158页。

法，首先肯定在自然界、人类社会的物质世界中存在着不依赖于人类的意志而存在并且不以人类的意志为转移的客观的必然规律，同时，这种客观必然规律必须通过社会实践反映在人类思维中。人类改造客观世界的实践是对象性的活动，不是孤立的存在，人的实践包括劳动和社会的交往，是一个对象化的历史过程。人类通过生产实践对自然界进行改造的过程中，现实的自然界不再是传统形而上学以思维方式把握的抽象自然，而是有人参与的社会历史中的自然，自然辩证法的对象也不是与人无关的抽象自然，而是人类通过感性实践活动所改造的人化的自然。自然界的现实价值性与人类历史发展相互关联，自在自然在人的对象性的生产实践中展开自身的历史进程，正是在人与自然的交互作用中，创造了自然史、人类史。显然，在恩格斯有机过程的总体观下的自然观是建立在人类生产劳动基础上的，从而确认人类史与自然史、"自然的历史"和"历史的自然"的辩证统一，探求人与自然的和解何以可能。

恩格斯坚持历史唯物主义立场，在《自然辩证法》中格外强调理论思维要考察的不应是单向度的，而是有关对自然界和人类发展规律的认识，不断重申人类生存与发展需要自然界作为基础，总体性的历史表现为"自然的历史"与"社会的历史"的总和，社会的历史作为自然史的一部分。在《德意志意识形态》中，马克思和恩格斯指出历史"划分为自然史和人类史。但这两方面是不可分割的；只要有人存在，自然史和人类史就彼此相互制约"。[1]因此，恩格斯有机总体的自然观不再局限于自然领域，同时也关注自然中的人类社会生产方式和历史发展规律，明确自然辩证法与历史辩证法虽然在研究对象和思维特征方面不同，但它们并不是孤立或是对立的，而是内在相关、相互联系的。恩格斯在审视人类社会发展过程中，运用自然辩证法阐述自然，将"自然的历史"和"历史的自然"有机统一起来。

在《劳动在从猿到人的转变中的作用》中，恩格斯以总体性历史观的视角，从分析客观自然界运动发展规律转向阐释自然史与社会史的相互作用，通过运用辩证法，绘出人类社会过去、现在和未来的发展图景。自然科学和人类社会发展一样，都是与工艺技术发展和人的思想解放密切相关的，自然史不是独立于人类历史发展的存在。恩格斯不是用机械论自然观的解释方式

---

[1]《马克思恩格斯选集》第1卷，人民出版社2012年版，第146页。

来解读人类历史，辩证法虽然在自然界和人类社会中有不同的表现形式，但自然辩证法和历史辩证法、自然的历史和人类的历史都不存在割裂，两者是互依互存与有机统一的。丢失了自然辩证法的历史辩证法，无法展现人类社会历史发展的物质性前提，将会走向唯心主义历史观；丢失了历史辩证法的自然辩证法，人类消极反映周遭自然界和人类社会，可能沉沦于资本主义制度"适者生存"的"社会达尔文主义"。只有将自然辩证法和历史辩证法作为前提性原则，才能实现辩证唯物主义自然观和历史观之统一、自然的历史和历史的自然之统一，整体诠释恩格斯辩证法的双重维度。恩格斯在晚年关于历史唯物主义的书信中，更深一步将自然辩证法应用于社会发展领域，把人类社会历史看作一个有机总体，对社会历史发展进行了唯物辩证的整体性阐释，关注人类中多因素的合力作用，以历史合力论来处理现实社会发展中的材料和思维，批判对社会发展的历史哲学的机械片面解读方式，辩证地论证人、自然和社会三者的有机共生、整体发展的关系问题，体现了马克思主义理论本身所具有的总体性理论视野，是基于自然时空中人类生产实践发展的整体性分析。

（三）有机的大科学观：自然科学、历史科学与理论科学的统一

能量守恒定律、生物进化论、细胞学说三大发现均在 19 世纪得以问世，同时，物理学、化学、生物学、生理学、心理学等学科研究成果层出不穷。在此背景下，恩格斯的自然辩证法打破了之前传统哲学与自然科学以及各门科学之间不可逾越的鸿沟，重新构建了总体性的有机科学观——大科学观，体现了自然辩证法的科学技术学特征，也使今天自然辩证法转变为科学技术学成为可能，实现了自然科学、历史科学与理论科学以及各类实证科学的统一，整体地把握思维与客观实在，哲学与科学的辩证关系。

自然辩证法基于人的实践过程，通过提炼、总结最新的自然科学成果，实现对一般自然规律的揭示。恩格斯在《自然辩证法》中指出："对我们来说，除了以地球为中心的物理学、化学、生物学、气象学等，不可能有别的，而这些科学并不因为说它们是只适用于地球的并且因而只是相对的就损失了什么。"[1]因为"真无限性已经被黑格尔正确地设置在充实了的空间和时间中，设置在自然过程和历史中。整个自然界也融解在历史中了。而历史和自

---

〔1〕《马克思恩格斯选集》第 3 卷，人民出版社 2012 年版，第 935 页。

然史所以不同，仅仅在于前者是有自我意识的机体的发展过程……我们的自然科学的极限，直到今天仍然是我们的宇宙，而在我们的宇宙以外的无限多的宇宙，是我们认识自然界所用不着的"。[1]

在《自然辩证法》中大篇幅地描述自然科学的发展，人类是自然界长期发展的产物，人类想要更深入地了解客观世界，需要自然科学的辅助。通过研究自然科学发展来审视自然界、人类社会与理论思维的发展规律，分析人类从感性思维转化为理性思维的发生机制，讨论人与自然科学的关系问题，本质上也是讨论人与自然的关系。科学研究的发展与理论思维的发展在有机过程的总体进程中互动互释互镜，现代自然科学对辩证唯物主义的自然观起到检验的作用，"自然界是检验辩证法的试金石……现代自然科学为这种检验提供了极其丰富的、与日俱增的材料，并从而证明了，自然界的一切归根到底是辩证地而不是形而上学地发生的"。[2]同样，自然科学的发展也推动着与之相适应的理论思维的不断革新，从主客二元对立的笛卡尔到统一于绝对精神的黑格尔，将思维与存在对立，把包括自然在内的一切事物和存在都理性化，无限扩大了主体人的意识的力量，人为地把人和自然对立起来，客体自然成为了人类的奴仆；再到费尔巴哈人本学唯物主义的自然观，直观地考察自然、看待现实世界和感性，无视人的主观能动性，也必然会忽视科学技术对于人认识自然的作用。然而，理论思维的发展不是靠纯形而上学的逻辑运演，而是应该有科学技术支撑的人的实践、工业生产的现实基础，在人类不断探索和改造自然的历史发展过程中推进，"不仅涉及科学、技术与哲学的关系，而且包含科学、技术与宗教，科学、技术与政治，科学、技术与经济等科学、技术与社会的关系"。[3]

尽管自然科学与理论科学各自研究的重点领域不同，但这决不意味着二者在辩证法上的对立，基于人与自然、唯物主义和辩证法的统一，自然科学与理论科学是不可分割的。恩格斯在《自然辩证法》关于《神灵世界中的自然研究》一文中得出结论：之所以使自然科学走向神秘主义的原因不是过度发展自然哲学理论，而是在自然科学的发展中，忽视了一切理论、怀疑思维。[4]经验

---

〔1〕《马克思恩格斯选集》第3卷，人民出版社2012年版，第940-941页。
〔2〕《马克思恩格斯选集》第3卷，人民出版社2012年版，第397页。
〔3〕张秀华：《作为马克思主义重要组成部分的科学技术学》，载《理论探讨》，2012年第4期。
〔4〕《马克思恩格斯选集》第3卷，人民出版社2012年版，第889页。

主义者蔑视理论思维就导致自然科学研究走向现代唯灵论。他们认为只要不理会思维，甚至辱骂思维就可以脱离思维，但实际上他们离开思维会寸步难行。恩格斯认为，他们一方面受与科学发展不相适应的哲学思维的限制，另一方面被缺乏总体性与辩证性的片面思维所指导，这样的思维会限制自然科学的进一步发展。所以，恩格斯意识到现今的任务是使自然科学研究者从传统形而上学思维向辩证思维复归。他指出，现今的主要任务是促使自然科学研究实现从形而上学思维向辩证思维的转化，"自然科学家们自己就感觉到，这种杂乱无章多么严重地左右着他们，并且现今流行的所谓哲学又决不可能使他们找到出路。在这里，既然没有别的出路，既然无法找到明晰思路，也就只好以这种或那种形式从形而上学思维向辩证思维复归"。[1]恩格斯特别强调说明，理论思维是一种历史的产物，不同的时代下有不同的表现形式和内容，思维的科学"和其他各门科学一样，是一种历史的科学，是关于人的思维的历史发展的科学"。[2]思维规律的理论不是如"永恒真理"般一成不变地存在。"对于现今的自然科学来说，辩证法恰好是最重要的思维形式，因为只有辩证法才为自然界中出现的发展过程，为各种普遍的联系，为一个研究领域向另一个研究领域过渡提供类比，从而提供说明方法。"[3]

于是，恩格斯强调科学思维与理论思维的结合，科学研究需要理论思维，科学家应自觉接受通晓思维的历史及其成就的理论思维的支配，而哲学同时要随着自然科学的发展改变自身的形式，并且恩格斯给出了能促进自然科学发展的理论思维形态。如果说 18 世纪自然科学是"搜集材料的科学"，对应的是机械的自然观和思辨的自然哲学，那么随着 19 世纪"整理材料的科学"的到来，在哲学领域内必然响起形而上学的丧钟。恩格斯认为自然科学是从"搜集材料的科学"发展起来的，是"关于既成事物的科学"，由于研究的深入需要，自然科学逐步分门别类，形成了孤立、片面、机械的形而上学思维方式。[4]由于人类社会生产实践的不断发展，自然科学研究转变为"整理材料的科学"，逐步成为关注其有机过程性、历史性，关注事物发生发展及内在联系的科学，开始使用有机总体的视野考察自然的科学，那么就要求与之相

---

〔1〕《马克思恩格斯选集》第 3 卷，人民出版社 2012 年版，第 876 页。
〔2〕《马克思恩格斯选集》第 3 卷，人民出版社 2012 年版，第 873–874 页。
〔3〕《马克思恩格斯选集》第 3 卷，人民出版社 2012 年版，第 874 页。
〔4〕《马克思恩格斯选集》第 3 卷，人民出版社 2012 年版，第 395–400 页。

适应的辩证思维方式不断推动科学的发展。科学、技术是人的对象化力量的体现，在推动哲学思维方式的变革上起着越来越重要的作用。

同时，恩格斯还指出从康德到黑格尔的德国古典哲学的辩证思维对于自然科学发展的推动作用。他批判黑格尔辩证法的同时，赞同并肯定"自然界自在地是一个活生生的整体"〔1〕这一观点，"把整个自然的、历史的和精神的世界描写为一个过程，即把它描写为处在不断的运动、变化、转变和发展中，并企图揭示这种运动和发展的内在联系"〔2〕。"说真理只作为体系才是现实的……这乃是绝对即精神这句话所要表达的观念。"〔3〕这里，黑格尔关注到自然科学在研究客观自然界时缺失对自然本质的追问，使得自然科学发展呈现出独立原子式，体现为零碎知识的拼凑，未能形成总体性知识体系，这就导致自然科学脱离了哲学的精神内涵。所以，想要全面、历史地把握客观自然，需要有机总体的科学观作为理论指导。

恩格斯在吸收黑格尔辩证法与整体性思想的基础上，也意识到其存在的局限性在于"唯心主义的出发点和不顾事实而任意编造体系"。〔4〕因此，恩格斯在肯定黑格尔辩证法是自然科学家由形而上学思维向辩证思维复归的有益哲学形态的同时，指出有必要像马克思所说的那样改造它，透过其神秘外壳发现合理内核。恩格斯认为黑格尔辩证法不仅适用于理论思维领域，也同样可以作用于客观世界和人类社会领域，这就需要人的反思活动以及自然科学的研究作为证明。思维规律与自然规律、历史规律之所以一致，在于思维和意识归根结底是人脑的产物，而人本身是自然界的产物，是与生存环境密不可分的，所以思维与意识也是自然界的产物，它并不是同自然界的其他部分相矛盾的，而是相互适应有机共存的。恩格斯在《自然辩证法》中以微积分中所运用的无限和位阶为例，说明客观自然对这一切想象的量都提供了样本。"我们的几何学是从空间关系出发，我们的算术和代数学是从数量出发，这些数量是同我们的地球上的各种关系相适应的，就是说，是同力学称之为

---

〔1〕［德］黑格尔：《自然哲学》，梁志学、薛华等译，商务印书馆 1986 年版，第 34 页。

〔2〕《马克思恩格斯选集》第 3 卷，人民出版社 2012 年版，第 398 页。

〔3〕［德］黑格尔：《精神现象学》（上卷），贺麟、王玖兴译，上海人民出版社 2013 年版，第65 页。

〔4〕《马克思恩格斯选集》第 3 卷，人民出版社 2012 年版，第 878 页。

质量的物体大小相适应的，这些质量是出现在地球上并由人使之运动的。"[1]
这也就说明恩格斯认为无论思维规律、自然规律还是历史规律之所以成为规
律，必须以人的经验为基础，即得到人类实践活动的验证。

恩格斯有机总体的大科学观打破了自然科学的门类界限，创立了互相联
系与动态发展的整体性自然辩证法思维方式，这是在以人的实践为基础的唯
物史观的基础上产生的。因此，恩格斯说到，"我们的主观思维和客观世界遵
循同一些规律，因而两者的结果最终不能互相矛盾，而必须彼此一致，这个
事实绝对地支配着我们的整个理论思维。这个事实是我们理论思维的不以意
识为转移的和无条件的前提"。[2]他认为自然规律是自然科学的研究对象，
历史规律是历史科学的研究对象，社会实践是科学研究的基础，哲学是对思
维规律的研究。恩格斯的《自然辩证法》明确了科学研究的对象与客观规律
是统一的。同时，科学研究无论是自然、历史还是理论研究都离不开人的生
产实践，在此基础上，传统哲学随之转换为理论科学。自然科学和历史科学
直面自然界和人类社会，理论科学在对自然科学和历史科学的概括、总结、
反思中，透过主观、片面的现象，发现客观、总体的本质及其发展规律。恩
格斯的思维科学转向实现了"哲学的科学化"，为逐渐成熟的自然科学和历史
科学提供理论基础，对科学理论一体化的发展进程具有非常重要的作用。

（四）人与自然的和谐：有机总体观的逻辑蕴涵和实践指向

恩格斯基于其辩证法的有机总体观在如何理解人及其赖以生存发展的外
部世界、如何处理人与自然的关系方面做出许多发人深省的判断和论述。无
论是其理论旨趣，还是其逻辑自身都指向人与自然的和解何以可能。

1. 我们属于自然界并存在于其中

人与自然是一个有机统一的整体，不能孤立地考察任何一方。从自然界
的角度考察人类发展也就是以人类历史的视角考察自然，人类不可能站在自
然界之外来审视自身。"我们连同我们的肉、血和头脑都是属于自然界和存在
于自然界之中的；我们对自然界的整个支配作用，就在于我们比其他一切生
物强，能够认识和正确运用自然规律。"[3]自然界对人是客观性与先在性的存

---

〔1〕《马克思恩格斯选集》第3卷，人民出版社2012年版，第979页。

〔2〕《马克思恩格斯选集》第3卷，人民出版社2012年版，第977页。

〔3〕《马克思恩格斯选集》第3卷，人民出版社2012年版，第998页。

在，人的发展离不开自然界并且需要遵循自然界的内在规律。恩格斯在《自然辩证法》中阐释了自然界发展的辩证规律，从无机物分化至不同形态有机物的规律，人类的产生、发展也遵循自然界的规律，但他并没有掉入自然主义历史观的陷阱，而是在唯物辩证法视角下讨论人与自然的关系。人作为部分存在于自然整体之中并作用于整体，推动其不断发展，两者在本质上是相互交融、有机共生的整体。人类是生物发展到一定阶段的产物，是高等哺乳动物中的一种，是自然界中的一部分，是宇宙的精神存在。自然界为人类生存提供无机基础，为生产实践提供劳动对象，为人类社会提供精神食粮。人类与自然中的其他生物一样，在自然界的滋养下才能繁衍生息，人类也是自然的现实存在物。正如马克思所说，"自然界……是人的无机的身体……与之处于持续不断的交互作用过程的人的身体。所谓人的肉体生活和精神生活同自然界相联系，不外是说自然界同自身相联系，因为人是自然界的一部分"。[1]与马克思的判断一样，在恩格斯的有机总体观那里，人源于、依赖自然的同时也改变自然、创造人化的自然。

2. 人在适应和改变环境的生产劳动中得以生成自身

劳动、造物与成人休戚相关，人们是"做以成人"。[2]因为"人是唯一能够挣脱纯粹动物状态的动物——他的正常状态是一种同他的意识相适应的状态，是需要他自己来创造的状态"。[3]人类与动物被动地适应自然界截然不同，动物往往只能直观索取自然界的物质资源来维持自己的生存，一旦自然界出现资源匮乏、自然灾害等情况，动物只能通过迁徙、弱肉强食等方式改变生存现状，甚至会出现食不果腹直至死亡的境况，而人类能够发挥自身主观能动性，通过实践劳动获取自身生存发展的物质资源和创造适合自身生存的有益自然环境。自然界不是一成不变、始终如一的存在物，而是在人类实践的过程中不断发展并呈现出新的样态。恩格斯认为在人与自然相互作用、共同发展的过程中，人自身和人类社会的发展都受到自然界内在规律的制约与限制，但人与自然不是敌对的关系，人类通过劳动实践改造自然界，不再仅仅是被动地适应自然界，而随着人类不断尝试突破其制约与限制，劳动生

---

〔1〕《马克思恩格斯选集》第 1 卷，人民出版社 2012 年版，第 55—56 页。

〔2〕 张秀华：《"做"以成人：人之存在论问题中的工程存在论意蕴》，载《哲学研究》2017 年第 11 期。

〔3〕《马克思恩格斯选集》第 3 卷，人民出版社 2012 年版，第 845 页。

产方式也不断改进。同时，人类在改造自然界的劳作活动中，也改变着自身，即人自身的智力、思维水平得到锻炼与提升，进而，不断改变着生产力基础上的经济关系和社会关系。恩格斯在《自然辩证法》中考察自然界内在演变规律的过程中，也探讨了人类思维的发展历史，理论思维不是一成不变的，伴随着人根据自身的需求和目的改造客观自然界而发展。"人离开狭义的动物越远，就越是有意识地自己创造自己的历史，未能预见的作用、未能控制的力量对这一历史的影响就越小，历史的结果和预定的目的就越加符合。"〔1〕就如前文所说，客观辩证法是主观辩证法的现实基础。人类根据自己的意愿和目的改造自然，而生产实践的发展，新工具的不断出现又意味着人对自然的作用范围拓展和影响程度加深，自然也不断反作用于人自身，在这个过程中人类逐渐感受到和认识到其自身和自然界的一体性。从而证明，人们有能力从事不愧于人的生产活动，并不断成就自身。

3. 不单纯是劳动创造财富，自然界与劳动才是财富的来源

随着19世纪英国古典经济学逐渐走向成熟，政治经济学家认为劳动是财富产生的唯一源泉和一切商品价值的尺度，商品的价值取决于生产商品所需的劳动时间，劳动把人与自然置于次要地位，完全忽视了自然基础和劳动者之间的关系问题，片面地将自然看作是人类劳动的附属物，进一步形成了人类社会发展与自然界隔绝的思维方式。恩格斯在《路德维希·费尔巴哈和德国古典哲学的终结》《反杜林论》和《自然辩证法》中，不断强调人类实践与自然界发展变化的内在统一。人类在改造自然界的过程中实现自身发展，劳动实践成为人与自然关系的中介，自然界在人类劳动的参与中成为财富的源泉。人作为自然界的一部分，因为有手的专门化、劳动工具的掌握、劳动的分工，具备了超越其他生物的能力，从采集渔猎到农耕畜牧再到机器生产，人与自然的关系经历不同的历史阶段，每一阶段都有当时鲜明特征的生产力。原始社会人类劳动创造的财富主要表现为从自然界索取现成的物质资料以满足人类繁衍生息。随着生产力的不断发展，生产活动领域逐渐拓展，人们依据自然内在规律创造适合生产的条件，人类不再只是依赖自然界提供的现成食物，逐渐从纯自然性生产到使用工具辅助性生产，从蒸汽机到化工业，从索取物质资料到制造人工商品等实现对自然的超越，但，这不意味着可以漠

---

〔1〕《马克思恩格斯选集》第3卷，人民出版社2012年版，第859页。

视和抛弃自然支撑。恩格斯从自然界中人的劳动生产审视产品价值，从整体性的维度阐释劳动和自然界在一起才是一切财富的源泉，自然界为人类劳动生产提供资料，劳动把物质材料转变为财富，自然界同劳动一样是财富的源泉。

4. 凭借劳动支配自然界的人不要陶醉于人类对自然的胜利，对每一次这样的胜利，自然界都对我们进行报复

"美索不达米亚、希腊、小亚细亚以及其他各地的居民，为了得到耕地，毁灭了森林，但是他们做梦也想不到，这些地方今天竟因此而成为不毛之地，因为他们使这些地方失去了森林，也就失去了水分的积聚中心和贮藏库。"[1]恩格斯通过实例深刻分析了人类发展历史上一味追求物质财富与经济利益时，遭遇自然界对人类焚林而猎的行为发出警告。机械地割裂自然的整体性，片面静态地认知人与自然的关系，将自然的部分和过程孤立起来，撇开部分之间有机性的联系去考察和开发自然界，势必会出现人类社会发展与自然界发展相悖的情况，以至于造成不可估量的损失。因此，他告诫人们，我们改造自然界绝不能像征服者统治异族一样，不能置身于自然之外认识自然。人们的实践也不应只关注短期利益而忽视长远发展，否则，得到的结果往往与我们最初的目的相悖。人类对自然的全部支配力量之所以比其他一切生物强，就是人类能够认识和正确运用自然规律。也只有运用历史的、总体的思维方式考察人类和自然的辩证否定过程，才能整体地把握人与自然的有机关系。

面对二元对立思维方式所导致的人与自然关系的冲突，以及现代性的种种"急难"，重新理解和考察恩格斯上述有机论的总体观及其相关的重要论断至关重要。环境危机、病毒蔓延等一系列生态问题，需要作为自然中万物之灵的人类进行反思；多样化的生物样态和稳定的生态环境是人类可持续发展的必要基础，我们必须重新审视人与自然之间的关系。辩证地把自然界看作是普遍联系的整体，正确看待人与自然在地球这个有机系统中的地位，如人类与自然界命运息息相关，人类关切自然的发展就是关怀自己，破坏自然就是伤害人类自身，大自然一直处于不断生成、演进的有机过程中，人与自然之间是相互联系、相互影响、相互作用的统一整体等。这些与上述论断都是恩格斯有机总体观给我们留下的思想财富。更重要的是，他告诉我们，随着

---

[1]《马克思恩格斯选集》第3卷，人民出版社2012年版，第998页。

科学技术的进步，人类有能力选择和改变生产和生活方式，辩证地认识和利用自然界的本性，尊重和遵循自然规律，从而做到使我们的生产不愧于人的生产——如马克思所说按照美的规律来创造，才能解放人、解放自然，实现两者的共生共荣，获得"人类与自然的和解以及人类本身的和解"，[1]促进人类社会不断向前发展，从必然王国走向自由王国。

　　无疑，这些基于历史的过程的有机总体观的判断，无不有助于批驳马克思辩证法与恩格斯辩证法的对立说，为自然辩证法正名的同时也确证了马克思的历史—实践的辩证法与总体性辩证法。这种总体性辩证法基于实践观点、自然的历史过程所蕴含的整体性、系统性思维有助于帮助人类更准确地把握科学技术发展方向与文明进程，努力提升全体公民的科学精神与工匠精神以及劳动、生产境界，自觉规范参天尽物的人类实践活动，并在有机总体观下筑牢中华民族共同体，推动全球构建人类命运共同体，切实确立人与自然共同体的意识，实现人与自然的和谐共生与可持续发展，促进旨在维持总体生态系统的平衡、促进人类社会系统与自然系统的良性循环的生态文明建设。在这个意义上说，恩格斯有机总体的自然辩证法不但是在宽泛的"自然"概念下对马克思辩证法的确证，而且还是关系思维的进一步阐发，因为总体性辩证法一定是内在关系论的。

四、总体性辩证法与马克思、怀特海的内在关系论

　　自亚里士多德对"关系"这一概念专门论述后，不同哲学流派对关系理论的阐释历来是哲学界的重要话题之一，并具有时代性色彩。直至现代，哲学界似乎"已经'将一切事物都处于关系之中'这样的命题当作自明的命题"。[2]在基于对以往传统哲学批判的背景下，作为现当代哲学家的马克思与怀特海同样对知性思维的实体哲学进行过深刻反思，都不约而同地将他们的目光投向现实世界与经验对象，把哲学置于关系性的存在这一事实之中。即使二人没有把"关系"这一概念作为其主要范畴加以明确，但存在物都处于"关系"中这一不言而喻的事实对马克思与怀特海的哲学如此重要，不但一切关系都是属我的关系，而且整个宇宙就处于经验主体的有机关联之中。

---

〔1〕《马克思恩格斯选集》第1卷，人民出版社2012年版，第24页。

〔2〕罗伯中：《20世纪之交的英美关系问题的哲学争论》，复旦大学出版社2006年版，第2页。

以至于美国学者波特尔·奥尔曼直接把马克思哲学称作内在关系哲学[1]；大卫·格里芬认为怀特海哲学实际上就是一种内在关系的实在论哲学[2]。还有学者直接把怀特海的哲学称为过程—关系的哲学。实际上，不论马克思还是怀特海的哲学都是关系论的，这是由其总体性辩证法[3]所决定的，任何现实存在的经验主体都不是孤立的，而是处在自然整体和社会共同体中，并与他者密切关联。因此，对现实的人和现实实有的考察都需要在有机的总体中并借助内在关系来把握。下文将围绕自然、经验和关系等，从关系性存在、过程性认识、感性活动——感受与实践三个维度阐发二者关系论的共通性。

（一）存在：关系性存在的部分与整体

之所以有诸多学者把马克思与怀特海都归于关系论哲学家，是因为通过梳理二人对关系问题的讨论，我们不难看出，他们都把"关系"抑或说关联性作为现实存在的根本特征，同时，这种关系是作为整体性存在事实的必然性联系，即在现实存在的层面上，要求我们首先置身于一种整体性的、现实关联性的共在世界去追溯存在，即在总体性辩证法和机体思想所决定的内在关系中理解和把握现实存在。对于"整体"一词，尽管由于论述层面及关注点的差异存在着不同阐释，但马克思与怀特海的"整体"都具有双重意味，它不仅是一种关系论下抽象分析所必须的形而上意义上的整体、总体，最终更必须回溯到一种"实在"状态，是一种事实性的、现实的机体性存在，所有存在着的"实在"之集合构成了整体的实际范围与范畴。对马克思而言，广义上的整体是囊括了人类的整个自然界，也可以指社会历史进程这一总体或作为具体社会形态的资本主义社会，不同的内涵取决于我们在多大的"实在"性的整体范围内考察某事某物；对怀特海而言，整体亦由所有"实在"构成，而"实在"同样是一个个现实的存在物，它们最终复合成了自然或是整个宇宙。因而，二者对于"整体"这一含义的论述，实质上都必须以具有现实性同时又具有相互关联性的一切存在物为基础。必须首先让作为关系性的整体走向事实，并对把握具体个别事物或现象有解释的优先权。

〔1〕 ［美］伯特尔·奥尔曼：《辩证法的舞蹈——马克思方法的步骤》，田世锭、何霜梅译，高等教育出版 2006 年版，第 39-54 页。

〔2〕 ［美］大卫·雷·格里芬：《复魅何须超自然主义——过程宗教哲学》，周邦宪译，译林出版社 2015 年版，第 155 页。

〔3〕 张秀华：《历险的辩证法——拯救者与拯救者被拯救》，载《理论探讨》2019 年第 2 期。

1. 形式抑或本质：观念关系的异化与祛魅

作为宇宙中的一部分，不少人都曾对我们自身、对世间万物有过类似追问：我们从何而来？世间最先存在的是何物？在诸如马克思与怀特海等关系哲学家看来，这未必是一种正确的提问方式，因为"你的问题本身就是抽象的产物"。[1]关系哲学认为，正因为我们本身处于一定的关系中才能如此进行发问，环境赋予了我们如此思考的能力，或者说，事物都在一定的关系条件或网络中才会出现。因此，追溯第一个"人"或事物已然是一种抽象的非关系性的思考。在马克思与怀特海哲学中"关系"这一概念绝不仅是一种从"观念"上生成的逻辑关系。"关系"既是一种关联、一种事物之间的相关作用，更是事物整体存在的根本属性和状态；[2]而且核心是，二者的"关系"都必须首先指涉并源自现实，正如所有反对传统观念论的现代哲学家所反对的概念导致的异化那样，"所有概念，都涉及非概念，因为概念自身是现实的要素"。[3]

马克思在《手稿》中曾提及，他对于黑格尔的观念辩证法之批判看似是形式的问题，"而实际上是本质的问题"。[4]现代辩证法家都试图抓住辩证法对关系问题的实质把握，因为黑格尔式的"事实本身……不过是思维实践所预设的东西而已"。[5]对马克思而言，尽管黑格尔的哲学也无处不强调了世界的整体关系，但是却是一种非本质关系的观念之异化，对于观念上的关系不过都是主体思维中的关系，而此观念之关系愈加导致了人自身的异化，它们不过是"抽象的思维同感性的现实或现实的感性在思想本身范围内的对立"。因此，只有真正立足于现实的关系性存在才是存在，就如在自然界中"非对象性的存在物就是非存在物"，[6]而对象性存在物指的首先是概念化了的现实存在物。进而，马克思在人是人的自然存在物判断基础上回到资本主义大工业的现实，基于现实的人之对象性关系考察异化劳动，超越了黑格尔把概

---

〔1〕 〔德〕马克思：《1844年经济学哲学手稿》，人民出版社2014年版，第55页。

〔2〕 或许因为"关系"一词的中文在马克思的原著中本身就对应了多重含义，如奥尔曼在其著作中讨论了马克思原著中的Verhältnis与Beziehung都可译为"关系"，而Verhältnis有时又可被译为"条件"，Beziehung有时也可被译为"关联"。

〔3〕 〔德〕阿多尔诺：《否定的辩证法》，王凤才译，商务印书馆2019年版，第14页。

〔4〕 〔德〕马克思：《1844年经济学哲学手稿》，人民出版社2014年版，第90页。

〔5〕 〔德〕阿多尔诺：《否定的辩证法》，王凤才译，商务印书馆2019年版，第175页。

〔6〕 〔德〕马克思：《1844年经济学哲学手稿》，人民出版社2014年版，第104页。

念的外化等同于异化的抽象异化观，而把异化看成是人类实践某个阶段的产物，将随着实践水平的提升而被扬弃，最终确立了历史唯物主义的解释原则，在现实的人之属我关系下阐发了社会机体思想。

怀特海同样断定，只要是在宇宙中现实存在着的事物，即他所谓的"现实实有"，它们"在本质上都包含了它自身与宇宙的其他事物的联系"，[1]没有任何关联性的存在物是在现实世界中不存在的。怀特海在有机宇宙论的存在论上既把现实存在物设定为宇宙中相互关联的存在，同时，"关系"也是一种现实存在物得以存在的事实，因为存在物本身作为关联性存在而存在。这也是其过程—关系的辩证法的现实性所在。

2. 关系性的部分：在整体世界中"确立"自身

"关系"似乎在二者的哲学中上升到了一种存在论地位，然而马克思与怀特海更想强调的是，只有通过存在物相互关系的选择与限定，属性与秩序才被确立，存在物必然通过一定的关系才能被把握，现实世界必然先具有一定的属性才得以明确。在一定的关系下，存在物与世界才得以形成与被把握，同时，任何存在物和现实世界必然都是有限的、部分的，"实在"也即实际存在的事物必然都是有所限制的。

对于马克思来说，世界与人的不断生成都是关系中各要素相互作用的结果。在自然条件限制下，人从生活资料的生产到各种所有制的建立，在不同关系过程中不断明确不同时期的历史，同时这种明确的关系也限定了人类社会与自然进行互动的范围及方式。不同历史时期世界所显现的样貌，人在世界中所能进行的活动，这一切并不以人的主观意志为转移，而是受限于不同时期的不同关系条件，因而一定关系条件下所呈现的世界必然都是"部分"的。只有随着资本市场的不断扩大，历史进入世界历史，人们的交往才打破了封闭的地域或血缘关系限制。所以，人的本质在其现实性上是社会关系的总和；人的解放不能停留在观念和抽象的政治解放，而受制于工业、农业和商业的状况，归根结底由劳动、生产实践状况所决定。

同样，关系或关联在怀特海的哲学中亦如此重要。因为现实事物间的流变与关联甚至先于时空理论的确立，换句话说，时空只是万事万物必然关联状态所衍生出的两套系统，通过事物的"发生学"抽象出时间理论，通过感

---

〔1〕［英］怀特海：《思维方式》，刘放桐译，商务印书馆 2016 年版，第 64 页。

知事物的"配位"划定空间理论。从这个角度来说，缺少具体关系之前，世界本不可感知，也本不是现实的，是最根本的广延性关系之间的相互作用与发生使世界得以现实化、秩序化，即这种关系规定了各种实际存在事物的具体性质，如可测度性，也正是如此，我们的现实世界、宇宙也受到了不同关系的限定，在某种意义上说都是未完成的、不完善的。任何事物都是一个四维的广延连续体，时空与现实实有构成的群集事物是密不可分的。怀特海所要寻找的宇宙秩序根本来说就是物理事件的数学形式。

3. 有机整体：作为优先性存在事实的自然整体

无疑，对任何"实在"在现实世界中的把握实质上都包含了有条件的、明确的关系，或任何由"实在"构成的现实中的存在都是以不同具体关系为条件的有限世界。但既然关联性是事物存在的必要条件，而事物间关联性的关系作为一种事实状态如此存在着，那么在现实世界中，乃至宇宙中如此存在着整体性的、关系性的"实在"具体该如何界定？难道我们只能在思维中称它们为整体关系性存在吗？关系或许并非是亚里士多德所谓的居间者。我们无法否定有一种整体性的关系实在，一种先于我们各感官聚焦于某个部分存在物之前的整体状态，尽管这种整体处于不断的流变之中。同时，也很难否认的是这种整体性的存在事实是一种先于人类存在和任何单独事实的状态，国外有学者把这种整体关联的存在状态称作"整体性优先"（Priority of the Whole），[1]以中国的传统哲学的话回应便是：有物混成，先天地生。

在马克思那里就表现为整体论下总体的观点或总体性方法，在怀特海这里就是整体论立场或有机思维方式。无论是否有人类存在，也无论此整体的关系性存在从无机到有机时期经历了如何变化，对于这种关系性存在的事实，马克思把这一整体理解为"自然"，自然首先作为整体，就是一切存在的基础，即所谓自然存在前提论，而"人直接地是自然存在物"，[2]只不过他不同于费尔巴哈强调人是人的自然存在物，使受动性与能动性得以统一。这或许也是施密特为何如此强调马克思自然概念的原因所在。因为自然就是整体性的实在，自然是"认识的唯一对象。一方面它包含了人类社会的各种形态，

---

〔1〕　Jonathan Schaffer. *The Internal Relatedness of All Things. Mind*, 2010, 119（474）: 341-376.

〔2〕　［德］马克思：《1844 年经济学哲学手稿》，人民出版社 2014 年版，第 103 页。

同时，它又依附于这些形态而出现于思想和现实之中"。[1]自然对马克思来说并非是一成不变的，且人类对自然的认识也有一个不断深化的过程，"因为人和自然界的实在性"，[2]自然的存在与人首先作为自然的存在物这种整体存在是"实际的、可以通过感觉直观的"。此外，马克思用社会来界定人，把人看成是社会存在物，其本质受社会关系的制约；他还用共同体来说明人的生存状况等。所以，我们有理由把马克思所认为的这种关系性的整体的自然、社会看作是一种整体的关系性实在。

怀特海会毫不犹豫地同意马克思对自然这一看法，因为"存在物是在自然的复合体中作为关联物而显露出来的"，[3]自然首先作为关联性的整体而存在。对此，怀特海专门用一个词把这种对个体而言在所有可能意义上呈现出的整体自然称作"绵延"（Duration），[4]即向我们的感觉意识呈现并且可以识别的自然。由于怀特海大多是站在宇宙论的角度来解释世界，但即使把宇宙置换到自然的视野下来讨论，他都会把这两种同样是关联性构成的存在状态首先当作是整体，自然不过是复合的"现实实有"或不同的"绵延"所构成的整体性关系复合物。进而，对整体的不同的描述都可以称为"实在"（Reality），也即现实的存在。这种整体实际存在——虽然缺乏明确定义或现实条件的整体对我们来说或许只是一个逻辑建构——作为关系性存在的集合，现实地存在着。同时，也只有"实在"是现实的，无数的现实实在构成了整体自然，组成了宇宙——它们不过都是"实在"的复合物——也即整体。

（二）认识：从一阶整体走向二阶经验认识

既然现实世界作为一个关联性的整体存在着，人或主体究竟如何凭借关系去认识？马克思与怀特海都通过分析关系从而回到具体、历史的实践历史性或感受过程性的经验，经验即是我们正确认识实在世界的根本视角。对于经验、关系整体与认识之间的关系，我们并不是在找寻一种范·弗拉森式的具有经验适当性的认识建构理论，证明世界上可观察事件的描述为真，而是这一切认识本就源于经验，又通过相互关系为我们所把握，正如杜威认为的

---

〔1〕[德] A. 施密特：《马克思自然的概念》，吴仲昉译，赵鑫珊校，商务印书馆1988年版，第18页。

〔2〕[德] 马克思：《1844年经济学哲学手稿》，人民出版社2014年版，第89页。

〔3〕[英] 怀特海：《过程与实在》，李步楼译，商务印书馆2011年版，第7页。

〔4〕源自于柏格森的"绵延"概念，意指浑然不可分割的整体，并处于不断的流动与变化中。

那样，经验不但在自然之内，同时也是关于自然本身的。整体作为一个"过程性的、关系性的"一阶的整体首先存在着，思想作为二阶过程，在限定性条件的关系之中获取了不同的经验认识材料。在马克思与怀特海看来，当下呈现于我们个体眼前的世界不过是由上述整体性实在的过去变化发展的一系列过程所形成的表象或显现，而正是由于处于各种变化与过程关系中的主体所历经的经验差异，才导致不同主体对当前世界存在各自的表象认识。个体从无机物、社会再到宇宙所历经的经验，都是"整体"内在变迁关联的产物，因而透过关系，我们发现不同的主体如同置身于整体流动经验的矩阵（Matrix）。因此，关于心灵与自然、人类社会与自然间的对立都将在经验的关系网络内被消解。马克思主张任何观念生产都离不开现实世界的经验基础，声称自己的哲学与以往哲学从天上来到地上的路径不同，而是直接从地上升到天上，而使其认识论成为实践过程论的认识论；怀特海则说自己的哲学不同于感觉主义认识论，也不同于纯粹理性批判，而是纯粹感受批判。

1. 历史逻辑和过程思维：整体关系与经验

（1）历史性与过程性的表象。首先需说明的是，对马克思和怀特海而言，所谓的表象或显现，在某种程度上并非说世界或宇宙对我们来说只是一种康德式所谓的现象，即不是一种主体先天能力所赋予的经验性直观，而是上文提到的优先存在的整体性关系环境产生主体后赋予了主体这种认识能力。也就是说，历史性或过程性的现实世界是目前表象性认识的基础，这种"历史"就绝非是一种历史学意味上的历史，而是发生学上广义上的流变的过程。

在马克思那里，当前的现实就是一个历史性的演进过程，整体性的世界首先产生了人，人在实践中逐渐获得并提升认识能力，"五官感觉的形成是迄今全部世界历史的产物"[1]；随着体力与脑力劳动的分工，意识才从纯绵延式的意识转换成纯粹意识。自然界与现实社会，在马克思看来是一个逐渐展开的过程，社会历史是人们的实践活动在时间与空间中的展开。对当前的世界认知并非是一成不变的，而是过去历史的产物，因此在这种意义上任何当前的世界对人来说都是表象性的，容易让人忽视世界及人自身的"历史性"发生学的进路。

怀特海不谋而合地把我们对当前这个世界的感知称为"因果效验方式下

---

〔1〕　〔德〕马克思：《1844年经济学哲学手稿》，人民出版社2014年版，第84页。

的知觉"[1]，而反对"表象直接性方式的知觉"[2]。我们对眼前的世界的各种感知，包括视觉知觉等各种感觉形成的感知，之所以某种意义上是"表象的"，是因为这种知觉不过是身体各器官过去一直以来的"经历"直至当前所给我们提供的认识，这给我们带来了假象，让我们误以为所谓的"同时性世界"是与过去割裂的。

（2）关系性经验。导致这种表象是暂时的，或者说决定我们对当前现实世界表象性认知的根本原因，就是上述关系背后流变的经验。值得注意的是，尽管我们所处各自环境的经历过程决定了我们对世界的不同认知，即经验决定了不同个体如何感性地认识世界。美国学者 Pomeroy 就认为，马克思与怀特海都使用了同一种方法，即以人类经验为起始，并对这种经验的基础作出合理分析。[3]但怀特海在泛主体论、泛经验论下主张，这种经验又并非只限于人类。可以说，在更大的经验范围内，正是我们通过自身的经验才感受到，我们与世界的关联是如此之紧密，也正因此，认识到自然中的非人事物也"经历"了它们的经验。

所谓能知古始，是谓道纪，二人的关系哲学在此抓住了事物的相互关系与作用的本质事实，即存在物在关系中所经历的种种经验。在马克思看来，无论是个体被给予的感性认识，还是路边一棵普通的樱桃树，费尔巴哈不晓得，它们都"只是由于社会发展，由于工业和商业往来才提供给他的"。[4]我们想要认识某一事物，必须通过它的周遭环境所给予它的经验，这实质也是将经验之本质置于认识之前。因为"只要按照事物的本来面目及其产生根源来理解事物，任何深奥的哲学问题都会被简单地归结为某种经验的事实"。[5]

怀特海以相似的言论肯定了马克思的上述观点，即"哲学的种种概括必须建立在现实经验因素的基础上，以此作为出发点"。[6]同时还认为经验并

---

〔1〕 ［英］怀特海：《过程与实在》，李步楼译，商务印书馆 2011 年版，第 188 页。

〔2〕 ［英］怀特海：《过程与实在》，李步楼译，商务印书馆 2011 年版，第 189 页。

〔3〕 Pomeroy. *Process*, *Dialectics*, *and the Critique of Capitalism*. New York：State university of new York press，2004：p. 23.

〔4〕 ［德］马克思、恩格斯：《德意志意识形态》，人民出版社 2018 年版，第 48 页。

〔5〕 ［德］马克思、恩格斯：《德意志意识形态》，人民出版社 2018 年版，第 49 页。

〔6〕 ［英］怀特海：《过程与实在》，李步楼译，商务印书馆 2011 年版，第 246 页。

非只属于人，而是属于一切存在物，因为经验就是某物变化发展的过程，作为无机物的一块石头同样可以有着它与其他事物发生联系的经验。不少过程哲学家们针对"经验"这一概念认为怀特海这种原子式机缘性的经验只能在关系中得到分析而非在属性中。[1]

2. 主体与自然：流变经验中的"我"与"他者"

我们分析的不是事物，而是整体关系之网中所赋予事物的限定条件下的现实关系，正是这种事物的变动过程，同时赋予我们经验的本质材料，使我们抽象出了对认识对象的根本认识，即自然事物与人的机体的相互作用使经验达到自然。

（1）我与对象。基于上述分析，在马克思与怀特海的关系哲学中，一切现实存在包括人自身在内都是可以通过自然整体关联得到解释与说明的，而经验作为关系分析的本质，与自然是和谐并进的，因而我与自然在经验的角度下并无本质上的差异。同时，不论我们对他物还是对自身分析，都必须通过相互关系中的经验获得材料。

马克思认为，认识了对象即认识了自身，因为这一对象对主体来说就是"对象性的本质力量的主体性"，[2]通过对象，我们不但认识了自身，更进而通过对象，我们确证了自身的本质性存在。换言之，在相互关系的视角下，对我们人类而言，整个自然机体就是我们认识自身所有本质的对象，我们所有的属性、所有的本质特征都能在关系性的对象中得到体现，经验也通过相互间关系得到说明，就如同植物与太阳，因为"它们之间的关系被认为是属于彼此的，并且是它们各自的概念所表达的全部含义的一部分"。[3]只是马克思将自然扩展为人化的自然——人类社会，而用人们的实践活动的结果、劳动产品和工业作为人的对象性存在，来考察人的本质力量的生成性。

对怀特海而言，如果想要彻底认识事物或我们自身，也必须通过某个"主体"经验活动中的各种关系来分析每一过程，而在这一过程下，事物与人同样没有经验的质的区别。一个实际存在物，即怀特海所说的现实实有，是能通过它的经历而清晰地认识它自身，因为每一个存在物"生成过程所依据

〔1〕 David Griffin, John Cobb. *Founders of Constructive Postmodern Philosophy* . New York：State University of New York press, 1993：p. 173.

〔2〕 马克思：《1844 年经济学哲学手稿》，人民出版社 2014 年版，第 120 页。

〔3〕 马克思：《1844 年经济学哲学手稿》，人民出版社 2014 年版，第 106 页。

的每一个条件都有其原因"，通过追溯经验过程，我们就可发现，这些原因或者是在现实世界中的某个存在物中，或者就是产生在"生成过程中的主体的特性"[1]。无论是通过另一个现实存在，或通过自身的生成过程中所形成的主体性特性，都必须通过该主体与不同的关联主体或是在整体环境中的经验进行分析，这也是怀特海的哲学的核心，即认为万事万物平等地处于过程与关系之中，进而不同于马克思将主体从人类社会扩展到非人类事物，这样一些关系就变成了主体间的互动与互释关系，尽管他也借用主客体概念，但主体与客体是相对而言的，客体是从前的主体。

（2）主客体在内在整体中和解。因而，对于主客体、人与自然的不同分析在不断生成变化的整体中便可根据需要，根据历史性的、过程性的经验而被分解为相互关系的不同要素，它们是关系集合下的部分，是整体"一"中的"多"，主客体不再单纯以某一方为绝对主体而相互对立，就如卢卡奇那般把事实作为历史发展的环节并把它们归结为一个总体的情况下，对事实的认识才能成为对现实的认识。[2]不过在此，这种"事实"就是主客体在整体中关系经验的综合，孤立的、思维的与现实间的二元对立在此综合下走向和解。

在西方马克思主义流派中，一些学者倾向于把人与自然、社会与自然割裂开来，把辩证法限定于社会领域，以人类社会来理解自然，忽视了人类社会首先是作为自然机体的一部分。然而，马克思首先强调的却是现实世界与自然的整体性，人不可能脱离自然而存在，认为"被抽象地理解的、自为的、被确定为与人分隔开来的自然界，对人来说也是无"。[3]

怀特海关于自然的二分理论，认为原有的实体—属性的思考方式遮蔽了这两个部分之下整体性的自然，而把自然分割为"在意识中理解的自然"和"作为意义的原因的自然"。然而，不论是我们的意识，还是对象实体，其实不过都是"自然内部的相互作用"。[4]正如像之前作讨论时空等特性，心灵与对象自然不过是由于关系的流变所构成的实际存在物不同的绵延关系。

---

〔1〕［英］怀特海：《过程与实在》，李步楼译，商务印书馆2011年版，第41页。

〔2〕［匈］卢卡奇：《历史与阶级意识——关于马克思主义辩证法的研究》，杜章智、任立、燕宏远译，商务印书馆1999年版，第58页。

〔3〕马克思：《1844年经济学哲学手稿》，人民出版社2014年版，第114页。

〔4〕［英］怀特海：《自然的概念》，张桂权译，商务印书馆2016年版，第26页。

（三）实践：人"寓"自然的超越

不过，无论我们如何清晰地认识了相互关联性的现实世界，对马克思与怀特海来说，哲学的最终价值是在行动中创造出来的，哲学是对现实的表达并引导实践去不断地改变现实、创造新秩序，即现实的人、经验主体既寓于自然的世界，现实世界又超越之，但前提是超越现有经验基础。这种经验基础在马克思那里就是依赖于自然的现实的人的生活过程，人们总是在改变对象世界的过程中改变自身；在怀特海这里则是决定现实实有借助感受或摄入而自我生成的从下到上的因果效验。马克思将自己的哲学旨趣定位在改变现实，即哲学家们只是用不同的方式解释世界，而问题在于改变世界。[1]无论我们如何批判非关系性哲学与阐发关系性哲学，我们都意在通过对理论的批判而把这一问题引向实践。而这种实践所倚靠的并非是主客体、物质精神间的对立，而是处在一定条件下现实的并可以通过自身经验进行分析、处于发展变化过程中的个体。在实践中，如何运用关系论平衡人类与其他生物、人类与自然，甚至如何评价人类在宇宙之中的地位，在整体的视野中把人类与其他存在物一样置于平等的地位，是关系哲学家所追求的目标。因此，对马克思与怀特海来说，不单是哲学（理论），人必须走向实践，走向自然，寓于自然，在整体共在世界中考量我们人类的地位。

1. 实践与感受：整体关系中人之超越性生成

纵观历史，就久远的自然变迁过程乃至更广的宇宙时期来看，人并非称得上是一种重要的存在或一种原本必然会出现的生物。但是，人类一经出现，就极大地改变了整个现实世界的存在状况。同时，人类也不断地通过主客间相互作用的活动增进着对世界与自身的认识，并持续地进行着实践过程。甚至在地质学上，有学者如诺贝尔化学奖得主保罗·克鲁岑，认为目前的地球时代早已可以被称为人类世（The Anthropocene），尽管自然先于人类存在并孕育出人类，但人类的实践已经深刻地影响了存在的环境与自身。也因为如此的相互作用，在实践过程中，主体一方面受到客观因素的限定；另一方面，又不断地发挥自身的能力与超越性，从而不断地超越现实客观环境。

因此，对于马克思这样的关系思想家来说，人作为一种有能动性或者具有超越性的存在，需要诉诸关系对象，也即需要凭借"现实的、感性的对象

---

〔1〕《马克思恩格斯选集》第 1 卷，人民出版社 2012 年版，第 136 页。

作为自己本质的即自己生命表现的对象"，[1]通过实践使自身的超越性得以展现。我们知道，马克思呼唤着在现实生活中人的能动性和创造性并指向未来的自由实践。自然已经被人类的实践与劳动深刻地影响着，又同时改变着人类自身。也正是借助与自然直接相关的物质实践，人在改变对象世界的过程中改变自身，不断实现自我的超越。因而需要指出的是，这种超越性是受关系环境所制约、以经验为基础的。但是另一方面，在某种意义上说人的此种超越性又是不受过去规定的，是一种要付诸行动的创造性思维。这也是为什么舍勒会把人的这种能动—实践形式称为只有高等动物才具有的实践理智。也正是基于此，人这种既普通又特殊的存在物才能表现出超越性。

同样，怀特海哲学的最终指向也无不体现出人的超越性，而这种超越性是人这一经验主体在环境乃至宇宙背景下通过感受或摄入活动实现自我生成、自我创造并获得新颖性产生的。有机马克思主义的代表人物、过程哲学家小约翰·柯布直接点明了"每个人类的生命都不仅仅是基因建构和环境影响的产物，同时也是对那些存在条件的创造性反应"，[2]这种反应便是超越的因素。

2. 人与自然："自然"自明性之复归

既然人的创造性思维及行动与周围环境之间的关系如此密切，那在人类必然会不断进行的实践活动中，究竟该如何平衡人与这种整体"自然"中的各种关系？对此的回应是通过关系思维，马克思与怀特海都意识到人的超越性，但更意识到实践是自在世界（原生态的自然界）和人类世界（人化的自然界）分化与统一的基础，也更加明确自然之于人类的重要意义。

病理学家与哲学家沃尔夫冈·布兰肯伯格把一些具有精神分裂异常的人的症状描述为自然自明性的失落，即对环境中理所当然的事物提出质疑，而关系哲学家正是审视了以往哲学在处理自然问题上的失落，以及发现现代人在面对自然时的异常，使我们反思自然与人原本作为一个整体的自然之自然自明性，期望人类正确认识关系以复归自然的自明性。我们必须意识到，人类首先是作为一个自然存在物，在此基础上才能处理好人与自然之间的关系，人是人的自然存在物才能被经验地确证。

---

〔1〕 马克思：《1844 年经济学哲学手稿》，人民出版社 2014 年版，第 103 页。

〔2〕 ［澳］查尔斯·伯奇、［美］约翰·柯布：《生命的解放》，邹诗鹏、麻晓晴译，中国科学技术出版社 2015 年版，第 110 页。

　　尽管马克思无处不透露着对人类自由与解放之关切的人学思想，但这并非代表了马克思强调某种人类中心主义。相反，自然作为人类得以生产和实践的对象，是人得以最终成为人的一切基础。自然并非只是被人利用而单纯地被降低为物质性存在，人更并非是高于自然，因为"环境的改变和人的活动一致"。[1]人在改变无机的自然界的过程中改变着自身，这就是实践的辩证法或历史—实践的辩证法。他坚信人与自然真正和谐的关系将出现在超越资本逻辑和消灭私有制的共产主义社会，因为它是"人和自然之间……存在和本质、对象化和自我确证、自由和必然、个体和类之间的斗争的真正解决"。[2]到那时，完成了的"人道主义"也将等同于自然主义，和谐的整体关系就将会是人类的最终追求。

　　怀特海也看到"自然界和生命之间的这种截然分割使全部往后的哲学都受到了损害"。[3]对于人与自然的二元割裂，也一直是怀特海这位关系哲学家所反对的。在他及其追随者那里，最重要的便是过程与秩序，而考察人与自然的秩序和谐与否，最好的方式就是在"生态环境中来考察"。只有在这一整体动态的过程中，意识到我们人类当前的身体、意识皆是受到来自遥远过去自然的影响，并将持续影响将来，我们才能充分了解个体与环境之间的相互关系，人类中心主义也将随之消解，人才能真正置身于有机的环境与意识中。

　　简言之，现今依然有各种生态运动在世界兴起，不断拷问着该如何平衡我们人类与自然之间的关系。人类作为大自然、宇宙中渺小的存在，作为普遍之中特殊的"X"，首先理应是其中的一员。正如马克思强调自然界是我们的母系，是我们的无机身体，不仅是我们理论和审美的对象，还是我们实践的对象；怀特海则坚信，"如果我们不把自然界和生命融合在一起，当作'真正实在'的事物结构中的根本要素，那二者一样是不可理解的；而'真正实在'的事物的相互联系以及它们各自的特征构成了宇宙"。[4]因此，一切又回到了最初的讨论——作为整体的自然"实在"。因为马克思与怀特海必然都

　　〔1〕《马克思恩格斯全集》第3卷，人民出版社1998年版，第4页。
　　〔2〕 马克思：《1844年经济学哲学手稿》，人民出版社2014年版，第78页。
　　〔3〕 ［澳］查尔斯·伯奇、［美］约翰·柯布：《生命的解放》，邹诗鹏、麻晓晴译，中国科学技术出版社2015年版，第4页。怀特海：《自然的概念》，张桂权译，商务印书馆2016年版，第137页。
　　〔4〕 ［澳］查尔斯·伯奇、［美］约翰·柯布：《生命的解放》，邹诗鹏、麻晓晴译，中国科学技术出版社2015年版，第8页。怀特海：《自然的概念》，张桂权译，商务印书馆2016年版，第138页。

不会否认，对于一切问题的回答，我们必须回到关系中去，回到总体中来，才能对部分、要素和现象做出本质性说明。显然，作为总体性辩证法家的马克思与怀特海基于自然、宇宙整体而重新审视人与万物同他者的关系，并在总体所确定的内在关系中考察经验主体及其创造性自我实现的关系论思想，之于彰显自然整体价值，建构人与自然、人与人和谐的生态文明无不具有重要的理论价值和现实意蕴。我们也可以说，无论是马克思的历史或实践辩证法还是怀特海的过程—关系的辩证法，它们都集中体现了有机总体观的总体性辩证法，这就决定了二者的哲学必然是内在关系论的。他们都在黑格尔之后基于自然科学、历史科学在具体的主体性原则下深化了辩证法研究，只是马克思的历史—实践辩证法内蕴着过程—关系辩证法，必然是实践过程论的、关系思维的。因为，在马克思看来，实践是一切关系的发源地，一切社会关系都可以归结为生产关系，生产关系归结为实践的生产力，这也是为什么马克思在解释社会历史发展上采取了"生产力推定论"（杨耕语）的原则。这无疑是说马克思的历史—实践辩证法比怀特海的过程—关系辩证法更具本源性和理论解释力。

第三章

解构与建构：新唯物主义和新宇宙论
重建的基础、原则及共同体关涉

马克思与怀特海在批判和改造传统哲学的基础上，分别建构了新唯物主义或现代唯物主义也就是历史唯物主义和新的有机宇宙论，而且自觉地把他们的哲学建立在现代科学、新主体性原则基础上，并考察了共同体问题。为此，下面将专题化地讨论马克思与怀特海哲学的现代科学基础、马克思与怀特海哲学的新主体性原则、马克思与怀特海的共同体思想等。

一、马克思与怀特海哲学的现代科学基础

哲学总是同科学密切相关，特别是近代的认识论和当代的科学哲学都把科学作为研究对象，回答普遍确定性的知识何以可能。对此，海德格尔甚至认为，数理科学就是形而上学的完成。实际上，这种科学与哲学的内在关系也体现在马克思与怀特海的哲学中，因为他们都肯定并创造性地改造和发展了黑格尔的辩证法、总体性思维，坚持了整体论、有机论立场，共同拒斥机械论的自然观和二元论哲学。可以说，科学技术学是马克思哲学一个不可或缺的理论向度[1]；怀特海则将近代哲学的起原归因于近代科学，认为二者同时在 17 世纪奠基[2]。马克思与怀特海都将新科学的萌芽视作同时代思想滋长的土壤，他们的哲学均具有科学基础，并依据科学说明社会进步和宇宙秩序，如马克思把科学、技术作为社会发展的重大杠杆，而怀特海通过对具有物理属性的宇宙之几何形式化的阐发来解释宇宙秩序。所以，对他们哲学的

---

[1]　张秀华：《作为马克思主义重要组成部分的科学技术学》，载《理论探讨》2012 年第 4 期。
[2]　[英] A. N. 怀特海：《科学与近代世界》，何钦译，商务印书馆 1959 年版，第 133 页。

科学基础之比较有助于深化对其思想共通性的认识，进一步彰显哲学与科学之间的互动互释关系。下面主要以自然科学的三大基础门类——数学、物理学、生物学分别阐述马克思与怀特海哲学中的科学基础。

（一）马克思与怀特海哲学关照的科学资源

在马克思的时代，科学已作为生产力在资本主义生产方式中起着举足轻重的作用，物理学效力于能源的运输，生物学被用来培养原材料，地质学作为资源探测的指导。到了怀特海的时代，科学得到进一步发展，相对论推翻了经典物理学的基石，电磁学产生了一系列的新现象，化学在合成物质上有了重大突破。在马克思的著作中，可见大量生物学、物理学、数学、地质学等自然科学的摘录和笔记；作为数学家和物理学家的怀特海，他构建的哲学本身就是自然哲学范式的宇宙论存在论。

1. 数学："辩证法的源泉"与"人类头脑中所能达到的最完美的抽象境界"

众所周知，数学是马克思密切关注的领域，怀特海则首先是数学家。马克思与怀特海都看到数学具有的抽象普适性与逻辑演绎性，将其视作抽象思维的研究方法。马克思将微积分的实质看作资本主义工业化进程中出现问题时数学的一般解决方案；怀特海确证了数学是按照某种理想化的要求所概括的一种事物关系结构的形式。

马克思关于数学的论述散见于《马克思论微分学》《马克思的数学手稿》《政治经济学批判大纲》等一系列经济学手稿，以及与恩格斯的一些书信中，《资本论》中也有大量利用微积分推演剩余价值率和利润率形成的内容。从马克思的著作来看，他最初是出于经济学目的研究数学的。然而，马克思不仅仅是将数学看作经济学的辅助工具，更是将其视为解决实际问题的思维形式。恩格斯曾说，马克思从德国唯心主义哲学中拯救了自觉的辩证法，这一过程需要"数学和自然科学的知识"。[1]马克思对数学和哲学的精通使他可能是"唯一能够出版黑格尔数学研究手稿的人"。从数学的逻辑性和抽象性中，马克思看到了高等数学中蕴含着最符合逻辑、形式最简单的辩证运动，微分学是辩证法的"数学实例"。他还强调自然科学和社会科学的统一性，并提出要确立同一种合理的研究方法，数学就是这种方法的来源，"一种科学只有在成

---

〔1〕《马克思恩格斯全集》第20卷，人民出版社1973年版，第13页。

功地运用数学时，才算达到了真正完善的地步”。[1]

怀特海与罗素合著了《数学原理》，主张数学能化归为逻辑。在伦敦大学担任数学讲师期间，怀特海完成了《数学导论》这部被罗素称为“决然的大手笔”[2]的著作。在1939年哈佛大学的演讲《数学与善》中，怀特海提出，数学的本质是“从模式化的个性作抽象的过程中对模式进行研究”，[3]是研究思维模式的科学。怀特海还将几何评价为“训练大脑推理演绎能力的无与伦比的学科”，[4]并认为工业领域的机械操作等实践是“几何学知识的适当延伸”[5]。在怀特海看来，近代科学产生的三个因素是：“数学的兴起”“对自然秩序的本能信念”“中世纪后期思想中过火的理性主义”。[6]其中，数学曾“对一般思想发生过直接的影响”[7]：17世纪“数学家盛极一时”，18世纪的“思想便也是数学性的”[8]，而文明想要继续得到发展，数学悟性必将在人的思想中“占统治地位”。数学作为人类头脑中所能达到的最完美的抽象境界，是“控制我们对具体事物的思想的真正武器”。[9]

2. 物理学：“新唯物主义自然观”的基石与过程哲学的“起因”

物理学作为研究物质运动一般规律和基本结构的学科，是自然科学的基础学科。化学中有大量的物理知识，天文学是物理学在宏观大尺度方面的分支，地理学原初叫做地球物理，生物学更离不开物理学的支持。马克思与怀特海所处的时代，“较完整的科学这一荣誉是属于物理学的”。[10]

在马克思与恩格斯的合作中，后者一直被认为是主导自然科学研究的人。但恩格斯曾说，他所阐述的自然观大部分是由马克思确立的，他甚至曾把《反杜林论》全部原稿念给马克思听。马克思很早就关注自然科学，在其博士

---

〔1〕　中共中央马克思恩格斯列宁斯大林编译局编：《回忆马克思》，人民出版社2005年版，第191-192页。

〔2〕　[英] A. N. 怀特海：《观念的冒险》，周邦宪译，贵州人民出版社2007年版，序第2页。

〔3〕　[英] 阿尔弗雷德·怀特海：《数学与善》，参见邓东皋、孙小礼、张祖贵编：《数学与文化》，北京大学出版社1990年版，第1-17页。

〔4〕　[英] 怀特海：《教育的目的》，徐汝舟译，生活·读书·新知三联书店2002年版，第18页。

〔5〕　[英] 怀特海：《教育的目的》，徐汝舟译，生活·读书·新知三联书店2002年版，第19页。

〔6〕　[英] A. N. 怀特海：《科学与近代世界》，何钦译，商务印书馆1959年版，第38页。

〔7〕　[英] A. N. 怀特海：《科学与近代世界》，何钦译，商务印书馆1959年版，第33页。

〔8〕　[英] A. N. 怀特海：《科学与近代世界》，何钦译，商务印书馆1959年版，第32页。

〔9〕　[英] A. N. 怀特海：《科学与近代世界》，何钦译，商务印书馆1959年版，第32页。

〔10〕　[英] A. N. 怀特海：《科学与近代世界》，何钦译，商务印书馆1959年版，第100页。

论文中，他通过论述伊壁鸠鲁对德谟克利特原子论的发展，探寻自然科学的哲学阐释。希腊当然没有"物理学"的概念，但当时的自然哲学以物质、宇宙为研究对象，是近代物理学的萌芽。马克思也关注物理学的进展，他称赞牛顿"完成了力学"，高度评价康德—拉普拉斯星云说等重大发现，还推荐许多当时的物理学著作给恩格斯，作为其研究能量守恒定律的资料。

尽管马克思对科学的关注更多在功能效应上，但他对物理学的研究具有哲学性。马克思对原子论的高度赞扬，一直以来都是证实其唯物主义立场的主要依据。在《资本论》中，马克思还在方法论上比较了政治经济学和物理科学。马克思眼中的"科学"包括科学本身是与"现实生活"关联的，自然与历史是关联的，物理学的研究对象——自在世界与政治经济学的研究对象——生活世界是相互联系、相互作用的。

怀特海在其代表作《过程与实在》中构建的过程哲学体系建基于 19 世纪末 20 世纪初的物理学成果，他利用量子力学、相对论，驳斥了近代机械唯物论。可以说，过程哲学起因于牛顿物理学的崩解。怀特海提出"现实实有"（Actual Entity）为最基本的终极存在范畴，以"现实事态"（Actual Occasion）来强调机体的过程本质。他说能量子的爆发如同瞬间的人类经验一样，是一种"现实事态"。怀特海以现代物理学的概念图式构建过程哲学的理论范式，作为对现实世界构造的一种解释方式。

现代物理学为怀特海提供理论资源的同时，也让怀特海看到了物理学对近代几个世纪哲学思潮的影响。他认为，如果缺乏科学基础，往往很难成为优秀的哲学家。例如，"康德的思想中充满了牛顿的物理学，同时也充满了法国发展牛顿思想的伟大物理学家如克来罗等人的理论"。[1]而继承和发展了康德哲学的思想家们，即使他们不再主攻哲学，"也缺乏康德那种成为伟大物理学家的潜力"。[2]

3. 生物学：同进化论"相互补充"的唯物史观与破坏机械唯物论的"自然机体论"

相较数学和物理学，马克思和怀特海对生物学的兴趣似乎更浓厚。马克思曾摘录大量农学、生理学、地质学的相关内容以探讨人口和地租理论，这

---

〔1〕［英］A. N. 怀特海：《科学与近代世界》，何钦译，商务印书馆 1959 年版，第 133 页。
〔2〕［英］A. N. 怀特海：《科学与近代世界》，何钦译，商务印书馆 1959 年版，第 133 页。

些都是近代生物学的范畴。怀特海在早期喜欢利用数学和物理科学进行形式化逻辑的探讨，但后期他意识到数理逻辑并不能完整地揭示实在，而转向了自然与生命，不能不说是受了生物学的启发。

马克思既关注生物学的进展，也关心生物学与社会科学的联系。在《1861—1863 经济学手稿》中，他提出地质构造和社会构造具有相似之处。在《资本论》中，他把商品形式比作"细胞形式"，将商品分析比作"显微解剖学"，并借用生物学术语"新陈代谢"比喻劳动，将其称作"调整和控制人与自然之间的物质交换的过程"。[1] 人通过劳动与外部自然界发生作用，同化与利用自然物质，改变自身的自然状况。他还对资本主义生产方式下的农业实践所造成的生态灾难进行了批判。

在马克思对生物学的诸多关照中，不得不提及进化论。作为 19 世纪的伟大发现，进化论对当时的思想造成了巨大影响。马克思借鉴进化论，如同达尔文发现自然界的发展规律那样，在社会层面揭示了其在自然史方面所确立的同一个逐渐变革的过程，并指出了"社会和自然的新陈代谢的相互关系"中可能出现的"不可修复的断裂"，利用生物学解决了自己社会理论中的问题。

怀特海曾指出，19 世纪的科学发现涉及两个与转化相关的概念：一是能量守恒原理，指"某一个量在变化之下的守恒观念"，"属于物理学领域"；二是"演化原理"（进化论），即"由变化而产生新机体的现象"，"属于生物学领域"，[2] 可见怀特海对生物学的高度评价。在他看来，19 世纪各个科学都在吸收生物学的方法论。进化论之所以在当时的科学界获得决定性的胜利，在于它的变异遗传、自然选择、生存斗争等思想直接结束了几个世纪以来特创论、物种不变论在科学与宗教中的统治地位，使生物学成为真正的现代科学。

然而，怀特海并非停留在科学唯物主义层面将进化论再次机械化。相反，他反对"机体机械论"，批判将生物学看作较为复杂的物理学。他的哲学是"彻底的进化哲学"，是"自然机体论"，而唯物论的终极实在——独立原子，是不能进化的，它们本身就是最后的实体。因此怀特海说，"生物学的进展、

---

〔1〕 ［德］马克思：《资本论》第 1 卷，人民出版社 2004 年版，第 208 页。

〔2〕 ［英］A. N. 怀特海：《科学与近代世界》，何钦译，商务印书馆 1959 年版，第 98 页。

进化论的出现"破坏了"传统唯物论作为完备基础的地位"[1]。

(二) 马克思与怀特海哲学蕴含的科学逻辑

在马克思与怀特海的时代，科学在各个领域都有巨大发现——能量守恒与转化定律，分子、原子、元素的发现，细胞学说与进化论的提出，经典物理学体系的崩解等。"自然科学是一切知识的基础"，[2]马克思与怀特海都遵循了相似的科学问题的考察路径，形成了基于科学逻辑的关系思维、过程思维和机体思维。

1. 实在论下的"关系"思维：马克思与怀特海哲学中的数学要素

数学作为"研究现实世界中量的关系的科学"，本质是关系思维。如恩格斯所言，"纯数学的对象是现实世界的空间形式和数量关系"，[3]马克思利用数学精确审视自己研究领域的问题；怀特海基于数学构建自己的科学哲学，回答了对于广延连续体的测量何以可能，阐释了物理宇宙的几何要素关系。

马克思为找出经济学领域中的普遍规律，利用数学方法探讨虚拟数值背后隐藏的真实关系，用算术和几何级数来比喻相互依存的社会经济值的不同发展。他指出，分工在使社会总体工人的"不同质的器官简单化和多样化"的同时，也为这些器官的数量"创立了数学上固定的比例"，"发展了它的量的规则和比例性"。[4]他将工资描述为资本主义生产关系的不合理的表现形式，将机器描述为具有自乘性关系的工具，这些都是实际领域中关系逻辑的体现。

马克思对数学的利用，不止于对资本主义经济关系的揭示，作为"辩证法源泉"的数学，对他的思想具有整体上的启示意义。马克思将数学视作从客观实在抽象出来的普遍性的方法论，是对人与自然的对象性关系、自然与社会的整体性关系的阐释。他进行着自然科学与社会科学的跨学科研究，其思想贯通数学、经济学、生物学、社会学、哲学……所以辩证法才是"普遍的相互联系的科学"。马克思的这种关系思维是基于实在论的，即承认客观事实的独立存在性。

---

〔1〕 ［英］A. N. 怀特海：《科学与近代世界》，何钦译，商务印书馆1959年版，第110页。

〔2〕 《马克思恩格斯全集》第47卷，人民出版社1979年版，第572页。

〔3〕 《马克思恩格斯全集》第20卷，人民出版社1973年版，第41页。

〔4〕 ［德］马克思：《资本论》第1卷，人民出版社2004年版，第401页。

1914 年怀特海在伦敦大学任应用数学教授，十年后才到哈佛大学任哲学教授，他先写完《数学原理》和《数学导论》，后完成《过程与实在》与《观念的冒险》，建立宇宙的形而上学。按照思维的发生学，数学在怀特海的思想历程中起奠基作用。虽然怀特海时代的数学比马克思的时代有进一步的发展，数量不再停留在实数范畴，非欧几何得到广泛承认，但数学思维中的符号表征及背后体现的关系实在论是同一的。

怀特海认为，数学能让事物"显示出一种关系"，[1] 通过数计、度量、几何等方式，将数学观念与客观事实紧密相连。他认为，归纳性的逻辑即"发现的逻辑"，是一种权衡概率的思维方式，它将决定事件发生的原理分类，并通过合适的实验来验证。[2] 在怀特海的机体哲学中，有机体通过广延性相互关联，"广延性"被阐释为"广延联系"，是聚合体的"诸现实性之间的一种关系形式"，几何学就是对"各种聚合体的形态学研究"。[3] 怀特海的有机哲学基于关系的数学逻辑，呈现了宇宙之自然秩序。

2. 目的论下的"过程"思维：马克思与怀特海哲学中的物理学背景

物理学是 19 世纪科学与形而上学的整体背景，马克思与怀特海均在此背景下形成自己的观念体系。马克思的时代，经典物理学带来的时空观和物质观已深深影响到物理学以外的自然科学与社会科学；怀特海的时代，具有了新的科学形态的现代物理学引发了宇宙观和世界观的革命。

马克思既利用经典物理学的思维方式，又对其进行了扬弃。他认为，物理学家考察的是以"纯粹形态进行"的自然过程，[4] 是对自然规律和物质运动变化的描述。类比物理学，马克思将人类社会发展的历史也阐述为一个运动变化的过程。然而，经典物理学构建的是基于因果律的科学大厦，形成的是用力学解释一切的自然观，"不能把世界理解为一种过程"是机械唯物主义的根源，这是同当时的自然科学状况及其造成的反辩证法的思维方式相适应的。但马克思将整个世界（包括自然的、历史的）视为不断生成、发展、灭亡、再生成的过程，是人通过劳动诞生的过程，是"自然界对人来说的生成

〔1〕　[英] A. N. 怀特海：《科学与近代世界》，何钦译，商务印书馆 1959 年版，第 20 页。

〔2〕　[英] 怀特海：《教育的目的》，徐汝舟译，生活·读书·新知三联书店 2002 年版，第 91 页。

〔3〕　[英] 怀特海：《过程与实在：宇宙论研究》，杨富斌译，中国人民大学出版社 2013 年版，第 386 页。

〔4〕　[德] 马克思：《资本论》第 1 卷，人民出版社 2004 年版，第 8 页。

过程",〔1〕是有机而非机械的。

恩格斯曾评价黑格尔的功绩——第一次把世界描述为处在运动变化发展中的过程,〔2〕马克思以黑格尔辩证法为工具构建历史唯物主义,其方法论同黑格尔一样都是过程的。不同的是,他反对黑格尔的历史目的论,而把历史看成有目的的人的实践活动的历史性展开,他相信社会历史的进步来自经验主体的自主选择和实践主体的有目的的能动活动,这是一种新目的论。

怀特海在泛经验论的原则下,将"现实实有"作为终极实在之过程的微观单位,〔3〕与"实体"相区别。他用物理概念"摄入"将事件的活动描述为自我感受、自我满足、自我创造并获得新颖性的合生〔4〕,摄入与合生具有"合目的性"〔5〕,因而现实事态是有目的的。怀特海用流动能量的概念去取代静态质料概念的思维范式〔6〕,显然是基于当时物理学的进展。

在怀特海看来,相对论是对古典科学唯物论的"严重的打击"〔7〕。建立在直接表象知觉下的牛顿时空观的绝对性体现在对肯定的现在瞬时的预设,相对论没有这种预设,同时瞬时对各种不同的时间概念具有不同的意义。量子力学的不确定性原理对经典物理学所构建的精确世界再一次进行了冲击。世界是一个能量场,并非由具有严格界限的实体构成;时间是流动的,不能被分割。怀特海用"现实事态"取代了遵循着简单原则的"实体",将整个自然视作一个生生不息的创生过程。

3. 整体论下的"机体"思维:马克思与怀特海哲学中的生物学因子

如果说17世纪以来物理学构建了物质的、机械的思维逻辑,那么19世纪的生物学则彻底打破了无机物和有机物相隔绝的界限。生物学因着许多重要学说的出现,如施莱登和施旺的细胞学说(1838年)、达尔文的《物种起

---

〔1〕《马克思恩格斯文集》第1卷,人民出版社2009年版,第196页。

〔2〕《马克思恩格斯全集》第20卷,人民出版社1973年版,第26页。

〔3〕[英]怀特海:《过程与实在:宇宙论研究》,杨富斌译,中国人民大学出版社2013年版,第23页。

〔4〕[英]怀特海:《过程与实在:宇宙论研究》,杨富斌译,中国人民大学出版社2013年版,第279页。

〔5〕[英]怀特海:《过程与实在:宇宙论研究》,杨富斌译,中国人民大学出版社2013年版,第282页。

〔6〕[英]怀特海:《过程与实在:宇宙论研究》,杨富斌译,中国人民大学出版社2013年版,第394页。

〔7〕[英]A. N. 怀特海:《科学与近代世界》,何钦译,商务印书馆1959年版,第114页。

源》（1859 年）、孟德尔的遗传规律（1866 年）等，成为 19 世纪发展最迅速的学科，影响和重塑了当时的理论思潮。

马克思的著作中多见"细胞""机体"等比喻，他在探讨社会历史问题时把社会看作"自组织、开放和生成的复杂的有机系统"[1]。《物种起源》从物竞天择、适者生存的角度动态地研究生物的整体运动，持守把生物看作漫长进化链条中的一环的整体论立场。事实上，整体论也是使生物学成为一门科学的重要方法论[2]。所以恩格斯说，生物学使有机界内固定的分类界线消失了[3]，有机论"把力学、物理学和化学结合为一个整体的高度的统一"[4]。类似地，马克思把社会从整体上视为处于发展和生成过程中的开放机体，生产力与生产关系之间、经济基础与上层建筑之间的矛盾，规定着社会机体从低级形态向高级形态跃迁的运动机制。这既是对进化论的借鉴，也是对现代生物学整体论思维的借鉴。

恩格斯曾比喻黑格尔的"自在的存在"如同细胞，经由自身的发展，使"观念"作为完成的有机体产生出来。马克思也利用生物学术语和整体论思维，通过考量社会机体的内部要素及内在关系，并透过社会机体探讨自然界机体，确立起历史的自然与自然的历史的统一观。

怀特海的机体思想也是从现代生物学中汲取的，他甚至将自己的过程哲学体系称为"有机哲学"。怀特海认为细胞说比原子说更具革命性，就是因为它"把机体的概念介绍到微生物的领域中去了"[5]。从此，原子成为机体，生物学研究较大机体，物理学研究较小机体，科学基本上都成为"关于机体的科学"[6]，形成了一种"既非纯物理学，又非纯生物学的新面貌"[7]。

怀特海将过程哲学也叫有机哲学，是因为在他看来，"机体"与"过程"在概念上相互蕴含。"机体"总是处于一种具有主动性的、能够自我发展和自

〔1〕　张秀华：《从有机、有序到和谐与文明——怀特海与马克思的机体思想之比较》，载《云南大学学报（社会科学版）》2017 年第 1 期。

〔2〕　Pigliucci, Massimo. *Between Holism and Reductionism: A Philosophical Primer on Emergence. Biological Journal of the Linnean Society*, 2014, 112（2）: pp. 261-267.

〔3〕　《马克思恩格斯全集》第 20 卷，人民出版社 1973 年版，第 16 页。

〔4〕　《马克思恩格斯全集》第 20 卷，人民出版社 1973 年版，第 594 页。

〔5〕　[英] A. N. 怀特海：《科学与近代世界》，何钦译，商务印书馆 1959 年版，第 98 页。

〔6〕　[英] A. N. 怀特海：《科学与近代世界》，何钦译，商务印书馆 1959 年版，第 100 页。

〔7〕　[英] A. N. 怀特海：《科学与近代世界》，何钦译，商务印书馆 1959 年版，第 100 页。

我演进的过程中。任何现实实有都是过程中的机体，实现着"经验个体统一性"[1]。不仅整个宇宙是机体，处于过程中的宇宙也在整体上是机体。作为经验过程的机体与近代形而上学中做着机械运动的"粒子"形成了显著区别。"机体"使怀特海叙述的宇宙故事成为不断创生的流动过程，自然世界成为时间和空间相互关联的延展。

（三）马克思与怀特海哲学对旧科学观的挑战

正如海德格尔所说，"一切科学运思都是哲学运思衍生出来的和凝固化了的形态"[2]，哲学范式的转换必将导引科学范式的转换，同时又被后者影响。马克思和怀特海正是通过批判其所处时代流行的科学认知方式，分别构建了实践哲学与过程哲学，二人的哲学都建基于对旧有科学思维方式的反思。

1. 对实体本体论的批判：打破"宇宙之砖"的"实践"与"事件"

亚里士多德将探求万物始基的外在实体性本体论范式进行了合理化，黑格尔以"实体即主体"的逻辑学体系的完成作为对形而上学实体思维的巩固。在此期间，近代科学加速了机械论自然观和宇宙论的形成，牛顿理论的弊端伴随着他的贡献影响了近两个世纪，拉瓦锡在道尔顿原子论的基础上证明了物质在化学变化中的不生不灭，自然在近代哲学与科学的共同作用下变为僵死的宇宙。对此，马克思与怀特海均批判实体本体论，前者用"实践"范畴克服了旧唯物主义对自然的片面认识，后者用"事件"概念将自然变为活的有机体。

马克思指出，存在的本质意义是现实的人的感性实践活动在时间中的展开，而并非基于抽象的、超感性的实体。他通过实践范畴，不仅揭示出旧唯物主义的缺点——没有把对象、现实当作感性的人的活动去理解[3]，克服了旧唯物主义的缺陷，也为自然科学奠定了存在论根基。

正如恩格斯所说，唯物主义会随着自然科学的每一个革命性的进步改变形式。因此，他基于马克思的实践范畴，将旧唯物主义的形而上学批判向前推进了一步，以"工业和科学实验"两种具体实践活动对"一切哲学上的怪

〔1〕［英］怀特海：《过程与实在：宇宙论研究》，杨富斌译，中国人民大学出版社2013年版，第165页。

〔2〕［德］海德格尔：《形而上学导论》，熊伟等译，商务印书馆1996年版，第26页。

〔3〕《马克思恩格斯文集》第1卷，人民出版社2009年版，第499页。

论"进行了"最令人信服的驳斥"。马克思并不似恩格斯那般深入到各类自然科学理论的研究，而是探讨科学在实践中的应用，阐述技术与科学发展史及社会意义，并处处关照自然科学的最新成果。马克思与恩格斯在超越旧唯物主义本体论的路径上，一致选择了科学，重新确立了辩证唯物主义的自然观。

怀特海认识到，牛顿体系的诸多理论将日益阻挠科学的发展，质料、空间、时间、能量等概念将发生许多复杂的变化。他借用相对论的"事件"构建了自己哲学体系的终极概念"事件"，基于新科学理论的高度，实现了对简单定位的物质质点的摒弃，破除了"物质"与"实体"根深蒂固的影响。

在怀特海看来，由于以物理学为基础的科学的影响，旧唯物论的体系才得以建立。原子、分子、元素、电子、质子、中子、夸克……我们总在寻找能够进一步分解的"宇宙之砖"。这些粒子孤立的存在，在特定的时空中机械地运动。量子力学发现并非所有物质都能最终还原为基本粒子，还可能是不具有实体意义的能量、波、辐射……"现代思维的新形势的出现是由于科学理论超越了常识"[1]，哲学才需要重新被组织。怀特海冲破了经典物理学的局限，在存在论上把"过程"与"实在"统一起来。

2. 对机械认识论的批判：变革认知方式的"能动的反映论"与"生成性的认识论"

17—18世纪物理学的发展使自然科学的研究都建立在具有空间几何学性质的物质机械运动之上，这一思维惯性延续至19世纪，逐渐造成了自然独立于心灵之外的心物二分的宇宙观。马克思和怀特海通过对主客体辩证关系的诠释，以主体间性为原则，打破了机械认识论的主客对立思维。

马克思对实践的强调蕴含着自然界与人的辩证统一，"观念的东西不外是移入人的头脑并在人的头脑中改造过的物质的东西而已"[2]。实践在认识论的引入，使其不同于忽视主体性原则的旧唯物主义，用精神和意识取代主体人的能动性作用的唯心主义，成为辩证唯物主义的认识论和能动的反映论。客观事物进入科学实践活动（观察、实验等）中，与主体产生关系，才会成为认识的客体，自然的性质和规律才能被主体以概念、定理等形式把握。

恩格斯曾说，18世纪以来的科学发现使"僵化的自然观"打开了一个又

---

〔1〕［英］A. N. 怀特海：《科学与近代世界》，何钦译，商务印书馆1959年版，第110页。

〔2〕［德］马克思：《资本论》第1卷，人民出版社2004年版，第22页。

一个的"缺口"。马克思同恩格斯一起，站在19世纪的科学成就上，对旧有的机械认识思维进行批判：他评价格罗夫的《物理力的相互关系》"非常巧妙地排除了那些令人厌恶的物理学形而上学的胡话"[1]，达尔文的《物种起源》是"大规模的证明自然界的历史发展的尝试"[2]。现代科学和现代工业结束了人们对自然界的"幼稚态度和其他幼稚行为"。人对客观世界的认识充满着主体的能动性，并非是机械地复写与摄影。

怀特海认为，认识过程即主体摄入客体的过程，渗透着主体的价值预设。相对论和量子力学说明，我们所知觉的对象并非是孤立的存在，科学知识体系不是纯客观的，而是与特定的时空相联，与我们躯体的某个生命时刻相联。"世界在精神之中"，我们所感知的对象关联着自然的流程；"知觉在自然之内"，我们的知觉是心灵主动对情境的体会与对事物间关系的把握。在怀特海看来，机械的认识论无法提供正确的知觉观，科学认识的对象是如细胞一般发展着的机体，知觉应是自然对事件中彼此交织的关系的体会。尽管怀特海将人与自然的关系看作主体间的关系，而非马克思所认为的以实践为中介的主客体关系，但马克思与怀特海在打破机械认识论的主客二元对立上殊途同归。在怀特海眼中，认识世界的方式是生成性的，不确定性在摄入与合生中变成确定，这同马克思所揭示的，认识从感性到理性、从具体到抽象的不断深化的思想异曲同工。

3. "具体性误置"的方法论批判：扬弃自然科学的"历史科学"与"有机宇宙论"

怀特海在反思近代科学发展史时，批判了把经验还原为简单抽象、把抽象误认为具体实在的"误置具体性之谬误"[3]。怀特海认为这种错误迫使哲学承认抽象概念是对"事实的最具体的说明"，"引起了很大的混乱"[4]。"误置具体性之谬误"尽管是怀特海提出的，但其与马克思的"具体问题具体分析"等思想有共通之处。"误置具体性"犯了以抽象的理论解释具体的事态，把抽象的概念看作具体的真实的错误，这是马克思与怀特海共同反对和

〔1〕《马克思恩格斯全集》第30卷，人民出版社1974年版，第667页。

〔2〕《马克思恩格斯全集》第29卷，人民出版社1972年版，第503页。

〔3〕［英］怀特海：《过程与实在：宇宙论研究》，杨富斌译，中国人民大学出版社2013年版，第9页。

〔4〕［英］A. N. 怀特海：《科学与近代世界》，何钦译，商务印书馆1959年版，第54页。

批判的方法论。

马克思与怀特海对"误置具体性之谬误"的批判均在与科学的对话中得以显现。自启蒙时代以来，科学与理性逐渐替代宗教与上帝，自然科学的方法及其引发的实证主义、经验主义成为主流，自然科学模式被推广到人文社会领域。马克思看到了科学主义对人文主义过分科学化的僭越，反思了超出自身专业范围、排除历史过程、囿于"抽象的和意识形态观念"的自然科学方法的弊端。[1]因此他坚持方法的具体性，通过实践的历史活动将抽象拉回现实，表明了对受到自然科学影响的抽象理性的超越。怀特海虽然重视"抽象"的价值，认可理论研究离不开抽象，但他反对抽象程度的不恰当，如过度使用数学模式，造成"片面地使用逻辑"的危险[2]。他将牛顿对柏拉图《蒂迈欧篇》所撰写的《诠释》，也视作"误置具体性之谬误"[3]。因此他提出，"自然事件仅是一个完整的实际事态的抽象状态"[4]，把具体事务提到科学抽象面前。

马克思认为，纯粹的自然科学是由于人的感性活动才"达到自己的目的和获得材料"[5]，科学家总是在特定的历史背景下工作，他们的研究对象是直接存在抽象出来的抽象事物，不能超出专业领域应用。马克思提出的关于自然的科学和关于人的科学的统一的历史科学[6]，以感性对象性活动为基础，突破了自然科学的量化方法对现实世界的实证阐释，这既是对思辨"历史哲学"的超越，也是对自然科学的扬弃。

怀特海指出，"误置具体性之谬误"的根源是传统形而上学的实体思维与主客对立的机械思维，二元论同只重视物质或精神的一元论一样，都不能克服具体性误置的谬误，只有"有机宇宙论"才能从根本上将主客体关系作为有机性的。因此，怀特海将哲学建立在具体的经验要素之上，与马克思分别以不同的路径，找到了解决"误置具体性之谬误"的方法。

---

〔1〕 ［德］马克思：《资本论》第 1 卷，人民出版社 2004 年版，第 429 页。

〔2〕 ［英］阿尔弗雷德·怀特海：《数学与善》，参见邓东皋、孙小礼、张祖贵编：《数学与文化》，北京大学出版社 1990 年版，第 1-17 页。

〔3〕 ［英］怀特海：《过程与实在：宇宙论研究》，杨富斌译，中国人民大学出版社 2013 年版，第 119 页。

〔4〕 ［英］A. N. 怀特海：《科学与近代世界》，何钦译，商务印书馆 1959 年版，第 164 页。

〔5〕 《马克思恩格斯全集》第 3 卷，人民出版社 1960 年版，第 49-50 页。

〔6〕 《马克思恩格斯全集》第 3 卷，人民出版社 1960 年版，第 20 页。

（四）马克思与怀特海哲学体现的科学旨趣

马克思与怀特海二人，一个"为全人类解放而工作"，关注整个人类的生存发展；一个以实现"共同福祉"为目标，创立了"20世纪最庞大的形而上学体系"。不论是立足实践活动的马克思，还是关注自然哲学的怀特海，都从各自角度体现了深刻的科学旨趣。

1. "社会文明"与"宇宙文明"的和谐追求

马克思主张科学是在历史上起推动作用的革命的力量，通过实践的历史活动，促进人类的解放和社会文明的提升；怀特海认为科学是人与宇宙世界打交道的方式，在与自然的对话中，为宇宙共同体开展有序的宇宙文明。

马克思更强调科学的社会功能效用。科学是生产过程的"独立因素"，生产过程是"科学的应用"[1]，科学对生产力和社会的发展起决定作用。但在资本主义社会，机器上实现的科学作为资本与单个工人的技能和知识相分离，对科学的过渡利用破坏着人和自然界本身。资本主义农业的进步，既是"掠夺劳动者的技巧的进步"，也是"掠夺土地技巧的进步"，更是"破坏土地肥力持久源泉的进步"[2]。人依靠科学征服自然的同时，自然也在对人进行报复。只有科学真正成为掌握在人民群众手中的力量，而不再是资本的工具，科学家才会成为"自由的思想工作者"，此时科学的作用才能完全发挥。

马克思认为，尽管科学与资本"联姻"，但它毕竟是"按照事物的本来面目及其产生根源来理解事物"[3]的东西，具有相对独立性，是对真理的追求。随着科学的发展，资本的逻辑终将被否定，科学将与无产阶级一起，成为资本主义的掘墓人。马克思立足唯物史观，将现实的人与科学直接相关，旨在实现人的自由、社会的可持续进步、人与自然的和谐发展。

怀特海眼中，哲学要寻求人类文明"诸多理念之正确性的宇宙论证据"，并提出有两种宇宙论曾支配着欧洲思想，一是柏拉图《蒂迈欧篇》代表的宇宙论，二是17世纪的宇宙论，但两者都有缺陷。17世纪的宇宙论以牛顿力学为基础，缺乏过程思想和有机思维，是机械的宇宙论；柏拉图的宇宙论虽有过程思想，却无科学基础。怀特海基于现代科学的发展成果，提出了解决方

---

[1]《马克思恩格斯全集》第47卷，人民出版社1979年版，第507页。

[2]［德］马克思：《资本论》第1卷，人民出版社2004年版，第579—580页。

[3]《马克思恩格斯全集》第3卷，人民出版社1960年版，第49页。

案，即"把先前这两种宇宙论体系结合起来，并根据自洽性和知识进步的要求作一些修正"[1]，从而确立了关于物质世界和宇宙的过程论。

怀特海继承柏拉图哲学，承认科学具有真善美的形而上价值，认为现代科学体系蕴含的逻辑理性的和谐具备"最普遍的审美性质"[2]。自然的终极事实是不断生成的"现实实有"、是"点滴的经验"、是包含感受的"摄入"；认识的知觉方式既包含确定的"直接表象"，也有模糊的，却在经验中起主导作用的"因果校验"。经验主体与环境进行着物质、能量、信息的交互，宇宙在过程中创造出不断更替和演进的宇宙文明，在自身的进化中达成完善的秩序与和谐。

2. 科学精神与人文精神的融合

马克思一生既重视科学的发展，又反对科学的资本主义应用对人的奴役，把人的自由和解放作为科学研究的终极目标。早在博士论文中，马克思就提出相较于重必然性的德谟克利特，伊壁鸠鲁在偶然性的原子偏斜中让自由意志出场，体现了青年马克思对科学中的人文关怀的追求。在马克思眼中，并不存在人之外的"纯粹自然"，也不存在自然之外的"抽象的人"，只有人与自然和社会历史的本质统一。关于人的科学必须要研究自然界，自然科学也"将成为人的科学的基础"[3]，而感性是一切科学的基础，科学只有从感性意识和感性需要出发，才是"现实的科学"。

马克思立足"人的现实生活过程"，以历史科学对自然科学的扬弃弥合了旧科学观的事实与价值的对立；以"人的自由而全面发展"为宗旨，彰显对人的价值的深切关怀；他将科学看作"社会发展的一般精神成果"，能够为人类社会创造极大的精神价值；他理想中的共产主义，作为"完成了的自然主义和完成了的人道主义"，是融合了科学精神和人文精神的社会形态。

西方传统的科学思维立足客观因果性，以主客对立的方式寻求普遍有效的"绝对真理"；近代以来被牛顿物理学加强的机械论，善于用自然科学的方法解释社会存在，注重普遍性与精确性而剔除了感觉与感受。对此，怀特海在对各种科学主义的批判中，把主客体思维模式转换为"主体间性"的解释

〔1〕 [英] 怀特海：《过程与实在：宇宙论研究》，杨富斌译，中国人民大学出版社 2013 年版，第 5 页。

〔2〕 [英] A. N. 怀特海：《科学与近代世界》，何钦译，商务印书馆 1959 年版，第 27 页。

〔3〕 《马克思恩格斯文集》第 1 卷，人民出版社 2009 年版，第 193 页。

原则，将"因果逻辑"的科学传统发展为"因果校验"的哲学方法。怀特海还是"最早把情感放在重要哲学地位"的思想家[1]，他的哲学因对情感、激情、欲望的强调，而蕴含着价值、审美、道德和自由。

怀特海以"机体"作为科学的对象，具有主体能动性的价值意蕴。通过批判机械唯物论的盲目，扬弃抽象思维的片面，反思具体性误置的谬误，将注重理解、生命体验的"重情"的人文方法取代强调计算、因果说明的理性的科学方法，克服了事实与价值、科学与人文的冲突，追寻人、自然、社会、宇宙的和谐共处。没有科学的人文是残缺的人文，没有人文的科学是残缺的科学，科学正是在人文因素的作用下证实自我的能力。"没有'美'，'真'则沦为平庸。有了'美'，'真'才显得重要[2]。"

概言之，马克思与怀特海在思维上有着深度的契合，都创造性地继承了黑格尔的总体性辩证法，持有整体论、过程论立场，有机马克思主义的出现也正表明了这一点。尽管马克思与怀特海思想的共通性体现在多个向度，都阐发了机体思想[3]、拥有他者之维[4]、关注着精神实践[5]，但最一致的地方在于他们都注重哲学建构的科学基础，将哲学与科学统一起来。如怀特海所说，19世纪的整个变化是在"新的科学知识的基础上产生的"[6]，正是因为科学的迅猛发展和突出成就，对科学的哲学反思才得以可能。马克思与怀特海不断强调与科学的对话，以关系思维、过程思维、机体思维超越了旧哲学与科学观对自然与社会、主体与客体、认识与对象二分的思维方式，通过对科学实证主义的扬弃建立了各自的哲学体系。毫不夸张地讲，怀特海的哲学就是自然哲学——宇宙论哲学，就是科学哲学，试图给出物理世界、有机宇宙的数学形式，并回答宇宙文明何以可能。因此，这些观点都再次彰显

〔1〕 张秀华：《从未缺场的"情感调子"——怀特海哲学中情感的价值与功能》，载《江海学刊》2018年第4期。

〔2〕 [英] A. N. 怀特海：《观念的冒险》，周邦宪译，贵州出版集团、贵州人民出版社2007年版，第248页。

〔3〕 张秀华：《从有机、有序到和谐与文明——怀特海与马克思的机体思想之比较》，载《云南大学学报（社会科学版）》2017年第1期，第5-12页。

〔4〕 张秀华：《在场的他者——马克思与怀特海的他者之维》，载《上海交通大学学报（哲学社会科学版）》2017年第4期，第45-53页。

〔5〕 张秀华：《马克思与怀特海的精神实践之比较》，载《理论探讨》2017年第1期，第38-44页。

〔6〕 [英] A. N. 怀特海：《科学与近代世界》，何钦译，商务印书馆1959年版，第94页。

了马克思哲学的当代意蕴与价值。同时，也印证了恩格斯关于随着科学的发展哲学必须改变自身形式的论断。

二、马克思与怀特海哲学的新主体性原则

马克思与怀特海作为现当代辩证法家，虽拥有各自的哲学观，却不谋而合地回归现实世界，在有机论、整体论、过程论视角下批判传统形而上学，分别基于社会实践能动论和自然哲学的机体论，提出了感性活动主体的新主体性原则。在存在论、认识论和价值论上，他们都解构主客二元论思维和实体论的理性主义主体性，并重建主体性哲学。面对当今主体性黄昏的后现代语境，考察马克思与怀特海对主体性的拯救，无不具有重要理论和现实意义。我们曾分别从马克思与怀特海的机体思想比较[1]、他者在场的主体间性原则[2]、情感主体形式的哲学价值[3]等方面加以探讨，且关涉到二者的主体性思想，但尚未课题化，因此有必要进一步基于马克思和怀特海哲学的逻辑起点——作为活动和经验主体的"现实的人"与"现实实有"，深化其主体性原则的比较研究。

（一）对抽象主体的超越：存在论上"现实的人"与"现实实有"的主体性

无论是马克思的新唯物主义，还是怀特海的新宇宙论，都改造了传统实体形而上学的主体和主体性原则，通过对孤立、抽象和实体化主体的哲学批判，在存在论上，主体不再是没有世界和肉身的"心灵"、"自我"和"自我意识"，而是拥有现实世界和经验生活并处于过程中有待生成的"现实的人"与"现实实有"。马克思与怀特海依据各自的解释原则，建构了基于实践或历史唯物主义和有机宇宙论的新主体性原则。

1. 新主体性原则的逻辑起点："现实的人"与"现实实有"

可以说，不理解非实体存在论上作为主体的"现实的人"与"现实实有"，也就无法理解马克思与怀特海哲学的主体性原则。

---

〔1〕　张秀华：《从有机、有序到和谐与文明——怀特海与马克思的机体思想之比较》，载《云南大学学报（社会科学版）》2017年第1期。

〔2〕　张秀华：《在场的他者——马克思与怀特海的他者之维》，载《上海交通大学学报（哲学社会科学版）》2017年第4期。

〔3〕　张秀华：《从未缺场的"情感调子"——怀特海哲学中情感的价值与功能》，载《江海学刊》2018年第4期，第39-45页。

　　马克思不仅让黑格尔的绝对主体走出精神领域进入生产实践之中，而且批判费尔巴哈执着于感性直观而不懂得现实的人的感性实践活动，不能把对象、现实和感性当作实践去理解[1]。进而，马克思以实践为基础，以现实的人为逻辑起点，以辩证、历史、过程的思维方式，超越抽象的实体主体及其属性的考察理路。虽然"现实的人"最早源自费尔巴哈，但却被仅当作自然存在物。马克思在感性实践活动论下，把现实的人视为人的自然存在物。因此，现实的人既不是黑格尔没有肉身限制的自我意识，也不是受自然生命限定的单纯被动的存在。马克思既从单纯的客体性原则进展到主体性原则，又超越了抽象的主体性原则，最终确立了基于历史解释原则和实践观点的新主体性原则。因为，马克思将哲学目光转向现实世界后，从历史的第一个前提"现实的人"这一主体出发，借助主体的感性实践——物质生产以及在这一过程中所发生的人与自然、人与人、人与自身的关系，使主体赢获了能动性、创造性和受动性、接受性，以及自律性（自由）与他律性（必然）的统一。用他的话来说，现实的人"就是那些从事活动的，进行物质生产的，因而是在一定的物质的、不受他们任意支配的界线、前提和条件下活动着的人"[2]；他们既充当历史的剧中人，又作为历史的剧作者。在马克思那里，主体一旦被确认为从事物质生产的现实的人，就由抽象主体转向具体主体。通过对历史形成发展的前提批判，他把物质生产和再生产看作历史产生的关键要素。同时，人们在改变对象世界的过程中改变着自身，即使经历了资本主义大工业下的异化生存，也必将扬弃异化劳动，并以自由人联合体的方式获得自由而全面地发展。这样，马克思的主体性原则在新唯物主义框架下，主体——"现实的人"在改变对象客体的过程中确立自身的主体性，即使精神生产也被建立在物质生产的基础之上，颠覆了历史唯心主义建基在精神实体之上的抽象主体，填补了一切旧唯物主义的主体性人学空场。

　　怀特海则从有机哲学出发，基于泛经验论、泛主体论的解释原则，提出"改造了的主体性原则"[3]，重塑了具有反思和批判精神的全新的宇宙论体系。在《过程与实在》一书中，他对主体性原则作出如下陈述："存在"的

---

〔1〕《马克思恩格斯文集》第1卷，人民出版社2009年版，第499页。

〔2〕《马克思恩格斯文集》第1卷，人民出版社2009年版，第524页。

〔3〕［英］怀特海：《过程与实在》，李步楼译，商务印书馆2011年版，第258页。

本性就是引起每一个"生成"的潜能。因此，一切事物都应看作是现实机缘（Actual Occasions，也译作现实事态）的各种限定条件。按照解释性范畴，一个"现实实有"（Actual Entities，时空中的"现实实有"称为现实事态）如何生成便构成该现实实有本身的存在。一个现实实有被其他现实实有限定的方式就是该现实实有作为主体拥有的对现实世界的"经验"。因此，主体性原则就是，整个宇宙都是由对主体经验的分析揭示出来的要素构成的[1]。可见，现实实有是怀特海的核心概念，他希望借此将哲学从"具体性误置"谬误中摆脱出来。在他看来，相互依存的"现实实有"是构成世界的最终实在，但决不是单子式的实体，世界甚至上帝都被看作现实实有的生成过程。在不断接纳和摄入客体材料的过程中，现实实有作为经验主体，其存在的确定性都是由合生过程中生成的潜能所决定。不过，经验主体既是作为终极存在的现实实有，也是由现实实有生成的结合体、社群的现实世界的一切存在。因此，他将宇宙中的人、动物、植物，乃至路边一块石头、天上一抹云彩均视为能动的经验主体，"一切皆为现实实有"[2]，没有现实实有就没有因果逻辑。现实实有完成其合生而生成新存在状态的过程，总是从主体性目的出发，通过物质性摄入和精神性摄入，既有对环境和经验的肯定，又在自我感受、自我选择和自我决定过程中展示出了饱含自由的能动性，伴随着新颖性的生成，成为完成了的活动统一体，获得"满足"，超越自身成为"超体"。

2. 主客体互动的原则："对象性活动"与"相对性原则"

在存在论上，马克思的主体——现实的人是对象性存在，从事"对象性活动"，正是"对象性活动"使主体与客体互动并实现对象化与非对象化统一。所谓对象性存在就是需要被对象设定才可以存在的存在物。这里有两个关键词，即对象和设定，如果是存在就一定有对象，存在物的存在由对象设定，没有对象，就没有了存在物的存在，就是非存在。存在物与其对象是共在的，且互为对象。现实的人通过外化、对象化，将自身"现实的、对象性的本质力量"设定为异己的对象，这种"设定"是"对象性的本质力量"的主体性，因此，这些"本质力量的活动"必须是"对象性的活动"[3]。马克

---

〔1〕　[英]怀特海：《过程与实在》，李步楼译，商务印书馆2011年版，第258页。

〔2〕　[英]怀特海：《过程与实在》，李步楼译，商务印书馆2011年版，第32页。

〔3〕　《马克思恩格斯文集》第1卷，人民出版社2009年版，第209页。

思认为，"对象性的存在物对象性地活动着"[1]。在他对主体对象性活动阐释之中可以看到，作为对象性存在物的现实的人，其本质并非固有，而是在对象性活动中生成和确证。这些从事生产实践的、饱含个性的类存在物，也通过生产、劳动使其本质力量对象化，因工业和社会的逐渐发展而日益形成周围的感性世界。这个世界不是预先设定、永不改变的，而是人类世代耕耘的结果，是"历史的产物"[2]。如此，现实的人通过连续不断的对象性活动达到自身的目的、获得生产资料、创造着自己的生活世界和历史；而对象性活动的产物如工业则标志着人的本质力量。这也说明主体通过"对象性活动"，在主客体互动中确立主体性，如此循环往复，创生出新对象性关系，也使得一切关系成为属我关系并规定自身。

怀特海对"相对性原则"的描述可归结为"生成"与"存在"这对范畴之间的关系。在《过程与实在》的开篇，他就指出现实实有的"双重身份"。一重身份的现实实有是其他现实实有生成过程中的潜在"客体"；另一重身份的现实实有则是不断吸取客体成分，生成自身确定性的"主体"[3]。其中，前者是其他现实实有生成过程中最具体的要素，作为潜在性的现实实有实现了在其他现实实有中的"客体化"，通过合生变得充分确定。而后一种身份作为主体的现实实有通过对已有世界的顺应、接纳、承继，不断在过程中生成自身，"实在的潜在性"蕴含其中，直到在合生中将不确定性转为确定性。由此，怀特海根据普遍相对性原则主张，由于不同程度的相关性，甚至微乎其微的相关性存在，"每一个现实实有都存在于其他一切现实实有之中"[4]。每一个现实实有如何生成便构成了该现实实有本身，即它的"生成"构成它的"存在"，而蕴含其中的潜在性，涉及每一个现实实有的合生，参与每一个新颖性的创造，因而，它是每一个"生成"的潜能，属于每一个"存在"的本性[5]。同时，表明主体与客体的相对性和泛主体论、整体论立场；主体与客体紧密相连，而非脱离客体孤立存在的实体；主体与客体之间的互动以及合生呈现出主体间性关系。

---

〔1〕《马克思恩格斯文集》第 1 卷，人民出版社 2009 年版，第 209 页。

〔2〕《马克思恩格斯文集》第 1 卷，人民出版社 2009 年版，第 528 页。

〔3〕［英］怀特海：《过程与实在》，李步楼译，商务印书馆 2011 年版，第 39 页。

〔4〕［英］怀特海：《过程与实在》，李步楼译，商务印书馆 2011 年版，第 81 页。

〔5〕［英］怀特海：《过程与实在》，李步楼译，商务印书馆 2011 年版，第 38 页。

3. 主客体统一的基础："生产实践"与"包容"

马克思认为实践过程是人的主体性得以确证的过程。现实的人作为实践活动主体，以客观世界为认识和改造的对象。在此过程中，主体与客体之间互动互释，主体通过实践将其自身的目的、能力等本质力量对象化为客观实在，使之主体性价值得到发挥。马克思从一切历史的第一个前提——现实的人出发，指出"人们只有生活，才能创造历史"[1]。从而说明"人类的第一个历史活动就是生产满足这些需要的资料，即生产物质生活本身"[2]。他主张生产实践的过程，首先是现实的人生产物质产品以满足自身衣、食、住、行等生活需求，这就是主体从自身需要出发对客体施加影响、创造性地改变客体的过程。与此同时，主体也在生产实践中生成和提升自身，以至于不仅"他们是什么样的人，既和他们生产什么一致，又和他们怎样生产一致"[3]；而且"生产不仅为主体生产对象，而且也为对象生产主体"[4]。至此，在生产实践的联结下，主体客体化、客体主体化，同时也达成主体自身目的，实现主客体的统一。

怀特海曾指出，"有机哲学是关于现实的一种细胞论"[5]。事实的每一个最终单位都是由多个细胞复合而成。细胞——现实实有要不断利用周遭的要素使自身得以存在，"包容"（也译作"摄入"）就是汲取特定要素的过程。因而，主客体统一的过程可看作现实实有生成中多种包容合生的过程。每一种包容都是由三个因素组成，分别是进行包容的"主体"（现实实有）、被包容的"材料"和主体形式。其中包含对现实实有的"物理性包容"和对永恒客体的"概念性包容"。现实实有的满足可以分解为多种多样的确定的活动，这就意味着按类型划分，有两种包容，即被称之为"感受"的"肯定性包容"和从感受中排除的"否定性包容"。怀特海认为宇宙中众现实实有共在且合生。主体因主体形式和主体的统一性而进行感受或排除，最终被肯定性包容的材料就是与该现实实有相统一的部分，而那些因为尚在过程之中，未被整合的感受，也由于主体的统一性而与整合相容。合生过程就是不断整合

〔1〕《马克思恩格斯文集》第 1 卷，人民出版社 2009 年版，第 531 页。

〔2〕《马克思恩格斯文集》第 1 卷，人民出版社 2009 年版，第 531 页。

〔3〕《马克思恩格斯文集》第 1 卷，人民出版社 2009 年版，第 520 页。

〔4〕《马克思恩格斯文集》第 8 卷，人民出版社 2009 年版，第 16 页。

〔5〕［英］怀特海：《过程与实在》，李步楼译，商务印书馆 2011 年版，第 335 页。

过去的包容而产生新包容的过程，其中，肯定性包容为新的整体性包容提供了主体形式和材料，否定性包容只提供其主体形式。这一过程直至在一个现实实有合生的最后阶段，呈现出了一个复合、充分确定的感受过程，即所有的包容都成为一个确定的整体性满足的组成成分。在此，实现了包容与现实实有生成的确定性整体的统一。

（二）对主体的限定：认识论上"现实的人"与"现实实有"的主体性

马克思与怀特海分别以"现实的人"和"现实实有"为逻辑起点，实现了对二元论思维的超越。他们把世界看作一个内在关联的整体，强调用一种过程、有机的认识论去理解主客体同一性；不是从抽象的意识出发，而是立足"现实的人"和"现实实有"所处的现实世界、环境，着眼经验主体的实践和活动状况阐发认识，在看到认知主体的主观性、能动性的同时，也看到其限度，揭示一切观念和精神生产的现实基础。如果说马克思通过意识形态批判考察了观念和认识的基础——现实生活与实践，那么怀特海则诉诸纯粹感受批判言明认识的深层根基。

1. 主体的"主观能动性""主体形式"及认识的现实基础澄明

马克思认为现实的人不同于动物，因为其自由自觉的实践充斥着能动性，而动物的活动则是其生命本能活动。在《手稿》中，他从人与动物本质之对比入手，阐述作为"类存在物"的人区别于种生活的"类生活"[1]，揭示了有意识的存在物、类存在物——人的能动性。同时，他确认人赖以生存的无机界范围越大，就说明人比动物越具有普遍性。进而说明人和动物区别开来的最根本标志是"有意识的生命活动"——能动地认识与改造世界的实践。现实的人正是在有意识的改造对象世界的过程之中，才确证自身的类属性。正因为人是类存在物，他才拥有意识，即"他自己的生活对他是对象"。仅仅由于这一点，"他的活动才是自由的活动"[2]。劳动作为人能动的类生活，现实的人通过主观见之于客观的劳动改造对象世界，其类本质在与自然的交互中得以确证，进而证明自己是区别于动物的能动主体，即类存在物，因而是有意识的存在物，具有类的意识。在考察理论与实践的关系时，马克思还指出，"我的普遍意识的活动——作为一种活动——也是我作为社会存在物的

---

[1] 《马克思恩格斯文集》第1卷，人民出版社2009年版，第161页。
[2] 《马克思恩格斯文集》第1卷，人民出版社2009年版，第162页。

理论存在"〔1〕，思维是人对自己现实存在的复现，正是作为思维着的存在物，人才自为地存在着。因此，人不只作为现实的个体，而且也是观念的总体，是被思考和被感知的社会的自为的主体存在，具有主体性和能动性。这样，思维与存在既有区别又处于统一体之中。

在"包含着新世界观的天才萌芽的第一个文件"〔2〕中，马克思批判了一切旧唯物主义和唯心主义，基于感性实践活动从客体性原则进展到主体性原则，从没有限制的思维主体的能动性进展到受实践层次和水平制约的主体性，环境的改变与人的改变被归结为革命实践，用实践规定社会生活，把实践视为检验认识正确与否的真理性标准。再次申明现实的人的社会限度，是被动与主动的统一体，依赖实践路径才能认识对象客体而非单纯直观。因此，《德意志意识形态》不是从抽象的意识出发而是从现实的人之物质生产实践出发考察问题，通过对意识形式和意识形态的前提批判，马克思将认识和观念生产归结为现实的人及其生活过程，把观念文本还原到实践文本，彰显了具有历史性的主体认识与实践的双向互动，使其认识论最终成为实践解释学。感觉的丰富性、思维和思维的结果及表现形式——语言都是社会历史的产物，都必须回到物质生产实践那里才能做出说明。

怀特海认为，每个现实实有都是能动的经验主体，具有主体性。现实实有生成过程就是在主体性目的指引下，通过物理性包容和概念性包容的合生达至最终满足，也是获得自身经验的过程。期间，一切现实实有都被肯定地包容，直接体现在物理性感受上，但对永恒客体存在选择，可能被否定性包容所排除。由此可见，现实实有必定会被感到，而纯粹的潜能则可能被排除，这个排除的过程也就体现了主体性目的在感受包容材料时呈现出选择的能动性。一个现实实有的主体性目的就是那个可能生成的主体的理想，在物质性感受与概念性感受的结合过程中所流露出的主体意向，构成了那个正在形成着的主体的真正本质。因而，"一个现实实有是具有自身直接性的主体"〔3〕，就是说，作为经验主体的现实实有在自身规定性上发挥功能，这就使其实在的内在构造具有直接性，对其本质不失去自我同一性，还可以凭借自身能动

---

〔1〕《马克思恩格斯文集》第1卷，人民出版社2009年版，第188页。

〔2〕《马克思恩格斯文集》第4卷，人民出版社2009年版，第266页。

〔3〕［英］怀特海：《过程与实在》，李步楼译，商务印书馆2011年版，第42页。

性的发挥完成自我创造。这种主体能动性与"主体形式"有关，比如情绪、评价、目的、内转、外转、意识等[1]，不同的主体形式是通过概念性评价及衍生的物理性目的传递而来的[2]。现实实有依据自身的主体形式所具有的目的和方式实现对其范围内肯定或否定包容。各种包容的主体形式构成了一个不能独立产生的既定主体，由这个共生着的主体自我形成的主体性目的决定其全部特征。也正是由于主体形式对包容的制约性，主体形式的性质、目的性选择及其能动性的发挥直接决定了合生主体所包容的新颖性实有的特点和自我实现方向。更为重要的是只有当主体形式来到意识这里，认识问题才被关注，才有了命题摄入和逻辑。怀特海还认为主体意识的认识能力是有限的，因为自然不对心灵开放。

2. 主体的生成性与认识的过程性

马克思和怀特海都认为主体本质力量是不断生成的，认识能力也不例外，这就使得认识主体由于受个体经验、环境和实践进程的限制而将认识看作不断深化的历史进程，而具有过程性。

马克思的过程思想蕴含于主客体相互作用的实践辩证法或历史辩证法中。在他眼中，现实的人通过实践改造自然界，生成人化自然界，创造历史。因此，人和自然物一样"也有自己的形成过程即历史"，"历史是人的真正的自然史"[3]。这意味着现实的人的主体性生成必然是一个历史过程，伴随历史进入世界历史，人们才进入现代世界，才有可能成为现代人。即使现代无产者也伴随大工业实践经历异化到扬弃异化的过程；需要不断被启蒙，了解自己的生存处境与历史使命，完成从自在阶级向自为阶级的转换，并在革命实践中获得解放。在对资本主义社会分析中，马克思始终考察的是现实的人的生存状况，并致力于回答人类解放何以可能。他指出，人类社会将依次经历"人对人的依赖社会——以物的依赖性为基础的人的独立性——共同占有社会财富而实现个人全面发展的人的自由个性"[4]。世界历史是主体的人的活动结果，人不再具有先在性不变的本质，借助历史辩证法变得可以理解。所以

---

[1] [英]怀特海：《过程与实在》，李步楼译，商务印书馆2011年版，第40页。

[2] Alfred North Whitehead. *Process and Reality*. New York：The Free Press, 1978, p. 316.

[3] 《马克思恩格斯文集》第1卷，人民出版社2009年版，第211页。

[4] 《马克思恩格斯文集》第8卷，人民出版社2009年版，第2页。

马克思得出结论，劳动、生产是区别人和动物的关键而不是意识[1]，纯粹意识的自我建构是体脑劳动分工的产物，意识经历了纯绵羊的意识向纯粹意识的转换过程。从封闭的民族史和狭小的地域史进入到世界历史，这也表明主体间交往范围的普遍扩大，从而突破向过去看、重经验的历时态主体间性认知，使共时态的主体间性的主体性成为可能。最终，认识从特殊的地方知识进展到普遍的数理科学。这样他把现代科学进步与现代工业、现代社会的整体变迁密切关联起来，赋予认识以实践基础。人们要解决的问题总离不开其时代生存实践的限度，在强可知论下承认思维的至上性与非至上性的统一。

　　在怀特海看来，过程是根本的，它承继过去，立足现在，面向未来。[2]作为过程的现实实有是构成宇宙万物的终极实在。"合生"就是一个现实实有生成的过程，在这个过程之中，潜在的统一不断融合，直至达到一个确定性的实在的统一，即"多种事物构成的世界获得一种个体的统一性，'多'中的每一项确定地属于构成新颖的'一'的成分"[3]。现实实有在创造性的驱动之下不断运动、生成，依据过去的经验，自主感受、摄入材料，实现自身的潜能。在这个自在自为的过程中，一个现实实有感受其他现实实有从而达到自身的整体性，又可以作为予料被其他现实实有所摄入，因此，它既是统领自身生成的直接性主体，也是作为原子式创造物的超体，发挥着客体永恒性的功能，继续参与新的既定性成分所实现的合生。合生的结束，就是现实实有的满足。在达成自身完满性后，实现了一个现实实有向另一个现实实有的转化，成为了引起某个结合体或该结合体某一部分特征的原生要素，这个客体化的过程被称为"转变"。经由摄入活动构成其成员具有共同特征的结合体，再构成更大的结合体乃至整个宇宙。一个现实实有如何生成便构成该现实实有本身，它的生成构成它的存在，过程即实在，这就是"过程原则"，也是宇宙生生不息的准则。正是在宇宙演进过程中，主体形式才由简单的目的、情感进展到意识，有了命题摄入，认识问题才最终成为可能，并使怀特海的认识论超越了康德的"纯粹理性批判"，也区别于唯理论和经验论的认识论，

---

〔1〕《马克思恩格斯文集》第 10 卷，人民出版社 2009 年版，第 412 页。

〔2〕曲跃厚：《怀特海哲学若干术语简释》，载《世界哲学》2003 年第 1 期。

〔3〕［英］怀特海：《过程与实在》，李步楼译，商务印书馆 2011 年版，第 325 页。

成为现实实有的"纯粹感受批判"。

3. 主体认知的关系思维与双向的"因果效验"

马克思的辩证法和社会有机体理论决定了他的思维属于关系思维，将其对主体性的考察放置于社会关系之中，把社会关系归结为生产关系，把生产关系归结为生产力——人类认识和改造自然的能力。在马克思眼中，人、自然、社会本就处于内在关联的统一整体之中。现实的人通过改造对象世界创造性地实现自我生成。实践内蕴着认识和科学活动，因此绝不能把认识看成是孤立、抽象主体的单纯思维活动，思维与存在统一于主体的感性实践。正是在关系思维下，他主张"人的本质不是单个人所固有的抽象物，在其现实性上，它是一切社会关系的总和"〔1〕。这道出了现实的社会关系对人本质的规定性，一切关系都是属我的关系，进而把主体放到人与自然、人与社会、人与自身的关系中来理解。不同于动物个体与个体、个体与群体之间的自然关系，人类社会的关系是主体通过实践和实践方式的改变而生成的，并能被关系主体意识到。因此，解读任何社会现象都要回到社会总体和历史进程中加以把握，"……纺纱机是纺棉花的机器。只有在一定的关系下，它才成为资本。脱离了这种关系，它也就不是资本了"〔2〕。由于社会关系决定现实的人之社会属性，他言明一切认识活动即使是科学家的科学活动也都是社会性的。主体的认识能力、思维水平一点儿也离不开社会。

怀特海认为，近代认识论重视经由视觉获得宇宙信息，而忽略了内部的感受；突出认识活动中主体对客体感知和表象的优先性和优越性，只把这种感知与人体的感觉器官直接关联起来。〔3〕然而，感官感知不是唯一的知觉方式，而是感知现实机缘的合生中后几个阶段的结果，这种"表象直接性"的经验方式直接、形象、具体，但却只是"复杂性、精微性的表面产物"〔4〕。因此，"因果效验"才是最基本的知觉方式，即一种前提性、历史的、过程性的经验，通过对过去已稳定的世界进行感知，这些感知由其多种感觉信号组

〔1〕《马克思恩格斯文集》第 1 卷，人民出版社 2009 年版，第 501 页。

〔2〕《马克思恩格斯文集》第 1 卷，人民出版社 2009 年版，第 723 页。

〔3〕张秀华：《从未缺场的"情感调子"——怀特海哲学中情感的价值与功能》，载《江海学刊》2018 年第 4 期。

〔4〕[英] 阿尔弗雷德·诺思·怀特海：《宗教的形成·符号的意义及效果》，周邦宪译，译林出版社 2012 年版，第 113 页。

成，并具有那些感觉信号产生的效验，因而"因果效验"是支配原初活机体的经验，是一类沉重的、原初的经验[1]。由此，怀特海将以往经验论仅通过某种感觉质（如视觉、嗅觉），共时的关涉同一位域中的现实实有，以避免模糊性的"表象直接性方式的知觉"，放置于身体的"因果效验知觉方式"之后，尽管后者所传达的感受是模糊、大量的，但一个高级感知者必然是一个个持续客体历史路径上的事态，它来自历史，直接体现过去，指向未来，将表象直接性认识与身体及其感受和摄入活动相联结。进而，他在澄明"从下到上"的因果效验的同时，还考察了"从上到下"的因果效验，将主体认识的接受性与能动性以及必然与自由内在的统一起来。

（三）对主体间价值的协同："现实的人"与"现实实有"的生态意蕴

马克思与怀特海哲学的主体性原则都在主体间性下关切他者，拥有和谐共生的价值理念，蕴含了丰富的生态内涵。马克思以现实的人之实践为基础，揭示资本逻辑下主体对客体占有必然导致自然与人的双重异化，因而需要重新看待人与自然之间的关系，实现人与自然的和解。怀特海则将万事万物看作具有平等关系的现实实有，在自身生成新颖性的过程之中与周遭的环境保持互动，实现合生，由此确立了人与自然的共生关系。可以说，他们都在真正的共同体、生命之网、生命共同体框架下，努力协同现实的人或现实实有主体间的价值关系，使主体的价值体现在服务于共同体、成就他者价值实现上。每个人的自由而全面的发展是一切人自由而全面发展的前提；每个现实实有都将在现实世界这个具有内在关系的共同体中获得新颖性自我实现与自我满足，并客体化为其他现实实有的一桩独特客观资料。

1. 解构人与自然的单向度主客体关系

在二元论的哲学范式内，人是主体，自然则是被人宰制的对象，是无生命、无温度、无感情的客体。马克思则认为"自然界是人的无机的身体"[2]，人是自然界的一部分。现实的人将自然界作为直接的生活资料来源、生命活动——劳动的对象，从中不断汲取能量以维持自身的生命，靠自然而活。除了物质生活，现实的人的精神生活也同自然界息息相关，自然界成为人的理

---

〔1〕〔英〕阿尔弗雷德·诺思·怀特海：《宗教的形成·符号的意义及效果》，周邦宪译，译林出版社 2012 年版，第 113 页。

〔2〕《马克思恩格斯文集》第 1 卷，人民出版社 2009 年版，第 161 页。

论和审美对象。因此，现实的人与自然是进行对象性活动的对象性存在，人通过劳动设定自然、人化自然的同时，也被自然所设定，这样人与自然构成互动的双向度关系。

纵观历史进程，人与自然的关系由最初的人类崇拜自然、顺应自然，发展到人类为满足私欲不断攫取自然资源、破坏自然，而自然也开始对人类的报复[1]，再到关系趋缓，并呈现出双方关系由统一、对立到寻求和解的过程。近代机械的自然观，遮蔽了人与自然的对象性关系，必然无视自然事物的自身价值，而走向工具理性主导的人类中心主义，甚至忘记"我们连同我们的肉、血和头脑都是属于自然界和存在于自然之中的"[2]，之所以在实现对自然的"统治"中，"我们比其他一切动物强"，是因为人类具备充分认识、正确把握自然规律的能力。在万事万物之中，人是主体性的存在，就在于具有超越其他动物本能的主体能动性，在人与自然的对象性活动之中，可以充分认识自然的内在价值、遵循自然的客观规律，按照美的规律塑造自然，彰显自然的本质力量。所以，马克思的主体性原则，是对人一味攫取自然的单向度关系的否定，他反对以绝对的动物本能对待大自然，主张对自然和整个生态系统进行精神关照，以维持彼此生命的永续发展；人与自然的对象性活动应是合规律性的合目的性，包容客体性原则的主体性原则、承认他律的自律。

现实实有是构成世界的终极实在，人与自然都是由现实实有构成，尽管主体形式有所区别，但具有同等重要的地位。在现实实有的摄入过程中，每一个摄入主体都可能成为未来其他未完成的现实实有的客体材料，因而每一个现实实有不只具备成为主体的能力，也具有转化为客体的潜能，因而被理解为"主体—超体"。不论人还是自然，都拥有目的、情感和经验能力，在现实世界中相互摄入，人汲取自然的能量，自然通过人实现自身的完满。人与自然互相依赖，相互融合，"如果我们不把自然界和生命融合在一起，当作'真正实在'的事物结构中的根本要素，那二者一样是不可理解的；而'真正实在'的事物的相互联系以及它们各自的特征构成了宇宙"[3]。显然，怀特

---

〔1〕《马克思恩格斯文集》第9卷，人民出版社2009年版，第560页。

〔2〕《马克思恩格斯文集》第9卷，人民出版社2009年版，第560页。

〔3〕［英］怀特海：《思维方式》，刘放桐译，商务印书馆2010年版，第138页。

海彻底瓦解了自然客体是主体人宰制的对象、主体赋予客体价值的观念，废止了人与自然的奴役关系。

2. 彰显人与自然关系的内在价值

马克思坚持人是对象性存在物，从主体性原则出发，内在地处理人与自然的关系，认为人与自然之间是满足与被满足、需要与被需要的价值关系。如果把自然与人类分割开来，脱离人类而被抽象地、孤立地理解时，这样的自然"对人来说也是无"[1]。正是在对自然界的改造中，"人才能真正的证明自己是类存在物"[2]。因而人类在与自然的互动过程中能够按照美的准则、运用内在尺度塑造自然，并提升人的本质力量。除了现实的人借助对自然的改造彰显主体价值，马克思在自然存在前提论下也肯定了自然的价值属性，即自然是人类赖以生存的家园，是我们的母亲。"没有自然界，没有感性的外部世界，工人什么也不能创造"[3]。尽管在人与自然的关系之中，人类是价值主体，自然界是客体，但是现实的人改造自然、塑造对象世界的一切活动都应遵循自然本身的运行规律，以其生态系统的平衡和稳定为基础。只有实现人与自然的和谐，主体的价值需要——自身解放才成为可能。

针对形而上学的自然观，怀特海在《自然的概念》中反驳道："对感觉—意识来说，自然是作为事件而呈现的，它在本质上是短暂的。根本不存在静止不动的、让我们好好观看的自然。"[4]在此，他用"事件"以阐释自然的过程性，同时归还自然的生命价值，因而将自然理解为生命主体。它和人一样由现实实有构成，在主体性目的指引下能动地进行摄入活动，生成新颖性，获得自我满足，同时也可能成为其他现实实有的客体材料。不论是对于自身、他者甚至宇宙，自然这个确切的生命体都在无时无刻显现着自身的价值。每一"事件"在全部时间内都存在于所有的地方，面向整体彰显着内在价值。无论个体还是自然，都彼此紧密相连，与宇宙有机统一；每一个有机体凭借彼此相互确证，实现个体价值，同时对整个生态系统的演进也发挥着自身的作用。"普遍的善同个体利益之间的对立只有在个体利益成为普遍的善时，因

---

〔1〕《马克思恩格斯文集》第 1 卷，人民出版社 2009 年版，第 220 页。

〔2〕《马克思恩格斯文集》第 1 卷，人民出版社 2009 年版，第 163 页。

〔3〕《马克思恩格斯文集》第 1 卷，人民出版社 2009 年版，第 158 页。

〔4〕［英］阿尔弗雷德·怀特海：《自然的概念》，张桂权译，中国城市出版社 2002 年版，第 14 页。

而个体体现出轻度损失而在广大的利益中以更好的组合重新发现它们时，这种对立才能消除。"〔1〕因而"人必须感到个体和自然之间的有机联系"〔2〕，一荣俱荣，一损俱损。

3. 寻求人与自然的和谐共生

马克思曾指出，在冲破资本主义社会枷锁的共产主义社会（"真正的共同体"）中，现实的人将摆脱物的依赖性，实现"人的解放"与"自然的复活"。他早已察觉资本逻辑对自然环境的巨大威胁，资本世界的人以主体高傲的姿态无节制地向自然界索取，以满足日益膨胀的虚假需求，致使人逐渐失去了主体性，成为被商品、资本支配的客体，自然也由于人的异化变得不再是其所是。鱼和水原本是对象性存在，"鱼的'本质'是它的'存在'，即'水'。河鱼的'本质'是河水。但是，一旦这条河归工业支配，一旦它被染料和其他废料污染，成为轮船行驶的航道，一旦河水被引入水渠，而水渠的水只要简单地排放出去就会使鱼失去生存环境，那么这条河的水就不再是鱼的'本质'了，对鱼来说它将不再是适合生存的环境了"〔3〕。在资本主义社会不仅自然物的对象性关系难以维系，而且主客体的真实关系遭到破坏。商品、资本取代人成为资本世界的主体，"他律"成为主体性的普遍遭遇，一切臣服在资本逻辑之下。现实的人丧失了主体性、人性，物也不再有物性。马克思就是要消除这种异化关系，确信当共产主义社会来临之时，人与自然、人与人之间的矛盾就会得到真正的化解。因为共产主义是完成了的自然主义即人道主义、完成了的人道主义即自然主义。在这一进程中，异化了的主体逐渐复归其本性，人的本质在自然界中得以彰显；人利用自然的同时自觉遵循自然的规律；最终实现人与自然的共生与双重解放。

在机械自然观那里，自然是孤立的、被动的；在怀特海有机哲学这里，自然却是生机勃勃、与人类密切互动的。同时，他认为万事万物及宇宙自身有其目的，世界终将走向永久持续的平和统一体。怀特海就是要揭示在时空中展开并作为四维广延统一体的宇宙之自然秩序，回答宇宙文明何以可能。他认为美的实现就是现实实有相互协作、彼此成全的和谐与完满。在整体论

---

〔1〕［英］怀特海：《过程与实在》，李步楼译，商务印书馆 2011 年版，第 28 页。

〔2〕贺麟著，张学智编：《贺麟选集》，吉林人民出版社 2005 年版，第 298 页。

〔3〕《马克思恩格斯文集》第 1 卷，人民出版社 2009 年版，第 550 页。

下，他用"结合体"来表述现实实有因摄入活动而构成的相互联结的统一体，而无数的结合体再次进行摄入活动，彼此协同构成更庞大的共同体，宇宙就是最大的共同体。人与自然就在这个共同体之中，你中有我，我中有你，共生共在，维持平衡。

总而言之，马克思与怀特海回归现实世界的主体性思想均超越了抽象主体性哲学，尽管在理解理路上存在一定差异，但二者有很强的共通性。马克思在历史唯物主义立场下，以"现实的人"为逻辑起点，借助物质实践和主客体相互作用的辩证法，展示了主体性的历史性、关系性、过程性和生成性，使主体性原则与客体性原则相统一。怀特海则立足有机宇宙论，在过程、关系思维下，从"现实实有"出发，依循主体形式主导的摄入与合生，打通主客体之间的阻隔，确立了"主体间性"的主体性原则[1]。他们都基于既能动又受动的主体的感性活动分析以及历史的现实基础批判，建构起新主体性原则，有助于我们放弃绝对的人类中心主义歧途，深化对人与自然共同体和人类命运共同体的理论认知，不断探索生态文明建构的新路径。

三、马克思与怀特海的共同体思想

"人与自然生命共同体""人类命运共同体"是马克思主义共同体思想的当代阐发与表达，因而，我们有必要重新探究马克思的共同体思想，并通过与其他思想资源的比较，拓宽理论视野。怀特海以建设性后现代的过程—关系思维方式，在整体论下重建有机宇宙论，共同体构成了其自然哲学的核心范畴。因此，怀特海共同体的观念对理解马克思的共同体思想具有借鉴意义。事实上，拯救了辩证法的马克思与怀特海，其哲学所蕴含的共同体思想的确在诸多维度都具有共通性，比如，都围绕文明进程问题，基于自然与历史相统一的总体观点或总体性辩证法，马克思的社会共同体强调包容了自然辩证法的实践或历史辩证法，怀特海的宇宙共同体则凸显了涵盖社会辩证法的自然辩证法。无疑，对二者进行对比研究，不仅有助于深化对他们二人各自哲学的理解，而且能为新时代共同体理念的阐发提供可资借鉴的理论资源。

---

〔1〕 张秀华：《在场的他者——马克思与怀特海的他者之维》，载《上海交通大学学报（哲学社会科学版）》2017 年第 4 期。

（一）马克思与怀特海共同体思想的指归：社会文明与宇宙文明

"共同体"是马克思新唯物主义和怀特海新有机宇宙论的核心范畴。因为马克思哲学着重追问和回答的问题是人类解放何以可能，这就必然考察人们生活在其中的有机共同体的形态、结构和运行机制；怀特海的哲学以世界和宇宙整体为研究对象，把宇宙看成是由"结合体"和"社群"等众多小共同体组成的大共同体，并试图揭示共同体生成、演化与走向和谐与美的宇宙秩序。就是说他们哲学的研究对象、提问方式和理论旨趣就决定了其共同体思想的指归，即实现社会文明和宇宙文明。

1. 解放与自由：从"虚幻的共同体"走向"真正的共同体"

马克思在阐释市民社会与国家的本质、探讨政治与人类解放的路径时，使用"共同体"这一词语进行过大量描述。在资本主义生产方式下，人依赖于物而被"物化"，使人物化的货币资本被他视为"抽象的共同体"。货币共同体作为一般形式的"纯抽象财富"，同特殊实体的商品相对立。它不仅消除了所有者和商品之间的具体关系，也不具备任何特殊的使用价值。当货币共同体成为"抽象人格的个人的权力"时，它同商品生产者之间、货币使用者之间就变为了完全异己的、外在的关系。[1]此时，个人被抽象化到社会规定的统一性中，主体性无法发挥，普遍利益不能实现，资本主义社会就成为"虚幻的共同体"。虚幻的共同体只实现了统治阶级的自由，对于被统治阶级的个体而言，是虚假的和"新的桎梏"。[2]只有在未来的共产主义社会，个人才能通过自由的联合获得解放，这种"自由王国"被马克思称为"真正的共同体"。此外，马克思还论述过建立在血缘和地域关系，如家庭、村落、氏族等自然共同体的形成。从而，给出了共同体演化的三种形态，即前现代（传统社会）的"自然共同体"——现代（市民社会）的"虚幻的共同体"——未来（人类社会）的"真正的共同体"。

可以说，马克思的共同体展示出基于实践范畴的历史生存论意蕴，认为个体的生存和发展离不开共同体。人是拥有自由自觉活动的类存在物、社会存在物，"只有在共同体中才可能有个人自由"。[3]市民社会的虚假共同体充

---

〔1〕《马克思恩格斯全集》第46卷（下），人民出版社1979年版，第453页。

〔2〕《马克思恩格斯文集》第1卷，人民出版社2009年版，第571页。

〔3〕《马克思恩格斯文集》第1卷，人民出版社2009年版，第571页。

斥着"虚假的需求"，使个体与自身的本质分离，实现的是异化的自由；人类社会的真正共同体是人的本质复归，人与自然、社会的关系是真正自由的关系。马克思看到，阶级社会中的共同体永远是阶级维护统治的手段，只有阶级消亡，"自由人联合体"形成，才是"人和自然界之间、人和人之间的矛盾的真正解决"及"个体和类之间的斗争的真正解决"。[1]这是由社会所有制的性质决定的，只有在以生产资料公有制为基础的未来共产主义社会，"个人才能获得全面发展其才能的手段"。[2]

2. 平和与文明：发现和确立宇宙共同体的和谐秩序

怀特海在他的机体哲学中明确指出，构成宇宙的不是实体而是机体。机体是现实存在物的共同体；现实存在物也是"复合的"[3]，"已经被确定的、现实的和已经生成的存在物的共同体"[4]。他用来解释世界和宇宙的最本质要素是共同体的形式，宇宙作为机体全体，是最宏大的共同体。

怀特海的共同体是物质与精神的有机统一体，构成共同体的终极实在——现实实有的感受活动具有物质极和精神极的双重特性，前者说明共同体存在于现实世界的时空之下，后者说明共同体本身具有自身存在的意义。宇宙中的任何要素都有"对于它自身、对于他者、对于整体"[5]的价值，现实实有的自身价值和整体价值互联互构，共同形成主体的内在价值，并以他者得到彰显，它本身就是该现实实有的存在。只有个体利益是"普遍的善"时，个体和整体之间的对立才能消除，个体的损失是为了在"更广大的利益中用更好的成分"[6]。

可以说，怀特海的有机哲学就是要揭示生机勃勃的宇宙共同体的要素、结构和运行规律，旨在建立充满联系的、有机、有序、和谐的宇宙机体。[7]

〔1〕《马克思恩格斯文集》第1卷，人民出版社2009年版，第185页。

〔2〕《马克思恩格斯文集》第1卷，人民出版社2009年版，第157页。

〔3〕[英]阿尔弗雷德·诺思·怀特海：《过程与实在》，杨富斌译，中国城市出版社2003年版，第269页。

〔4〕[英]阿尔弗雷德·诺思·怀特海：《过程与实在》，杨富斌译，中国城市出版社2003年版，第118页。

〔5〕[英]怀特海：《思想方式》，刘放桐译，商务印书馆2006年版，第104页。

〔6〕[英]阿尔弗雷德·诺思·怀特海：《过程与实在》，杨富斌译，中国城市出版社2003年版。

〔7〕张秀华：《从有机、有序到和谐与文明——怀特海与马克思的机体思想之比较》，载《云南大学学报（社会科学版）》2017年第1期。

他在宇宙本质的意义上使用共同体概念，并将共同体的思维方式贯穿世界和宇宙的构成与活动的探究中。作为"现实实有的有机总体"的宇宙，在等级上有"无生命的集合""植物等级""动物等级""社会集合体"〔1〕四个等级，因此，怀特海的共同体不是群集，昆虫群集与人类社会"迥然不同"的地方在于"它们并不进步"〔2〕。怀特海的宇宙机体是由不同等级不同种类的共同体合生的一个整体，它作为过程而存在，是具有内在关系的结构体，是"我"与"他者"在本体论上相关联的全体，宇宙的有机性通过共同体发挥作用而实现。为了最终达成整体的宇宙文明，他特别考察了社会文明问题，认为只有当社会共同体的每一个成员都能享受到冒险、艺术、真、美与平和时一个社会才是文明的。进而，他把在爱欲和理想驱使下的冒险看成是实现文明社会的本质及保持社会生机的动力机制，把追求真和美的艺术看成是超越当下不可逾越的环节，而平和则是"和谐之最"〔3〕，它将其他四种社会品质结为一体，将自我中心主义从文明中排除出去。这样才能走向让他者在场并相互协调、共在共生的宇宙文明。

（二）马克思与怀特海共同体思想之"通"：有机论立场同总体性辩证法的方法论契合

马克思与怀特海立足机体理论和整体论立场，遵循总体性辩证法的思维方式，超越了以往实体哲学的二元论思维，这种过程的、联系的、动态的、整体的去理解世界和宇宙的理论品格体现在二人的共同体思想中，构成了马克思和怀特海哲学在方法论上的共通性。

1. 广泛的统一体："联合体"与"聚合体"展现的整体性原则

在马克思眼中，整个世界是统一体，人是与自然、社会相互联系的整体性存在；在怀特海那里，宇宙是众多现实事态合生的群集、聚合体、集合体或复合体的机体总体，而非孤立存在的抽象之物。二人的共同体都蕴含着整体性原则。

---

〔1〕 ［英］怀特海：《思想方式》，刘放桐译，商务印书馆2006年版，第26-27页。

〔2〕 ［英］阿尔弗雷德·诺思·怀特海：《观念的冒险》，周邦宪译，北京联合出版公司2014年版，第100页。

〔3〕 ［英］阿尔弗雷德·诺思·怀特海：《观念的冒险》，周邦宪译，北京联合出版公司2014年版，第314页。

马克思指出，最初自然共同体是因为需要"以群的联合力量和集体行动来弥补个体自卫能力不足"[1]而出现的。商品经济的发展和社会组织的完善，使人们产生了使用货币共同体来满足交换的需求；但异化劳动逐渐地把人自由自觉的类生活贬降成为维持生存的手段，导致了虚假共同体的形成，人异化为共同体中的异己因素，沦落为被共同体所规定的对象。因此，为实现人的本质与存在方式的内在同一性，人们向往社会共同体能够走向真正共同体。共产主义是人类社会共同体的最高阶段，自由人联合体是未来理想的社会形态。这个建立在高度发达的生产力之上、由个体自由结合的共同体是为个体服务而存在的。马克思始终以整体的视角、在人类历史的总进程中对社会共同体的形态和特质进行探索，在自然的历史与历史的自然相统一的观念下，弥补了人与自然、人与人之间的断裂。

现实实有、摄入、聚合体和本体论原理是怀特海过程哲学的四个基本概念。世界由现实实有构成，现实实有因彼此摄入相互关涉，形成共在的具体事实，即聚合体。作为"终极因果关系原理"的本体论原理，则说明了作为"唯一原因"的现实实有是"现实性的形式构成之中的共在"[2]。可见，现实实有本身就是一个综合性过程，它在构成世界的合生过程中获得同一性，也成为自身的存在。"合生"反映了共同体内部结构的组合演进过程。宇宙从现实实有的合生中形成，通过永恒客体的摄入而发展，以共同体的形式存在。所以，怀特海的共同体是一个广泛的存在，甚至我们自己也是"情感，享受，希望，恐惧，悔恨，对各种不可兼得东西的评价、决定的统一体"[3]。

2. 过程的集合体："世界历史"与"事件"体现的过程性思维

马克思和怀特海都认为，共同体并非是一直保持不变的存在物，而是循序渐进的发展过程。马克思把共同体与社会形态相联系，体现了社会共同体面向"世界历史"的进展过程；怀特海则从过程的本体论视角，阐释了基于事件流的宇宙共同体呈现出的动态变化过程。

马克思在机体理论下研究了人类社会共同体的演进历史，他指出，随着日益完善的生产方式、交往和分工的出现，各民族的原始封闭状态逐渐被消

---

〔1〕《马克思恩格斯文集》第 4 卷，人民出版社 2009 年版，第 45 页。

〔2〕[英]阿尔弗雷德·诺思·怀特海：《过程与实在》，杨富斌译，中国城市出版社 2003 年版，第 56 页。

〔3〕[英]怀特海：《思想方式》，刘放桐译，商务印书馆 2006 年版，第 145–146 页。

灭，地域和种族界限日益被突破〔1〕。历史开始向世界历史转变，且个人解放的程度与历史向世界历史转变的程度相一致〔2〕。当阶级因现存制度的扬弃而消亡，个人才能"同整个世界的生产发生实际联系"〔3〕。因此，马克思的共同体并非是静止的，而是处于过程中的状态，不是"坚实的结晶体"，而是"能够变化并且经常处于变化过程中的有机体"〔4〕。

怀特海的过程哲学借用了相对论的"事件"概念来说明现实世界的构成。如同微观粒子具有波粒二象性一样，事件并非仅是质点"实体"，而是流动的动态过程。"事件"在怀特海的哲学中具有本源意义，这种本源意义使过程具有了本体论意蕴。事件本身是一个产生、发展和消亡的过程，合生是事件流的持续运动，存在就是生成，物质的宇宙实质上是事件的宇宙。即使是人类的知觉经验，也"包含着对具有如此这般体验的人类身体的先前部分的客体化"〔5〕。这正应了恩格斯所言，"世界不是既成事物的集合体，而是过程的集合体"〔6〕。

马克思和怀特海共同体的过程性不仅体现着动态和流变，还在变化中带有求新的目的。共同体是"处于产生过程之中的未完成物"〔7〕，在过程中存在着发展与演化的方向和目标。因而，共同体的过程性同时具有整体性和有机性，过程的集合体就是过程的动态整体。

3. 生长的有机体：普遍联系与"摄入"蕴含的内在关系原理

马克思强调用普遍联系和发展的眼光去认识世界和研究问题，他的哲学是关系的哲学；怀特海持"关系实在论"，认为关系内在于事件的动态生成过程。两人都把世界、宇宙看成有机联系的整体，他们的共同体是基于内在关系的共同体。

马克思指出，人不是"单个抽象物"，而是基于关系的社会存在物，是处

---

〔1〕《马克思恩格斯文集》第 1 卷，人民出版社 2009 年版，第 541 页。

〔2〕《马克思恩格斯文集》第 1 卷，人民出版社 2009 年版，第 541 页。

〔3〕《马克思恩格斯文集》第 1 卷，人民出版社 2009 年版，第 541 页。

〔4〕《马克思恩格斯文集》第 5 卷，人民出版社 2009 年版，第 10—13 页。

〔5〕［英］阿尔弗雷德·诺思·怀特海：《过程与实在》，杨富斌译，中国城市出版社 2003 年版，第 216 页。

〔6〕《马克思恩格斯文集》第 4 卷，人民出版社 2009 年版，第 298 页。

〔7〕［英］阿尔弗雷德·诺思·怀特海：《过程与实在》，杨富斌译，中国城市出版社 2003 年版，第 292 页。

于共同体中的关系性存在。共同体是人因生存需要而形成、以共同利益的实现为目标的关系性模式。同时，马克思看到，外在性的关系会使共同体中的个人成为孤立的存在。当共同体中的个体不是自觉的成员，不是使共同体从属于自己，则共同体将作为独立的、外在的东西与其相对立而存在。毕竟，个体的简单集合并非就是共同体。在资本主义社会，劳动者因资本聚集在一起，彼此之间却是孤立的个人，这种外在的"共同体"与人的本质相对立。在真正的共同体中，个体间是相互依存的有机关系，个人与共同体相互参与对方的生成，个体的发展直接影响共同体的发展。

怀特海认为，宇宙中的每一项事物，都是一个现实存在物"构成之中的组成要素"[1]。不存在孤立的事件，每个事件都是更大事件整体的要素。宇宙间各要素相互依赖、融会贯通。这种内在构成性关系被怀特海用"相关性原理"进行了深入阐释。物质世界根据各种各样的"广延联系"被"恰当地描述为某种共同体"[2]，其存在和性质均由其中要素的内在关系所决定。构成世界的现实实有通过不断的"摄入"活动来实现和满足自身，它们不仅"实在地合生"为现实的某种成分，还能够"客体化"使自身的"潜在性"得以实现。这是所有存在都具有的"普遍的形而上学特征"[3]。现实实有通过不断地客体化参与宇宙世界的创造性活动。可见，怀特海以生成活动来理解共同体的存在，现实实有是如何生成的构成了这个现实实有是什么[4]，他的共同体是能够生长、成熟和衰亡的机体共同体。

4. 逻辑融贯的共同体：唯物史观的"副产品"与有机宇宙论的概念支撑

马克思的共同体思想是在研究人类社会发展历史中形成的，渗透在唯物史观的创立过程中。对此有学者形容，共同体是马克思唯物史观的"副产品"[5]。的确，"副产品"一词生动地说明了共同体与唯物史观的契合，但共同体思想又不只是"副产品"，作为马克思探索社会发展规律的理论成果，它与其唯物

〔1〕 [英] 阿尔弗雷德·诺思·怀特海：《过程与实在》，杨富斌译，中国城市出版社2003年版，第269页。

〔2〕 [英] 阿尔弗雷德·诺思·怀特海：《过程与实在》，杨富斌译，中国城市出版社2003年版，第527-528页。

〔3〕 [英] 阿尔弗雷德·诺思·怀特海：《过程与实在》，杨富斌译，中国城市出版社2003年版，第38页。

〔4〕 [英] 阿尔弗雷德·诺思·怀特海：《过程与实在》，杨富斌译，中国城市出版社2003年版。

〔5〕 秦龙：《马克思对"共同体"的探索》，载《社会主义研究》2006年第3期。

史观相融相生并根植于历史唯物主义。

马克思的共同体概念源于他对资本主义市民社会的批判，市民社会"共同体"内原本作为类的个人成为非自由的阶级成员，连同货币、资本"共同体"，形成了资产阶级国家虚假的共同体形式。共同体的形态变化（自然共同体—虚幻共同体—真正共同体）作为马克思的考证对象，被置于世界历史的发展进程。马克思不仅看到了所有制对共同体形成和变迁的决定作用，也看到了共同体是历史唯物主义从观念的抽象存在变为实践中的具体存在的必要条件。

怀特海基于"系统""过程""进入新颖性之中的创造性进展""经验的个体统一性""感觉"等概念范畴，实现了机体哲学表达"内在一致的宇宙论"的宗旨[1]。20世纪科学的爆发式进展颠覆了常识。在量子力学中，世界不再是质点，而是一系列事件或相互渗透的能量场。传统哲学体系受到强烈冲击，无法对新的现象做出合理解释，以牛顿经典物理学为基础的传统实体本体论必然进展为以量子力学、相对论为理论资源的事件本体论、宇宙机体论。怀特海的这些概念范畴，批判了将原本物理学中的机械论方法移植到哲学中的机械论自然观。机体的性质决定了关系须寓于过程之中，它的整体性、结构性和融洽性，使宇宙成为具有生命性、持续性和创造性的共同体。

共同体解构了实体预设，解决了原子式的实体、因果律的运动所造成的直接经验的自然整体被分割的问题，使机体哲学得出了不同于实体哲学的超越性见解。作为事件的联结、现实存在物的有机聚合体，共同体理念成为怀特海哲学有别于传统哲学的关键。

5. 方法论契合的共同体：总体性辩证法的扬弃路径与过程—关系思维的表现形式

马克思反对原子化的个人和孤立静止的形而上学的方法，他的社会共同体以整体论和有机论揭示了构成社会总体的各要素及其之间的联系。即使是具体的经济分析的实证工作，马克思也强调整体的重建，而非简单分解和还原。如卢卡奇所言，马克思"每个社会中的生产关系都形成一个统一的整体"

---

〔1〕［英］阿尔弗雷德·诺思·怀特海：《过程与实在》，杨富斌译，中国城市出版社2003年版，第235页。

的名言，是"历史地了解社会关系的方法论的出发点和钥匙"[1]。社会总体不是个人的简单集合，而是人与社会关系的共同体。社会总体中人与人的关系生成人的本质，个人的实践推动社会总体的发展。然而，不同于卢卡奇把历史辩证法与自然辩证法对立起来的解读，我们认为，马克思的总体性辩证法是共同体生成与发展的辩证法，是蕴含了自然辩证法的实践辩证法或历史辩证法，自然的历史与历史的自然相统一。社会发展的内在矛盾体现在自然共同体中，是个人受制于共同体的矛盾；在虚假共同体中，是个人与共同体对立的矛盾，只有真正共同体才是个人与共同体的相互承认和有机统一。马克思扬弃了黑格尔的总体性辩证法，将黑格尔的总体——"绝对精神"转变为人及其关系的社会总体，展现出个人与共同体之间的辩证法。[2]

怀特海基于过程—关系思维用一系列新概念表达了现实实有同其他实际存在物相互摄入、感受的整体性内在关系，强调了宇宙共同体的有机发展和动态流动，并把社会文明看成实现宇宙文明的一个环节，因此该总体观点或总体性辩证法是包含着社会辩证法的自然辩证法。

在怀特海看来，主体是在过程中产生的，"我"对这个世界的"拥有"，开启了"我'成为我自己的过程'"[3]。经验主体摄入了材料，其自身的构成在时空中就产生了变化。共同体保证了实际存在物在摄入活动中不会失去它的自我同一性，从而使经验主体与世界处于共同的联结之中，经验主体才能将整个世界摄入去实现自身目的的满足。共同体中的成员具有不同的满足强度，能够引起感觉的对比，决定摄入的形式和程度。当共同体内的各元素得到深度满足，意味着共同体内部实现了平衡。共同体是主体、材料和感受不断获得统一性的容器和活动场域。

不难看出，马克思和怀特海的哲学以共同体为本位，契合了现代西方哲学从实体到机体的转向，承载着以主体的感性实践活动为基础的整体论、总体性辩证法和过程—关系思维方式，超越了以往以实体属性为认识路径的西方传统形而上学，以及还原论、二元对立、机械论等思维方式带来的直接对

---

〔1〕〔匈〕卢卡奇：《历史与阶级意识——关于马克思主义辩证法的研究》，杜章智、任立、燕宏远译，商务印书馆1999年版，第57页。

〔2〕张秀华：《历险的辩证法——拯救者与拯救者被拯救》，载《理论探讨》2019年第2期。

〔3〕〔英〕阿尔弗雷德·诺思·怀特海：《过程与实在》，杨富斌译，中国城市出版社2003年版，第149页。

象性表象思维和孤立、封闭、静态的认识论缺陷。

（三）马克思与怀特海的共同体思想之"异"：现实批判和观念批判

马克思和怀特海的共同体思想所具有的共通性使得对二者进行比较成为可能。但由于马克思和怀特海哲学观的不同，因此就决定了他们的共同体思想又具有不可否认的差异性，尤其呈现在理论研究进路和范畴的侧重上，如马克思哲学以"改变世界"为旨趣，注重现实进路，考察社会历史领域以现实的人为主体、以生产实践为基础的社会共同体的结构要素及其功能，揭示共同体的历史形态和特质，以期回答人类文明走势问题；怀特海则突出"解释世界"的哲学使命，认为哲学所干的一切事就是要"努力通过对这些概念的修改来建立起有条理的体系"〔1〕。因此，他以整个宇宙为研究对象重建宇宙论形而上学，将现实实有作为原子式终极实在和主体，分析其感受和摄入的经验活动，以合生为路径探究宇宙共同体的形式结构，揭示宇宙文明的秘密。对这些差异的揭示有助于促进马克思和怀特海在共同体问题上的深度对话。

1. 现实的人与现实实有：马克思与怀特海共同体内在的构成要素

现实的人是构成家庭、社会、国家的前提，是共同体的组成要素。马克思的共同体概念源于对现实的人的生存关切，无论是"虚幻共同体"，还是"真正共同体"都是一定生活形态的体现，在生产和交往过程中形成，关乎现实的人的生存与发展。马克思明确指出，"人的本质是人的真正共同体"〔2〕，共同体是"社会化的人类"的存在方式，所以真正共同体中必然蕴含着人之所以为人的全部类本质。共同体体现着马克思的人本学。自然是"人化的自然"，社会是处于"关系中的人本身"，自然、社会与人依据人的本质构成了发展着的共同体。只有以现实的人之主体的关系为视角，才能发现社会总体的内在结构。

怀特海认为，现实实有是构成世界的最终的实在事物。宇宙共同体是由所有现实实有相互摄入、联结构成的机体，也是个体现实实有的存在与生成过程。现实实有通过摄入活动完成自我建构、参与其他现实实有的建构，它

---

〔1〕 ［英］阿尔弗雷德·诺思·怀特海：《观念的冒险》，周邦宪译，北京联合出版公司 2014 年版，第 303 页。

〔2〕 张秀华：《历险的辩证法——拯救者与拯救者被拯救》，载《理论探讨》2019 年第 2 期。

们的生成弥漫地遍布于世界这个连续统一体之中[1]。共同体是现实实有的最佳生存方式，现实实有在共同体的合生中确立自身，并实现自己的存在和意义。从更微观的层面看，现实实有具有内在实在性，它是自我维持的[2]，是其自身的原因。它本身具有共同体的持续性、结构性的特点。

现实的人作为马克思共同体的构成要素，引发了他对资本主义社会个人与共同体相互敌对状态的批判；更广泛的现实实有，作为怀特海共同体的终极构成事态，解构了世界的"始基"，使宇宙整体本质地形成一种内在关系。不得不承认，怀特海扩大了马克思的共同体范围，但他们都持这样的观点："绝对的个人的概念"是不现实的，因为"个人存在于与他周遭环境密不可分的事态中"[3]，通过对构成要素的阐释，他们探讨了共同体内部个体间的互构关系。共同体是服务于个体的形式，不会剥夺个体的独立性和完整性。真正共同体实现的自由全面发展一定与每个个体的发展相一致；由现实实有相互作用构成的宇宙共同体，也使现实实有实现了多样性的统一。

2. 实践与经验：马克思与怀特海共同体发展的逻辑线索

马克思批判以往的唯物主义没有把"对象、现实、感性"当做实践去理解[4]。"实践"毫无疑问是马克思哲学的关键词，更是他探讨共同体问题的逻辑线索。

马克思的实践过程是物质生产和交往的过程。实践的二重性构建了人与自然之间、人与人之间相互依存的内在关系。共同体的最初状态"自然共同体"，就是形成于人们为生存而对自然所进行的能动性改造的实践中。市民社会共同体也是因交往实践而形成，并因劳动实践的异化而沦为虚假共同体。真正共同体要实现的自由，就是马克思所定义的人的自由自觉的实践活动。实践塑造着人的本质，生成着整个共同体的存在形态。

怀特海的过程哲学以主体性经验为起点，现实实有是"点滴的经验"，过程是"经验的生成"，宇宙共同体通过经验主体的摄入完成自身的合生。"整

---

[1]　[英] 阿尔弗雷德·诺思·怀特海：《过程与实在》，杨富斌译，中国城市出版社2003年版，第122页。

[2]　[英] 阿尔弗雷德·诺思·怀特海：《过程与实在》，杨富斌译，中国城市出版社2003年版，第163页。

[3]　Whitehead. *Adventure of Ideas* . New York：Macmillan Company, 1954；p. 80.

[4]　《马克思恩格斯文集》第1卷，人民出版社2009年版，第499页。

个宇宙是由主体的经验分析中所揭示的那些要素所组成的。"〔1〕怀特海对经验的强调，并非是要消解自然的客观实在性，而是要在其中融入主体性和价值。自然是我们通过感官在感知中所观察到的东西。〔2〕

怀特海的共同体也具有自我生成、自我发展、自我实现的主体性特征，"自身具有一种主观调子"〔3〕。宇宙共同体是不断体验、生成、进化着的，充满主动性和能动性，体现着主体性目的。现实实有的确定的统一性"由目的因结合到一起"〔4〕，"合生向着其目的因运动"〔5〕。值得注意的是，怀特海的经验不仅仅是人的经验，还包括非人类世界的经验，所以他的宇宙共同体包括有生命的存在和无生命的物。

马克思也强调以物质生产实践为基础的现实的人的经验，但是没有像怀特海那样，将感性经验和情感完全贯穿于其宇宙本体论建构、认识论批判、价值论和伦理学的探讨中〔6〕。怀特海更多是经验感受，马克思则更多是经验生活。但二人都始终强调：世界是生存的世界、实践的世界、体验的世界，不是孤立的抽象世界。

3. 理想社会与理想宇宙：马克思与怀特海共同体目标的终极形态

马克思的共同体是关于人和社会的共同体，他借助现代资本主义社会的批判，提出克服虚假共同体的异化；基于以往的社会形态特征和发展规律，构建把人从被奴役的社会关系中解放出来的"真正共同体"。怀特海的共同体主要表现在他的有机宇宙论存在论，现实实有具有趋向存在的意义，宇宙才为着实现自我满足而具有面向主体的意义。怀特海也谈社会进化，但他认为每一个共同体都以更大的共同体作为背景，因而他将对社会的探讨建立在对宇宙进化阐释的基础之上。可见，不论是人类社会共同体还是宇宙共同体，

〔1〕［英］阿尔弗雷德·诺思·怀特海：《过程与实在》，杨富斌译，中国城市出版社2003年版，第303页。

〔2〕［英］阿尔弗雷德·怀特海：《自然的概念》，张桂权译，中国城市出版社2002年版，第3页。

〔3〕Whitehead. *Adventure of Ideas*. New York：Macmillan Company，1954：281.

〔4〕［英］阿尔弗雷德·诺思·怀特海：《过程与实在》，杨富斌译，中国城市出版社2003年版，第274页。

〔5〕［英］阿尔弗雷德·诺思·怀特海：《过程与实在》，杨富斌译，中国城市出版社2003年版，第384页。

〔6〕张秀华：《从未缺场的"情感调子"——怀特海哲学中情感的价值与功能》，载《江海学刊》2018年第4期。

马克思和怀特海都描述了心目中共同体的终极形态，或者说二人理想的终极目标都以共同体形式表达的。自由人联合体是人类社会最终走向的共同体形式，包含着认同、满足、归属和意义的和谐机体是宇宙文明要实现的终极形式。怀特海还在《观念的冒险》中特别讨论了社会文明问题，认为一个文明的社会必须包含真、美、冒险、艺术与平和五种品质[1]，其中冒险最为关键，没有冒险，文明就会衰败。他确认文明与理想的生活有关，只有每个个体怀抱着爱欲、追求超越个体的更高的价值理想，才可能让冲动促成冒险，并通过拥有真和美的艺术，最终获得平和感，由冲突转化为和谐。

对共同体终极形态的向往说明马克思和怀特海眼中的共同体都是具有秩序和等级的。马克思以社会生产力的水平、个人及其社会关系的阶段来区分社会共同体的形态，共同体经历演进和变革是为了向更高级的方向迈进。怀特海认为，对于在其中的个体而言，"集合体"是"具有某种秩序要素"的"环境"[2]。共同体的有序在于共同体成员之间的亲缘关系，等级的产生在于满足程度的不同，和谐需要"混沌""模糊""狭隘""广度"等满足强度之间"恰当的协调一致"[3]。

共同体的等级也说明了其发展的动力因。在马克思那里，社会共同体的发展是多种因素相互作用的结果，生产力和生产关系之间的辩证关系是主要动力，此外还有经济、政治、文化、意识形态等多种因素的联合作用。怀特海将宇宙共同体的进化视作由内力驱动的自我创造过程。这种内力源于共同体成员之间的关系，包括机体与环境、机体与机体之间的关系等。马克思和怀特海共同体的动力因本身也是共同体形式的、复杂的有机系统，在动力因的促使下，它们的共同体才得以走向理想状态的合题。

4. 主客统一与主体性原理：马克思与怀特海共同体视角下关系的阐释原则

马克思和怀特海的共同体都是强调关系的共同体，但前者是基于实践的主客体相互作用关系，兼顾主体与客体两个尺度；后者则是主体间性关系，

〔1〕　[英]阿尔弗雷德·诺思·怀特海：《观念的冒险》，周邦宪译，北京联合出版公司2014年版，第302页。

〔2〕　[英]阿尔弗雷德·诺思·怀特海：《过程与实在》，杨富斌译，中国城市出版社2003年版，第164页。

〔3〕　[英]阿尔弗雷德·诺思·怀特海：《过程与实在》，杨富斌译，中国城市出版社2003年版，第205页。

主客之分是相对的。这种阐释原则的差异更多地体现在他们对待人与自然关系的态度上。

马克思和怀特海都有从共同体角度探讨人与自然的关系，但在马克思眼里，主体是人，客体是自然，人以实践为中介认识与改造自然，使文明得以延续。人立足实践，发挥主观能动性使自然被"人化"，同时使人获得生存的条件。怀特海则持有一种"泛主体论"的观点。现实实有是构成世界的终极实在事物，人与自然都由此构成。现实实有在生成活动中具有不同的作用，形成了所谓主客体的区分。但每种现实实有既具备成为主体的潜能，又具有为他者贡献自身的客体性。如此一来，宇宙间所有存在都具有本体论意义上的平等和同一，任何现实实有都是主体，人与自然当然也都是主体。既然自然界是具有能动作用的主体，人与自然之间的关系就是主体与主体的关系。

怀特海的"主体性原理"使人在共同体中不再只是发生人与人主体之间的关系，还要处理人类主体与非人类主体（自然万物）之间的关系，也使各主体间天然包含着尊重与关爱的情感维度。这种人与自然的新型关系，比起马克思对人与自然的主客定位，更鲜明地确立了自然的内在价值，重塑了我们的生存理念，对于生态批判具有本体论意义。但马克思的主客关系也并非是二元对立，而是对象性存在物之间相互作用和依赖的辩证关系。尽管自然界不是与人一样平等的主体，但也是客观存在，人应该学会与自然和谐相处。总之，马克思和怀特海以不同方式对传统主客二元的对立思维进行了批判。马克思的机体思想和总体性辩证法使主客体之间具有不可分割的联系；怀特海眼中相对的主客体最终成为"主—超体"，二人都将主体和客体作为主客共在—共生的共同体，实现了主客双方内在的有机统一。因此，他们在共同体视角下重建了主体性哲学。

5. 现实的革命与观念的冒险：马克思和怀特海共同体理想的实现进路

马克思哲学和怀特海哲学面临不同的任务，在"改变世界"的理论旨趣下马克思走的是消灭资本主义私有制的现实的革命道路，他不是在时代中"寻找范畴"，而是以现实历史为基础、从物质实践出发来解释观念形态[1]。怀特海则基于哲学史的宏大叙事，诉诸"解释世界"建构完整的宇宙论形而上学体系。因此，马克思的共同体作为方法的武器被运用到无产阶级革命与

---

〔1〕《马克思恩格斯文集》第 1 卷，人民出版社 2009 年版，第 544 页。

建设的实践中，怀特海的共同体发端于形而上学的本体论追问，是其机体哲学的研究理路所决定的。

马克思对虚假共同体的批判从属于对资本主义制度的批判，个人对普遍利益的追求必然要求虚幻共同体过渡到真正共同体；他强调生产方式的变革，认为制度革命是实现真正共同体的关键；他主张依托技术和工业成果建设自由人联合体，科学技术作为第一生产力的大机器生产将使共同体内的联系更加紧密；他认为历史是由社会共同体中的每一个个体，即"现实的人"及其具体的实践活动创造的。

怀特海以概念体系阐释共同体的存在和生成。"创造性"、"多"和"一"是他哲学体系的终极性范畴[1]。"一"代表存在的唯一性，"多"表明具体的多样性，"创造性"则构成了"多"与"一"相互转换的可能性条件[2]。现实世界是处于创造性进程的关系系统，作为终极性原理的创造性是共同体内在的动力机制。随着机体的创造与被创造，世界才成为不断进化的共同体。共同体的创造性进展源于生成的新颖性，后者的产生又源于主体的能动性，主体的能动性探索使新颖性由可能性转化为现实性。怀特海指出，冒险刺激着共同体朝向新颖性的本能需求，这对提高和保持文明至关重要。只有当实际行动前有了思想，向新文明类型的飞速过渡才成为可能。也就是说冒险一定首先源自思想观念的冒险。[3]

尽管对马克思而言，共同体的变革较多地依赖物质生产实践，但人的意识和精神活动也是马克思共同体包含的因素。怀特海的共同体虽然更抽象和思辨，但它也是对现实世界的概念解读。马克思是时代的强烈批判者，怀特海是观念的温和建设者；马克思的共同体发挥着变革世界的实践功能，怀特海的共同体则服务于形而上的理论构建。马克思和怀特海均回答了共同体实现自我目标的条件，前者诉诸社会革命运动；后者强调共同体成员沿着历史路径，在周围环境和宇宙大背景下持续进行价值选择的观念冒险的经验活动。

---

〔1〕［英］阿尔弗雷德·诺思·怀特海：《过程与实在》，杨富斌译，中国城市出版社2003年版，第35页。

〔2〕［英］阿尔弗雷德·诺思·怀特海：《过程与实在》，杨富斌译，中国城市出版社2003年版，第54页。

〔3〕［英］阿尔弗雷德·诺思·怀特海：《观念的冒险》，周邦宪译，北京联合出版公司2014年版，第307页。

总之，作为马克思探索社会发展规律的理论成果，共同体与唯物史观、社会机体理论相融相生；作为怀特海形而上学体系的独特视角，共同体为有机宇宙论的核心概念阐发提供支撑。马克思从共同体的视角解释社会历史，怀特海以共同体的概念框架描述宇宙机体；马克思的社会共同体以人的解放为根本价值立场，是他总体性辩证法的表现形式；怀特海强调了存在物要以在其中得以存在和生成的共同体来理解，而不能被抽象理解（否则就是"误置具体性谬误"），这是把握他的机体哲学和过程关系思想的关键要点。可以说，马克思和怀特海哲学的某些一致性体现在他们共同体思想的共通性上，因此，共同体思想是研究马克思与怀特海哲学共通性的必要向度。"人与自然共同体"和"人类命运共同体"是马克思主义中国化的最新理论成果，是对马克思的共同体思想的继承、发展和当代阐发；怀特海的共同体思想所蕴含的有机整体论，从形而上层面揭示人、自然、社会在更大共同体中共生共荣的内在关系，对深刻认识"两个共同体"理念无不具有参考价值。上述对马克思与怀特海共同体思想的比较研究不仅有助于厘清概念、促进视界融合，更为重要的是，面对人类共同的现代性危机，以及正在遭遇的人与自然冲突和生存挑战，需要推动马克思和怀特海这两位曾深刻地进行过现代性批判的伟大哲学家在共同体问题上的深层对话。

第四章

对自然与生命的关切：机体理论的
文明旨趣与宇宙情怀

作为辩证法家的马克思与怀特海都把世界和宇宙看成是活的有机体，总体中的一切事物都处于相互联系、相互作用、互动且共生的过程中，也就是都拥有机体理论，其理论旨趣在于追问并回答人类文明和宇宙文明何以可能。马克思发现了社会历史规律，相信文明的人类未来在现实的运动中终将到来；怀特海则主张有机的宇宙是有序的，试图发现宇宙秩序和规律，并指认平和、美的宇宙文明将转换成现实，从而实现万事万物的和解与宇宙正义。这里将具体探究以下问题：马克思与怀特海的机体思想、马克思与怀特海的生命观、马克思与怀特海哲学的情感之维、怀特海有机哲学的母性特征。

一、马克思与怀特海的机体思想

在怀特海看来，整个西方哲学就是对柏拉图的注释。这一判断表明始自古希腊柏拉图和亚里士多德的哲学传统在思想史上的深远影响。当代西方哲学家纷纷自觉重新回到古希腊而开启与传统的对话，试图寻找非思之思，以期返本开新。马克思与怀特海也不例外，二者作为拥有终极关怀与未来理想的伟大思想家，都研究过古希腊自然哲学，并自觉学习了黑格尔辩证法和总体性理论，分别在唯物史观和过程思维的解释原则下，依循整体论、目的论、发展论立场，借历史的逻辑对抗知性的科学逻辑，用过程和关系取代实体和属性，从而形成各具特色的有机体思想，现着眼其核心观点，比较并说明二者的共通性与殊异。

（一）机体思想的基本表达：整体论框架内的有机宇宙观与社会机体论

怀特海关注的是宇宙有机论，宇宙由相互联系、相互作用的众多事件组成，被视为终极实在的现实事态不断生成的群集和复合体；马克思则着眼于社会有机论，把社会看成是自组织、开放和生成的复杂的有机系统。怀特海把自己的哲学直接叫做机体哲学（Philosophy of Organism）[1]；而马克思正是在社会有机体思想的基础上阐发了唯物史观，而唯物史观一经阐发就进一步发展了社会有机体理论。

在《过程与实在》一书中，怀特海明确指出："过程有两种类型：宏观过程和微观过程。宏观过程是从已获得的现实性向获得之中的现实性的转化；而微观过程是各种条件的变化，这些条件纯粹是实在的，已进入确定的现实性之中。"[2]在怀特海看来，"机体"与"过程"概念双重相关。就是说，如果宇宙的扩张被看成是"过程"，那么处于扩展过程不同阶段的宇宙乃是"机体"；任何现实实在都是一个机体，并处于从前一阶段进展到后一阶段的过程中，同时在微观重复宏观的宇宙。[3]

因此，无论是宏观宇宙还是现实事物都被怀特海看成是不断生成的活的机体。正是基于过程思维方式对机体以及机体之间联系的研究，怀特海试图建立其新的有机宇宙论。这也是怀特海以"机体哲学"来指称自己阐述的新哲学的原因所在。

这种机体哲学在存在论上，把"过程"与"实在"统一起来，过程是机体实在的生成和自我成就的过程，实在总是处于过程中的实在；甚至可以说，过程即实在，实在即过程。宇宙的基本单位既不是物质实体或作为始基的物质或质料，也不是精神实体，而是以活动为特征并处于联系和各种关系之中的"有机体"，而有机体的活动又展示为过程——不断自我感受、自我摄入、自我生成与自我创造并获得新颖性的过程。由此，整个宇宙也就处于一种生生不息的活动——合生与创造性进展过程中。进而，怀特海把自己的实在论视为"有机实在论"，他借用物理学的语言，把唯物论向有机实在论的转化看成是"用流动的能量概念取代静止的质料概念"。[4]

---

〔1〕 Alfred North Whitehead, *Process and Reality*. New York：The Free Press, 1978：XL.

〔2〕 ［英］阿尔弗雷德·诺思·怀特海：《过程与实在》，杨富斌译，中国城市出版社2003年版，第406页。

〔3〕 ［英］阿尔弗雷德·诺思·怀特海：《过程与实在》，杨富斌译，中国城市出版社2003年版，第327页。

〔4〕 ［英］阿尔弗雷德·诺思·怀特海：《过程与实在》，杨富斌译，中国城市出版社2003年版，第564页。

　　不同于怀特海从现实实在或现实事态出发，在马克思看来，现实的人及其物质生产实践和交往形式是社会历史得以产生的前提，社会生活在本质上是实践的，实践是社会关系的发源地，组建社会有机体的经济结构、政治结构和文化结构，这个结构被马克思在《〈政治经济学批判〉序言》[1]中以经典公式的方式表达。

　　普列汉诺夫曾对马克思社会有机体理论做出了创造性的解读，把社会看成是"有完全生命的有机体"，进而指出必须给予社会"这个有机体的一切生活机能以一个说明；我们必须了解它如何运动，如何养育自己，了解在它内部发生的感觉和概念，如何依靠社会构造的机构而变成了它们之为它们；了解这些感觉和概念如何随着这机构中发生的变化而变化，以及其他等等"[2]；人是从周围的自然环境中取得材料，来制造用来与自然斗争的人工器官。周围自然环境的性质，决定着人的生产活动、生产资料的性质；[3]历史正是"由社会人造成的，社会人是历史的唯一'因素'。社会人自己造成自己的关系，即社会的关系"。[4]普氏还"把这个结构具体化为五个因素或五个层次，即生产力、经济关系、政治制度、社会心理、思想关系"。[5]显然，这是对社会机体的一种静态考察，实际上，动态地看，马克思有机体理论，还体现在其关于社会历史的进步和发展理论，比如，社会形态由低到高的跃迁，表达了机体的生长与新事物的生成；关于世界历史理论，描述了历史如何从一个封闭的地域史或民族史，随着资本市场的全球化而走向开放的世界史、全球史。

　　（二）机体思想的方法论诉求：内在关系中的过程辩证法与历史辩证法

　　怀特海和马克思二者都从黑格尔那里接纳了辩证思维的逻辑和总体性辩证法，确立起整体论立场，强调整体、总体机体的内在关系，只不过前者是过程—关系的哲学，把对任何现实事态、事件的理解都放到宇宙整体的关系中，表现为过程辩证法；后者把社会作为总体，对任何社会现象的解释都得

　　〔1〕《马克思恩格斯选集》第2卷，人民出版社1995年版，第32-33页。
　　〔2〕《普列汉诺夫哲学著作选集》第2卷，生活·读书·新知三联书店1961年版，第205页。
　　〔3〕《普列汉诺夫哲学著作选集》第2卷，生活·读书·新知三联书店1961年版，第168页。
　　〔4〕《普列汉诺夫哲学著作选集》第2卷，生活·读书·新知三联书店1961年版，第373页。
　　〔5〕周建超、吴恒：《普列汉诺夫对马克思社会有机体理论的继承与发展》，载《当代世界与社会主义》2013年第1期。

从社会总体出发，但这个总体是处于生成、发展中的开放总体，表现为现代实践哲学范式的实践辩证法、历史辩证法。[1]

怀特海的哲学被 C. Robert Mesle 直接称做"过程—关系哲学"[2]。在怀特海看来，宇宙的万事万物都处在过程之中，而且都与自身、环境、他者、上帝发生某种因果效验关系，但这种关系不是在主客体二元论思维下被说明，而是以泛主体论、泛经验论的原则所进行的阐释。他者和环境乃至整个现实世界与经验主体——现实事态的物质性感受密切相关，构成了从下到上的因果效验关系，而永恒客体、上帝与现实事态构成了从上到下的因果效验关系，因而这些关系都是自主生成的主体在其合生过程中须臾不可缺少的关系。

在《科学与近代世界》和《思想方式》中，怀特海都讨论了内在关系的本质。在总体性辩证法下，他把现实实有或现实事态放到整体中，把个体放到共同体中，在主体—客体、系统—环境、物质—精神、目的—手段、现实性—超越性等关系中来讨论问题，并在主体的自我生成和自我完成——自我满足成为超体的过程中辩证地统一起来。他在关系中分析现实事态或现实实有的发生、演变、发展与消亡，从而说明现实世界是怎样的，人的思维、思想是何以可能的，以及观念的冒险对社会进步和文明的意义。因此，他的过程哲学是名副其实的存在论上的关系论，而其辩证法的阐释原则也可以称为过程辩证法，使得这些关系必然是内在关系。[3]因而，表现为"任何事物对自身、他者和整体都有价值"[4]。

比如，在主客体关系的讨论中，怀特海反对主客对立的外在论的二元论思维，不是先有主体，并因主体的活动对象而被看成客体，而是因为现实事态的活动生成主体，主体感受活动的有关环境因素和自身指向的对象都是客体，而且主体自身的自我感受、自我创造和自我实现与满足使其成为超体，同时也作为其他现实实有感受和摄入的客体，随着主体性的丧失与消亡而成为不朽的客体。因此，在怀氏那里主体与客体不是对立的，而是内在的相互

---

〔1〕 张秀华：《现代实践哲学与历史唯物主义》，载《哲学研究》2015 年第 3 期。

〔2〕 C. Robert Mesle. *Process-Relational Philosophy*. Templeton Foundation Press：2008.

〔3〕 张秀华：《生态文明的形上奠基：马克思与怀特海的聚合》，载《自然辩证法研究》2010 年第 12 期。

〔4〕 ［英］阿尔弗莱德·怀特海：《思想方式》，韩东晖、李红译，华夏出版社 1999 年版，第 100 页。

生成关系，是主—客体关系或主体—超体或主体间性的关系，是生成超体（Superject）必然内蕴的关系。

马克思不仅给出了社会有机体的静态结构，而且分析了社会有机体的运动机制，即生产力与生产关系、经济基础与上层建筑的矛盾运动，推动社会有机体的变化与发展，阶级斗争、社会革命是必要的政治手段，最终表现为社会有机体从低级社会形态向高级社会形态的跃迁，展现为实践辩证法或历史辩证法，从而把实践看成是历史的本质，即历史是实践活动在时间中的展开。

无论是过程辩证法，还是历史辩证法，在怀特海和马克思那里恰恰像是黑格尔那样，辩证法所关涉的一切关系都只能是内在关系。

尽管相对于怀特海，马克思更多讨论的是社会历史问题，并把社会看成是一个有机体，但这不等于说马克思没有关照自然界，只是他透过社会、历史这个中介来探讨自然界，强调历史的自然与自然的历史的统一；完成了的自然主义等于人道主义，完成了的人道主义等于自然主义。他借鉴了达尔文的进化论，指认人是自然界演化和生命进化的产物，把自然界看成是人的母亲、无机身体；自然界还是人的审美对象和理论对象，为人类的生存活动提供生产资料和生活资料。[1]同时，正是来自于自然界的人之生存实践，使世界一分为二——原生态的自然界和人化的自然界，人就生活在人化的自然界、现实世界，也是属我的世界——人类社会中，因此，一切关系也都是属我的关系，人的本质在其现实性上是社会关系的总和；社会生活在本质上是实践的。人不仅通过劳动实践从自然界中超拔出来，而且作为对象性存在，要通过实践超越异化劳动和异化生存，最终摆脱强迫分工的奴役，获得人的解放、自由与全面发展。在这一过程中，人改变环境，环境也改变人；他人不外在于我，更不是地狱，他人与我互为对象，互镜互释，每一个人的自由而全面发展是一切人自由而全面发展的前提。

某种意义上，无论是怀特海，还是马克思，都是在主体性原则下，立足于现实的经验主体、主体活动、活动的前提与后果来看待主体与他者、环境、社会历史的关系，从而使一切关系都变成了属我的关系和内在关系，也构成机体思想的一个重要原则。

---

〔1〕《马克思恩格斯选集》第1卷，人民出版社1995年版，第45页。

（三）机体思想的动力机制：目的论下的有机宇宙的秩序与社会规律

怀特海和马克思都试图发现有机体的内在结构、秩序与规律，前者走向宇宙和谐、宇宙文明论，后者发现了社会历史发展的规律和唯物史观，并回答社会公平、正义、平等的秩序何以可能，人类解放何以可能。然而，这些问题的阐发都与他们的目的论有关，但不同于黑格尔的历史目的论，怀特海强调作为经验主体的终极实在总是基于自身目的而自我生成、自我实现并获得自我满足；马克思则指认社会历史规律不过是有目的的人之实践活动的规律而已。

怀特海认为，宇宙是现实实有的有机总体，这些实有不仅在等级上有"四等级说"[1]：最低层次的非生物集、植物等级、动物等级、社会集合；而且对于宇宙所发生的事件而言还有"六类型说"：（1）身体和心灵的人类存在；（2）所有种类的动物生命；（3）所有植物；（4）单细胞的生物；（5）所有大的无机物的聚合体；（6）在极其微小的尺度上的由现代物理学的精密分析所揭示出来的显像。怀特海进一步指出，所有这些活动之间相互影响、相互需求、相互诱导。因此，正是这些相互联系着的不同等级的群集或事件类型，构成了宇宙整体。[2]

在《观念的冒险》中，怀特海专门讨论了宇宙文明何以可能的问题，而对这一问题的考察，又关涉了社会，而非孤立地考察宇宙秩序。在怀特海看来，一个文明的社会表现为五种品质[3]：真、美、冒险、艺术、平和，冒险是文明的本质。同时，世界接受了这样的信念：它要追求它的各个个体事态可能达到的那种完善。[4]这里不难看出，怀特海主张每一个体事态都能自我完善，这是实现宇宙和谐、宇宙文明的基质。因为，任何现实事态或现实实在的合生，都具有两极性——物质感受和概念感受（或精神感受），即便是物质感受也不是经验主体的被动接受，而是受主体的主观形式即情感、评价、目的、喜欢、厌恶、意识等所框架的，又决定主体如何摄入客体材料——曾经作为主体并获得生成的自我满足的超体、具有潜在性被秩序化了的永恒客

〔1〕 ［英］阿尔弗莱德·怀特海：《思想方式》，韩东晖、李红译，华夏出版社1999年版，第28页。

〔2〕 Alfred North Whitehead. *Modes of Thought* . New York：Free Press, 1968：156-157.

〔3〕 ［英］A. N. 怀特海：《观念的冒险》，周邦宪译，贵州人民出版社2000年版，第55页。

〔4〕 ［英］A. N. 怀特海：《观念的冒险》，周邦宪译，贵州人民出版社2000年版，第274页。

体，从而完成该事态的"物质感受"（是重演过去的"保形"阶段，体现出过去事态、过去的实在和现实世界对当下事态的继承性关系），"概念摄入"（主体依照自身的主体性特征选择潜在的永恒客体并使之进入物质性摄入，使物质性摄入定型化，因此是摄入的"补充"阶段），最后是"合生"的自我满足阶段，也就是通过事态主体的自我选择、自我决定、自我评价、自我创造、自我享有而获得自身拥有新颖性的现实存在，由主体转换为超体，并成为其他事态生成的永恒性客观资料，即成为客体，但这个客体是曾经活着的主体。主体转换成超体或客体，也就是主体的主体性消亡，其所创造的新颖性价值会被上帝作为物质性摄入而成为其"继生性的质"被保留下来，在这个意义上个体性事态合生的完满所导致的死亡，却在上帝那里获得了永生。上帝通过其物质性摄入而为世界保留了美好的价值，并进而作为诗人引导和陪伴世界及其构成宇宙的现实事态或现实实在自我生成的过程。显然，这里经验事态的合生不是被动的接受，而是有目的和价值指向、有情感调子的主动行为，以至于怀特海曾用物质目的性的摄入活动来说明现实事态的自我生成。正是这种目的性活动，使提供秩序化了的永恒客体进入现实事态的合生成为可能，并使现实实在的上帝作为诗人和伙伴引导实践中的每一现实事态的自我生成与自我满足成为可能，并最终走向宇宙的文明，而不是他所批评的莱布尼茨的单子论有机宇宙论的"预定和谐"。

马克思则重点讨论了人类如何超越资本的逻辑，走向后资本主义的未来社会，并通过社会主义和共产主义解决公平、正义问题，消除国家、官僚机构和阶级统治，实现自由人联合的社会，因而，这是社会运动发展的历史过程。

他把人类社会由低级向高级的跃迁，分为"五形态说"和"三形态说"，确认人类社会发展的规律性。

这一建立在历史唯物主义解释原则之上的历史发展规律，确立起社会历史的进步观，即社会历史的发展就像自然规律一样具有客观必然性，因此历史表现为自然的历史与历史的自然的统一——自然历史过程。但必须看到，马克思得出这一结论是建立在对作为有机体的社会历史产生的前提考察，对社会历史结构的剖析及其运行机制的揭示，特别是对社会历史的发展动力的描述基础之上的。马克思强调社会历史的前提是现实的人之物质生产、再生产乃至人口的生产和社会关系的生产，使得对社会规律的探讨不同于自然规律，必须考虑有目的的人之活动，这样就摆脱了单纯的历史决定论，充分考虑了现实的人或实践主体（主要是活动共同体）的历史性境遇，走出了抽象的历史主义，成为了以历史性为主导的历史主义，最终把社会进步看成是历史决定论与历史选择论的统一，也就与仅服从于必然律的自然规律区别开来，人民群众创造历史的活动是他律与自律、必然与自由的统一。

所以，无论是怀特海还是马克思，他们都建立在现代自然科学特别是进化论的基础上，相信作为有机体的宇宙和社会以及个体是进化的、进步的，这种进化的持续性来自有机体结构及其内在的相互作用，来自结构要素的进化与创造性生成，根本来说是建立在经验主体和实践主体有目的的能动活动——自主选择、自主创造和自我实现基础之上的。正是在这个意义上，康德所强调的人是目的才成为可能。

（四）机体思想的存在论根基："解构""终结"形而上学后的过程实在论与实践过程论

怀特海和马克思二者都批判抽象的实体论形而上学，放弃亚里士多德以来的实体、属性的考察方式和主谓逻辑的知性逻辑以及主客二分的抽象思维方式，基于历史性的历史主义而形成了过程和历史逻辑下的新实在论和有机的宇宙论。怀特海用过程、实在对抗实体，用超体解构主客体思维方式，在泛经验论、泛主体论原则下，考察了现实事态的自我感受、自我摄入、自我选择、自我生成、自我满足与自我实现，建构起过程论——过程实在论的机体哲学。马克思则自觉终结旧哲学（包括旧唯物主义和旧唯心主义）也即传统实体论形而上学，在历史的逻辑下，探究现实的人及其感性的生产实践活动，如何在改变对象的过程中也改变自身，提升自身本质力量，并如何摆脱生存异化，由作为阶级的一员，到成为自由人联合体的有个性个人。从而，创立了有实在论立场的现代唯物主义、新唯物主义——实践过程论的历史唯物主义。

怀特海反对实体思维和主客体思维方式，指出："全部近代哲学都是围绕着如何根据主词和谓词、实体和性质、殊相和共相而描述世界的困难为转移的。其结果永远与我们的直接经验相抵触。"[1]针对传统意识哲学他强调"意

---

〔1〕〔英〕阿尔弗雷德·诺思·怀特海：《过程与实在》，杨富斌译，中国城市出版社2003年版，第89页。

识是以经验为先决条件的"，而不是相反；[1]在康德那里，世界是从主体中显现出来的，但在过程哲学这里，主体则是从世界中显现出来的——世界是"超体"而不是"主体"。[2]在认识的过程中，"物质活动和精神活动难解难分地相互交织在一起"。[3]

就是说处于生成过程之中的现实实在，其活动方式就是"摄入"，而从事"摄入"活动的现实事态就是主体，被摄入的资料就是客体，主客体是一个相对的术语。用怀特海自己的话说：一个经验事态就是一个活动，它可分解成不同方式的诸作用，它们一起构成了这一事态的生成过程。每一种方式又可以分解成作为活动主体的完整经验，以及与该特殊活动有关的事物或客体。这一事物便是一件资料，也就是说，可以不提及它在那一事态中的参与而对它进行描述。凡引起某事态的某特殊活动的资料就是客体。因此主体与客体是相对的术语。一个事态之所以是主体，是因为它那与某一客体有关的特殊活动；至于某物之所以是客体，则在于它在某一主体中引起某种特殊的活动。这种方式的活动便可以名之曰"摄入"（或感受）。因此，一种摄入涉及三个因素：经验的事态、被摄入的客体、主体的形式——感情的调子，它决定摄入在经验的那一事态中的效应。经验如何构成自身，取决于经验中的诸种主体形式的错综构成。[4]作为主体的经验事态由于有客体的参与，才能完成自我摄入、自我选择、自我生成和自我创造、自我满足，进而最终成为超体。因此，他不仅反对机械论的宇宙观而确立有机的宇宙观，而且努力超越莱布尼茨建立在单子论实体形而上学之上的有机宇宙观，创立了以过程—关系哲学或过程实在论为依托的有机宇宙论。更为重要的是，他解构了传统的建立在表象直接性之上的认识论模式，提出自然不对心灵开放，表象直接性的认识方式必须被放置在现实事态感受的因果效验基础之上，确认了认识活动的生存和经验基础。

---

〔1〕　[英] 阿尔弗雷德·诺思·怀特海：《过程与实在》，杨富斌译，中国城市出版社 2003 年版，第 95 页。

〔2〕　[英] 阿尔弗雷德·诺思·怀特海：《过程与实在》，杨富斌译，中国城市出版社 2003 年版，第 162 页。

〔3〕　[英] 阿尔弗雷德·诺思·怀特海：《过程与实在》，杨富斌译，中国城市出版社 2003 年版，第 594 页。

〔4〕　Alfred North Whitehead. *Adventure of Ideas*. New York：The Free Press，1967：176-177.

马克思也同样反对实体论形而上学，主要体现在他依循历史的逻辑，对现实的人之理解与阐释。如果说在其早期著作《手稿》中，马克思还按照传统的主谓逻辑来说明人的本质；那么在其成熟期的文稿中，则不再用科学的逻辑、主谓逻辑——"×××是×××"，以及种加属差的方式做出关于人的本质界定，不是抽象地探讨人的本质，而是把人放置到社会关系中来，认为人的本质"在其现实性上，它是一切社会关系的总和"[1]；在《德意志意识形态》中，马克思不仅把物质资料生产看成是人与动物相区分的标志，而且通过人们生产什么和如何生产，以及在怎样的社会关系中生产，来认识人的生存状况，确认人的本质力量，甚至把意识和语言能力也看成生产实践的产物。显然，马克思不再按照传统的追问物的方式——科学的逻辑来追问人、考察人和界定人，而是在时间、过程中，在历史的逻辑下确认，人正是通过感性的实践活动，在改变对象世界的过程中不断提升自身、发展自身的全面能力。因此，其哲学不再追问世界、宇宙的始基是什么，而是关注人类解放何以可能；其理论旨趣不只是"解释世界"，更重要的是现实地"改变世界"、使现存世界革命化。从而使其哲学成为实践哲学而与理论形态的哲学范式区别开来，进而终结了一切实体论和意识论的形而上学。他明确指出："道德、宗教、形而上学和其他意识形态，以及与它们相适应的意识形式便不再保留独立性的外观了。……不是意识决定生活，而是生活决定意识"；在他看来，人们是自己的观念、思想的生产者，而意识在任何时候都只是被意识到了的存在——人们的生活过程，观念的东西不过是移入人的头脑并在头脑中改造过了的存在而已。任何观念、精神和社会意识形式的生产都有其生活世界的实践基础，即使是感觉、思维能力也是社会历史的产物，不能孤立地讨论意识形态、观念的东西，也不存在独立的语言王国，因为"哲学家们只要把自己的语言还原为它从中抽象出来的普通语言，就可以认清他们的语言是被歪曲了现实世界的"。[2]无疑，这种种论述都表达了马克思基于实践过程论的社会有机体思想。

（五）机体思想的价值取向：发展论旨趣上的宇宙文明与人类文明

从哲学观来看，尽管怀特海和马克思批判传统的实体论形而上学，但他

---

〔1〕《马克思恩格斯选集》第 1 卷，人民出版社 1995 年版，第 56 页。

〔2〕《马克思恩格斯全集》第 3 卷，人民出版社 1972 年版，第 525 页。

们都受西方亚里士多德以来的有机论、整体论、目的论的影响，在过程论立场下，怀特海确立了有神论的有机宇宙论，强调神对于宇宙及其个体的意义与价值；马克思则在无神论的唯物史观解释原则的基础上，突出了有目的的现实的人之自在自为、自我创造的类本性，把历史看成是人们的实践活动在时间中的展开，人民群众是历史的剧作者也是历史的剧中人。同时，二者又都是理想主义者，乐观地相信作为经验主体的现实实在、现实的人通过现实的经验活动、创造性进展，必将走向人类文明和宇宙文明，确立了关于宇宙和社会的进化论、发展论立场。但在实现的方式上二者又有所不同。

亚里士多德的物理学和自然哲学把宇宙看成是由不同等级的运动事物组成的有秩序整体，把宇宙分为有朽的、运动变化的地界实体，不朽的、运动变化的天界实体，不朽不变的精神存在、神、纯形式实体。用目的论说明宇宙的万事万物运动变化的根据和原因，神（理神论 Deism 的神）成为万事万物运动变化的终极因。它认为事物在宇宙中有其自然位置和自性，正是这种自然位置和自性使事物拥有回到自己位置的运动方向，以及实现自然本性的运动的目的和动力，因此他将目的因和动力因最终归结为形式因，由"四因说"到"二因说"。其第一哲学和形而上学就是以事物运动变化的最终根据、形式因、神为研究对象，回答存在之存在的本体论问题。尽管如此，亚里士多德还是把第一次提出目的因并确立起内在目的论的产权归为己有。

虽然马克思和怀特海都批判始自亚里士多德的实体论形而上学传统，前者走向现代实践哲学，后者强调在过程、关系中的实在，用事件、事态代替了永恒不变的实体。然而，他们的有机论、整体论的自然观，特别是对宇宙和世界的普遍联系、运动变化和规律性强调，无疑又是对亚里士多德自然哲学的遵从。因此，他们都相信宇宙、世界包括人类社会的秩序是可能的。正是这一价值取向，使他们都走向文明论。

怀特海在《观念的冒险》第一章"导言"中声明[1]：《观念的冒险》其实与《人类历史》是同义语，就是要"思考观念在人类生活中所经历的那种历史"，也就是人类的观念史；还在整体论、有机论视野下指出，"历史这一概念包括与过去相联系的现在和将来"。它主要关注两个相互关涉的问题：一是观念在加速通往文明的缓慢过程中所产生的影响，二是观念对人类历史经

---

〔1〕　［英］A.N. 怀特海：《观念的冒险》，周邦宪译，贵州人民出版社 2000 年版，第 3 页。

验的解释。在怀特海看来，尽管"观念之史便是错误之史"，但是由于逐渐克服所有的错误，它同时又是行为逐渐纯化的历史。当某一受人欢迎的制度有了进展时，就会发现人们有意持有的观念不断发挥作用，使人们的行为不会固态复萌，变得粗暴野蛮。他甚至确认柏拉图的观点——具有文明制度的世界的创立，是"说服"对"征服"的胜利。[1]因为怀特海相信："精神一旦进入合作的活动中，它便对人类的选择、强调、分析造成了巨大的影响。——观念始于对习俗进行解释，而终于建立起新方法新制度。"因此，"没有冒险，文明就会全然衰败"。[2]

跟随怀特海的宇宙文明论，以小约翰·柯布、大卫·格里芬、菲利普·克莱顿、王治河等为主要代表人物的当代过程马克思主义[3]倡导、论证并推进超越现代工业文明的生态文明。

而当代中国发展着的马克思主义——中国化马克思主义，在马克思文明论思想的基础上，试图努力实现物质文明、精神文明、政治文明、社会文明和生态文明的统一。但是，必须看到，马克思对人类文明的讨论，虽然也进行了观念的意识形态批判，这一批判不是像怀特海那样直接回答文明形成和发展的基础——观念的冒险，而是透过资本主义制度下虚假意识形态的去弊而回归生活世界，并通过现实的人的物质生产活动的能力——生产力和生产方式的发展，来推动人类文明进程的。所以，他不仅区分了自然的技术与文明的技术，而且明确指出：手推磨成就的是封建主的时代，而蒸汽磨成就的是资产阶级的时代。然而，在资本逻辑下赢获经济增长、丰富物质生活的同时，也导致环境污染、生态恶化和精神危机。

所以，必须深刻反省机械论的自然观和二元论的主客体思维方式，因为在这种思维下，对象世界、客体被看成是死的、被动的有待开发的资源库，一切存在都丧失了自性和内在根据，仅仅沦为工具性存在。而探究马克思与怀特海的有机论、整体论和生成论思想，有利于给祛魅了的世界重新附魅：自然是活的、人的无机身体、有待照料的大花园，发掘摆脱人类危机和拯救现代性的理论资源，努力协调好人与自然、人与人、人与自身的关系，进而

---

〔1〕 [英]A.N.怀特海：《观念的冒险》，周邦宪译，贵州人民出版社2000年版，第23页。

〔2〕 [英]A.N.怀特海：《观念的冒险》，周邦宪译，贵州人民出版社2000年版，第328页。

〔3〕 本人是最早将建设性后现代的马克思主义叫做"别一种西方马克思主义"——"过程马克思主义"的，而后才有了学术界目前都普遍称谓的"有机马克思主义"。

推动生态文明建设与宇宙和谐。

二、马克思与怀特海的生命观

生命问题是一个关乎人类存在、本质、意义的哲学问题，古往今来，无数先哲在不同文化语境和哲学观下探讨这一问题。马克思与怀特海虽没有精准、系列的有关生命的大篇幅论述，但二者的生命观内蕴于他们的思想体系之中，在有机论、整体论、过程思维和历史逻辑下，他们分别基于历史唯物主义和有机宇宙论，批判传统哲学将生命看作物质或精神、感性或理性的实体，提出以机体取代实体，将"现实的人"和"现实实有"作为各自生命观的理论出发点，展现了生命体在生成自身、超越自身的生命过程之中与他者、自然、宇宙的联系，呈现出各自生命观在本质、过程、意义、价值等方面的共通性。面对当前现代性的困境与危机，对马克思与怀特海生命观的考察，将对处理主体性危机、交往危机、生态危机、虚无主义等有重要的理论价值和现实意义。

（一）生命本质之确证：机体思维下"现实的人"的实践与"现实实有"的生成

有机体是具有生命的个体的统称，包括植物、动物和人。在这里，"具有生命"是成为有机体的必要条件。马克思与怀特海分别在唯物史观和过程原则基础上，驳斥传统形而上学及其二元论的实体思维，以有机体取代实体，建构出各自特色鲜明的机体思想，进而确定有机体之所以成为有机体的存在方式，即对有机体生命本质的证明。马克思立足社会有机论[1]，以"现实的人"为逻辑起点，从其能动的感性实践出发，把握人区别于动物的根本原因，进而确证人之为人的生命本质。怀特海则着重于宇宙有机论[2]，从"现实实有"的复合本性出发，通过论述其生成过程，展现宇宙生生不息的生命力量，进而阐明生命的共生性与创造性，完成对生命的本质确证。

自然的进化，历经数十亿年，才产生了生命，使得虚无转化为万物，实

---

[1]　张秀华：《从有机、有序到和谐与文明——怀特海与马克思的机体思想之比较》，载《云南大学学报（社会科学版）》2017年第1期。

[2]　张秀华：《从有机、有序到和谐与文明——怀特海与马克思的机体思想之比较》，载《云南大学学报（社会科学版）》2017年第1期。

现了巨大飞跃。而人也在生命进化的历程中慢慢产生。正如诺贝尔所言，生命是自然付给人类去雕琢的宝石，人的生命从自然中来，本身就携带着浓郁的自然属性。因而人同其他一切具有生命的存在物一样，其生命属于它所处的环境，生命与其存在环境相依相偎，共同被自然所创造，"自然就是通过环境来主宰生命的"〔1〕。根据当时的进化论、细胞学说等，马克思肯定生命是自然进化的产物，人的生命也同样具有自然属性，把自然界看成是人的无机身体和母亲，并认为"全部人类历史的第一个前提无疑是有生命的个人的存在"〔2〕，这些有生命的个人"为了能够'创造历史'，必须能够生活"〔3〕。现实的人不断地从自然中汲取养料，通过生产"物质生活本身"来满足自身衣食住行等生存需求。当然，作为人类"无机的身体"的自然也在与现实的人的互动过程中逐渐被其改变。在此意义上讲来，人与自然相互依赖，持续交流、互动，这是人的生命自然属性的彰显。但马克思所理解的人并不是孤立的、抽象的人，不仅具有自然属性，而且具有社会属性，是社会的存在物，"在其现实性上，它是一切社会关系的总和"〔4〕。机体之间依靠感性实践活动不断交流、互动，便形成了社会关系，这就是生命的社会属性。马克思将对人的解读放置于社会、历史的逻辑下，认为人不是抽象的蛰居于世界之外的存在物，人就是人的世界，就是国家、社会。〔5〕一切的关系都同时存在其中而又相互依存，这就是"社会机体"〔6〕，它并非"坚实的结晶体"，而是"不断变化并且经常处于变化过程中的有机体"〔7〕。在这个活的有机体之中，有自身的结构，各要素之间相互作用；人类社会生活的各个环节相互交织、彼此联结，形成一个有机的整体或总体。正如普列汉诺夫将社会称之为"有完全生命的有机体"，这个活生生的生命体囊括多重层次和要素，更加复杂和多元。因而，当马克思论述其共产主义思想时，便是要构建一个有机的社会——自由人的联合体或真正的社会共同体，在这个联合体中每个个体的感性生存得以恢复，每个人的个性、独立性和自由将充分发展，"每个人的自由

---

〔1〕 高清海：《"人"的双重生命观：种生命与类生命》，载《江海学刊》2001 年第 1 期。
〔2〕《马克思恩格斯文集》第 1 卷，人民出版社 2009 年版，第 519 页。
〔3〕《马克思恩格斯文集》第 1 卷，人民出版社 2009 年版，第 531 页。
〔4〕《马克思恩格斯文集》第 1 卷，人民出版社 2009 年版，第 501 页。
〔5〕《马克思恩格斯文集》第 1 卷，人民出版社 2009 年版，第 3 页。
〔6〕《马克思恩格斯文集》第 1 卷，人民出版社 2009 年版，第 604 页。
〔7〕《马克思恩格斯文集》第 5 卷，人民出版社 2009 年版，第 13 页。

发展是一切人的自由发展的条件”〔1〕，而走向自由人联合体社会的前提，便是诉诸现实的人能动的感性实践活动。

这就是说，“社会生活在本质上是实践的”，物质生产实践、自由自觉的劳动是马克思确证人之为人的根本尺度。所以，“人的生产”与“动物的生产”具有本质区别。前者是能动的创造类生活，后者是被动的本能活动；前者是内在尺度与外在尺度的统一并能按照美的规律来建造，后者则只是按照自身种的尺度去生产。这样，马克思把工业和工业产生的对象性存在看成是人的生命本质力量的显现和确证。同时，他也看到人之本质力量的提升是一个自然和历史过程。起初，人与其他动物一样，受生命的支配，依靠本能满足着自身的生存需求，随着人逐渐使“自己的生命活动本身变成自己意志的和自己意识的对象”，他具有了有意识的生命活动，“同动物的生命活动直接区别开来”〔2〕。正是由于这一点，人才是类存在物。也就是说，现实的人作为对象性存在物，通过生产、劳动等对象性活动不断获取生产资料达成自身目的，实现其本质力量的对象化，进而来到了不同于动物生存状态的、更高层次的、只属于人的生活。在现实世界之中，人通过实践确认其生命本质，同时也超越生命的局限，决定自身有个性的生活，实现生命的价值和意义。然而，在资本主义制度下异化劳动将自为的活动贬低为手段，就等于把人的能动的类生活变为动物般维持肉体生存的种生活。工人要想回归到属人的生活状态——拥有类生命、类生活、类本质，就必须扬弃私有制，通过社会革命，把属于人的本质复归人自身。实现人的自由而全面的发展不能只停留于观念的变革，必须依靠工业、商业状况的改变。因为“历史什么事情也没有做”，创造这一切、拥有这一切并且进行战斗的正是人，是“现实的、活生生的人”〔3〕。在这个过程中，社会有机体也在矛盾运动中实现形态的跃迁。社会机体的发展动力在其机体自身中，只有当这个机体的生产关系再也不适合生产力发展的时候，社会革命才会发生。唯物史观的经典表达式充分体现了马克思的社会机体思想和人之生存关切。有理由确认，马克思的生命观是与其机体思想密不可分的，并根植于劳动观、生产观和实践观。

---

〔1〕《马克思恩格斯文集》第2卷，人民出版社2009年版，第53页。
〔2〕《马克思恩格斯文集》第1卷，人民出版社2009年版，第162页。
〔3〕《马克思恩格斯文集》第1卷，人民出版社2009年版，第295页。

　　怀特海在《过程与实在》的前言部分就创造性地提出"有机哲学"这一全新哲学范式，指出有机哲学着重强调的是从笛卡尔开始到休谟结束这一阶段的哲学思想中被后来体系化哲学家所抛弃的那些成分[1]，随即以机体取代笛卡尔意义上的"实体"，论述有关生成、存在和"现实实有"的相关性[2]问题，进而超越机械宇宙论，来到了有机宇宙论。在怀特海的哲学体系中，作为点滴经验复合而成的"现实实有"（又称"现实机缘"）是构成宇宙的终极实在，确定的现实实有的复合本性决定着事物存在的理由，现实实有的生成过程决定最终确定的现实实有的存在本质，每一个现实实有都可以被描述为一个有机的运动过程。因而我们可以通过对其"个体的生命史"[3]的探索发现由其构成的结合体即"社群"的生命特性。也可以说，对于一个社群来讲，只有"完全有生命的"结合体占支配地位时这个社群才是"有生命的"。由此可见，怀特海所构建的现实实有是活的机体，是有生命的组织，其结合体就是有生命的活的共同体。

　　对于"有机体"，怀特海指出，它以双重方式与"过程"（宏观过程和微观过程）相联系，各种现实实有相互包容构成的关联性统一体都是有机体，"包容"（也翻译成"摄入"）使实体转化为机体，使隔绝与分离的状态转为相互联结的状态，进而持续处于发展过程之中，所以"有机体是永远处在产生过程之中的未完成状态"[4]，无数处于过程中的有机体构成了生生不息的宇宙，宇宙本身也是一个不断生成的活的有机体，"不是一个用玻璃箱装着标本的博物馆，也不是一支训练有素、步伐整齐地行进的队伍"[5]。因而，微小如一粒尘埃，庞大到自然甚至宇宙，都是现实实有复合而成的有生命的有机共同体，它们彼此相互联系，在关系之网的笼罩下实现自身。

　　处于过程之中的有机体以有生命的活动为特征，而自身的活动也作为过程呈现出来。然而生命不可能是一种确定特征，现实实有在生成自身的过程中有太多因素需要被取舍，因而生成过程就是不断地自我感受、自我选择、

────────────

〔1〕　［英］怀特海：《过程与实在》，李步楼译，商务印书馆2011年版，第1页。
〔2〕　［英］怀特海：《过程与实在》，李步楼译，商务印书馆2011年版，第4页。
〔3〕　［英］怀特海：《过程与实在》，李步楼译，商务印书馆2011年版，第158页。
〔4〕　［英］怀特海：《过程与实在》，李步楼译，商务印书馆2011年版，第331页。
〔5〕　［英］怀特海：《思维方式》，刘放桐译，商务印书馆2004年版，第81页。

自我创造的过程，生命表征的正是这一"原创性"[1]。伴随着新颖性的生成，成为完成了的统一体，现实实有实现其合生。这个复合统一体的形成过程，是"创造性"这个终极原则使得"'析取'的世界之'多'变成'合取'的世界的'一'个现实机缘"[2]的过程，因为在析取的世界之多的内容中引入了新颖性，实现了机体的创造性进展，机体在自我组织、自我构建中，实现着自我超越与成长。"每一个个别现实实有的合生是内在被决定的"[3]，也就是说析取的"多"直接决定最终"一"的性质，这是机体完全原创的自我生成过程，也是机体真正的生存过程。在不断地创造、历险与进化中寻求自我，实现合生，同时受到周遭环境的制约，机体的生命本质在自我生成过程中得到确证。

（二）生命发展之历程：辩证思维下历史逻辑的呈现与过程原则的开显

马克思与怀特海不约而同地接受了黑格尔的过程思维和历史逻辑，批判地继承黑格尔总体性辩证法，认为世界就是一个过程，万事万物作为过程而存在，生生不息。其中，马克思通过对作为类存在物的人摆脱异化的生存状态、实现自由全面发展、复归生命本质的实践过程说明资本主义统治下生命的扭曲，进而历史地呈现社会有机体形态的变迁，在新事物、新时代的生成中展现人之生命的本质力量和社会机体的发展，表现为历史辩证法或实践辩证法。怀特海则通过对现实实有自我感受、自我包容、自我创生直至满足的过程，论述和说明过去、当下、未来的时间勾连，并展现为"自下而上"和"自上而下"的因果效验关系，其对有机体生命发展的描述表现为过程辩证法。

与黑格尔在思辨的"绝对理念"领域确证生命之发展不同，马克思运用辩证思维方式，将生命进展的场域放置于由人类感性的实践活动所创造的现实生活之中，以社会历史之维呈现社会有机体中个体生命的辩证运动。当然，作为一项社会历史活动，实践不仅能够反应"现实的人"之生命进展，也将呈现社会有机体的变化发展过程，也就是生产力、经济基础和上层建筑三大领域及其他社会要素互相联系、相互制约的矛盾运动。进而，历史成为"实

---

[1]　[英]怀特海：《过程与实在》，李步楼译，商务印书馆2011年版，第163页。

[2]　[英]怀特海：《过程与实在》，李步楼译，商务印书馆2011年版，第36页。

[3]　[英]怀特海：《过程与实在》，李步楼译，商务印书馆2011年版，第45页。

践活动在时间中的展开"[1]，而历史辩证法的逻辑也成为呈现人类生命过程之辩证发展的实践逻辑，即人们通过实践活动在改变对象世界的过程中也改变自身。

马克思曾指出，全部人类历史的第一个前提是"有生命的个人的存在"[2]，这些人不是一成不变的人，而是处在现实之中，"在一定条件下进行的发展过程中的人"[3]。他们依靠自身的感性实践活动创造着周遭的生活和历史，这个能动的生活过程的展现，使得历史不再是"一些僵死的事实的汇集"，也不是"想象的主体的想象的活动"[4]，而是人的生命发展过程在时间中的真实呈现。也就是说，人的感性实践活动确证其生命本质，而现实的、有生命的存在又成就了人的历史性存在。人通过劳动实践创造生活世界、改造无机界，这个过程是人确证自身是类存在物的过程，劳动生产就是人的能动的类生活，"劳动的对象是人类生活的对象化"[5]。但是，异化劳动却剥夺了人的生产对象，劳动所生产的对象对于劳动者本身来说成为一种异己的存在物，并且"作为不依赖于生产者的力量，同劳动相对立"[6]。工人不断在劳动中消耗力量，将自身的生命给予对象，以至于这个亲手创造的对象越强大，他自己就越弱小，生命逐渐被对象所占有，变成"敌对的"和"相异的"东西同他对立。马克思对劳动"异化"本质的揭示，指明了资本主义制度下，工人"创造的价值越多，他自己越没有价值、越低贱"，"劳动越有力量，工人越无力；劳动越机巧，工人越愚笨，越成为自然界的奴隶"。[7]这时人的生命本质已不再是极具个性的能动的实践活动，因为劳动已经成为外在的东西、对立的东西而不再属于工人，也就是"不属于他的本质"[8]，人的能动的类生活、生命的本质变成"异化的生命"[9]，沦落为维持基本生存的手段。马克

---

〔1〕 张秀华：《从有机、有序到和谐与文明——怀特海与马克思的机体思想之比较》，载《云南大学学报（社会科学版）》2017年第1期。
〔2〕《马克思恩格斯文集》第1卷，人民出版社2009年版，第519页。
〔3〕《马克思恩格斯文集》第1卷，人民出版社2009年版，第526页。
〔4〕《马克思恩格斯文集》第1卷，人民出版社2009年版，第526页。
〔5〕《马克思恩格斯文集》第1卷，人民出版社2009年版，第163页。
〔6〕《马克思恩格斯文集》第1卷，人民出版社2009年版，第156页。
〔7〕《马克思恩格斯文集》第1卷，人民出版社2009年版，第158页。
〔8〕《马克思恩格斯文集》第1卷，人民出版社2009年版，第159页。
〔9〕《马克思恩格斯文集》第1卷，人民出版社2009年版，第166页。

思看到了异化劳动与私有财产的因果关系，私有财产不仅是异化劳动的"产物、结果和必然后果"[1]，更在其产生之后继续推动、加剧异化。这导致异化劳动和私有财产产生，即导致"精神活动和物质活动、享受和劳动、生产和消费由不同的个人来分担这种情况不仅成为可能，而且成为现实"[2]的正是分工，分工成为异化劳动的外在表现，要想消灭异化劳动，就必须消灭分工。

　　马克思在此论述的分工是自然形成的，而非出于自愿，那么扬弃异化劳动，就得让分工出于自愿，只有在共产主义社会，这个愿景才可以成为现实，才能让生命的本质复归，实现人的自由全面发展。所以，在《德意志意识形态》中，马克思详细地考察了分工的发展，以及强迫分工对人的奴役，并指出在未来共产主义社会对强迫分工的消除："任何人都没有特殊的活动范围，而是都可以在任何部门内发展，社会调节着整个生产，因而使我有可能随自己的兴趣今天干这事，明天干那事，上午打猎，下午捕鱼，傍晚从事畜牧，晚饭后从事批判，这样就不会使我老是一个猎人、渔夫、牧人或批判者。"[3]马克思将对个体生命的诠释放置于社会历史之中，通过对资本主义制度下人性的扭曲、异化的分析，直至对成为有个性的个体、自由人联合体的路径考察，特别是关于人的"三形态说"，进而完成对生命过程的理解和描述。同时，借助个体生命对异化的扬弃到实现自由全面发展的过程，说明低级社会形态向高级社会形态发展的历史必然性。通过个体生命肉体组织需求、内在精神需求、生产力与生产关系的矛盾运动，揭示出由无数个体构成的社会有机体的社会形态变迁过程。同时，社会有机体对个体生命也具有规定性，因为"只有在共同体中，个人才能获得全面发展其才能的手段"[4]，即自由人联合体才是获得个体生命自由的归宿。可见，马克思不是孤立、抽象地考察现实的人之解放和发展，而是在社会历史发展的进程的总体中，依循实践辩证法和历史辩证法，说明有生命的个人——现实的人是如何产生（与动物区别开来）、发展（提升本质力量）并获得解放的。因此，马克思的生命观蕴含在其历史唯物主义的实践人学之中，对人之生命存在样态和意义的理解始终

[1]《马克思恩格斯文集》第1卷，人民出版社2009年版，第166页。
[2]《马克思恩格斯文集》第1卷，人民出版社2009年版，第535页。
[3]《马克思恩格斯文集》第1卷，人民出版社2009年版，第537页。
[4]《马克思恩格斯文集》第1卷，人民出版社2009年版，第571页。

坚持了历史尺度与价值尺度的统一，避免了抽象的道德批判，并赋予了人之生命存在的多维解读，给出实现自由而全面发展的可能性条件和路径。

怀特海的机体哲学又称为过程哲学，他用赫拉克利特的命题"万物皆流"作为其哲学体系的终极性概括，亦可称为"一切事物处于流变之中"，以此实现从实体哲学到过程哲学的革命性变革。过程即现实实有的生成，作为运动中的存在，现实实有"如何生成便构成该现实实有本身"，"它的'生成'构成它的'存在'，这就是'过程原则'"[1]。由点滴经验复合而成的现实实有，既是对过去经验的承继，又可展现为对将来的预期，这其中包含着感觉的传递。感觉主体依据自身的主体性目的成就自身，"一个现实实有像它实际感到的那样地感觉着，就是为了这个现实实有成其为本身之所是"[2]。现实实有客体化的过程就是感觉的传递过程，确保时间性世界中感觉主体与客体材料的有机统一。在感觉过程中，过去的经验和对将来的预期不断融入其中，生成主体性目的所指引的有机生命体。怀特海在此揭示了感觉主体依据感受成就自身的过程，也通过生命有机体呈现出更为透彻的过程原则，即承袭过去、立足当下、关涉未来。

怀特海曾在论述人的生命时表示，"人的生命是由各种现实机缘构成的一条历史的行程"，而这些现实机缘在很大程度上是相互承继的。这个行程是对过去、当下、未来之间联结的呈现，因此"一个人才被看作从出生到死亡都是同一个持续的人"[3]。而对怀特海来说，对生命生长、发展过程的分析直接表现为对终极实在即现实实有生成过程的描述。要揭示现实实有本性中最具体的要素，就要将其分析为"包容"。包容（又译作"摄入"），指关联性的具体事实，现实实有的生成过程其实就是多种包容合生的过程。对现实实有的包容被称为"物理性包容"，也就是过去的现实实有作为客体性材料进入当下现实实有的生成，二者之间的内在关联构成了一种自下而上的因果效验，在合生过程前后相继的阶段，过去阶段的包容作为一种不可缺少的养料继续在当下生长，形成新的包容，生命在此实现了延续。对"永恒客体"的包容称为"概念性包容"，作为对事实具体规定的纯粹潜能，或确定性的形式，永

---

〔1〕〔英〕怀特海：《过程与实在》，李步楼译，商务印书馆2011年版，第39页。

〔2〕〔英〕怀特海：《过程与实在》，李步楼译，商务印书馆2011年版，第340页。

〔3〕〔英〕怀特海：《过程与实在》，李步楼译，商务印书馆2011年版，第140页。

恒客体可能被作为主体的现实实有因着从上帝本性中承继而来的目的和自身的主体形式通过概念性感受被肯定地包容，进而规约着未来现实实有的生成，上帝先天地打造了一个秩序，为现实实有提供永恒客体，构成了一种自上而下的因果效验，当然永恒客体也可能被一种否定性包容所排除。

物理性包容和概念性包容为现实实有提供感觉予料，现实实有不断整合过去的包容并生成新的包容，直到最后所有包容成为确定的整体性满足的组成成分。现实实有作为具有生命的有机体，其生成过程的描述必须指向过去和未来，万事万物都在过去、当下、未来的联结之中，并与自身、环境、上帝构成因果效验。然而，怀特海对生命主体的阐述并不像海德格尔的"此在"，只关注正在生成、每时每刻都在超越自己的人，他基于泛经验论、泛主体论的解释原则，认为现实实有囊括一切有机体的经验，无论是低级的有机体还是高级的有机体，其完成潜在性的实在合生的过程都是对生命的诠释，其生命的活动都可展现为主体不断地自我感受、自我包容、自我创生直至满足的过程。

无疑，怀特海在过程思维下，依托过程—关系辩证法，把马克思的对人的理解拓展到非人类社会，不仅考察人，而且考察一切有经验能力的经验主体，并在主体间下说明任何一个生命个体如何在现实世界乃至宇宙共同体中完成合生，进而获得创造性自我实现和自我满足，确立自身意义与生命价值的。他不仅在发生学的意义上，历时态地描述了生命体的产生，而且共时态地探究宇宙中不同层次的生命体之间的关系（共时态），让每一个生命体都有自身存在的根据和共同深厚的宇宙背景（正如潘多树有共同的根）。因此，一切生命既是有限的，又是无限的，生即是死，死即是生。这就涉及下面问题的讨论。

（三）生命意义之体现：关系思维下人类文明的发展和宇宙文明的构建

作为辩证法家的马克思与怀特海，他们的哲学不但是有机论、过程论的，还是关系论的，并且在总体性辩证法下使得一切关系都成为内在关系。只不过马克思主要考察社会历史领域，其理论旨趣不在于解释世界而在于改变世界，回答人类文明的走向与人类解放何以可能；而怀特海则紧紧围绕过程与实在，试图探究宇宙秩序，建构新的有机宇宙论，以便回答宇宙文明何以可能。

在马克思看来，作为"对象性存在物"的人表现自己生命所不可或缺的就是现实的、感性的对象。"太阳是植物的对象，是植物所不可缺少的、确证它的生命的对象，正像植物是太阳的对象，是太阳的唤醒生命的力量的表现，是太阳的对象性的本质力量的表现一样。"〔1〕首先，人与自然互为对象性存在物。一方面，自然作为人的无机的身体，不断为人的生存发展提供养料；另一方面，被孤立理解的、离开了人的自然界，对人本身来说也是无。一个存在物"没有对象性的关系，它的存在就不是对象性的存在"〔2〕。可以看出，马克思所强调的生命个体与他物的对象性关系是一种内在的、自然而然的关系，正如人与自然的关系表达。人生来就是自然界的一部分，自然只有通过人、借助人才能实现"真正复活"〔3〕。也正因为对对象性关系的强调，马克思笔下的人与自然通过对象性活动具有了共生共在的内在生命体关系。

不难看出，马克思的自然是人化的自然（历史的自然），人的生命的本质力量在人化自然的进程中逐步呈现。而这些"每日都在重新生产自己生命的人们开始生产另外一些人"〔4〕，通过繁殖不断形成新的关系，夫妻关系、父子关系、母女关系等。这时，无论是通过生育产生他人的生命，还是通过劳动生产自己的生命，都表现为双重关系，即"自然关系"和"社会关系"。其中，社会关系所指的"许多个人的共同活动"〔5〕就构成了人与他者之间的联系，这种联系所维系的共同活动就是"生产力的总和"〔6〕，它决定着社会状况，甚至人类的历史。

马克思指认，人的生命的意义与价值也是在经验性的对象性关系中得以确立和实现的。如果在自然界中找不到自己的经验性对象就是非存在；在社会中个人的价值则体现为对他人有意义。不过，对于马克思来说，这种关系不是既定不变的、现成的和永恒的关系，而是人们实践活动的结果，实践是一切社会关系产生的动力源，因此，不但社会生活在本质上是实践的，而且人的本质是实践所决定的社会关系的总和。不只如此，你是什么样的人要看

---

〔1〕《马克思恩格斯文集》第1卷，人民出版社2009年版，第210页。
〔2〕《马克思恩格斯文集》第1卷，人民出版社2009年版，第210页。
〔3〕《马克思恩格斯文集》第1卷，人民出版社2009年版，第187页。
〔4〕《马克思恩格斯文集》第1卷，人民出版社2009年版，第532页。
〔5〕《马克思恩格斯文集》第1卷，人民出版社2009年版，第532页。
〔6〕《马克思恩格斯文集》第1卷，人民出版社2009年版，第533页。

你生产了什么和用什么方式生产，而不同的生产方式又确立了不同的社会关系，并反过来制约着人的存在和生命的表现。

在资本主义生产方式下，人与他者、自然、社会的对象性关系逐渐转变为"为我关系"，资本家成了绝对主体，以至于工人的生命本质沦为维持其生存的手段，自然被无限攫取、生态平衡遭到破坏，社会有机体也因着个体的异化失去形成与发展的动力。当人与人、人与自然、人与社会都处在彼此对立的状态时，马克思完整呈现出资本主义制度对生命的戕害。可以说，《资本论》不只是研究资本主义的生产关系、剥削关系，更是对该生产关系下工人阶级生存状况的考察，揭示出资本与劳动、资本家与工人的对立关系。要消除这些对立，实现人与人、人与自然、人与自身和解的人类文明，就必须扬弃资本主义私有制，消除资本的霸权和统治，消灭暴力，诉诸合作。正如弗洛姆所言，"马克思认为，人类发展的目标应当是建立一种人与人之间、人与自然之间的新的和谐，一种使人与其同胞的相关性同人的最重要的需要协调一致的发展"。[1]这种发展只有在共产主义社会才能实现，完成了的自然主义与实现了的人道主义相统一，人"向自己的合乎人性的存在即社会的存在复归"[2]，通过其生命的本质活动不断地改造自然、改变社会，同时也提升自身，生命在不断追寻整体性和谐、实现文明的进程中彰显意义，实现人与一切关系的和解。

在怀特海哲学中，一切生命体都处在关系之中，强调个体生命之间的内在关系，每个个体因着对象性的内在关系构成自身存在的根据，整个宇宙都是由内在生命体构成的生命共同体，经验主体、他者、环境、宇宙共生共在，因而要尊重自然、敬畏生命。在出现动荡、对立时他选择诉诸合作与平和，主张超越暴力和竞争，寻求一切关系的和解，以构建和谐有序的宇宙文明。

怀特海基于泛经验论、泛主体论，指出任何实际存在物都是内在关系下作为经验主体的现实实有复合而成的结合体，它们由于互相包容而相互涉及。一个有生命的结合体"可以支持沿着它的成员构成的历史路径上的一条个体秩序的线索"，这样的持续实有是一个"有生命的个体"[3]，它不断与周遭

---

[1]　[美]艾里希·弗洛姆：《健全的社会》，孙恺祥译，上海译文出版社2011年版，第216页。
[2]　《马克思恩格斯文集》第1卷，人民出版社2009年版，第186页。
[3]　[英]怀特海：《过程与实在》，李步楼译，商务印书馆2011年版，第167页。

的其他实有、环境发生关系（其他潜在的客体化的实有也是其自身生成过程中的主体）。每一个生成的现实实有或现实机缘，都在不断析取其他现实的和非现实的诸多实有，其中某种确定类型的混合包容从它存在的一个机缘传递到下一个机缘。这种对确定包容的选择带有明确的规定性，它出自主体形式所包含的"既定性"，直接影响现实的决断。直至"潜在的"统一达到合取的一个现实实有的实在的统一，现实实有在一个包含着与世界上每项事物都有完全确定联系的复合感觉中达成满足，结束自己的生成。这里的确定的联系既可以是肯定性的包容，又可能是否定性的包容，这就指向了具有"潜在性"的永恒客体。作为一种确定性的形式或纯粹潜能，永恒客体通过它的潜在"进入"现实实有的生成，通过精神极的概念性包容，确认现实实有与环境之间的关系，进而达成包容主体的目的。永恒客体与派生的现实实有相关联的机缘则来自于上帝，上帝在每一个派生的现实实有中实现客体化，同时上帝本性的完满性进入丰富的物理性感觉，这是世界在上帝中的客体化，因此上帝与一切创造物同在，又内在于世间万物，他用慈爱和宽容使生命服从于疏导，获得整体的秩序，进而引导世界走向和谐，实现宇宙文明。

　　基于现实实有生成过程中他者、永恒客体甚至上帝的时刻在场，直接指向了一个被各种联系和关系覆盖、指引的和谐与完满的宇宙文明。由于有机整体下内在关系的呈现，合生过程之中宇宙中的每一生命体都对自身、他者和整体具有价值，当整体之下的内在生命体达到普遍的善时，个体与整体的对立就会消失，世界之"多"转变为"一"，这一创造性原理也是和谐本质的呈现，而怀特海深谙的和谐之道正需在宇宙文明的不断发展中实现。在《观念的冒险》中怀特海就曾指出，和谐的达成是个体生命不断努力进而相互作用的结果，个体生命需享有真、美、冒险、艺术、平和等品质，共同促进宇宙文明的构建。怀特海追求真善美相统一的艺术以破除宇宙之中的不和谐之源，进而诉诸动态的冒险以实现和谐状态由低到高的演进。这个冒险的过程可能产生创造性进展，也可能出现混乱、动荡与冲突，因而需要"和谐之最"[1]的平和。平和正是文明的标志，个体生命携带和谐的目标不断冒险，在这一动态的过程中不断对他者、世界产生价值，直至将破坏性的动荡平息，

---

[1]　[英] 阿尔弗雷德·诺思·怀特海：《观念的冒险》，周邦宪译，北京联合出版公司 2014 年版，第 314 页。

个体达成其生命意义，平和的宇宙文明得以实现。

（四）生命价值之实现：实践—过程思维下具体主体的超越与经验主体的满足

马克思与怀特海都从具体的个体生命出发，基于感性活动的考察和实践思维方式，不管是现实的人，还是现实实有，终其"一生"都要实现自身的生命价值。马克思依循实践的观点，即实践思维方式和历史的逻辑，追问和探讨的是现实的具体的活生生的人——具体主体如何确立自身并最终获得解放和自由全面发展的问题，从而走向自由人联合体的社会。怀特海则立足有机的时空中存在的经验主体——现实实有，对其感性活动——感受和摄入的阶段性分析，回答了生命个体怎样在宇宙整体和现实世界域中借助合生完成自我选择、自我摄入和自我创造与自我满足并自我实现，从而将个性化的新颖性创造与价值贡献给宇宙共同体的。因而，他认为"生命是对自由的追求"[1]，最终在达成满足的同时蜕变为"超体"，从经验主体转换为其他经验主体感受活动的客观资料。在马克思那里，现实的人依据有意识的、能动的实践活动满足自身物质和精神层面的需求，当自身生命本质发生异化时，诉诸解放来打破命运的枷锁，从而呈现出在主体性目的指引下人的自由而全面发展的"成人"过程。在怀特海这里，所论述的现实实有的生命，则同样在主体性目的指引下，通过物理性包容和概念性包容，析取现实世界所提供的客体材料，不断完善自身、生成自身最终获得满足的创造性过程。可以说，二者对主体生命价值的理解都是实践过程论的，也就是实践—过程的思维方式。

马克思把哲学的目光投向现实世界和人类社会中有生命的生存的个人，将其看成历史的唯一前提，因此，马克思的生命观以"现实的人"为逻辑起点，从直观的客体性原则进展到以实践为中介的主体性原则，从生命主体实践活动——劳动、生产的目的出发，考察人们如何生活、如何存在的，并让意识和观念的生产和一切意识形态依附于物质生产实践，通过生产力和生产方式的变革及其所形成的生产关系、社会关系，来找寻人类解放的道路与个体生命存在的意义和价值。不同于中国古代哲学对"天人合一"思维定式的固守，也不同于西方传统哲学思存关系的二元对峙，马克思超越了传统思辨的抽象主体性哲学，在具体的新主体性哲学范式下，把主体看成有生命的个

---

[1] [英] 怀特海：《过程与实在》，李步楼译，商务印书馆 2011 年版，第 162 页。

人，认为人的生命是自在与自为的统一，是具体与历史的统一，是不同于动物生命的具有自主性的多维、立体、全面、不断发展着的人的生命。

首先，现实的人的生命是自在与自为的统一。人依靠有意识的生命活动满足其生存需求，生存就是人类最初的目的。一切人类生存的前提就是能够"生活"，这是人类与生俱来、自然而然的本性，作为自然存在物的人对基本生存的需求展现了人的自在生命本性。为了创造历史，人们必须生活，为了维持生活，就必须通过劳动来生产物质生活本身，生产衣食住行等一切生活资料。人也正是通过劳动把整个自然界作为直接的生活资料和生命活动的对象、工具，在利用自然的同时不断发挥主观能动性改造自然，而这种有意识的生命活动也成为人与动物区分开来的根本标志，人的自为生命本性得以彰显。也正因为人是"自为地存在着的存在物"[1]，因而是类存在物，劳动就是人的能动的类生活。

其次，人除了通过劳动满足物质生活，也需要精神生活来促使生命价值的丰盈。在从事法律、政治、宗教、艺术或哲学的过程中，个体生命意识不断被感染甚至冲击，现实的人开始追寻其价值世界。我从哪里来，要到哪里去，我为什么而活？对生命存在的价值追问成为现实的人一切活动的出发点，在此基础上，人为自身设定生命的目标即主体性目的，携带着更高层次的精神追求，通过主观能动性的发挥不断发展、创造，持续实现着对当下生命的超越，在更高层次上实现生命的价值。

然而，在资本主义私有制的压迫之下，自愿劳动变为强制劳动，并且外在于劳动者，转而属于其他人。工人的主体性目的不再能够引领自身实现生命的价值，因而只能重回自己的种生命，和动物一样，在吃、喝、生殖、居住中感受自由的活动，"而在运用人的机能时，觉得自己只不过是动物"[2]。工人要想回归自身能动的类生活，就要消灭异化劳动，要将社会从私有财产和奴隶制中解放出来，就要诉诸人的解放，实现人的自由而全面发展。其实，马克思早在博士论文时期就关注到了生命的自我意识与命运的对抗。他曾指出偏斜运动打破了"命运的束缚"，对于原子也可以称"偏斜运动正是它胸中

---

〔1〕《马克思恩格斯文集》第1卷，人民出版社2009年版，第211页。
〔2〕《马克思恩格斯文集》第1卷，人民出版社2009年版，第163页。

能进行斗争和对抗的某种东西"。[1]这是马克思对自由的最初认识，之后他在社会历史的维度，通过实践方式阐述生命体自身的超越和对自由的追寻，呈现出一个完整的人的自由而全面发展的历史过程，这个过程也是基于主体性目的的"成人"过程。"成人"不只是生命个体摆脱异化的生存状态，重新占有自身的生命本质，实现个性、能力的解放和发展，更是精神素养的提高，是社会地位、话语权的充分掌握和实现，而这一切的实现需要人在不断的实践过程中完成社会的变革，最终生成"自由人联合体"，也就是共产主义社会，在那里，人的个性将得到全面发挥，真正实现人的自由而全面的发展。怀特海认为，作为经验主体的现实实有其生成过程可以分为三个阶段：反应阶段—补充阶段—满足阶段。反应阶段又可以称为纯粹的接受，在这个阶段，现实世界作为外在的材料被现实实有感受到，但并没有被吸收或排除；补充阶段由主体性目的所支配，初始材料在"欲望"或"想象"下转变其存在方式被经验主体重新整合，由于前定和谐，未完成阶段的多重感觉始终统一于主观经验，逐渐趋向最终的目的；满足就是主体性目的的达成，它是一个复合而充分确定的感觉过程，它确定了自身的发生，确定了它的超验创造性的客体性质，最终依据主体性目的在不断地自我感受、选择过程中对现实世界的所有感觉方式和所有实有作出肯定或否定的包容[2]，这一过程涉及情绪、评价、目的等主体形式，而这些主体形式也是依据主体性目的在不断地整合中决定，不管多复杂的要素都会在最终的满足中具有自洽功能。处于过程完成阶段的满足一旦达成意味着经验主体的自我实现，生命体在此获得了新生，超越过去成为超体。但另一方面，完成了的复合统一体又作为现实世界中的客体材料继续在新一轮的生成过程中发挥其作用。

不容忽略的是，达成自我满足之后的全新实有与因它统一起来的任何实有都不同，那是因为"创造性"在析取的世界之"多"中注入了新颖性。怀特海曾说，"'生命'的首要意义就是创生概念的新颖性——新颖性的欲望"[3]，也就是说全新实有生成的反应阶段不能确定单独机缘是否具有生命，表征原创性而非表征传统的生命，其特征是"在环境的巨大变化之下适

---

〔1〕《马克思恩格斯全集》第40卷，人民出版社1982年版，第213页。

〔2〕 [英] 怀特海：《过程与实在》，李步楼译，商务印书馆2011年版，第43页。

〔3〕 [英] 怀特海：《过程与实在》，李步楼译，商务印书馆2011年版，第159页。

合于捕捉强烈刺激的反作用"[1]，支配这种反作用的正是当下生命的创造性，把创造性在它产生的每个新的情境中加以运用就是"创造性进展"。因此，创造性成为现实实有意义中的终极性范畴之一，在它的基础上，怀特海将经验主体描述为活生生的、永远处于创造和发展中的生命体，而生命是对自由的追求，在不断地自我感受、自我选择、自我创造过程中达成目的，完成生命的自我生成过程，实现个体生命的超越。

总之，马克思与怀特海的生命观内在于他们有机、辩证的思想体系之中，二者以活生生的机体取代孤立的实体，在新主体性原则下构建出个体生命体与他者、环境之间的内在共生关系，进而寻求生命共同体内一切关系的和解。其中，马克思始终关切"现实的人"之解放问题，借助生命个体能动的感性实践活动确证人之为人的本质所在，深入现实生活展现人与他者、自然、社会的生命共同体关系，从社会历史之维呈现人在与命运对抗、斗争中超越自身、对生命价值和意义的追寻过程。怀特海则从"现实实有"出发，通过对其实现合生的过程分析与描述展现生命最本源的生成方式，进而考察宇宙的进化与发展，揭示了宇宙创化之下个体生命的生存之道，即在创造性进展中超越当下，在不断冒险中实现自我，同时服从来自"诗人"的价值疏导，进而获得宇宙整体秩序的和谐。虽然二者的哲学观存在殊异，但他们共同的思维方式——机体思维、辩证思维、关系思维和实践—过程思维等使得对生命的理解具有共通性，并解构了传统形而上学的生命诠释。所以，马克思与怀特海的生命观无不有助于摆脱现代性急难，无论对深化"两个共同体"思想的探讨，还是推进生态文明与和谐社会建设都具有重要的理论价值和现实意义。

三、马克思与怀特海哲学的情感之维

马克思与怀特海作为现代哲学家，他们都把哲学的目光投向现实世界和社会历史领域，考察现实的具体主体的感性和经验活动，以期回答人类如何将自己丰富的生命力表现出来，激发爱与美的积极情感与伦理情怀，展现人的本质力量，不仅按照美的规律去建造，而且在创造中获得自我实现和满足的享乐。

---

〔1〕［英］怀特海：《过程与实在》，李步楼译，商务印书馆 2011 年版，第 163 页。

（一）回归现实世界：马克思哲学的情感之维

纵观整个哲学史，感性与理性一直存在着博弈。从柏拉图将理性视为可以控制激情和欲望的统摄因素开始，理性占据了绝对主导地位，由此形成了西方理性主义的抽象主体性传统。在这个体系中，理性被视为最本质的因素，感性被视为"纯粹的自我认识活动"[1]，是一种简单、低等的认知。这使我们在思考问题时经常忽略人还是一种感性的存在，在社会研究中也对理性更加重视。有的哲学家虽有澄清过感性的重要性，如亚里士多德提出了理性来源于感性活动，笛卡尔认为情感是外在与内在共同作用的结果等，这些都使我们对于感性有了新的认知，但是这并没有真正说明感性、情感的重要性和其与人的本质的深层次关联。马克思关于情感的思想正弥补了这一缺陷，在他的哲学中，情感是人与生俱来的特质，人所应有的全面性反映了情感是人不可或缺的内在要素，它的存在具有重要的价值且与理性共同支配着我们的思想和行动。情感是个人的感官功能在与外界事物的互动之中所产生的一种感性体验，这里的人是"现实的个人"，这也是马克思整个理论的出发点和他实践哲学转向的基点。这个"现实的个人"是参与社会实践活动的个人，是一个饱满的存在，"是一个有激情的存在物"[2]。马克思通过对资本主义生产方式和社会现状不断地反思与批判，将情感嵌入到自己研究的理论之中。因此，有必要对马克思哲学的情感之维进行解读，以此深入理解马克思实践人学或劳动人学及其人的解放和全面发展的思想。

1. 本体论不可或缺的一维：历史唯物主义基础上的情感

马克思确认"全部人类历史的第一个前提无疑是有生命的个人的存在。因此，第一个需要确认的事实就是这些个人的肉体组织及由此产生的个人对其他自然的关系"。[3]这就指明了人类所有的一切活动都是基于具体的人这个存在之上，情感体验也是承载于这个存在物之上的，更具体地说，是富有温度的身体的情感体验。这展现了马克思哲学视角的转换，从之前哲学家眼中的灵魂、意识的唯心视角转换到唯物视角，聚焦于物质生产活动、劳动与生活。身体作为载体主要表现为感官功能通过不同的情境产生相应的情感体

---

〔1〕[德]黑格尔：《精神现象学》，先刚译，人民出版社2013年版，第16页。
〔2〕《马克思恩格斯文集》第1卷，人民出版社2009年版，第211页。
〔3〕《马克思恩格斯文集》第1卷，人民出版社2009年版，第519页。

验，从而产生自我的价值判断。人的存在方式予以情感产生的现实基础，情感反过来又丰富了人之存在，以此也证实了情感是人的本质所不可缺少的部分。这里的本质指社会本质，是"一切社会关系的总和"〔1〕。可见，马克思将情感与社会联系在了一起。他指认，"不仅五官感觉，而且连所谓精神感觉、实践感觉（意志、爱等等），一句话，人的感觉、感觉的人性，都是由于它的对象的存在，由于人化的自然界，才产生出来的"。〔2〕

在《手稿》中，马克思将人视为"感性的存在物"和"激情的存在物"，这饱含了马克思对人与社会之间关系的深刻思考。不同于其他的存在物，这两种表述是基于实践活动中人的情感性这一形式而生成，这种情感性因子使人不再是干巴巴的存在，而变成了有韵味的存在，时而积极、时而消极，但旨在实现理想目标。这其中蕴涵了马克思新主体性哲学的情感向度，给人的"类本质"增加了一种调味剂，使人之理解更为深刻，历史唯物主义地在劳动发展史和生产现象学中诠释人及人的情感。自然不仅是人认识、理论和实践的对象，还是人审美情感的对象，人在尊重自然规律的同时还能按照美的规律、审美情趣这一内在尺度来建造。

无疑，情感是人在感性活动中所产生的一种心理体验，它涉及人的整个身体（感性）的层面，情感与感性之间存在共通联系。费尔巴哈之前的德国古典哲学家认为感性虽然是主体认识能力的内在因素，却是一种较为低级的认识能力，它不能证明人的主体性存在，同时和真理也毫不相干。费尔巴哈从唯物论的视角出发，试图将感性脱离低等认知，并且将其回归到人的本体存在之上。他反驳道，感性与真理性是一样的〔3〕，感性证实着人的主体存在，也能揭示真理，并给出了著名的唯物主义的本体论证明。感性并不是等同于"感官功能"的低等认知，而是"物质的东西和精神的东西的真实的、非臆造的、现实存在的统一"〔4〕，人就是自然的存在物。这反映了费尔巴哈将注意点聚焦在人的身体和心理感觉上，将感性视为人的一种客观的存在方

〔1〕《马克思恩格斯文集》第 1 卷，人民出版社 2009 年版，第 3 页。

〔2〕《马克思恩格斯文集》第 1 卷，人民出版社 2009 年版，第 191 页。

〔3〕［德］路德维希·费尔巴哈：《费尔巴哈哲学著作选集》（上卷），荣震华等译，商务印书馆 1984 年版，第 166 页。

〔4〕［德］路德维希·费尔巴哈：《费尔巴哈哲学著作选集》（上卷），荣震华等译，商务印书馆 1984 年版，第 68 页。

式。一方面凸显了超越前人的唯物主义立场，另一方面也暴露出他哲学的抽象性和片面性，仅持守客体性原则，把对象、现实和感性"只是从客体的或直观的形式去理解"[1]。马克思认同费尔巴哈感性哲学的唯物主义立场，同时也将感性修正为感性的实践活动。他指出，"费尔巴哈不满意抽象的思维而诉诸感性的直观，但是他把感性不是看做实践的、人的感性的活动"。[2]进而，马克思将感性重新赋予现实的人之存在的现实世界——属我世界的基础之上，认为不能对其做直观形式的理解，亦不能与人类历史相脱节。"感性意识不是抽象的感性意识，而是人的感性意识"[3]，同时言明，感性"必须以生产这根棍子的活动为前提"[4]，借此深入到人的生存活动之中，使现实性代之以抽象性而存在。人这种感性的对象性存在物必须被理解为"人是人的自然存在物"，是能动与受动的统一。这就超越了旧唯物主义传统，将感性聚焦于实践活动的现实性之上，凸显了历史和过程思维的新特征，包括情感在内的人的感性能力甚至思维和思维的产物都必须回到劳动发展史中加以说明。

可见，在马克思那里将感性活动赋予了历史唯物主义的阐释，情感虽然有其产生的生理机制，但是更多的是社会存在的现实效应。马克思所言的情感也是建立在他整个哲学基本立场之上的，这种原则赋予了情感以新本体论——历史生存论的维度。马克思从实践哲学的视角出发，认为物质与意识、社会存在与社会意识等对立统一关系都根植于以实践为中介的人与世界的否定性统一关系中，都是人的实践活动在"时间中的展开"[5]的历史性存在。特别是在历史唯物主义的立场下，这种蕴含着激情、偏好和目的的感性实践活动——劳动、生产凸显了主体的能动性、创造性的主体性和历史性特征，表明人的存在状态和本质力量。因而，他把实践着的人称为"现实的个人""激情的存在物"。他强调的是一种情感的实践论或感性活动论，从人自身主体的角度来理解情感。在马克思看来，异化劳动让人丧失了通过劳动产品和劳动行为本身来肯定自己的积极情感，如果不劳动也能得到面包，那么人们就会像逃避瘟疫那样逃避劳动。因为，原本属于人的自由自觉的劳动在资本

---

〔1〕《马克思恩格斯文集》第 1 卷，人民出版社 2009 年版，第 503 页。
〔2〕《马克思恩格斯文集》第 1 卷，人民出版社 2009 年版，第 505 页。
〔3〕《马克思恩格斯文集》第 1 卷，人民出版社 2009 年版，第 204 页。
〔4〕《马克思恩格斯文集》第 1 卷，人民出版社 2009 年版，第 531 页。
〔5〕张秀华：《现代实践哲学与历史唯物主义》，载《哲学研究》2015 年第 3 期。

主义私有制下沦为单纯的谋生工具和手段，雇佣工人在劳动中只会感到枯燥乏味和痛苦。一旦扬弃异化劳动，劳动就会成为劳动主体追求卓越、自我实现的存在方式，这里出场的是一种能动的情感，作为一种人的本质力量使各主体间实现互动与联系，使人在现实世界中不断地证实自己的力量，并在共同体的劳动中获得交往的满足感和快乐的享受。不同的情感使人本身投射到现实世界中，以不同的力量开展历史活动。"现实的个人"以其拥有情感强度的历史实践活动存在着，这就回归到人的生存论本体论意义上重释情感。这不仅仅实现的是人主体意义的恢复，而且实现了主体间的联动，这种联动让情感活动更为生动与具体，有助于激发劳动主体的劳动主动性和创造性。

在人的历史活动中，马克思关于情感的基本立场表现得淋漓尽致，情感从人与自然、人与物的关系，进展到人与大工业的关系，进而来到人与人的关系的探讨，其中包含着多个主体间的互动活动。在物质生产实践活动中，人们为了满足吃喝住行而不断地进行生活资料的生产，人的情感都是由于"人化的自然界"[1]而产生。人们由于基本需要而进行着最原始的物质生产活动，这时是一种单向度的情感，主要表现为人对自然的敬畏、依赖与顺从。随着生产需要的增加，人类需要扩大生产的范围，这种物质再生产的活动是前一阶段的延续，人们的情感开始延展到了多主体间。资本时代的到来，人们与大工业开启了一种新的情感联系，核心表现为资本拥有者的贪婪与自私。利用新的生产工具和工业革命带来的新技术进行生产，这种贪欲驱使人们对自然与物采取了掠夺和征服的方式，人的自私自利、追逐资本增值的物欲情感渗透在了资本生产的全过程，在历史发展的境遇下，人与人之间卷入了一种被异化的关系之中，其中掺杂着占领、抢杀、剥夺等，这种情感以阶级情感最为突出，情感主体间的互动性凸显。如此，马克思将情感置于整个历史活动之中，饱含激情地演绎了这个进程，展示出情感的实践性、多样性、差异性，也充分论证了情感是社会历史的产物这一论断。

值得我们注意的是，马克思所言的情感具有特定的阶段性亦即时代性。对于同一主体间的情感，在不同的生产关系和历史阶段中的解读也大相径庭。如地主和奴隶这两个主体间，在封建社会表现的是该历史阶段下的正常雇佣关系，虽然存在着贩卖人口的现象，但是处于此生产关系之下的人们对此并

---

[1]《马克思恩格斯文集》第1卷，人民出版社2009年版，第191页。

无惊讶，马克思对之所言的愤怒也只是在下一阶段生产关系之中而进行的道德情感的审视。艾伦·伍德关于马克思论正义的判断便是这一特性的生动体现，反映了情感与生产方式之间潜在的联系。[1]特定的生产关系赋予贩卖人口现象以存在的合法性，但这种现象不符合新社会的道德准则，所存在的道德情感是这种生产关系之后的人性反思。这种情感的阶段性也是马克思历史逻辑的一种体现，通过不同的历史阶段予以审视，强调情感活动所存在的现实基础。

可以说，马克思的思想彰显着情感的内摄体，情感活动是一种能动性的现实活动，是人与外界的互动和实践过程，是建立在实践活动之上的多个主体之间的关涉体验。与此也可以看出情感活动所具有的三个特性，这三个特性也只有在历史唯物主义的原则之下才得以成立。其一，情感的实践性。区别于德国古典哲学家，马克思将情感回归到生活世界并统摄于历史活动之中，强调的是"感性实践论"或"感性活动论"[2]。这也是马克思实践哲学的一大亮点，从"现实的个人"出发，在生产力、生产关系与生产方式的基本范畴之下理解情感。他认为情感并非随意捏造，而是产生于人与外物（人）接触的过程中，产生于物质生产实践活动之中。所有的情感均彰显着实践活动的结果，是社会历史的产物。其二，情感的能动性。马克思对费尔巴哈人本学唯物主义感性哲学的最大突破就在于，实现了从以直观形式和抽象的爱来理解感性向在历史视角下的感性实践来理解感性的转换。人将自己视为一种对象性的存在，情感是人们在实践活动过程中的一种能动地反映——对外物自觉地发生情感体验，并将情感做为确证人之存在的一个向度。这也是人区别于动物的地方，尽管动物也是感性的，也有情感，但是人的这种能动情感却有所不同，它能化为行动的意志、升发为道德与伦理情感。积极的伦理情感是社会关系与交往的基础，这种基础地位正是由其能动性奠定的。其三，情感的受制约性。人是一种"受动的存在物"[3]，情感亦是如此，个人的情感在一定程度上受制于社会关系。情感涉及多个主体间的互动，那它必然会受到自然界和社会历史的制约。另一层面来讲，它会作用于我们的活动并产

---

〔1〕　Allen Wood. *The Marxian Critical of Justice*. Philosophy and Public Affairs, 1972, 1（3）: p. 244.

〔2〕　张秀华：《回归现实世界的哲学——马克思与怀特海的感性活动论之共通性》，载《教学与研究》2020 年第 9 期。

〔3〕　《马克思恩格斯文集》第 1 卷，人民出版社 2009 年版，第 211 页。

生效应。产生效应的这个过程也受到客观条件的制约，情感所带来的因果效应在一定程度上取决于客观可发挥力量的条件。

因而，我们理解马克思的感性实践论必须基于历史唯物主义的理路才能成立，马克思在本体论意义上所谈的情感与感性实践论内在相关，并包含着历史唯物主义的底蕴。在他笔下的情感连接的是生产关系与生产方式，关照的是现实世界和社会历史，是一种极具力量的存在，这样的情感贯穿于马克思文本的始终。具有无产阶级革命情怀的斗争是马克思毕生的格调，把阶级斗争看成是社会发展的火车头。他从资本主义社会的现实出发并予以批判，旨在建立人的自由全面发展的社会。这种全面发展内在要求包括人的智力、体力、才能、个性、精神、情感在内的全面发展，这也是马克思谈及的情感的归宿点。这样的情感旨趣也使马克思将现实世界关照到人类的宗教情感、阶级情感等进行阐发。要消灭宗教仅仅停留于宗教批判是不够的，关键是改变产生宗教情感的现实基础，不断地使现实世界革命化。只有在未来的真正共同体的社会，劳动才能成为人们的第一需要，人们热爱劳动并在劳动中获得快乐与自我价值实现。

2. 认识论的主体性在场：认识活动与情感的协同

马克思不仅在本体论意义上确立了情感的本质地位和作用，而且在认识论上也给予情感灵动的阐释。马克思回归现实世界，超越了近代认识论主客二元的思维方式，解构了没有世界和肉身的抽象主体——心灵、自我、自我意识、理性和精神等，将实践引入认识论，认识被看成是具体主体——现实的人的认识；同时，他批判费尔巴哈和旧唯物主义的直观认识、被动的反映论，从客体性原则进展到了主体性原则，确立起以实践为基础的能动的反映论，认识主体也是实践主体、生存主体，在认识活动中不仅理性起作用，非理性的情感、意志等主体性因素从未缺场。马克思强调，人不仅通过思维，而且以全部感觉在对象世界中肯定自己。情感既是我们参与到实践活动的动力，又影响认识对象的选择、调控认知活动的节奏与反映认知状况。情感的反作用又与对象的回应不可分割，在这个相互作用的过程中，情感以一种实质性的力量发挥作用。简言之，情感以主体性的特征伴随着我们的认识活动，并拟制或推动认识活动的展开。

情感和情态作为精神生活的形式渗透在社会生活之中，在总体的社会历史背景下，参与主体间的互动。情感是社会关系的反映，不同主体的生存和实践境遇使得认识活动总是激发出不同的情绪，人与人之间也表现为不同的情感关系，并影响相互认知与理解。

在资本主义社会，阶级不对等是社会问题的症结，这种样态下情感表现为利益之间的纠葛。典型的有宗教情感、阶级情感，这些是伴随着人的认识活动而产生的情感体验。马克思历史性地看待这些情感，将其视为社会历史的产物。在《手稿》中，马克思曾描述道："忧心忡忡的、贫穷的人对最美丽的景色都没有什么感觉；经营矿物的商人只看到矿物的商业价值，而看不到矿物的美和独特性；他没有矿物学的感觉。"[1]这无疑是说，情感在认识活动中的出场彰显着它自身的力量。

大众对于教会的不满和痛斥情绪，促使人们在认识活动中不断地考察和探究宗教的本质。在对费尔巴哈的批判中，马克思指出，宗教情感本身也是社会历史的产物，其所关涉的也是现实世界中的人，我们必须分析宗教背后的社会活动。[2]他所生活的时代，"德国可以比做染上基督教病症而日渐衰弱的偶像崇拜者"。[3]宗教披上了虚幻的外衣，·在《〈黑格尔法哲学批判〉导言》中，他尖锐地指明宗教的批判就是要"撕碎锁链上那些虚幻的花朵，不是要人依旧戴上没有幻想没有慰藉的锁链，而是要人扔掉它，采摘新鲜的花朵"。[4]这种宗教之下的人们是"被侮辱、被奴役、被遗弃、被蔑视"[5]的，存在着不合理的宗教关系。玛丽是《神圣家族》中的一名妓女，文本中描述了她被宗教"感化"的过程，她的一生被形象为"罪女"—"修女"—"死尸"，反映了基督教对大众的欺骗性。在《路易·波拿巴的雾月十八日》中马克思展现了法国的天主教成为统治阶级奴役人们的工具，他把教士形容为"地上警察的涂了圣油的警犬"。[6]这些生动的画面都反映了当时社会状态中宗教的变质，使人们在教会活动中由本应在其中得到的慰藉情感转化为了痛苦。

"批判……的主要情感是愤怒，它的主要工作是揭露。"[7]这句话表明情

---

〔1〕《马克思恩格斯文集》第1卷，人民出版社2009年版，第192页。

〔2〕《马克思恩格斯文集》第1卷，人民出版社2009年版，第501页。

〔3〕《马克思恩格斯文集》第1卷，人民出版社2009年版，第13页。

〔4〕《马克思恩格斯文集》第1卷，人民出版社2009年版，第4页。

〔5〕《马克思恩格斯文集》第1卷，人民出版社2009年版，第11页。

〔6〕《马克思恩格斯文集》第1卷，人民出版社2009年版，第572页。

〔7〕《马克思恩格斯文集》第1卷，人民出版社2009年版，第6页。

感在人们对宗教的认识活动中的任务，而人们的痛苦情绪则催生出对教会的革命。在《反教会运动》中，马克思描写了教会骄奢的生活，记录了人们对教会的反抗。长期受欺压的民众意识到了在宗教奴役下的痛苦，逐渐认识到教会与垄断资本的勾结，他们激情地进行着反抗运动。他们将长期以来心中积压的情感转化到了实践活动中，化成一股强大的悲愤力量，向教会宣示着自己的存在。马克思坚定地指出，"废除作为人民的虚幻幸福的宗教，就是要求人民的现实幸福"[1]能看出宗教情感内化为一种积极的情感宣示，抗议着宗教的意识形态化。人们对宗教的情感在平日的教会活动中建立起来，这种情感又反作用于教会活动，充分展现了人的情感参与认识活动的过程，指出它是活动进程中不可或缺的要素。

从阶级情感来看，资本家与工人是一种异己的存在。《共产党宣言》把这种对立的关系描述为：二者将本应有的温情全部转化为纯粹的金钱关系[2]。首先，资产阶级是冷漠、无情的"征服者"[3]，不断地向无产阶级宣告自己的统治地位，旨在最大限度地占有剩余价值和物质财富。在封建社会，领主对农奴残酷压榨，他们自豪于自身的贵族地位，心安理得地享受着农奴给自己带来的利益。随着现实的历史进程的展开，资本家战胜领主成了必然，资本家成为财富占有者的最高代表进入城市生活。在这里，资本家是极致的利己主义者，金钱是他们衡量一切的标准。他们对工人残酷，毫不吝啬地消费着工人的时间，在基本生存之外毫无喘息机会，无情地将其束缚在机器之中，利用一切工具榨取剩余价值。他们享受着资本的无限增长，得意于这种数字的成功；但他们又担忧淘汰，所以，以极强的贪欲压制工人。其次，无产阶级无奈地受制于残酷的资本主义制度，他们甘心忍受资本家的折磨，不断地隐忍着痛苦。马克思强调，工人不断地从事这种单调的劳动，直接会妨碍到他们精力的焕发[4]。在资本家的摧残下，工人完全成为无独立个人的存在，他们不仅肉体受折磨，精神也经受着摧残，人们的情感变得麻木，在这种压制下的直接产物就是劳动异化、人的异化。

异化反映了资本家与无产者之间的陌生和对立，这种情绪就是无产者在

---

[1]《马克思恩格斯文集》第1卷，人民出版社2009年版，第4页。
[2]《马克思恩格斯文集》第2卷，人民出版社2009年版，第34页。
[3]《马克思恩格斯文集》第1卷，人民出版社2009年版，第128页。
[4]《马克思恩格斯文集》第5卷，人民出版社2009年版，第395页。

对自身和资本家的认识活动中所产生的。压制下的无产者，在工作时并不感到自由自主，他们的生活条件肮脏，所食食物劣质……日复一日，带着消极的情感进行生产活动，生产着异己的力量。在异化状态下，生命失去本身应有的意义，不能使内在的激情得到积极的回应，只能将其置于不幸之中。这种情感是他们反抗丑陋社会的催化剂，他们通过经济斗争、政治斗争等形式向资本家发起挑战。工人们激情地实行罢工，企图提高工资、优化自己的生存环境，用这种形式为自己的贫困找寻出路；无产者有预谋地开展政治活动，意在与资产阶级对抗来维护自己的利益，用这种手段为自己卑微的地位反抗。资本家和雇佣工人之间的斗争一直存在着，无产阶级在与其的反抗中队伍逐渐壮大，如法国里昂工人起义、英国宪章运动、西里西亚工人起义等。这些力量并未触及资本主义制度的根源，虽然不足以摧毁资产阶级，但是也存有一定的破坏作用。

以上这两种典型的情感一定程度上是工业革命的产物，工业革命使资本主义社会的贫富差距和阶级斗争凸显出来，形成了阶级之间相互对立的局面。这种时代下的情感实现了可悲的商品化，这两种情感都控诉着人们对现存制度的不满。宗教作为"鸦片"[1]，它腐蚀着人们的精神世界，带给人们虚幻与无情；阶级间的情感是阶级不平等的表现，暴露了社会贪欲的无限扩大。他认为这种宗教情感与阶级情感带来了严重的后果，总体来看可以归结为三个方面。其一，直接带来的便是对无产者的伤害。无产者苦恼于如何生存，因为贫穷而失去了对美的享受，"奴才的艺术"[2]使他们失去了对一切活动的追求，靠着自我节制的信条生活着而毫无其他追求。其二，破坏了人与人之间应有的温情。人与人之间是一种对立存在的状态，人通过支配他人而达到快感，这里只存在着财富的依附和权利的依附，社会在这种依附关系中也成为病态。其三，破坏了人的本质的真正内涵。自由自觉的劳动是人的本质活动，但是现存的异化劳动对人性造成摧残，人们在劳动中感受到的是一种痛苦，而不是应有的快乐。究其本质，这些都涉及了私有制财产，它在情感的波动中起着中介的作用，私有财产的运动展现了情感的样态。[3]

---

〔1〕《马克思恩格斯文集》第1卷，人民出版社2009年版，第4页。
〔2〕《马克思恩格斯文集》第1卷，人民出版社2009年版，第226页。
〔3〕《马克思恩格斯文集》第1卷，人民出版社2009年版，第183页。

马克思与这些情感产生着共鸣，表达着对宗教改革的迫切、对资产阶级的痛恨和对无产阶级的同情。他承认宗教本身在一定程度上对人心灵的慰藉，但是这个与统治阶级附庸在一起的宗教却给人带来了奴役。对于资产阶级，他的情感是复杂的，在《共产党宣言》开篇，他用大篇幅来肯定资产阶级对于推翻封建关系的作用，认为人类的发展必须借助于这个资本的扩张时代。但是这仍然掩盖不了资产阶级的荒唐与残忍，他使这个时代一切的情感都淹没在无尽的贪欲之中。在无产阶级身上，马克思倾注了无限的同情，希望用勇气唤醒他们的反抗精神。恢复人与土地之间的温情、恢复劳动的本质、恢复无产者的尊严等成了马克思的毕生追求，斗争便是马克思毕生的格调。这种情感是马克思所处时代生产关系的真实反映，他深入到无产阶级的苦难之中，对社会结构进行深层次解剖，激烈地对现存社会进行批判，"批判不是头脑的激情，它是激情的头脑"[1]。马克思的情感不仅仅是一种"感"，还包含了"理"，包含着对实现人的全面发展的追求，包含着对万物和谐的未来社会的向往。

无论如何，必须看到马克思是在实践观点和历史的逻辑下，从对象性存在物来理解人及其情感在认识活动中的地位和作用的。他认为，"人对世界的任何一种人的关系——视觉、听觉、嗅觉、味觉、触觉、思维、直观、情感、愿望、活动、爱，——总之，他的个体的一切器官，正像在形式上直接是社会的器官的那些器官一样，是通过自己的对象性关系，即通过自己同对象的关系而对对象的占有，对人的现实的占有；这些器官同对象的关系，是人的现实的实现（因此，正像人的本质规定和活动是多种多样的一样，人的现实也是多种多样的），是人的能动和人的受动，因为按人的方式来理解的受动，是人的一种自我享受"。[2]因此，无产阶级要重新获得积极的情感必须借助批判武器——革命理论的引导，作为武器的批判无情地批判不合理的现实制度，并最终在新文明下协调一切属我的关系并拥有不愧于人的伦理与审美情感。

3. 价值论的终极关切：人类情感的旨趣

马克思关于情感的历史唯物主义原则和发生作用机制的认识回答了作为

---

〔1〕《马克思恩格斯文集》第1卷，人民出版社2009年版，第6页。
〔2〕《马克思恩格斯文集》第1卷，人民出版社2009年版，第189页。

一个未来情感人应有的旨趣。他强调人与人、人与自然之间的关系可以作为整个社会文化教养程度的判断[1]，这种判断中必然涉及情感的要素。面对处在悲惨深渊的无产阶级，马克思不仅仅是赋予同情与怜悯，更多的是为其提供获得自身解放的现实路径。这种解放不仅仅是一次单纯的思想运动，还是一次彻底的历史实践活动，以及历史主体情感升发或升华的过程。

马克思通过对资本主义现代性进行反思，批判了资本主义社会对人类情感的破坏，也揭示了这种破坏的根源在于私有制，如此，消灭私有制是人类走向未来社会并赢获积极、健康、高尚情感的必经之路。在这个过程中，无产阶级是革命和建设新社会的主体力量，需要有世界无产者联合起来的解放人类和自身的人类情怀与历史使命感。在这个意义上无产阶级必须从捣毁机器宣泄失业的不满情绪的自在阶级，向自觉争取自身解放并拥有革命激情的自为阶级转换。因为，统治者不会情愿放弃自身的统治地位和既得利益。这也是卢卡奇强调无产阶级赢获作为总体的阶级意识并渴望总体性来超越物化的意义所在。[2]同时，还得避免粗陋的共产主义者对私有财产的嫉妒和平均主义欲望，克服单纯消灭私有财产的冲动，对资本主义私有制及其工业的评价正如异化劳动批判那样既要看到其压抑人的感性、情感的消极方面，又要看到发展生产力的意义方面，而采取扬弃的态度。就是要反对简单的道德批判，而坚持历史尺度与价值尺度的统一。

正是在历史的逻辑和辩证思维下，马克思称未来社会不是作为理想的共产主义，而是我们消灭当前不合理状况的具有现实性的实践运动。[3]到那时，人作为总体性的存在将获得全面的发展，总体性之总体内蕴着情感因子，人类的感性也得到充分解放，并体现在人与自然、人与人、人与己的关系中。因此，人们对自然、环境、他人和共同体的终极关切的伦理情感、道德情操也会投射到人类生活的方方面面。未来人是马克思所言共产主义社会下感性的人应有的状态，它体现为面对自然的情感、面对社会的情感、面对人本身的情感等多重维度的统一。

首先，人与自然的和解表现为对自然的审美和伦理情感的升发。人与自

---

[1]　《马克思恩格斯文集》第 1 卷，人民出版社 2009 年版，第 184 页。

[2]　参见［匈］卢卡奇：《历史与阶级意识——关于马克思主义辩证法的研究》，杜章智、任立、燕宏远译，商务印书馆 1992 年版，第 93 页。

[3]　《马克思恩格斯文集》第 1 卷，人民出版社 2009 年版，第 539 页。

然之间的情感在不同时期展现着不同的样态：在人类社会的初期，人类对自然更多的是膜拜，屈服于自然的暴力，认为自然统治着人类；在后来发展的时期里，特别是来到现代工业支撑的现代世界，在资本逻辑的驱使下人类开始奴役自然，对自然的情感也由敬畏到宰制，主宰情绪应然而生，人们毫不节制地开发和剥夺自然资源。这除与科学技术水平的发展直接相关外，人类认为自己有掌握、统治自然的用之不竭的能力，以效率效益优先的资本主义生产方式和急功近利的价值取向也加速了这个过程。同时，传统形而上学的思维方式和理性主义主体性原则至上的主张，如"人为自然立法"，最终导致过去以自然为中心、向自然学习，转向以理性为中心、宰制和奴役自然，似乎人可以借助理性统治整个世界，如此，人在无尽欲望的促逼下骄横、狂妄地征服自然的每一个角落，遮蔽掉自然自身存在的根据和内在价值。就是说，在理性形而上学的主导下，不仅自然界仅仅变成了人的一种工具性存在、一个资源库，人与自然本应有的亲切关系被强行割断。所以，马克思说异化劳动越是占有自然界却越是失去自然界，甚至无产者越来越失去自身存在的现实性，仅仅作为工人和商品人，商品拜物教、货币拜物教和资本拜物教的意识必然泛滥。就连人类最美好的情感——爱情也变成了交易手段。在马克思的眼里，理性的崛起是以牺牲感性的丰富性为代价的。他确信，从拜物教就可以看出，理论之谜的解答在何种程度上是实践的任务并以实践为中介，真正的实践在何种程度上是现实的和实证的理论的条件。这样，他得出结论：拜物教徒的感性意识不同于希腊人的感性意识，因为他的感性存在还不同于希腊人的感性存在。只要人对自然界的感觉，自然界的人的感觉，因而也是人的自然感觉还没有被人本身的劳动创造出来，那么感觉和精神之间的抽象的敌对就是必然的。[1]消除这种对立，就必须扬弃异化劳动，而扬弃异化劳动的关键在于扬弃私有制的革命实践，即"通过付诸实行的共产主义才能完成"。[2]当然革命的主体只能是饱受资产阶级剥削、蹂躏，拥有痛苦、愤怒和反抗情绪与革命激情的资产阶级的掘墓人——无产者。马克思明确指出：在同旧制度的斗争中，批判不是头脑的激情，它是激情的头脑，是武器[3]。批

---

〔1〕 《马克思恩格斯文集》第1卷，人民出版社2009年版，第231页。

〔2〕 《马克思恩格斯文集》第1卷，人民出版社2009年版，第231页。

〔3〕 参见《马克思恩格斯文集》第1卷，人民出版社2009年版，第6页。

判的武器——理论不能代替武器的批判。他设想，只有无产者借助暴力革命推翻资产者的统治、扬弃私有制，才能扬弃异化劳动，将属于人的关系还给人自身，重新在自愿的劳动下拥有丧失了的自然界，自然不只是作为人的理论对象，更是人的审美对象，人们再次在人化的自然中认识到自然存在的先在性，变人与自然的冲突为人与自然的和谐，自然界是人类的母亲，人应该在自己的生存实践活动中自觉尊重自然规律、保护自然环境、维护自然生态，对自然、环境和生态负有责任，从而将人对自然的情感从前现代的敬畏与顺应之情、现代的征服、宰制的欲望转换为审美与伦理情感。唯有如此，完成了的自然主义才能是完成了的人道主义。由于自由自觉的劳动使得人能够按照美的规律来建造成为可能，将内在尺度与外在尺度、自律与他律统一起来，既尊重物之物性，也张扬了人之人性，这样，自然就不再是外在于人的客体——工具、资源库，人也不再是高于自然的主体——自然的主宰者，而是互为对象、相互依存的对象性关系。从而，恢复二者本应有的亲缘关系。这种亲缘关系不仅摒弃了人将自然界视为利益工具的功利性情感，而且变人自身所具有的优越感为对自然、环境和万物的责任感与伦理情怀。人们切实在改变对象世界的劳作中改变人自身（包括提升自身的道德与伦理境界），做到既"成物"也"成己"。

其次，人与人关系的和解体现为真正的共同体成员间的有爱与互助的情感。在马克思看来，未来共产主义社会消灭了阶级、国家，也消灭了剥削和不平等的敌对关系。因为，自由人联合体是真正的共同体，共同体成员共同占有生产资料，没有了强迫分工下的劳动，原来的竞争关系转换为合作关系，有爱、互助的情感沟通将成为人与人交往的主要目的，也就是在交往上由以往追逐一己之利的算计、欺骗、奴役和剥削转变为主体间重情义的相互尊重、相互信任、相互成全的关系。每一个人的自由而全面的发展是一切人自由而全面发展的前提，个体的价值体现在对他人和共同体的贡献上。因此，就由前现代社会的群体本位、现代社会的个人本位转变为类本位，人类共同体的生存与可持续发展将成为所有共同体成员的终极关切。

马克思曾借用土地所有者——不动产与资本所有者——动产之间的相互攻击，毫不留情地揭示了封建的生产关系与资本主义的生产关系中人与人之间关系的对立。在《手稿》中，他指出：只要看一看不动产对动产的攻击，并且反过来看一看动产对不动产的攻击，对双方的卑鄙性就会有一个明确的概念。土地所有者炫耀他的财产的贵族渊源，夸示封建时代留下的纪念物（怀旧），标榜他的回忆的诗意、他的耽于幻想的气质、他的政治上的重要性等等，而如果他用国民经济学的语言来表达，那么他就会说：只有农业才是生产的。同时，他把自己的对手描绘为狡黠诡诈的，兜售叫卖的，吹毛求疵的，坑蒙拐骗的，贪婪成性的，见钱眼开的，图谋不轨的，没有心肝和丧尽天良的，背离社会和出卖社会利益的，放高利贷的，牵线撮合的，奴颜婢膝的，阿谀奉承的，圆滑世故的，招摇撞骗的，冷漠生硬的，制造、助长和纵容竞争、赤贫和犯罪的，破坏一切社会纽带的，没有廉耻、没有原则、没有诗意、没有实体、心灵空虚的贪财恶棍。〔1〕

资本家知道土地所有者是自己坐享其成的、残酷无情的（自私自利的）昔日主人，针对不动产的攻击，"动产则宣称自己给人间带来了政治自由，解除了束缚市民社会的桎梏，把各领域彼此连成一体，创造了博爱的商业、纯洁的道德、令人愉悦的文化教养；它使人民摒弃低俗的需要，代之以文明的需要，并提供了满足这种需要的手段"。〔2〕对此，马克思批判资产阶级意识形态的虚假性和欺骗性。他深刻地指出：资本主义的生产不仅把人当做商品、当做商品人、当做具有商品的规定的人生产出来；它依照这个规定把人当做既在精神上又在肉体上非人化的存在物生产出来。导致资本家和工人彼此是异己的，从而处于漠不关心的、外部的和偶然的相互关系中，所以这种异己性也必定现实地表现出来，即表现为工人和资本家的不道德、退化、愚钝。

在马克思笔下，资本主义社会呈现为虚假的共同体，异化劳动使人与人之间的关系分裂而成为对立的双方。货币拜物教使人与人之间的关系以货币为中心而展开，围绕物质利益进行较量，人丧失人之为人的类本性。但同时，他认识到异化是人类实践历史展开的一个环节，既是异化的工业也标志着人的本质力量的提升并丰富着人的感性能力，从而避免了浪漫主义的怀旧，而强调大工业的积极力量，尤其是对新觉醒了的历史主体的无产者的锻造，使得资本主义生产方式自身孕育出瓦解旧制度的新生力量，剥夺者必然被剥夺，从而使人重新作为拥有主体性的人并拥有美好的情感——关怀他者与人类命运。

---

〔1〕《马克思恩格斯文集》第 1 卷，人民出版社 2009 年版，第 174 页。
〔2〕《马克思恩格斯文集》第 1 卷，人民出版社 2009 年版，第 175 页。

　　他构想在共产主义社会，人的社会关系必将得到充分的展开。物质生产的极大富足使人们不再为了生存而进行异化劳动，为精神层面的享受提供了保障，人与人之间也从虚幻的、被金钱和利益包裹的情谊变成了兄弟般的真情，[1]情感不再披有金钱的外衣。社会成为不异化于人本质之外的存在，成为一个以自由交往为基础的真正的共同体。在这里，个人与社会走向内在统一的关系，社会为个人的发展提供基本前提，人在社会中得到情感的满足，自由地享受各种活动；个人的发展推动着社会的进步，社会由利益的争斗变为情感的联合，人与人、人与社会的冲突得以化解并达到真正意义上的融合。在这样的社会中，情感在人与社会之间得到本质力量的绽放，这个社会将真正地做到"只能用爱来交换爱，只能用信任来交换信任"[2]。

　　此外，从人与己的情感关系来看，在未来的共产主义社会随着自然和人的双重解放，个人被扭曲和压抑的情感也将得到解放和升华。资本主义社会使人成为物质和利益奴役下的产物，私有制的存在使人也只能片面性地发展，特别是机械的生产活动使人变成被动的麻木的工具性存在。与同类竞争获得的异化劳动机会只能满足活下来的动物式的基本生存欲望，这种扭曲的状态使人的身体与情感相分离，自身的情感成为一个抽象性的概念，以一种异己的方式存在。人们只好逃到宗教彼岸的世界寻求情感的慰藉，宗教里的苦难是对现实苦难的表现，"宗教是被压迫生灵的叹息，是无情世界的情感……"[3]所以，针对人的非人的片面性存在，马克思在《手稿》就提出"完整的人"这一概念，而后在《德意志意识形态》中又描绘了克服强迫分工而出于自愿的全面发展的人。在自主的劳动中既有创造的想象和激情投入，又有自我实现的获得感，收获的是心理上的自我认同和自我肯定，因此是快乐劳动。

　　显然，劳动者在自主劳动中获得的情感解放，必将实现"人的一切感觉和特性彻底解放"[4]，丰富自身的感性生活、提升自我的精神境界。进而，它使人以一种全面的方式占有自己的本质。[5]这种全面的方式使完整的人之存在成为可能，使劳动者成为自由自觉实践的主体，自我约束和规范的道德

---

〔1〕《马克思恩格斯文集》第1卷，人民出版社2009年版，第232页。

〔2〕《马克思恩格斯文集》第1卷，人民出版社2009年版，第247页。

〔3〕《马克思恩格斯文集》第1卷，人民出版社2009年版，第4页。

〔4〕《马克思恩格斯文集》第1卷，人民出版社2009年版，第190页。

〔5〕《马克思恩格斯文集》第1卷，人民出版社2009年版，第189页。

主体、伦理主体。也只有这样才能使人与自然、人与人、人与自身异化了的冲突关系得以和解，并进一步彰显人的主体性，在成就他人、他物的同时成就自身。

总之，马克思是基于劳动发展史，在历史唯物主义解释原则下理解情感，将人的情感同人们的生产方式内在地关联起来，将其看成社会历史的产物；把人之情感的解放与人的解放统一起来，把劳动主体积极情感与主体性的确立视为改变对象世界的自由自觉的实践活动的结果。一句话，立足历史唯物主义的马克思实践哲学也是关注人的情感如何提升的实践人学或劳动人学——新主体性哲学[1]。这无疑对当下着眼于提高劳动者素质、融合科学精神与工匠精神，探索劳动主体如何在参天尽物的生产实践中合内外之道，在造物成物的劳动中不断追求卓越、实现自我，从而摆脱枯燥的工具性劳动而在劳动中获得快乐和成就感、幸福感等具有重要的理论价值和现实意义。

（二）从未缺场的"情感调子"：怀特海哲学的情感之维

当代哲学特别是人本主义思潮的哲学，用非理性对抗理性的霸权，使情感在哲学中的地位凸显。存在主义对焦虑的讨论，海德格尔把"现身情态"作为历史性"此在"（Dasein）在世结构分析的一个重要环节，在晚期格外强调"开端性思想"（Inceptual Thinking）的"基本情调"（Grounding Attunement or Basic Disposition），甚至把"惊奇"和"抑制"与哲学开端相对应[2]。而在科学主义思潮中，怀特海是最早把情感放到重要的哲学地位的当代思想家。他在过程实在论下坚持泛主体论、泛经验论的有机论、整体论，其哲学旨在描述和回答宇宙如何通过经验主体的肯定性摄入和否定性摄入活动而完成不同等级实存和宇宙的合生，并在具有爱和诗人气质的自然主义有神论的上帝引导下而走向真、平和、善、美的文明秩序。所以，在他的哲学中，情感具有重要的价值和地位，不仅体现在他的存在论中经验主体的摄入活动总是离不开具有情感的主体性形式，体现在其认识论中的认识主体的经验感受——因果效验被看成是感觉直接性认识的基础，而且体现在不同于传统的主客体

---

〔1〕 张秀华、何迪、连冠宇：《"现实的人"和"现实实有"的逻辑——马克思与怀特海哲学的主体性原则之比较》，载《理论探讨》2020年第5期。

〔2〕 ［德］马丁·海德格尔：《哲学论稿（从本有而来）》，孙周兴译，商务印书馆2012年版，第14—41页。

思维方式而进入到主体间性的理解万事万物，从而把万物当作有情、有自身感受能力的价值主体和伦理主体，成为大地伦理学和环境伦理学的哲学根基。

1. 存在论上情感从未缺场：离不开情感主体形式的现实实在之摄入活动

怀特海从过程论和生成论出发，认为宇宙中的一切实存都处于生成、变化的过程中，过程即实在。特别是在有神论的自然主义立场下，其有机的宇宙观认为，即使是上帝也不例外地处于与世界的交往过程中，并像诗人一样陪伴经验主体的成长。因而，他把时空中的基本实在类比成"原子"叫做"现实事态"（Actual Occasion）或"现实实在"（Actual Entity），并将其视为"经验主体"（Empirical Subject），经验主体以其拥有情感强度的主体形式（Subjective Forms）进行感受（Feelings）或摄入（Prehensions），即通过物质性感受摄入环境中的物质资料，通过精神性感受或概念感受摄入永恒客体完成自我感受、自我选择、自我创造、自我生成与自我实现，并最终获得自我满足的情感。显然，这一过程不仅从有情感的主体形式出发，主导着经验主体的自我感受、摄入和生成活动，而且以自我满足的情感作为结局和终极目的，进而，以主体性消亡的方式完成从主体向客体的转换，而被称为超体。经验主体自我实现、自我满足所达到的个体化、个性化的独一无二的新颖性创造也最终被保留在万有在神论（Panentheism）的上帝那里，构成上帝对世界的物质性感受而获得继生性的质之组成部分。

在《过程与实在》中，怀特海把上帝看成是一种现实实在（Actual Entity），进而用"原初性的质"（Primordial Nature）和"后继性的质"（Consequent Nature）对其描述。不同于继生性的质，原初性的质是基于上帝这种现实实在的主体性形式——追求新生的情感和友爱对永恒客体（Eternal Objects）所进行的概念性摄入，从而使永恒客体有了秩序并为进入时空中的现实事态的合生（Concrescence）（主要是概念摄入）做好了准备。用他自己的话说：根据相关性原理，只能有一种非派生的实在，它不受对其现实世界的各种摄入的制约。这种创造性的原初的超体（Superject），在其满足的统一体中，获得对所有永恒客体全部的概念性评价。这是对创造性秩序所依赖的永恒客体的共在所进行的终极性、根本性的调解。它是对表现为喜欢和厌恶形式的全部欲望进行的概念性调解，并构成了关联性的意义。它作为现实的有效事实的地位是通过把它命名为上帝原初性的质而得到确认的。[1]

怀特海把他的存在论原理直接表述为："所有实在的共在都是现实性的形式构成的共在。"[2]就是说，任何现实实在的合生都离不开永恒客体的进入。因为，他在讨论说明性范畴时对现实事态的生成明确给出三个因素：（1）进行摄入的"主体"（Subject），即以这种摄入作为具体要素的现实实在（或现实事态）；（2）被摄入的"材料"（Datum）（包括来自环境或现实世界的客观资料和来自潜在的永恒客体）；（3）主体形式（Subjective Form），即这个主体是如何摄入那些材料的。[3]这里所说的主体形式不是别的，恰恰是包括"情感、评价、目的、喜欢、厌恶、意识等"[4]；这里所说的"材料"既包括物质性摄入的客观资料，也包括概念性摄入的永恒客体，而永恒客体是已经被上帝因其主体形式——爱的情感及其强度而完成的概念性摄入的结果，已经被秩序化了，并以其不同等级和相应的方式进入现实事态的摄入活动，而参与作为经验主体的现实事态的生成。

由于一切受造物、时空中的存在物都是其现实事态的"生成"，这是怀特海的"过程原理"所决定的。同时，任何现实事态不仅通过摄入活动自我生成，而且还参与其他现实事态和宇宙整体的合生。所以，伴随着上帝的概念性摄入和物质性摄入活动与实践，宇宙及其万物构成的不同层级的经验主体，因其爱、恨的情感等主体形式而进行感受或摄入的合生，并追求着创造新颖性、自我实现，而走向自我满足的过程。在这一过程中宇宙历经冒险却必然走向平和、真、善、美的文明秩序，因为有上帝及其爱的存在。

正是如此，我们可以下一个强判断，怀特海过程实在论的存在论，根本来说是有机论的宇宙本体论，是有神论的新宇宙形而上学或爱的形而上学，爱的情感在实在的生成过程中从未缺场，成为一个不可缺乏的宇宙之解释的要素。由于让上帝参与了宇宙的合生，每一现实实在都有物质性和精神性的摄入活动，而主动接纳永恒客体的进入，去追求自我实现的完满体验，从有限进入无限，虽死如生。这样，情感成为怀特海过程哲学的关键因素，并在存在论的意义上说明了宇宙及其万物都有情感，试图对人类何以主动接受拥

---

〔1〕 A. N. Whitehead. *Process and Reality*. New York：The Free Press，1978，p. 32.

〔2〕 A. N. Whitehead. *Process and Reality*. New York：The Free Press，1978，p. 32.

〔3〕 A. N. Whitehead. *Process and Reality*. New York：The Free Press，1978，p. 23.

〔4〕 A. N. Whitehead. *Process and Reality*. New York：The Free Press，1978，p. 24.

有爱的情感的上帝而产生的宗教情感给予哲学的阐发。怀特海认为哲学必须关照人类的宗教情感，但他并非要创立过程神学，而他的学生哈茨霍恩从怀特海关照了宗教情感和宗教现象的过程哲学那里发展出过程神学，某种程度上也影响了怀特海哲学的传播。

2. 认识论上情感因素的在场：拥有"因果效验"情感基础的表象直接性感知

怀特海不仅在存在论上确立了情感的地位与不可或缺的功能，而且在认识论上也让情感因素出场。

针对传统实体论形而上学的认识论局限，即凭借主客二元论的思维方式，而强调认识活动中主体对客体感知的优先性和优越性，并把这种感知与人体的感觉器官直接关联起来。他将这种学说概括为：一是所有的知觉都要通过身体感觉器官的媒介，以及其他构成触觉、痛觉和其他身体感觉的延伸组织；二是只要直接当下在场，所有知觉的对象就是感觉对象，他们以一定方式联系着；三是我们关于社会性世界的经验是一种解释性反应，完全衍生自一种知觉；四是我们的情感及目的的经验是一种反射性反应，衍生自这一原始的知觉，并与解释性的反应交错在一起，同时部分地铸造它。因此，这两种反应便是同一过程的不同方面，包括了解释性的、情感性的以及目的性的诸因素。[1]同时，他进一步指出尽管有学者对此给予了批判，但正当性不够。

对此，怀特海把感知建立在更为深刻的非感知——感受或摄入的基础之上，并强调后者在认识中的地位与作用，进而主张认识不能没有感情的调子。

他不但反对把主—客体关系这一经验的基本结构等同于知者与被知者的关系，认为单纯知识的概念是一个高度抽象的概念，而指认知识是有经验基础的，而经验的基础又是情感性的，有一个"情感调子"（Affective Tone）[2]。而且他在指出主体与客体区分的相对性之后，进一步定义了经验主体——现实事态的摄入活动及其所关涉的三个必不可少的因素，批评知觉在认识上的局限，并在此基础上提出"非感官的知觉"（Non-Sensuous Perception）概念，对其可理解性和可接受性做了详细说明。用他自己的话说：我们首先应该清楚地承认，感官知觉内部存在着局限性。这一特殊的功能方式根本上是把知觉材料表现为此地、此刻、直接和离散的。感觉的每一印象都是清晰的存在，这

〔1〕　A. N. Whitehead. *Adventures of Ideas*. New York：The Free Press，1967：pp. 177-178.
〔2〕　A. N. Whitehead. *Adventures of Ideas*. New York：The Free Press，1967：pp. 175-176.

为休谟所宣称，而且没有理由怀疑这一学说。然而，即使休谟也为每一印象穿上了力和活泼的衣服。必须要清楚地懂得，没有哪一种摄入，甚至是对单纯感觉材料的摄入，可以摆脱感情的调子，即贵格派所说的"关切"这个特点。关切是知觉的本质特征。[1]此处他借用贵格派对"关切"（Concernedness）在认识活动中的作用，实际上是进一步说明知觉活动离不开感情的调子。

为了阐明当下的感知经验拥有过去非感知的经验基础，他以人的经验为例，指出人的经验的现在时刻（Present Moment）是由另一时刻流入人的那个自我同一性而形成。该自我同一性就是直接过去在当下的延续。[2]

特别是他在讨论经验主体的感受或摄入活动存在着前后事态的作为主体形式的情感相符问题时，他以"生气"（Angry）的情感为例格外强调：只要该情感落入意识之光内，他便对过去的情感享有了一种非感官的知觉，并且他把这种情感的前后相符或一致性叫做"自然的持续性"（Continuity of Nature），而非感官知觉是自然持续性的一个方面。[3]

更为重要的是，怀特海对有关感官知觉的正确学说做了精辟而深入的阐发：身体活动所固有的情感调子的定性特点被演变成为区域特点。这些区域于是被理解为与那些性质特点联系在一起，但是这些同样的性质也被摄入的主体形式所分有。这便是为什么会有感官知觉强加的审美态度的理由。表明客体特点的那些感觉对象——即处于对比模式中的那些感觉对象——其模式也进入了摄入的主体形式。这样艺术才成为可能，因为不仅是客体可以被规定，它们摄入的感情调子也是可以规定的。这便是建立在感官知觉基础上的审美经验。[4]

他还概括地陈述了感官知觉的发生及其所产生的现象，即从过去而来的继承物被抛入现在，它变成了感官知觉，就是现在的现象（Appearance）。[5]

最后，怀特海把认识论建立在其过程存在论的基础上，进一步回答了因果关系、记忆、知觉等问题。在他看来，人类流行的对过去的普遍表达有三个方面：因果关系、记忆，以及我们基于当下过去的经验将我们的活动转换

---

[1] A. N. Whitehead. *Adventures of Ideas*. New York：The Free Press，1967：p. 180.

[2] A. N. Whitehead. *Adventures of Ideas*. New York：The Free Press，1967：p. 181.

[3] A. N. Whitehead. *Adventures of Ideas*. New York：The Free Press，1967：pp. 183-184.

[4] A. N. Whitehead. *Adventures of Ideas*. New York：The Free Press，1967：pp. 215-216.

[5] A. N. Whitehead. *Adventures of Ideas*. New York：The Free Press，1967：p. 217.

成我们当前修正它的基础。因此，消亡（Perishing）是超越未来的一种角色假设。诸事态的"不在"是他们的"客观不朽"。一个纯粹的物质摄入就是一个事态如何在他的当下存在中吸收另一个已经成为"不在"的客观不朽的事态。过去如何居于当前就是因果关系、记忆，也是知觉的来源，还是情感对于被给予的伴随当前的过去情感之持续性的符合。过去如何居于当前是一个基本因素，从它出发生长出当前每一个暂时事态的自我创造。因此，消亡就是生成的开始。过去是怎样消亡的，未来就怎样生成。这无疑再次表明，在怀特海那里认识活动始终伴随着情感的发生。

3. 价值论上情感的不容忽视：携情感的现实实在对自身、他者及宇宙有价值

怀特海基于其过程实在论，在泛主体论、泛经验论下，把一切存在都看成是携带着情感、有自身内在价值的实在，并在生成自身的过程中，参与他者的生成和整个宇宙的合生。这里的他者不只是在时空中作为经验主体的其他现实事态，还包括作为现实实在的上帝这一经验和感受主体。因此，一切携带着情感的现实事态、现实实在都对自身、他者以及宇宙有价值。但这一结论需要做出进一步论证与说明。

首先，从现实事态或现实实在对自身有价值来看。怀特海主张：现实事态或现实实在是经验主体，不是现成的持存物，而是拥有主体形式、依托情感调子进行感受或摄入活动的自我选择、自我创造、自我生成并获得自我满足的能动的存在，而非单纯受动的存在。其感受和摄入活动是其自我成就的实践过程，遵循的是主体性原则。如果把感受活动看成是在时间中作为经验事态的自我展开，并完成从生到死的整个过程，那么，每一片刻的感受或摄入活动都是经验主体我的活动，具有内在同一性，并基于这种同一性不断获得主体自身的自我肯定，即后一时刻的摄入活动总是建立在前一刻摄入活动基础之上，并在持续进展中主体的当前总是携带着过去的经验和情感参与未来的自我创造和生成，而且这一过程循环往复，直到最终的自我实现、自我满足。从而，他自己完成了从生到死的转换，从主体到客体而参与他者生成的转换，也是从有限走向无限而具有客观不朽的永恒存在，将自身独一无二的价值保留在上帝之继生性的质中。这是经验主体自我完成自己生命的伟大历险，最终创造出属于自己的"新颖性"（Novelty）。正是在这个意义上，经验主体的现实事态对自身有价值。那也是怀特海特别在九种范畴性要求中，把第一个范畴就叫做"主体性统一性范畴"（Category of Subjective Unity）的

原因所在。该范畴是说，经验现实事态有许多感受，它们处于其生成过程的不同阶段，但却由其主体的统一性而得到整合。[1]

其次，从现实事态或现实实在对他者有价值来看。在怀特海那里，任何现实事态都是宇宙整体中的一元，不是孤立的存在，而是处在联系中的存在。这些联系的不同次序构成了宇宙的等级秩序。因此，整个宇宙是一个充满联系的有机、有序、和谐的整体。[2]也因为如此，C. Robert Mesle 把怀特海的哲学叫做"过程—关系的哲学"[3]，而怀特海则把自己的哲学叫做"有机哲学"（Philosophy of Organism）。那就是说，每一个现实事态的生成与自我创造活动都不是孤立的，表现为其感受和摄入活动既离不开环境、域或现实世界，也离不开作为最大背景的宇宙，更离不开作为诗人一直陪伴着的上帝。因为怀特海确信，任何作为经验主体的现实事态的生成都是合生，他不仅需要有来自于环境从下至上的因果效验（Causal Efficacy），而且有来自上帝的自上而下的因果效验。环境中曾作为主体的客体会为现实事态提供其物质性摄入的客观资料，这不是可有可无的，而是摄入或感受主体的感受、摄入活动所必须的条件。在这个意义上，可以说过去了的、完成了的现实事态作为客体参与新事态的生成，因而作为一桩客观资料对新事态有价值和意义。不只如此，一旦新事态的生成得以完成，也从主体变成客体参与下一个事态的生成，就会对他者有意义和价值。这些都反应了从下至上的因果效验。还有一个自上而下的因果效验，这标志着作为上帝的他者对经验事态有价值和意义。在怀特海看来，经验事态的摄入总是具有"两极性"（Dipolarity）——物质极和精神极，物质极（Physical Pole）的物质性摄入受制于从下至上的因果效验，而精神极（Mental Pole）也叫概念或命题摄入则受制于自上而下的因果效验。这表明经验事态在感受或摄入活动的过程中不仅有主动性还有受动性，而需要客体性原则的介入。为此，怀特海在范畴性要求中给出了客观多样性范畴，是说各种不同客体要素，在主体事态的合生过程中发挥着各自不同的独特作用，都有价值。比如，现实事态在进行摄入活动的过程中除了保形阶段的物

---

〔1〕 A. N. Whitehead. *Process and Reality*. New York：The Free Press, 1978, p. 26.

〔2〕 张秀华：《从有机、有序到和谐与文明——怀特海与马克思的机体思想之比较》，载《云南大学学报（社会科学版）》2017 年第 1 期。

〔3〕 C. R. Mesle. *Process-Relational Philosophy：An Introduction to Alfred North Whitehead*. Templeton Foundation Press, 2008.

质性感受来自环境中的客观资料外，还需要在补充阶段概念摄入过程中让来自上帝概念摄入而秩序化了的永恒客体进入，只有如此，才能使现实事态的物质性摄入通过概念评价得以定型。因此，上帝对现实事态的合生具有引导作用，对主体事态合生有价值。这体现了拥有欲求、爱并作为现实实在的上帝这一经验主体对他者有价值和意义。然而，还必须看到，这些客体性因素的介入都离不开主体的选择，而选择什么、多大程度上摄入客体资料、永恒客体都与主体的情感调子有关。一旦现实事态完成由两极决定的摄入活动，获得自我满足，也就一方面把自己独特的新颖性创造贡献给上帝的后继性的质而获得客观永恒性，另一方面转换成其他现实事态的客体资料参与新事态的合生，因而对他者有价值和意义。

此外，从现实事态或现实实在对宇宙的价值来看。根据怀特海的有机宇宙论，现实事态以其终极的创造性构成宇宙万物，上帝评价永恒客体——概念摄入而拥有原初性的质、因物质性摄入世界而获得后继性的质，作为现实实在也参与宇宙的合生。因为对于怀特海的过程哲学来说，宇宙就展现为创造性的生成过程，上帝作为现实实在只不过使发挥着自身功能的宇宙之自为成为可能而已。正是上帝的两极性摄入，即概念性摄入和物质性摄入的结果——原初性质与后继性质，不仅通过对永恒客体的秩序化来引领宇宙秩序，使得世界中的价值增加成为可能，而且通过保存现实事态走向自我满足后而获得的独特价值而解决了意义问题。同时，上帝也处于不断丰富自身继生性质的过程中，成为具有激情的诗人陪伴着宇宙和世界。不再是对世界的统治与控制而是说服与引领。但是，这需要宇宙与世界中现实事态的两极摄入，尤其是概念性摄入，从而通过摄入永恒客体，使处于潜在性的永恒客体进入现实事态的合生而具有现实性，并从上帝那里获得"原初目的"（Initial Aim）。正如柯布所看到的，怀特海相信来自永恒客体的秩序能够增加世界的价值。[1]

不过不能忽视的是，无论是时空中的现实事态还是上帝——现实实在，都作为经验主体，因而拥有主体形式、感情的调子参与整个宇宙的合生。这也就是当代有机马克思主义把宇宙看成是生命之网构成的共同体，每一个存在都是拥有宇宙整体的深度存在、有根的存在，并积极推进关切人及宇宙万物价值的生态文明的原因之所在。

---

〔1〕　J. B. Cobb. *Whitehead Word Book*. Claremont：P & F Press，2008：p. 68.

4. 伦理学上情感的凸显：成为环境伦理学之根的关爱与尊重他者的情感

可以说，正是怀特海过程哲学、有机哲学的泛主体论、泛经验论回答了非人类的存在成为伦理主体的可能性与合法性。

由于万物都是具有欲求、情感等主体形式的经验主体，或者说万物有情，因此，人类就不可以只把自己当成是追求目的和价值的主体，而把其他存在当作无自身目的和价值的、被动的甚至死的客体。这种以人类为一方、非人类为另一方，肯定前者而否认后者的主客二元的传统形而上学思维方式必须被放弃，从而按照建设性的立场，把万事万物和人类都看作宇宙共同体中的一员，注重宇宙共同体大家园的"共同福祉"（Common Good），厚道地对待一草一木，敬畏自然，呵护环境的伦理意识和伦理责任才会变得可以理解并可以付诸行动。这正是当代的怀特海后学或有机马克思主义（本人更愿意称其为过程马克思主义）遵循怀特海的过程哲学或机体哲学所倡导的宇宙正义、生态正义、环境伦理。

布莱恩·亨宁（Brain G. Henning）在《过程与道德》一文中，认为怀特海触及到道德、伦理问题，并从以下几个方面加以阐发：一是基于怀特海的价值与意义的思想，确认怀特海道德思想的合法性。因为万事万物都有自身的价值与意义，并对他者、宇宙和上帝有意义和价值，因此，伦理主体的范围必须扩大到非人类以外。二是认为怀特海在《思想方式》中把道德直接定义为：为了意义最大化的一种控制过程。三是认为怀特海在《观念的冒险》中讨论美的问题时，把道德的秩序放入美的秩序之中，而且指出怀特海认为善的才是美的。四是回应了其他学者不是从意义与价值而是从利益方面来理解怀特海的道德思想。进而，亨宁认为怀特海有利他主义思想，即，怀特海的道德哲学作为总体化的利他形式，为了经验主体自身和共同体的利益，致力于把上帝经验强度的最大化，道德行为在于最大化对整体或者上帝和每个个体的价值体验。在一个层次上的三种区分，没有哪一个比他者更优先。[1]因为怀特海坚持认为，个体对整体的价值不能与个体自身和他者的价值割裂开来。[2]

---

〔1〕 B. G. Henning. *"Process and Morality"*, in *Handbook of Whiteheadian Process Thought*, Vol. 1, Michel Weber and William Desmond（eds.），Ontos Verlag, 2008.

〔2〕 ［英］阿尔弗莱德·怀特海：《思想方式》，韩东晖、李红译，华夏出版社 1999 年版，第16-17 页。

不止于此，布莱恩·亨宁还在另一篇文章《探究环境伦理学的过程根源——怀特海、利奥波德与大地伦理学》中，通过思想史的考察和文本研究进一步指认，怀特海对环境伦理有理论贡献；后怀特海学者最早参与了环境伦理学的研究并给予合法性辩护，如 1972 年小约翰·柯布出版了环境伦理学的第一部著作；在威廉姆·布莱克斯通组织的第一个环境伦理学术会议上，怀特海的弟子哈茨霍恩、柯布和刚特出席会议，其参会文章也被收入论文集；哈茨霍恩在《伦理学》杂志上发表了环境伦理学的第一篇文章《超越明智的利己主义——一种伦理学形而上学》；而环境伦理学的第一篇博士论文《非人类世界的权利》是由怀特海和黑格尔研究专家乔治·兰克共同指导的学生阿姆斯特朗完成的，等等。[1]

我们通过布莱恩·亨宁上述研究可以进一步断定，怀特海过程哲学的确开显出大地伦理学、环境伦理学和生态伦理的理论维度。然而，一个不容忽视的细节是，怀特海过程哲学在有机论、整体论、过程论、内在论下，使包括人类在内的一切存在都成为经验主体，有感受的主体性形式——目的、情感、评价等，因此，主客体思维模式转换成"主体间性"（Inter-Subjectivity）的解释原则，通过情感的调子，爱、敬畏、关切、同情等情感样态，一切主体间就有了共情与相互理解的可能性与必要性，承认他者的在场——共在、合生，利他原则才能被确立起来。显然，怀特海在科学哲学、自然哲学传统内开出了"有情""重情"的人文科学方法论——理解对象与体验生命的方法，以及强调主体间互动、对话、合作的建设性后现代主义的立场。那也是当代过程思想家、有机马克思主义奠基人小约翰·柯布倡导生命解放、共同福祉、生态文明的关键之所在。而由菲利普·克莱顿等所著的《有机马克思主义——生态灾难与资本主义的替代选择》[2]一书，则进一步把"共同福祉""有机的生态思维""阶级不平等问题""长远的整体视野"作为理论的关注点，并试图寻找替代造成生态灾难的资本主义的可能方案。特别是其对传统和文化的尊重与强调，以克制现代性所导致的断裂与冲突，无疑是有情感调子的过程哲学在当代伦理、正义观等方面的集中表达。

---

〔1〕 B. G. Henning. *Unearthing the Process Roots of Environment Ethics*：*Whitehead*，*Leopold*，*and the Land Ethic*. Balkan Journal of Philosophy，Vol. 8，2016（1）.

〔2〕 P. Clayton，J. Heinzekehr. *Organic Marxism*：*An Alternative to Capitalism and Ecological Catastrophe*. Claremont：Process Century Process，2014.

综上所述，无论是从存在论、认识论，还是从价值论和伦理学的理论进路来看，怀特海的哲学都让"情感的调子"在场，并发挥着重要的解释功能。不仅解构了理性主义的实体论形而上学，理智主义的"看"的意识哲学，而且抛弃了主客二元论的思维方式所张扬的抽象主体性与能动性，在主体间性的解释原则下，变"我—它"关系为"我—他"关系，把他者—包括他人在内的宇宙万物的价值与伦理主体的地位还给其自身，为环境伦理和生态文明建设提供一种理论支撑。然而，这并不意味着强调了情感因素的怀特海哲学没有理论局限，而关键的问题是我们如何从他的哲学那里获得可借鉴的思想资源与启迪，在文化间的互动与对话文明的开放姿态下，努力探究拯救现代性、谋求人类可持续发展的理论与实践的多种可能方案。

四、怀特海有机哲学的母性特征

通常"母性"表现出创生、无私、奉献、善良、宽容、关爱、引导、热情等特征，这也是具有母性的人在社会生活中往往充当调和与缓解矛盾、温暖他人的角色的原因。实际上，"母性代表关爱和包容的同时也代表了责任和义务。母性存在于天地万物"。[1]不同于马克思在隐喻意义上把自然界比作人的母亲，怀特海在其哲学中不仅充满了对母性特征的强调，而且使这一特征在他的哲学中具有重要地位。

（一）"现实实有"在宇宙论中的独特功能：创生与包容

"Actual Entity"被我国学者译为"实际实有""现实实有""现实存在""动在""现实实在""实项""现实事素"等。作为过程哲学的核心范畴，它在怀特海的宇宙论中，构成宇宙物质性生成的基本单位，与作为相对抽象存在的"永恒客体"进行"阴阳"互动，促使宇宙生生不息。

1. 作为宇宙生成的基本单位

作为点滴的经验，现实实有构成了大到上帝、小到一个电子的存在，现实实有是以"能量之流"[2]的形式存在的瞬间"事件"（Event），它们在特定的空—时中绵延。

---

〔1〕 张帆：《女性主体意识与母性特征失衡——对当前影视作品中女性形象的思考》，载《东北农业大学学报（社会科学版）》2008 年第 4 期。

〔2〕 王琨：《怀特海与中国哲学的第一次握手》，北京大学出版社 2014 年版，第 31 页。

　　具体而言，怀特海立足爱因斯坦的相对论和普朗克的量子理论，认为"能量"较之"物质"是更为基本的实在。宇宙就是以事件的流变过程为本体的。[1]

　　现实世界中的客观存在物，是由现实实有构成的"群集"（Society）。举例来说，苹果是由实际实有构成的，但不能说苹果就是实际实有一样。"群集"包括"聚合物"（Nexus）和"合成个体"，前者指的是构成它们的成员没有进行"统一的经验和统一的行为"[2]的能力，这些个体不能进行持有特定目的的活动，如桌子、石头；反之，构成后者的成员则具有进行特定活动和经验的能力，如人、猫。无论有无经验和活动能力，它或他们都是由现实实有或实际实有构成的。"实际世界是一个过程，该过程就是诸实际实有生成的过程。"（这里"实际世界"即为"现实世界"，其英文是一个词 Actual World）[3]可以说，离开现实实有，世界上无物存在。

　　2. 与"永恒客体""阴阳"互动

　　如上所述，现实实有是宇宙中最充分、最实际的东西，是构成我们瞬时经验的具体实在，是特殊的、变化的；与之相对，"永恒客体"（Eternal Objects）作为宇宙中的纯形式、纯潜能，是普遍的、不变的，如数字 2、绿色。永恒客体为现实实有提供抽象形式，现实实有现实地表现永恒客体所提供的内容。在某种程度上，现实实有展现出的不同样态，在于它对永恒客体不同程度的摄入。正是现实实有和永恒客体的共同作用创造了世界在内容上的千姿百态、形态各异。

　　怀特海曾表示，他的哲学"更接近于印度或中国的某些思想传统"[4]。有学者发现，怀特海的宇宙论与《易经》有颇多相似之处：《易经》中的八卦分为阳阴两卦，阳卦代表乾、代表天，是宇宙的创造原则；阴卦代表坤、代表地，是宇宙的终成原则。阴阳的共同作用造就了天地万物。在过程哲学的宇宙论中，永恒客体作为创造原则，正好代表乾和阳；现实实有具有的凝

---

　　[1]　王琨：《怀特海与中国哲学的第一次握手》，北京大学出版社 2014 年版，第 30 页。

　　[2]　[美] 大卫·雷·格里芬：《怀特海的后现代另类哲学》，周邦宪译，北京大学出版社 2013 年版，第 101 页。

　　[3]　[英] 阿尔弗雷德·诺思·怀特海：《过程与实在》，周邦宪译，北京联合出版公司 2014 年版，第 32 页。

　　[4]　[英] 怀特海：《过程与实在：宇宙论研究》，杨富斌译，中国人民大学出版社 2013 年版，第 16 页。

聚作用，类似于坤和阴的"终成原则"[1]。

从稳定性来看，现实实有呈现为自我创造的过程，在实际物的生成过程中，具有主动性；永恒客体的存在状态，则是相对稳定、被动的。永恒客体与现实实有的区别还在于，现实实有是有限的存在，会被其他的现实实有所利用，进而消亡；而永恒客体作为纯潜能则是不朽的。

3. 促使宇宙生生不息

每一个现实实有都同时包含"物质极"（Physical Pole）和"精神极"（Mental Pole），意味着它们既是物质性又是精神性的存在。现实实有具有包容其他实际实有提供给它的"予料"（Data）的能力，这是宇宙成为生生不息的活的有机体的原因。在怀特海看来，现实实有生成、成就自身的源动力来自它自身与生俱来的"创造性"（Creativity），这是现实实有存在、运动、变化的内在根据，类似于我们人"活下去的信念"[2]。"摄入"（Prehend/Prehension）范畴描绘了现实实有如何内在地吸收来自它所属的统一体内部的其他现实实有和永恒客体。"摄入"作为现实实有之间最直接、最基本的联结方式，在内容和形式上都是复杂多样的。

"摄入"范畴，反映出现实实有与其他现实实有、现实实有与永恒客体之间所发生的内在联系。这由现实实有的本性使然，"它必须要将来自先前实际物的影响吸收到自身中去。这一观点——经验事态被吸收进后来的经验事态——正是怀特海宇宙论的核心"[3]现实实有通过吸收先前的实际实有给予它的客观予料而创造自己的物质性存在，叫做"物质性摄入"（Physical Prehension），这是它的"保形阶段"[4]，表明它的物质性、客体性；现实实有还可以从永恒客体中获得它所需要的内容、确定性，这就是它进行的"精神性摄入"（Mental Prehension），这是摄入的"补充阶段"[5]，表明了它的

---

〔1〕 郭海鹏：《易经思想与怀特海范畴图式之会通和比较初探》，载《唐都学刊》2013 年第 5 期。

〔2〕 ［英］阿尔弗雷德·诺思·怀特海：《过程与实在》，周邦宪译，北京联合出版公司 2014 年版，第 3 页。

〔3〕 ［美］大卫·雷·格里芬：《怀特海的后现代另类哲学》，周邦宪译，北京大学出版社 2013 年版，第 134 页。

〔4〕 张秀华：《从有机、有序到和谐与文明——怀特海与马克思的机体思想之比较》，载《云南大学学报（社会科学版）》2017 年第 1 期。

〔5〕 张秀华：《从有机、有序到和谐与文明——怀特海与马克思的机体思想之比较》，载《云南大学学报（社会科学版）》2017 年第 1 期。

精神性、主体性。与此同时，一个现实实有还可以选择吸收哪些现实实有、永恒客体的予料、吸收多少，并决定如何运用这些予料成就自身，相应地，在给予其他现实实有予料的过程中，那个即将消亡的现实实有可以决定把它的哪些予料给予哪些现实实有、如何给予，这是现实实有的"主观形式"（Subjective Form）。

现实实有进行的每一摄入，都是非常短暂的。这种瞬时的事件，每时每刻都在发生着。当一个现实实有完成自己的主体性活动——吸收其他现实实有或永恒客体提供的予料，并把自己的予料给予其他现实实有后，在内容上并没有消亡。通过"合生"（Concrescence），因摄入予料得以充实自身的现实实有会获得"满足"，即因丰富自身而产生的新颖性——产生新的个体事物。这时，被新现实实有摄入的先前的现实实有作为予料才会相对消亡。合生是现实实有"把它的特性添加给取代该实有的那些新实有赖以生成的创造性"。[1]现实实有这种既作为生成自身的主体，又作为其他现实实有进行自我创造的客体的双重身份，被怀特海称为"超体"（Superject）。现实实有不断地生成、聚合，形成了不同的群集，群集再形成更大的群集，直至整个宇宙。

实际上，无论现实实有作为点滴的经验、其他现实实有的予料，还是代表实际生成的阴卦，它始终"让情感出场"[2]。这是由于它在摄入中始终带着情绪、目的、意识等主观形式，展示出母性所特有的创生、凝聚、奉献、包容等特征。在怀特海的宇宙论乃至整个哲学中，现实实有的地位十分重要。

（二）"上帝"在宗教哲学中柔性化的出场：关爱与引导

在怀特海的宗教哲学中，作为理神论意义上的"上帝"类似于我国传统哲学中的"道、天道"。该"上帝"并非高高在上的暴君，而是作为与世界上其他个体一同生成的伙伴、难友；他具有仁慈、爱与宽容的本性，对世界的生成只是加以引导，并不强制；在世界的生成中，他是作为保障"平和"的力量。

---

〔1〕［英］阿尔弗雷德·诺思·怀特海：《过程与实在》，周邦宪译，北京联合出版公司2014年版，第124页。

〔2〕张秀华：《从未缺场的"情感调子"——怀特海哲学中情感的价值与功能》，载《江海学刊》2018年第4期。

1. 作为现实实有的上帝与世界一起生成

从产生来看，上帝的形象最初是按照帝国统治者的形象塑造的——那个专制的、全能的、高高在上的暴君。这是前人对上帝的理解，怀特海理解的上帝是另一种形象。在阐释过程哲学时，怀特海把上帝视为其存在、生成都离不开现实实有的特殊现实实有，这个上帝还是宇宙形而上学的一个范例，要受创造性进展的严格制约。

从性质上讲，上帝是原初性（Primordial Nature）与继生性（Consequent Nature）的统一。上帝的原初性体现在，上帝是由他的概念性经验构成的，他统一着永恒客体与创造过程之间的关联秩序，他还诱导实际物的感受、欲望，实际物借助上帝的原初永恒性，创造性进展才确立起原始主观目的。在原初意义上，上帝是公正的、无限的、自由的、完全的、缺乏实际性的、无意识的、永恒的、无任何否定摄入。[1]

上帝的继生性体现在，实际世界的新颖要素被上帝所吸收，上帝与每一个新的创造物一起分享它的现实世界，在这个过程中，上帝有了对世界温柔的判断，对于能保留的东西，他都不放过。流动的现实世界被吸收进上帝的客观不朽性而成为“特定的”。现实世界的经验被上帝吸收，上帝得以丰富、成就自己。上帝的继生性质还体现在，他关爱众生的温柔形象和无限容忍的形象。他关爱众生在于，他不抛弃任何一个可被他吸收的实际物的创造过程；他的无限容忍在于，他小心地包容这个居于实际物和概念中间的混乱世界。[2]换言之，上帝没有放弃任何一个个体。个体一旦开始成长，上帝就“开始深深地关注它”[3]——就像一个伙伴。由于现实实有都是双极性的，所以，世界的物质性与精神性都被上帝吸收了。

作为一个特殊的个体，上帝不同于一般现实实有的地方在于，其他的现实实有都是现实事态（Actual Occasion），但上帝却不是。因为 Occasion，作为事态，是变化的、无持久性的，上帝则不然，他是不会消亡的、永恒存在的。此外，“上帝的一般目的是，所有的现实实有都将实现最高可能的个体类

〔1〕［英］阿尔弗雷德·诺思·怀特海：《过程与实在》，周邦宪译，北京联合出版公司 2014 年版，第 504~517 页。

〔2〕［英］阿尔弗雷德·诺思·怀特海：《过程与实在》，周邦宪译，北京联合出版公司 2014 年版，第 504~517 页。

〔3〕 A. H. Johnson. *Whitehead's Philosophy of Civilization*. New York：Dover Publications，1962：74.

型"。[1]上帝不但为个体提供了巨大的理想范围，而且，他与那些利用他的现实实有一同欢乐、一起受难——作为一个难友。

因此，在与世界一同生成时，上帝的作用体现在，运用他的概念性和谐构成的理性，保留而非创造世界、温柔而耐心地引导着实际世界。

2. 非控制的"上帝"对世界的引导

上帝离不开现实世界，现实世界也离不开上帝。上帝虽然为其他个体提供可利用的秩序和可能性模式，但他并没有把他的意志强加到其他个体身上。

从上帝那里获得了主观目的，实际物就可以基于自己的感受、目的、情感、意志摄入其他现实实有的予料和来自上帝的永恒客体。当然，在这个过程中，其他现实实有也是有目的、感受的。如果一个现实实有不想把自己的予料给予其他的现实实有，那个其他的现实实有则不能摄入它的实际成分。在这个意义上，同一个群集中的现实实有之间是平等的。同理，由于"上帝只是确保别人使用它的可行性"[2]，对于不跟随他的人们，上帝便不能加以引导。而且，上帝更多的关注新颖性、秩序和最高的目标——"真、美、善、冒险和平和"[3]。换句话说，有些可能性就被上帝排除了。在这个意义上，上帝只是一种有限的原则。

对于上帝，概念极先于物质极；对于世界，物质极先于概念极。二者互为原初予料，相互对立又彼此需要；二者都不能达到静止的完善，都受新颖的创造性进展的严格制约；二者都是对方获得新颖性的工具。但是，在运动的方向上，二者是彼此相逆的。上帝在原初的意义上是一，因为他是潜在关联性的原初统一体。他通过原初特性，在此过程获得继生的多重性。所以说，上帝是一和多，与之相反，世界是多和一。[4]

由于世界与上帝的这种息息相关性，上帝不是在控制世界，而是利用、引导世界。这种引导作用集中体现于，实际物因为从上帝那里获取了永恒客体而有了自己的主观目的。怀特海理解的上帝，与别人最大的不同就在于，上帝没有左右世界。

---

〔1〕　A. H. Johnson. *Whitehead's Philosophy of Civilization*. New York：Dover Publications，1962：73-74.

〔2〕　A. H. Johnson. *Whitehead's Philosophy of Civilization*. New York：Dover Publications，1962：p. 75.

〔3〕　A. H. Johnson. *Whitehead's Philosophy of Civilization*. New York：Dover Publications，1962：p. 73.

〔4〕　［英］阿尔弗雷德·诺思·怀特海：《过程与实在》，周邦宪译，北京联合出版公司 2014 年版，第 504-517 页。

3. 保障"平和"的实现

上帝的继生性质使得他与实际物的世界密切相关。宇宙实现其实际性的过程有四个创造阶段。第一个阶段是"概念源生阶段"〔1〕，在这个阶段，世界缺乏实际性。第二个阶段是"物质源生的时间性阶段"〔2〕，在这个阶段，实际物是支离破碎的，此阶段有多重的实际，但却缺乏众个体相互的统一，因着上帝的概念性原初性质，这个现实世界从多走向一。在第三阶段，实际性或现实性得以完善，现实世界的新颖因素被上帝所吸收并成为上帝的永恒本质，现实世界在这个意义上获得持久性。在第四个阶段，创造性行动完成了，在这个阶段，被完善了的实际性返回到时间性世界——被实际世界的其他现实实有所吸收，这个阶段的行动就是"上帝对世界的爱"〔3〕。由怀特海的机体哲学可以认为，上帝与其他现实实有一样，都是双极的，它们都有物质极和精神极。所以，至于世界是先有上帝还是先有世界，怀特海的回答可能是：二者是同时出现的。因为实际实有的两极是在一起的。

"平和"在怀特海的哲学中具有特定的含义。怀特海"没有把这个术语限制在它的政治意义上"〔4〕，而更加强调它是人的一种内心安宁、忘我利他的精神状态，也是人"精神上幸福的最高状态"〔5〕。基于它，"狭隘的自私被净化掉了，充满平和的人能够获得一种为了文明的必要前提——人性自身之爱"。〔6〕

怀特海给出"文明"的一般定义，这个定义为："一个文明的社会表现出五种品质：真、美、冒险精神、艺术、平和。"〔7〕"平和"是最高的品质，由于上帝的存在，这一品质才能实现、才能被保存。上帝在克服恶中成就自己的本质，所以上帝的善是通过神圣的努力实现的，这种善也是动态的。"平

―――――――――――――

〔1〕[英] 阿尔弗雷德·诺思·怀特海：《过程与实在》，周邦宪译，北京联合出版公司 2014 年版，第 517 页。

〔2〕[英] 阿尔弗雷德·诺思·怀特海：《过程与实在》，周邦宪译，北京联合出版公司 2014 年版，第 517 页。

〔3〕[英] 阿尔弗雷德·诺思·怀特海：《过程与实在》，周邦宪译，北京联合出版公司 2014 年版，第 517 页。

〔4〕A. H. Johnson. *Whitehead's Philosophy of Civilization*. New York：Dover Publications, 1962：p. 4.

〔5〕A. H. Johnson. *Whitehead's Philosophy of Civilization*. New York：Dover Publications, 1962：p. 79.

〔6〕A. H. Johnson. *Whitehead's Philosophy of Civilization*. New York：Dover Publications, 1962：p. 4.

〔7〕[英] 阿尔弗雷德·诺思·怀特海：《观念的冒险》，周邦宪译，北京联合出版公司 2014 年版，第 302 页。

和"就"是从作为事情的本质中被保存下来的什么是'好的'（Fine）中得来的精神状态。"[1]而且，平和对青年更有吸引力。

作为宇宙秩序的来源，上帝在同世界一起成长的过程中，像伙伴一样，与其他个体一同生成，并尽量用温和的手段引导世界变得更加美好，"爱的情感在实在的生成过程中从未缺场"[2]，这正是其母性特征的流露。

（三）教师在教育哲学中的角色定位：宽容与热情

机体哲学是怀特海讨论具体问题的基础。在怀氏看来，每一现实实有都有"目的——获得新颖性的欲求和自我实现、自我满足的理想"[3]这样一来，教师在教育过程中应该具有深切的关怀意识，这体现在：应该视学生的大脑为活的有机体，而非机械的容器；应该根据学生的兴趣给学生足够的自由空间，又能适当加以强制；应该遵循学生的发展规律施教，但不能囿于规律。

1. 应该视学生为活的有机体

怀特海的教育方法，反对机械地将事实性知识灌输给学生。在他看来，应该把学生的大脑"当作一个活生生的有机体"[4]，既然是有机体，受教育者就具备自我成长与发展的潜能，这由他或她的本性所决定。因此，"教育的本质，是对活的有机体的自动发展加以引导"[5]如果教师让学生接受无意义的、死的观点，就是把学生的大脑当作"无生命的工具"[6]了。

进而，学生的兴趣和需要，应该成为制订任何教育计划的出发点。除非一个人在学习的时候是有兴趣的、享受的，否则他的自我发展过程会非常缓慢。教师硬塞给学生的知识，"被学生所吸收的不是营养品而是毒药"[7]。

相应地，教师应该对不同的学生提出不同的要求。把学生的大脑视为活的有机体，也强调了学生在学习中具有可能性、可塑性，教师应该对学生的自我发展充满热情与希望。

---

〔1〕　A. H. Johnson. *Whitehead's Philosophy of Civilization*. Dover Publications, New York, 1962：p. 80.

〔2〕　张秀华：《从未缺场的"情感调子"——怀特海哲学中情感的价值与功能》，载《江海学刊》2018 年第 4 期。

〔3〕　张秀华：《在场的他者——马克思与怀特海的他者之维》，载《上海交通大学学报（哲学社会科学版）》2017 年第 4 期。

〔4〕　A. H. Johnson. *Whitehead's Philosophy of Civilization*. New York：Dover Publications, 1962：p. 113.

〔5〕　王琨：《怀特海与中国哲学的第一次握手》，北京大学出版社 2014 年版，第 24 页。

〔6〕　[英] 怀特海：《教育的目的》，徐汝舟译，生活·读书·新知三联书店 2002 年版，第 10 页。

〔7〕　A. H. Johnson. *Whitehead's Philosophy of Civilization*. New York：Dover Publications, 1962：p. 114.

2. 应该给学生足够的自由空间

当学生表现出对学习的兴趣，教师应该给他们提供发展兴趣的空间。首先，教师应该让学生认识到他所学知识的重要性，并鼓励学生"去发现"，而不是知识"被传递"给学生，知识应该作为学生新奇的发现。其次，教师应该展示有价值的生活模式，来激发学生对那种生活模式的追求和向往。最后，外在的考试使得学生机械地记忆书本上的内容，限制了学生的创造力和想象力，为此，怀特海主张，"应该考核的不是学生而是学校"。〔1〕因此，教师应该具备"宽容和对新知识热切的期望"〔2〕的特点。

同时，怀特海强调纪律在教育中的作用。他主张"教育应该成为纪律和自由的混合"。〔3〕因为当学生看到纪律在他未来发展中的价值时，他会接受纪律，纪律也就成为他更加自由的基础。

3. 应该遵循学生的发展规律

怀特海认为，生命活动呈现出周期性特点。相应地，人的发育过程也有节奏，只有符合人类成长规律的教育，才能更好地促进学生成长。

人在接受教育的过程中，有三个主要的阶段。第一个是"浪漫阶段"〔4〕，它是学生开始领悟的阶段。它强调让学生认识到"从接触单纯的事实，到开始认识事实间未经探索的关系的重要意义"，〔5〕来激发学生的兴趣。这个时期大致包括从出生到小学教育的结束（约 13 岁以前）。第二个是"精确阶段"〔6〕，在这一阶段，知识的准确性、条理性和系统性得以发展。这大体包括中学时期（14—18 岁）。最后是"综合运用阶段"〔7〕，浪漫阶段的热情在这一阶段——大学时期（18—22 岁）得以重生。

当然，这三个阶段之间只是侧重点不同，不是截然有别的。教育过程应该充满对这三个阶段的循环。实际上，在任何一个教育时期，这三个阶段都贯穿其中。教师只有认清不同阶段的教学任务，才能保证教育效率的最大化。

可以设想，教师如果没有对学生足够的宽容和热情——表现出母性的一

〔1〕［英］怀特海：《教育的目的》，徐汝舟译，生活·读书·新知三联书店 2002 年版，第 24 页。
〔2〕A. H. Johnson. *Whitehead's Philosophy of Civilization*. Dover Publications, New York, 1962：116.
〔3〕A. H. Johnson. *Whitehead's Philosophy of Civilization*. Dover Publications, New York, 1962：116.
〔4〕［英］怀特海：《教育的目的》，徐汝舟译，生活·读书·新知三联书店 2002 年版，第 32 页。
〔5〕［英］怀特海：《教育的目的》，徐汝舟译，生活·读书·新知三联书店 2002 年版，第 33 页。
〔6〕［英］怀特海：《教育的目的》，徐汝舟译，生活·读书·新知三联书店 2002 年版，第 33 页。
〔7〕［英］怀特海：《教育的目的》，徐汝舟译，生活·读书·新知三联书店 2002 年版，第 35 页。

面，怀特海所期望的教育方法是无法实施的。

（四）"说服"在文明实现中的重要性：缓和与利他

怀特海在讨论文明的实现时，将"伟人"视为运用"说服"方式的人，将"商业"视为说服性的社会技术，将文明的进展方式视为说服性的。

1. "伟人"是运用"说服"方式的人

怀特海眼中的"伟人"是那些创造伟大思想的人。在他看来，"亚历山大、凯撒、拿破仑都改变了世界历史。但是，在最后的分析中，思想和精神领导者比那些依靠身体前行的人更强大……在任何情况下……依靠武力都是自毁的"。[1]墨索里尼和希特勒的做法与苏格拉底、耶稣比起来，就是与"说服"相悖的。

"平和"的品质在伟人身上有所体现，伟人可以称得上是文明的典范。因为获得"平和"的人"没有疯狂地为自己着想却为别人奉献"。[2]他们能够对生活各方面都投入全部精力，并去掉自私的念头。这种人只会运用说服的力量为人处事。

2. "商业"是说服性的社会技术

商业，被怀特海视为一项说服性的社会技术。因为商业活动"是以说服方式进行交往的最明显例子"。[3]从事商业的人们在进行交往时，不会怀有"征服之心"[4]。商业活动会使不同的人们"以平等说服为基础进行交易"[5]。

商业还会刺激科技的发展。因为商业的繁荣需要不断给别人生产出"新奇的"[6]东西，这就刺激商人改进生产技术与方法。而这种满足别人好奇心的做法，也建立在理智性的说服基础上。

3. 文明的进展方式是说服性的

在怀特海看来，文明要在征服与说服之间选择其进展方式。他从正反两

〔1〕 A. H. Johnson. *Whitehead's Philosophy of Civilization*. New York：Dover Publications, 1962：31.

〔2〕 A. H. Johnson. *Whitehead's Philosophy of Civilization*. New York：Dover Publications, 1962：4.

〔3〕 ［英］阿尔弗雷德·诺思·怀特海：《观念的冒险》，周邦宪译，北京联合出版公司2014年版，第92页。

〔4〕 ［英］阿尔弗雷德·诺思·怀特海：《观念的冒险》，周邦宪译，北京联合出版公司2014年版，第93页。

〔5〕 ［英］阿尔弗雷德·诺思·怀特海：《观念的冒险》，周邦宪译，北京联合出版公司2014年版，第94页。

〔6〕 ［英］阿尔弗雷德·诺思·怀特海：《观念的冒险》，周邦宪译，北京联合出版公司2014年版，第94页。

个方面论证了为什么文明的进展方式应该是说服战胜征服的过程。

从历史上看，近东诸文明的弱点就在于过分使用武力，其征服的企图无益于文明。因为"征服者压迫被征服者，主人压迫奴隶"[1]的恶习会传染到社会的其他领域，像男尊女卑就是一例。其后果是使得掌权者"必然丧失生活中的细微情趣"[2]，统治阶级由于自满而堕落，进而败坏文明。

相反，中世纪的欧洲通过商业扩张，稳定了地区秩序并促进技术的发展。因为商业活动尽管夹杂着不安，但它毕竟使不同地区、种族的人们平等交易。"当时的封建城堡主要是一种保卫地方安全的实用设施"，[3]并非用于进攻。

在现代，怀特海主张，大学"或许应该成为保护和扩展文明的主要机构"[4]他还把大学视为融合青年和老年人智慧，进行学术探索和点燃生命热情的地方。"文明便是对社会秩序的维持，而维持社会秩序靠的便是通过展示更佳选择去说服人。"[5]

所以，伟人很少使用暴力进行征服。商业和大学都是促进文明进展的说服性方式。这正是怀特海哲学表现出的母性所具有的缓和、温暖、利他特征。

综上所述，怀特海的哲学在宇宙观、宗教观、教育观、文明观等方面，充分展示了母性的生育、包容、仁慈、关爱、鼓励、调和、温暖、利他等特征，表明这些特征在怀特海哲学中的重要性。可以看出，他的哲学消解了传统哲学所强调的人类中心主义、个人主义和竞争思维，突显了以建设性为原则的建设性后现代思想的独特性。

〔1〕 ［英］阿尔弗雷德·诺思·怀特海：《观念的冒险》，周邦宪译，北京联合出版公司 2014 年版，第 93 页。

〔2〕 ［英］阿尔弗雷德·诺思·怀特海：《观念的冒险》，周邦宪译，北京联合出版公司 2014 年版，第 93 页。

〔3〕 ［英］阿尔弗雷德·诺思·怀特海：《观念的冒险》，周邦宪译，北京联合出版公司 2014 年版，第 94 页。

〔4〕 A. H. Johnson. *Whitehead's Philosophy of Civilization*. New York：Dover Publications，1962，p. 37.

〔5〕 ［英］阿尔弗雷德·诺思·怀特海：《观念的冒险》，周邦宪译，北京联合出版公司 2014 年版，第 92 页。

第五章

在场的他者：马克思与怀特海哲学的他者之维

马克思与怀特海在有机论、整体论和过程论的立场下，批判传统形而上学及其二元论思维方式，诉诸主体间性的主体性原则，无论是其存在论、认识论还是价值论都开显了他者之维，让他者始终在场，并体现在他们的伦理观和正义观上。只不过马克思基于历史唯物主义解释原则，考察"现实的人"之实践，共时与历时地阐释一切"属我关系"：从对象性存在物、社会存在物、社会关系和生产方式的人之解读，到感觉官能、意识能力的历史性生成，再到自我价值的他者确证等，彰显了制度伦理与对他者的关注。怀特海则基于泛主体论、泛经验论的解释原则，在其过程—关系的机体哲学下，立足经验主体的"现实实有"或"现实事态"的"合生"，把价值主体、伦理主体拓展到非人类社会；这些经验主体能够自我感受或摄入、自我创造性生成和实现，因其摄入的"两极性"不仅有"从下至上"而且有"从上到下"的因果效验关系。这样，万事万物既有基于生存的独特价值，又成就了依赖他者的宇宙整体，为环境伦理学奠基。

一、马克思与怀特海存在论、认识论和价值论上的他者在场

马克思与怀特海作为现代辩证法家，他们都立足感性活动过程论、有机论和整体论，[1]分别依托"现实的人"的生产、劳动实践，"现实实有"（Actual Entities）或"现实事态"（Actual Occasions）的感受和摄入活动，以及借助这些活动所生成的现实世界也即生活世界，并诉诸实践和历史辩证法、

---

〔1〕 张秀华：《从有机、有序到和谐与文明——怀特海与马克思的机体思想之比较》，载《云南大学学报（社会科学版）》2017年第1期，第5–12页。

过程—关系辩证法，从主体性原则出发，强调主体的能动性、创造性，同时又兼顾环境、域等客观条件，看到主体的受动性和接受性这一客体性原则。因此，二者无一不在内在关系和主体间性的意义上关注了他者问题，无论是其本体论，还是其认识论乃至价值论，以及建立在他们哲学解释原则和思维方式基础上的伦理学，都开显出他者之维。

（一）存在论上的他者在场

马克思从人的感性实践活动——劳动、生产出发，揭示人的存在的对象性和社会性，人就生活在现实的世界——人类社会，并必然发生人与自然的信息和能量变换、人与人的活动互换。因此，我和他者（他人和自然万物）是共在的。

对马克思来说，首先在《手稿》中，把人看成是社会的存在物、对象性存在。因此，任何人都不是孤立的、抽象的存在。他不仅以他人为对象，在他人那里确立自我存在的意义与价值；而且作为自然的存在物，还能把自然界中的万事万物以及劳动物化的结果——农业、工业、商业当成自己的对象性存在，从而肯定和确认自身的本质力量。显然，这里就有了他者存在、活动的空间，并使其具有生存论的存在论意义。需要特别说明的是，马克思通过对象性存在，主张一切现实的存在都互为对象，没有对象的存在是非存在。这样，马克思不仅使他人成为我的对象和我的他者，而且使自然万物也成为我的对象和他者。然而，在资本主义制度下，由于劳动异化，无论是人与人的关系，还是人与自然的关系都处于相互对立的状态，从而提出必须扬弃资本主义私有制，以期扬弃异化劳动，为了人通过人把人的本质还给他自身，实现自然主义与人道主义的统一，即实现了的自然主义就是人道主义，实现了的人道主义就是自然主义，并最终在共产主义社会实现人与人、人与自然关系的和解。[1]

在《关于费尔巴哈的提纲》中，马克思进一步指出，人的本质不是从一个个单个的个人中抽象出来的共同东西，在其现实性上，它是社会关系的总和。[2]尔后，在《德意志意识形态》中，他把社会关系的生产看成是社会历史的前提之一，由于强调物质生产之于社会历史的重要性，而把生产关系从

---

[1] 《马克思恩格斯文集》第1卷，人民出版社2009年版，第185页。
[2] 《马克思恩格斯文集》第1卷，人民出版社2009年版，第501页。

社会关系中区分出来，并把社会关系归结为生产关系——交往关系。所谓的生产关系，就是人们在生产过程中形成的人与人之间的相互关系，涉及分工、协作、产品的分配与交换关系等。物质生产使人与动物根本区别开来，以至于你生产什么和用什么方式生产，你就是怎样的人。[1]进而，他把生产中技术手段的运用看成是人的生产力水平的提高；把因生产力发展而产生的社会分工、城市与乡村的分离等作为考察社会历史的关键因素；把因交往的扩大引起的历史向世界历史的转变看成是社会进步，并站在全球史的意义上考察人的存在状况和解放程度，这就是著名的"三形态说"所要表达的内容。

在怀特海看来，宇宙就是处于相互联系的众"现实实有"（Actual Entities）的合生统一体，其中现实实有或时间性世界中的"现实事态"（Actual Occasions），构成宇宙、世界的终极实在。世界乃至上帝都被视为现实实有或现实事态的生成过程。任何作为经验主体的现实实有的存在都取决于其自身的摄入活动而进行的合生。因而直接涉及现实实有的共在（Co-existence），现实实有与现实实有之间的摄入与被摄入的关系，涉及世界与上帝的关系，而上帝只不过是拥有概念摄入而获得原初的质和因物质摄入而持续获得后继性质的存在。正是这些关系使他者到场。

首先，从现实实有摄入或感受活动的"两极性"（Dipolarity）来看他者问题。怀氏认为，某一现实实有赖以自我生成的感受或摄入活动总是包括"物质性摄入"（Physical Prehensions）和"概念性摄入"（Conceptual Prehensions），前者以其他现实实有为资料，后者以"永恒客体"（Eternal Objects）为资料。因为在怀特海有神论的宇宙论形而上学那里，预设了两类基本的实在：现实实有与永恒客体，前者是现实性的，后者却是潜在性的，但是正是潜在性的永恒客体流入或进入现实实有的摄入活动，才使得其原初的物质性感受或肯定性摄入进展、衍变为精神极的概念摄入，使既有的现实实有与环境间的联系具有确定性，并最终达成摄入主体的目的性。所以，它们与任何现实实有的合生密切相关，与时间性的有待完善的世界和上帝自身的完满休戚相关。

其次，从现实实有的存在来看他者的合法性。根据怀特海的本体论原理，一个或一些现实实有是另一个现实实有生成并获得自身存在的理由和根据，因此，因果效验原理对于现实实有的合生总是有效的。用他自己的话说："存

---

〔1〕《马克思恩格斯文集》第 1 卷，人民出版社 2009 年版，第 520 页。

在论的原则可以被概括为，没有现实实有，就没有理由可言。"[1]

具体来说，他者存在的合法性在于：（1）宇宙中众多现实实有共在，且合生。从与世界互动的上帝，到人、动物、植物和无机物，虽然他们属于宇宙统一体中的不同等级，并发挥着不同作用，但是，"在现实性说明原理下，它们都是在同一层面上的。最终的事实都和现实实有一样，它们都是点滴的经验，复杂并相互依赖"[2]。众现实事态之间彼此摄入与被摄入。在这个过程中，因摄入主体的主观形式和主体统一性而使摄入什么和排除什么具有了现实实有生成的"私自性"，同时由于任何一现实实有或现实事态的感受与摄入活动又总是在某一区域内，受制于其他现实实有及其客观化所形成的诸联系和现实世界之环境，从而具有公共性。某现实实有合生过程的这种公共性境遇，让他者在场。（2）某一现实实有的生成，即成为某物总是以他物存在为先决条件的。正如怀特海所说：某物之所以为某物，其理由总是可以在确定的现实实有的构成性中找到——在上帝本性中找到最高绝对性的理由；在一定的既有的现实实有的性质中找到与特定环境相关的理由。[3]

最后，从宇宙的统一性所蕴含的多样性来看具有内在关系的他者。宇宙是一，但却是众多现实实有合生的结果，其统一性的实现也是完满性的实现，当宇宙这一现实实有获得创造性的满足之时，也就达到了统一和谐的超体的理想宇宙秩序。然而这种和谐统一被怀特海建立在作为现实实有的世界与上帝的内在关系基础之上。曾经被传统哲学分离和对立的流变与不变、变化与永恒，在怀特海那里获得了融合与统一性说明。他让互为他者的世界与上帝这两个实在的关系相互内在，上帝内在于世界，世界也内在于上帝（上帝不创造世界，他不在世界之先，也不在世界之外，他源自亚里士多德的纯形式的神，但却参与新颖性实在的生成）；世界的合生过程从原初的物质性感受开始而使摄入的物质极享有优先权，上帝的原初欲望而使其摄入活动始于对永恒客体的概念摄入而获得其自身的原生性质并获得精神极的欲望优先；世界的摄入活动由物质摄入进展到概念摄入，由流变的诸现实事态的"多"通过摄入活动的合生，在上帝的引导下而走向善、完美和永恒；上帝的摄入活动

---

［1］ Alfred North Whitehead. *Process and Reality*. New York：The Free Press，1978，p. 19.

［2］ Alfred North Whitehead. *Process and Reality*. New York：The Free Press，1978，p. 18.

［3］ Alfred North Whitehead. *Process and Reality*. New York：The Free Press，1978，p. 19.

则从具有完整原初性质的无时间的"一"，从概念性摄入进展到对世界众现实实有的物质性摄入与感受并获得其众多继生性质，使不变中有变，在引导世界、包容世界的过程中达成完满；时间性世界的每一个现实实有或事态都体现上帝，同时又被体现到上帝之中并获得永恒。就是说，世界与上帝将彼此对立的差异性的分离的复合体转变成具有彼此对比的差异性的统一体，二者相互监视，对立的要素相互对立却彼此需要、彼此制约或相对比，虽然摄入活动的运动方向彼此逆向，互为对方获得新颖性创造的工具，但它们共同走向其创造力的完成和自我实现与满足。

（二）认识论上的他者去蔽

由于马克思在历史的逻辑下来理解人，不再把人看成是抽象的存在，而是现实的个人，但这个个人不是孤立的，而具有社会性，是社会的存在物。所以，一切理论、科学活动都是社会的活动，即使是科学家独立从事的科学活动，也是社会活动；人的认识能力无论是感觉能力还是思维能力都具有历史性，是社会历史的产物；进而，他在以历史性为主导的历史主义立场下，强调认识主体首先是从事着感性活动——实践的主体，即把实践引入认识论而批判抽象的主客二元的认识论；通过意识形态批判，最终指认对实践文本的理解是解读一切观念文本的钥匙，只有完成意识形态批判，才能回到真实生活的地平线。这些思想都不同于传统的建立在实体论形而上学之上的认识论——让主体成为没有肉身和广延的思维着的心灵、自我、自我意识，没有世界却在世界之外来认识对象客体，而是把认识主体看成是生活在世界中现实的人，从事着感性活动与他者共在的人，其认识活动、理论活动是物质生产实践、劳动的特殊形态，并受到前者的影响与制约，甚至每一代人的创造活动包括理论活动都是在前人留下的既有基础上的创造。显然，马克思的这些思想在认识论上都有他者的考量，承认他者的贡献与影响。

早在《神圣家族》中，马克思就指出：思想一旦离开利益就一定会使自己出丑。直接挑战了以往认识活动的所谓纯客观性，与主体的价值、偏好无关等传统认识论，而把主体自身的主体性、历史性、生存处境等社会历史因素考虑进来。而在《手稿》中，马克思特别讨论了理论、认识活动与现实、实践的关系。在他看来："我的普遍意识不过是以现实共同体、社会存在物为生动形态的那个东西的理论形态，而在今天，普遍意识是现实生活的抽象，并且作为这样的抽象是与现实相对的。因此，我的普遍意识的活动——作为一种活动——也是我作为社会存在物的理论存在"。[1]正是在这个意义上，他才说：甚至当我从事科学之类的活动，即从事一种我只是在很少情况下才能同别人进行直接联系的活动的时候，我才是社会的，因为我是作为人的活动。当然，这一判断是建立在人是社会的存在物这一存在论命题基础之上的。资本主义大生产虽然是建立在科学技术的工业运用基础之上的，但却让工人丧失属于人的感觉能力，所以必须扬弃私有财产，使人的一切感觉和特性获得彻底解放。他以属于人的眼睛为例展开讨论：眼睛成为人的眼睛，正像眼睛的对象成为社会的、人的、由人并为了人创造出来的对象一样。因此，感觉在自己的实践中直接成为理论家。[2]就是说，"人不仅通过思维，而且以全部感觉在对象世界中肯定自己"。[3]从主体方面来看，对于没有音乐感的耳朵来说，最美的音乐也毫无意义。但音乐感又是社会历史的产物，因为"人的感觉、感觉的人性，都是由于它的对象的存在，由于人化的自然界，才产生出来……五官感觉的形成是迄今为止全部历史的产物"。[4]这就在认识能力形成上考虑了文化遗传和代际关系，有纵向的他者关系。

　　基于这样的认识，在《关于费尔巴哈的提纲》中，马克思在批判旧唯物主义和唯心主义不了解感性的实践活动而单纯执着于"物"与"心"、客体性原则与主体性原则的两个极端之后，把实践引入自己的认识论，言明自己哲学的解释原则和理论旨趣等，把理论与实践、教育与环境、宗教批判与现实批判、人与社会、社会生活与感性活动、解释世界与改变世界等统一起来，凸显了实践哲学的本性与认识活动的基础、动力以及真理的衡量标准，也可以说，认识被看成是以实践为中介的主客体的互动、主体间性关系。在《德意志意识形态》中，马克思在分析了历史产生的前提之后，开始关注意识问题，指出人的意识经历了从"畜群的意识""绵羊意识"或"部落意识"到"纯粹的意识""民族意识""普遍意识"的进化过程，随着生产力水平的提高，当物质劳动与精神劳动有了分工，"从这时候起意识才能现实地想象：它是和现存实践的意识不同的某种东西；它不用想象某种现实的东西就能现实

---

〔1〕《马克思恩格斯文集》第1卷，人民出版社2009年版，第188页。
〔2〕《马克思恩格斯文集》第1卷，人民出版社2009年版，第190页。
〔3〕《马克思恩格斯文集》第1卷，人民出版社2009年版，第191页。
〔4〕《马克思恩格斯文集》第1卷，人民出版社2009年版，第191页。

地想象某种东西。从这时候起，意识才能摆脱世界而去构造'纯粹的'理论、神学、哲学、道德等等"。[1]马克思进而指出：不是社会意识决定社会生活，而是社会生活决定社会意识，即意识的观念生产有生活基础，实践文本是理解观念文本的关键，而实践是共同体的实践，发生着各种交往关系。于是，再次继《手稿》之后确认了认识活动的他性、社会性。此外，马克思在《德意志意识形态》中深刻地批判了资产阶级社会意识形态的虚假性——把统治阶级的意识形态说成是意识形态一般、具有普遍性，其做法就是把阶级的人说成是抽象的人，消除其利益所决定的阶级立场，而成为一般人。实则表明，在阶级社会中，任何一个人都总是属于某一阶级的，因此，其生产的观念不是价值无涉的，而是有立场、有价值选择的。用阶级的人代替了抽象的人，而阶级的人所生产的理论、思想、观念体现的是本阶级的利益、共同体的利益，有对其本阶级成员的关切，他者始终在场。

怀特海的机体哲学在过程思维方式下，试图解构传统二元论的知识观，特别是要消除传统认识论对意识、思维的单纯强调，以及近代唯经验论的认识论对感知直觉的感觉主义立场，而把知觉活动区分为因果效验的知觉形式与表象直接性的知觉形式，并把以往单纯依赖的表象直接性的知觉形式放置在因果效验的知觉形式基础之上，因为现实实有的表象直接性感受总是跟随在身体的因果效验感受之后。就是说，在怀氏看来，认识有更为深远的历史基础，进而凸显了现实实有或现实事态存在的基础性。这就为当前的知觉主体的认识活动揭示出历史上其他现实实有感受活动的认识论根源，而将经验论贯彻到底。

怀特海认为，合乎事实的经验主义学说是：物质性感受在本源上是矢量，合生的遗传过程引进强调私自性的要素。休谟的学说必然不合逻辑。因为如果感觉印象出自未知的原因，无异于是要终止对一种合理的宇宙论的理性寻求。那样的宇宙论要求形而上学提供一种关于形式与任何它所参与的事态这二者间关联的学说。如果这样的学说不存在，那么试图合理观察世界的一切希望便会消失。

机体哲学通过以下两种学说提供了关于这一关联的学说：（1）关于上帝体现基本的欲求（Appetition）完备性的学说；（2）关于每一事态影响宇宙（包括上帝在内）的合生的学说。然后，根据概念繁衍范畴对上帝欲求的矢量

---

[1] 《马克思恩格斯文集》第1卷，人民出版社2009年版，第534页。

摄入，以及对其他事态的矢量摄入，引发了概念性摄入的精神极；而且，通过精神极与纯物质性摄入的整合，出现了对感觉材料的原初的物质性感受，这些感受伴随情绪和目的的主观形式。这些感受最初是简单的，它们随着矢量摄入与概念欲求的整合所产生的排除而显得分明。这样的原初感受不能与它们的主观形式相分离。主体从未失去它作为接受者、受动者和施动者的三重特点。这些原初感受与休谟的"感觉印象"相一致。[1]

因此，一个表象直接性感受的形成是因为一个概念性感受和一个单纯的区域性感受的整合；前者是从身体效验中抽取出来的，后者也是一个复杂的身体效验感受中的一个组成成分。这一单纯的区域性感受也被那个普遍的区域性感受加强了，后者就是我们对当前世界的全部直接性物质感受；而概念性感受则因物质目的的生长而得到加强。这一整合表现为这样的形式，即把那个复杂的永恒客体创造性地归于张力感受中被感受到的某个共时的聚焦域。而该主观形式也是从概念评价及衍生的"物质目的"传递而来的，但该主观形式就是适合于它所出自的那个身体效验的主观形式。[2]

于是，怀特海得出结论：这些作用中的任何一个都不能从自然中分离出来而进入心灵的主观私自性。精神作用和感官作用不可避免地纠缠在一起，二者既导致公共性又派生自公共性。摄入的矢量特性是根本的。[3]

怀特海还主张，一个高级知觉者必然是一个持续客体历史路径上的事态。如果这一路径成功地将自身传播到将来，那么它在直接事态中的诸决定就必然与共时事态中的诸共时事件有最密切的关联。因为这些同时期的实有将在不久的将来形成该持续客体将来体现的"直接过去"。而这一"直接过去"具有压倒一切的影响作用，因为来自更遥远的过去的一切传送路径都必须经过他。因此，同时期的诸事态虽什么也未讲述，但对于该持续客体的存活却最为重要。[4]然而，知觉主体经验中的这一缺陷被表象直接性弥补了。这类经验是反映在当前的过去的教训。更重要的共时事态是附近邻里中的那些事态。实际上，它们的诸现实世界是与知觉主体的现实世界相同的。该知觉者通过从自己过去继承来的那些永恒客体的中介作用来摄入由共时事态组成的

---

〔1〕　Alfred North Whitehead. *Process and Reality*. New York：The Free Press, 1978, p. 316.

〔2〕　Alfred North Whitehead. *Process and Reality*. New York：The Free Press, 1978, p. 316.

〔3〕　Alfred North Whitehead. *Process and Reality*. New York：The Free Press, 1978, p. 317.

〔4〕　Alfred North Whitehead. *Process and Reality*. New York：The Free Press, 1978, p. 318.

联系。同时它也选择被张力效验那样摄入的那些同时期的联系；该张力的焦域（或焦点区域）在那些联系的过去中是重要的要素。因此，对于成功的机体来说，表象直接性的确产生那样的经验，该经验表明，当下世界事实上是如何从自己的过去产生出来的——虽然表象直接性并不产生关于当下世界的任何直接经验，而且，尽管在一些不幸的情况下它居然产生出的那种经验也可能是并不相干的。[1]

可见，对感觉、知觉乃至意识的获得，怀特海不仅强调了历时性的现实事态感知的因果效验中的他者地位和作用，从上到下的因果效验和从下至上的因果效验（居下者提供主体感受的其他现实事态客观化提供的事实联系，居上者上帝提供永恒客体形式这一客观资料）；而且还共时地关涉到与主体处于同一域（现实世界）中相关的其他现实实有。从而，把他者对主体认识活动的影响拯救出来，去除蒙蔽，使认识活动获得深层的存在基础，并最终解除了无身体、无时间、无世界的精神主体认识活动的权威。因为，现实事态或现实实有的主观形式包括情绪、评价、目的、反感、厌恶、意识等，而对于低级的机体不必然有意识，意识是宇宙进化的产物。"'物质目的'构成了比那类理智感受更原始的一类比较性感受。"[2]

（三）价值论上的他者意义

在马克思那里，他者不仅存在，而且有存在论意义，正是在生存论存在论上他者意义的开显，才使得价值论上他者意义有了始源性的生存基础。正如海德格尔所看到的，一切形式的价值论都有其生存论的始源性基础。[3]

马克思首先在存在论上确认，人是对象性存在物，自然界、工业、他人等一切现实的感性存在都构成了人的对象，你如果没有对象，你就是非存在。在人与自然的关系上，他认为自然是人审美的对象、理论的对象、生产和生活资料的来源，就它不是人的有机身体而言是人的无机身体，因此，自然界是人的母亲；但马克思所关注的世界不是那个与人无关的原生态的自然界，而是人化的自然界、人工的自然界，是农业、工业、商业活动所创造的现实

---

〔1〕　Alfred North Whitehead. *Process and Reality*. New York：The Free Press，1978，p. 318.

〔2〕　Alfred North Whitehead. *Process and Reality*. New York：The Free Press，1978，p. 275.

〔3〕　海德格尔：《存在与时间》，陈嘉映、王庆节译，生活・读书・新知三联书店1999年版，第335-337页。

世界。他强调工业作为人的对象性活动的结果——对象性存在，它是人的对象，确证着人的本质力量，哲学必须以此为对象来研究人。因为，在马克思看来，关于人的解放问题是建立在对象性活动所创造的对象性存在——工业、农业、商业状况基础之上的。用他的话来说："'解放'是一种历史活动，不是思想活动，'解放'是由历史的关系，是由工业状况、商业状况、农业状况、交往状况促成的……"[1]

可以说，马克思正是在现实的人之生存分析基础上，或者说在生存论存在论的基础上确立起他者之于个体存在的价值意义的，给出他者之于生存在世的人之存在的存在论意义。

正是基于此种前提批判，马克思认为在资本主义制度下，私有制导致资本与劳动的对立，在分析劳动异化时指出工人对象化活动的结果——劳动的产品与工人相对立，劳动本身与人相对立，人的类本质与人相对立，最终导致人与人相对立，工人丧失其对象性存在，越是现实化，越变得非现实——成为非人、商品人，自然界也不再是其审美的、理论的对象，因为其劳动只能满足个人和家庭成员维持肉体生命的存在。所以，劳动这种自由自觉的活动沦为单纯的工具手段，而丧失了规范性价值，仅拥有工具价值。所以，马克思后来把大部分时间用于政治经济学批判，揭示资本主义经济获利行为的非正当性，即资本家无偿占有工人的剩余价值，并指出因资本积累的不可持续性，最终导致无产阶级革命、扬弃私有制，建立未来的共产主义社会。也只有如此，才能把失去了的对象性存在还给人自身，人们共同占有社会财富，人与人、人与自然、人与自身的关系最终得到和解。因为，在自由人联合体——真正的共同体中，每个人的发展将是一切人发展的前提。个人的价值与存在意义正是在参与社会的公共事务、公共生活中体现出来的。应该是受这一目标的指引，西方马克思主义者哈贝马斯对晚期资本主义社会进行尖锐批判，针对因政治权利系统和市场经济系统对生活世界的殖民化，在主体间性原则下，诉诸程序民主和商谈伦理，构筑了一个旨在实现交往合理化社会的乌托邦。如果说哈贝马斯在于解决人与人之间交往的合理化问题，那么生态马克思主义的生态批判、法兰克福学派的消费批判、文化批判等，则试图解决人与自然、人与自身的关系如何走向和谐的问题。无疑，这些现代性批

---

[1]《马克思恩格斯文集》第 1 卷，人民出版社 2009 年版，第 527 页。

判无一不是马克思关于他者的理论在当代的发展。

怀特海的机体哲学（Philosophy of Organism）是目的论的，每一现实实有都有自己的目的——获得新颖性的欲求和自我实现、自我满足的理想。但是，这一价值目标的达成离不开其他现实实有和实在的参与。

一方面，一个作为主体的现实实有的生成与满足，是通过摄入活动进行的，而且是以他者的主体客体化、他者群集和客观化的联系所形成的现实世界、环境和区域为背景的。他者和共同体——群集、时间性世界、上帝乃至宇宙整体共同成就了现实实有自我生成的条件。

就是说，现实实有的生成是有条件的，即其他现实实有、永恒客体和主观形式，其中的任何一个都与其他实在有关。因为，任何现实实有的生成都是合生，不仅包含以其他现实实有为资料的物质性摄入，而且需要源自上帝的永恒客体这一客观资料来完成精神性摄入，甚至需要诸多的命题摄入等；即使是摄入的主观形式，也存在来自其他现实实有享受和物质目的的遗传传递，当然不排除自我的选择因素。

另一方面，一个现实实有不仅在其自我选择、自我创造、自我实现并最终获得自我满足——达成目的的生成过程中，既受其他实有业已形成的环境的限制，表现为被动性和接受性，又有来自上帝的价值引导，表现出在自身中体现上帝的新颖性和创造性与爱；而且该现实实有或现实事态自身满足之时，也是其生成的消亡与终结，但这种在时间性世界中的消亡却意味着在上帝那里的永生而完成从主体向超体的转换，更为重要的是这种超体的客观化又成为其他现实实有物质性感受或摄入的一桩事实资料，影响其他主体的生成。对于怀特海来说，作为现实实有的上帝使宇宙有了"神性"，正是"神性"让宇宙中有了意义、价值和超越现实的理想因素，让我们产生了超越自身的价值感，没有这种超验的价值感，作为他者的实在就不能进入我们的意识，这也是避免唯我论的关键。[1]他还把对价值的感受看成是人类生存的基础，价值的意义在于存在是完全为了自身的，是对自身的辩护，有自身特性。[2]因此，宇宙中任何经验主体的存在对自身、他者和整体都有意义和价值。人类意识的成长表现为抽象力的出现，而"抽象源于价值的获得，它是随着它对

---

〔1〕 ［英］阿尔弗莱德·怀特海：《思想方式》，韩东晖、李红译，华夏出版社 1999 年版，第 92 页。

〔2〕 ［英］阿尔弗莱德·怀特海：《思想方式》，韩东晖、李红译，华夏出版社 1999 年版，第 99 页。

价值获得的具体感觉的适当的相关性而被保存下来的"〔1〕。显然，这与马克思关于意识的产生与发展的历史性阐发有很强的一致性。

如果说怀特海的主体统一性和主观和谐范畴表明，任何摄入活动都是主体能动性体现，并服务于主体的主观形式和自我满足的目的，他者内在于我之中，使前定和谐成为可能；那么，他的客观统一性范畴则强调，客观资料中的任何要素对于现实事态的满足作用都是独一无二和不可复制的；而他的客观多样性范畴则进一步指认现实事态的生成涉及众要素，但并非是与多个要素的共生，且是合生。

此外，这种现实实有、世界、宇宙的合生，恰恰体现了建设性的一个基本含义，就是包容他者，与他者合作，进而共同完成自身和宇宙的进化，并最终达成理想与完满。这一思想在上帝与世界关系的讨论中，以二者的互动与互释而彰显出他者的意义与价值。在怀特海那里，"上帝并非创造世界，而是拯救世界，赋予世界以秩序，这取决于由他的概念性和谐构成的理性；更准确地说，上帝是这个世界的一位诗人，以其对真善美的想象力，温柔而耐心地引导着世界"。〔2〕也可以说，正是由于怀特海机体哲学的他者之维，甚至把非人类的自然界和宇宙万物都视为有其自身目的和根据的价值主体，主张"一切事物对自身、他者和整体有价值……没有什么可以与他者、整体相割裂"〔3〕，伦理主体才被拓展到人类主体之外，并奠定了环境伦理的理论基础。后怀特海时期的当代过程哲学家们像小约翰·柯布、大卫·格里芬、菲利普·克莱顿等有机马克思主义者〔4〕或过程马克思主义者（本人最先把建设性后现代的马克思主义者称做过程马克思主义者，或称做别一种西方马克思主义者）格外强调"共同福祉"（Common Good）〔5〕"生态正义""环境伦理"〔6〕"超越

〔1〕 ［英］阿尔弗莱德·怀特海：《思想方式》，韩东晖、李红译，华夏出版社1999年版，第111页。

〔2〕 Alfred North Whitehead. *Process and Reality*. New York：The Free Press，1978，p. 346.

〔3〕 Brian G. Henning. *Ethics of Creativity*：*Beauty*，*Morality and Nature in a Processive Cosmos*. Pittsburgh：University of Pittsburgh Press，2005，p. 42.

〔4〕 Philip Clayton，Justin Heinzekehr. *Organic Marxism*：*An Alternative to Capitalism and Ecological Catastrophe*. Claremont：Process Century Press，2014.

〔5〕 Herman E. Daly，John B. Cobb，Jr. *For the Common Good*：*Redirecting toward Community*，*the Environment*，*and a Sustainable Future*. Boston：Beacon Press，1994.

〔6〕 John B. Cobb，Jr. *Is It Too Late?*：*A Theology of Ecology*. Denton：Environmental Ethics Books，Cop. 1995.

人类中心主义的伦理学"[1]，王治河博士还倡导"对自然厚道""对人厚道"的后现代科学等[2]。布莱恩·亨宁的研究表明，以怀特海为首的过程哲学家最早参与、推动了环境伦理的探讨，率先贡献出环境伦理学的研究成果。[3]

　　总之，马克思与怀特海的哲学在他者问题上有共通性，但其解释的关注点和路径又存在一定殊异。马克思在唯物史观的立场上，依循以历史性为基础的历史主义原则、（主体间性的）主体性原则与客体性原则的辩证统一，不仅共时态、结构性地考察人与人、人与自然、人与自身之间的关系，而且历时态、历史性地分析探讨了现实世界——属我世界、人类社会中基于"现实的人"之实践活动所生成的一切"属我关系"：从对象性存在物、社会存在物、社会关系和生产方式所理解的人，到感觉官能和意识能力的历史性生成，再到自我价值的他者确证等；从人对人的依赖性关系，到以物为媒介的人的独立性所形成的普遍交往关系，再到自由人联合体社会形态下新型伦理关系——每一个人的发展是一切人发展的前提；从人与自然原初的统一关系（自然界是人的母亲），到人与自然的对立与异化（改造自然的异化劳动和生产方式下，越是想占有自然就越是丧失自然界），再到人与自然关系的和解，从而开显出马克思的他者存在之维。怀特海则在泛主体论、泛经验论的主体间性原则下，以"现实实有"或"现实事态"为终极的经验主体，试图超人类中心主义地把价值主体、伦理主体拓展到自然界和宇宙万物，把感受和摄入能力给予所有经验主体，而且每一主体的感受或摄入活动绝不是孤立的，不仅有"从下至上"的因果效验关系，而且有"从上到下"的因果效验关系，这样每一个体的自我生成和自我实现的过程既关涉环境——其他完成了的主体在客体化后作为一桩新客观资料、"现实世界"与宇宙整体的当下样态，而且关涉与世界密切关联着的宇宙精神——上帝，以及其概念性摄入活动对永恒客体的秩序化，从而使得宇宙和谐秩序的生成既依赖于个体的经验活动和自我实现的创造性行动，又有先验的价值基础或"先定和谐"，只不过

　　〔1〕［澳］查尔斯·伯奇、［英］约翰·柯布：《生命的解放》，邹诗鹏、麻晓晴译，中国科学技术出版社 2015 年版，第 146 页。

　　〔2〕王治河、樊美筠：《第二次启蒙》，北京大学出版社 2011 年版，第 306—308 页。

　　〔3〕Brian G. Henning. *Unearthing Process Roots of Environmental Ethics*, seeing his PPT of Academic Report in Beijing, 2016.

这种"先定和谐"又不同于莱布尼茨单子论的实体论形而上学之"前定和谐"[1]，而在现代哲学范式下强调主体间的互动与合生，因此他者不是单纯被动的客体，实在不再是永恒的实体，而是过程中的存在，过程即实在，任何处于过程中的主体都离不开他者的陪伴，有宇宙之根和上帝（像诗人一般）之爱。不难看出，马克思更注重如何超越资本的逻辑而通过社会历史的中介来协调人与自然的关系，怀特海则通过宇宙之结构分析及其生成过程来关注社会历史及其人的存在。虽然路径不同，但是目的都在于如何摆脱现代性困境。前者把焦点对准了资本主义制度，在实践哲学下探究了基于他者的制度伦理，后者则诉诸"观念的冒险"[2]，在有机宇宙论形而上学的过程思维下泛主体论、泛经验论地开显他者、为他者之在辩护，并为环境伦理学奠基。可以说，在他们的哲学那里，他者始终在场，有其不可替代的理论地位和实践意义。

二、马克思与怀特海正义观的他者向度

"'人与自然是生命共同体'是新时代中国特色社会主义思想对人与自然关系最深刻、最科学的揭示。"[3]该论断不仅在马克思的人类共同体那里，而且在怀特海宇宙共同体思想中都有丰富的理论资源，并触及主体与他者的情感、经验、伦理、正义等方面的内容。本部分旨在从正义观的角度呈现马克思与怀特海关于共同体的思想及其所开显的他者意蕴。

（一）"共同体"中他者价值的确认：在关系性思维下开显他者维度

就以往正义范畴所关照的对象来看，很大程度上都只是被局限在了人类个体自身这一狭小的空间。一切正义标准也都不过是服务于主体自身的，他者正义始终徘徊在我们所讨论的范畴之外。在这种话语体系中，正义实际上只为人类的存在尊严和生命权利代言，而始终未曾向他者敞开。若遵循此类思想倾向的主张，他者将永远无法从边缘化的角落进入正义所关照的视野内，同时也无法真正成为社会历史进程中的参与者。启蒙运动以来，理性受到了

---

〔1〕 张秀华：《回归与超越——莱布尼茨与怀特海的有机宇宙论之比较》，载《哲学研究》2016年第5期，第84—90页。

〔2〕 Alfred North Whitehead. *Adventures of Ideas*. New York：The Free Press, 1933.

〔3〕 张紫光：《生命共同体：生态哲学的基础命题》，载《自然辩证法研究》2018年第8期。

极大的追捧与推崇。人类沉浸在征服自然的狂热之中，而他者的价值与地位随之边缘化。他者的缺场是现代性问题的主要表现之一，这导致的直接后果就是他者与主体间的关系撕裂。然而，他者并不是主客体思维下的纯粹依附者，而是具有自身独特价值的存在单位，并且对主体自身构建发挥着存在论层面的作用。因此，萨特指出，"他人注视着我就足以使我是我所是了"。[1]可以说，任何主体单位无不内在地蕴含着他者要素，主体与他者的命运实际上是被紧密地关联在一个共同体之内的。甚至在某种程度上来讲，他者存在更具有始源性意义。因为他者不仅构建着主体的存在基础，而且彰显了共同体的关系性维度。

马克思深受黑格尔辩证法的影响，驳斥任何绝对不变的正义原则。整个人类社会在马克思这里被看作是动态关系的永恒运动。因此，他对正义问题的探讨是基于不断变化的社会发展状况而展开的。但与黑格尔将正义的基础归结为绝对精神所不同的是，马克思始终立足于历史唯物主义，着眼于人的现实活动对正义问题展开考察。[2]在他看来，社会经济关系才是正义问题的真正内核。马克思就曾在《〈政治经济学批判〉序言》中明确指出，我们应从社会生产力和生产关系的矛盾中来把握现实世界。这就把正义的本质从抽象拉回到现实，进而将正义问题进行了历史唯物主义的诠释。马克思认为，资本主义的出现是历史的进步，但其生产关系并未从根本上改变劳动者被剥削的命运，甚至将劳动者置于更加苦难的境况之中。在资本主义价值增殖的过程中，工人的劳动力成为商品，与工人发生分离。出卖自身劳动力之后的无产阶级丧失了其主体的本质属性，只能作为工具性的他者为少数资本家服务，这就最终导致工人沦为社会关系中的异化性存在。可以说，资本主义的非正义性正体现于此。马克思对资本主义展开批判的目的就是要通过揭露资本主义剥削的秘密，将每一个作为他者的劳动者从被压迫的牢笼中解放出来，进而在自由人联合的共同体中最终实现人的自由全面发展。

值得注意的是，马克思对剩余价值秘密的揭露和资本主义生产方式的批判，并非只是想对资本主义或资本家进行单纯的道德层面批判，而是要"攻

---

〔1〕［法］萨特：《存在与虚无》，陈宣良译，杜小真校，生活·读书·新知三联书店2009年版，第330页。

〔2〕《马克思恩格斯选集》第2卷，人民出版社2012年版，第3页。

击这个（资本主义）制度总体"。[1]因为在资本主义制度的整体框架下，工人总是作为被压榨的他者而存在。即使工人劳动报酬的提高，也无法扭转他们在经济活动中始终处于被剥削的地位。或者说，哪怕资本家在经济活动中丝利未获，仍旧难以粉饰其非正义的实质。因为工人的主体性需求依然未曾得到真正满足，其工具化了的他者身份也并未由此发生过任何改变。马克思意在通过揭秘剩余价值的来源，分析资本主义经济现象，来呈现资本主义经济规律以及人类社会的发展规律。从现实的关系性维度出发对正义问题展开探讨，是马克思与空想社会主义者最大的不同。在马克思这里，正义的内涵并非是一成不变的某个准则，而是动态的社会历史性产物，其所反映的是人类实践活动在历史维度中所呈现出的社会发展基本矛盾规律。马克思既没有像空想社会主义者那样将实现正义的希望寄托于统治者，也没有像黑格尔那样妄图仅仅凭借对上层建筑的批判来构建正义性的社会。而是着眼于资本主义制度本身，意在通过击碎资本主义生产关系的桎梏来实现每一个被剥削他者的解放。

马克思立足于主体、他者、共同体之间的关系，深入分析资本主义社会运行机制和人类社会发展规律，以此来诠释正义的内涵。在马克思这里，主体与他者的矛盾冲突，总是被置于历史维度下的实践关系中进行追溯与考察的。宇宙中每个单位的生命历程、生存境况以及同他者的关系，都是在社会历史的实践活动中被呈现出来的。因此，马克思认为，人绝非是任何抽象或孤立的实体单位，而是处于共同体之中的关系性存在。"人的本质是人的真正共同体"，[2]共同体实际上就体现了人的本质内涵，即社会关系的总和，这也彰显出了主体与他者的存在状态。然而，由于近代以来对理性的过度推崇，人作为超越性的存在而被搁置在一个单独谋划的生存情境之内，与他者发生分离。这就导致在交往的过程中，我们往往只是着眼于主体自身权利的实现，而非对他者责任的履行，道德与正义总是处于缺场的状态。因此，马克思从关系性的思维出发对正义问题展开思考，实际上就是要为被剥削的"他者"给予更多关注，同时也意在为"共同体"开显出具有我性的他者之维度。

怀特海对正义的理解则是基于过程实在论和泛主体论、泛经验论的宇宙

---

〔1〕 李惠斌、李义天：《马克思与正义理论》，中国人民大学出版社 2010 年版，第 80 页。

〔2〕 《马克思恩格斯全集》第 3 卷，人民出版社 2002 年版，第 394 页。

论。他用永恒变化的实际实有（Actual Entity）取代传统西方哲学亘古不变的实体（Substance）概念，用过程实在论取代实体实在论，用全新的机体宇宙论取代传统形而上学的宇宙观。因此，怀特海对正义本质的把握和阐释总是置于某种有机的关系中来完成的。在怀特海看来，宇宙中所有机体的生命存在都是依循着事物间的关系而展开的，关系是每一个实际实有必不可少的。[1]怀特海形而上学的根本任务就是以一种适当的方式——将具有物理属性的世界给形式化处理，同时呈现出宇宙的这种联系性图景，进而使我们对世界的把握从实体性思维的牢笼中释放出来。在怀特海看来，任何实际实有都与它所处的现实环境有着内在的有机关联性，主客体间的二元对抗状况在过程哲学的语境中是难以为继的。事物的属性及特征也是由其同他者之间的联系所确定的，包括正义的本质与内涵也是在这个关系之网中被赋予的。唯有当我们从关系性的本体论出发，整个宇宙及一切他者才有可能被我们切实地感受和领会。这也就是说，我们对正义问题的理解绝不会只是停留在对个别实际实有的把握，而是要通过对众多实际实有的经验，从而以一种关系性的整体视野对正义本质进行揭示。怀特海所强调的"实际实有"既是浩瀚经验的汇聚，又是万物运动变化的过程，它处于永恒的生成之中。那么这个"汇聚"的过程是如何实现的，以及这个"汇聚"又是如何同世界发生联系的呢？过程哲学给出的答案是——"摄入"。怀特海认为，众多的实际实有是通过"摄入"的方式被联合在宇宙这个整体的图景中。通过摄入活动，实际实有以一定的主观形式不断地吸收周遭环境所提供的予料。我们自身也是依循"摄入"活动的方式，来表明我们同宇宙中所有他者间的有机关联性。

世界的关系性图景使我们所处的生存系统呈现出了他者的维度，这就意味着世界中的万事万物都是作为经验主体拥有平等的存在地位和内在价值。因此，过程哲学所强调的正义必将是要对他者施予关爱的。正义不再是为某个个体服务，而是要恩泽于每一个他者。这是因为世间万物就存在论层面而言，皆为自行经验、自行感受、自行推动的目的性存在，同时能够在自身的生成过程中迸发出新颖性的独特内容。尽管人同自然及其他机体相比有着很大的不同，但这个差别是生命多样性的表达，而绝非是存在位格的高低体现。

---

〔1〕［美］大卫·雷·格里芬：《复魅何须超自然主义：过程宗教哲学》，周邦宪译，译林出版社 2015 年版，第 157 页。

一方面，人作为有机关联系统中的一般要素，并不具备统摄他者的先天权利。反而是只有依靠他者，人类自身才能得以生存。另一方面，人所具备的某些特征和经验体验，其他机体生命同样也会具备，这是他者主体性、目的性、生命性的基本呈现。所以，当我们谈及正义的时候，绝然不能遗忘他者的福祉和利益。过程哲学作为有机哲学，其正义观彰显了作为主体的他者之维，使我们真切地感受和领会到万物的经验流动和宇宙的流转生成，以及人与自然的和谐共生状态。就生命共同体这个整体系统而言，处于共同体中的每一个经验单位总是同他者保持着一种密切的相关性。任何一个经验单位如果没有在共同体之中赢获一个恰当的关联状态，那么它将无法维持自身生存。也就是说，人和山、水、林、田、湖之间始终保持着一种互蕴共兴、相依互荣的关系，他们各自的命脉是通过他者的生存和发展得到保障的。生命共同体中的每一个他者皆为主体性的存在，并同人类一起共同构建生命共同体这个整体系统。

需要说明的是，在过程哲学的语境中，共同体绝非是某个实体存在，而是动态的经验流动与汇聚。人与自然界中的每一个他者，都是通过一种经验相互摄入的方式被关联在共同体之中的。通过这种"摄入"的方式，人类改造世界的活动得以展开，并与共同体中的其他存在发生整体关联。近代科学主义以分析的方式将整个世界切割为四分五裂的碎片，而怀特海的关系性思维则要求我们必须将所处的环境视为一个有机的整体系统。在这个关联性的整体系统中，事物的属性及特征是由其与他者之间的联系所确定的，事物自身的价值也是通过他者价值的彰显而得到确认的。因此，当我们在经验世界中同他者打交道时，绝不能以牺牲他者利益的方式来实现自身的发展。世间万物皆为彼此共荣、风雨同舟的利益相关者。主体的命运同他者的命运实际上是被紧密地关联在一起的。甚至在某种程度上来讲，他者存在具有更加基础性的作用，因为他者始终支撑着"我"自身的生存。当他者的福祉受到威胁时，主体的一切福祉和利益也都将无处可依。可以说，对他者福祉的保障，是构建共同体和正义实现的基本前提。

（二）"共同体"内与他者的交往：基于他者的主体性构建正义性的交往方式

回顾近代工业文明的发展历程，我们不难发现：在最初的蒙昧时期，人类由于自身的弱小而常常依附于强大的自然。人们相信万物皆有灵，并对自然施以最大的敬畏。此时，人类自身的命运实际上是交付于自然的。这就使得人们对世界本原的看法和解释，都归于自然本身或某种外在的神秘力量。文艺复兴以来，随着自然的祛魅和人类实践能力的提升，人同自然之间的主奴位置开始发生逆转。尤其在培根控制自然的观念影响下，人类由原来的"顺民"慢慢成为自然的"征服者"。同时，人类也逐渐摆脱了土地、气候、地域的束缚，成为经济活动中的自由人，这就进一步推动了人类自我意识的觉醒。先哲们所思考的"何为世界本原"的问题，也随之被"人是如何认知和把握客观世界"的问题所替代。征服和改造世界成为社会发展的基本主题，形而上学所关注的内容也开始逐渐转向现实世界。然而，工业文明对发展的狂热执迷，所带来的后果并非都是积极的。人类认为凡事合乎科学逻辑的就是合理的，甚至将"科学与否"作为评判善恶是非的唯一标准。一切事物和领域都被科学诠释为"量的测量和计算方面可通达的"。[1]这就导致我们所关注的内容仅仅集中在技艺、数量、计算等存在者的范畴，而遗忘了存在本身。人们只是纯粹为了发展而发展，进而异化了发展本身。更为严重的是，人与自然的共在状态在此异化的过程中出现了分裂，自然逐渐成为外化于人的他者性存在。作为客体的他者自然，其有机性、主体性、经验性都随之淹没在科学主义的强力之中。具体就表现为，在现实交往的过程中，谁拥有较强大的力量，谁就占据话语制高点，并能够直接获得支配对方的权力。在世界祛魅化的过程中，人类凭借自身独特的属性和改造世界的能力获得了至高无上的地位，而人之外的他者存在则在这场力量博弈中沦为等而下之的存在物。按照资本的逻辑，自然界是无生命的生产资料。它只需在人类的经济活动中不断地输送动力即可，我们是没有必要对自然界进行任何价值层面或是伦理层面的补偿。这就导致他者的利益遭到了前所未有的损害，人类自身的生存也陷入岌岌可危的境地之中。具体就表现为：一方面，利益驱使下的市场经济为社会创造物质财富的同时，也给作为他者的自然带来了毁灭性的破坏，进而导致诸多物种从地球上永远地消失。另一方面，作为他者的工人遭受到更为隐蔽的压榨，工资待遇的适度提升并不能对其所遭受的剥削进行等量补偿，劳动者的生存状况仍处于艰难之境。然而，资本逻辑所带来的恶

---

〔1〕　[德] 马丁·海德格尔：《哲学论稿（从本有而来）》，孙周兴译，商务印书馆2012年版，第158页。

果远不止如此，有些西方发达国家为摆脱资本主义生产方式所带来的生态恶果，甚至将污染产业向第三世界转移。可以说，"资本的逻辑是暴力的延伸"。[1]无论我们如何用现代工业文明带来的成果来进行自我粉饰，都无法改变其对待他者不厚道的本质。尤其是在人类中心主义和物理主义原则的支配下，他者自身的内在价值和目的完全被现代性所剥夺，成为纯粹被榨压的工具性对象。

马克思认为，"我"与"他"皆为社会关系的产物，人类并不比自然或他者具备更加优先的存在地位。相反，主体不仅是为他者存在的，而且内在地包含了他者属性。主体与他者处于一个共同的存在整体之内，两者之间彼此扶助依存，而非压制斗争对抗。海德格尔对存在问题的追问，即意在颠覆本体论的哲学传统，从而描绘出一个主体与他者和谐共在的世界。而从关系性思维来看，任何对他者的暴力行为，实际上所表现出的都是一种主客体对抗关系。但是，他者作为整体关系中的重要要素，其不应被打压或驯服，而该受到主体的关怀。那么我们要如何与他者交往呢？马克思认为，以往哲学所关注的他者皆为抽象的个体，而非现实的关系呈现。然而，每一个主体与他者都是社会关系的产物，两者的命运必然同现实生活交织在一起。因此，我们应该基于人类实践活动来把握主体与他者的关系。与此同时，主体与他者在实践活动中的相遇，实际上就是开显他者主体性和承认他者价值的过程。每一个主体单位先天性地承载了庇护他者福祉的责任。主体对他者福祉的维系实际就体现了"为他者负责"的交往规范，同时也是正义的行为，这是马克思对正义的重新把握和再次定位。我们可以说，马克思对正义的理解相较于形而上学的抽象正义观念是有着重要意义的。

值得注意的是，即便现代工业文明将他者予以边缘化，但其相对人类早期的实践形态仍旧是一种历史的进步。因此，马克思对正义观念再度诠释绝非是要对现代文明进行一种舍弃，而是要对他者实现一种拯救。特别是在构建人与自然生命共同体的时代语境中，如何通过对他者的拯救来实现人与自然关系的和解就显得尤为重要。需要明确的是，尽管改造世界的实践活动是人类自身主体性、创造性和超越性的展现，但是无论我们如何改造世界、超越自然，都离不开他者。不管我们如何掌控工具、征服自然，都无法摆脱同

---

〔1〕 张秀华：《历史与实践——工程生存论引论》，北京出版社 2011 年版，第 205 页。

他者的交往。对他者的认同和包容，是构建共同体的基本前提，同时也是达成人与自然和解的有效途径。在马克思看来，我们要认识到作为他者的自然界不仅"是人的精神的无机界"，而且"是人的无机的身体"，"必须把自然对人的他在（外在）性对待关系转变为内在性的属我关系"。[1]这就明晰了他者自然的主体属性，进而指明了人与自然冲突的根本原因——他者的缺场。人与自然界是生命共同体，人无法脱离自然界而单独存在。动物、植物、河流、阳光、空气等，既是人类改造世界的对象，也是人的意识得以产生和形成的物质基础。尤其就实践领域而言，他者自然是人类改造世界的实践活动得以开展的基本前提，同时也是主体实现自身的发展的必要条件。因此，我们必须将人类与他者的关系进行重新审视。历史唯物主义对他者保持了一种极其开放的态度，这种开放性很大程度上就体现在对他者的包容与尊重。近代哲学一味地强化人类的主体地位，而无视他者的存在价值和正义诉求。马克思关于正义问题的考察，实际上就是要挖掘出他者的内在价值，进而开显出他者的主体性。可以说，每一个他者都具有同主体一样的平等地位和利益需求。我们只有首先认识到了这一点，才能为正义赋予更加深刻的内涵。

如果说马克思是站在历史唯物主义的立场上，来构建包容他者主体性的正义观念的话，那么，过程哲学则更加强调共同体中每一个他者的经验感受和存在目的。怀特海认为，每一个实际实有"都有一种神秘的冲动，欲阐释有自己的诸特性组成的那个私有的世界"。[2]但是，这种主体性的彰显离不开他者的互动和参与。以过程哲学的视角来看，共同体实际上是无数他者经验感受和存在目的汇聚。因此，开启一条关照全体存在单位的温情道路就显得尤为重要。我们可以将这条道路视作一种具备他者精神性的正义规范。它将有助于缓解人与自然间的紧张关系，进而为我们冲破主客二元对立的桎梏提供了可能性。尤其是过程实在论对"我""他"关系的重新定位，很好地将主体自身利益与他者福祉进行了统一。依据怀特海的观点，一个现实实有的本质总是取决于它对其他事物的摄入与感受。这就表明，每一个个体的存在总是内在地同他者的命运紧密地关联在一起的，它们之间的利益也总是难以

〔1〕 张秀华：《回归工程的人文本性——现代工程批判》，北京师范大学出版社 2018 年版，第 200 页。

〔2〕 ［英］阿尔弗雷德·诺思·怀特海：《观念的冒险》，周邦宪译，北京联合出版公司 2014 年版，第 146 页。

割裂的。因此，共同体中的每一个单位都有相互关爱、彼此扶持的内在要求。这既是主体与他者的共同命运承诺，也是我们同他者交往所必须秉承的厚道态度。

为他者的生存与命运承担义务，并以一种温情的交往方式对待每一个经验单位，是怀特海对待他者的基本态度。值得注意的是，在怀特海这里，他者被赋予了更加丰富的内涵。除人类之外，山川、草木、河流等皆是正义所关照的他者对象。自然界与人类之间的关系绝非是紧张对立的剑拔弩张，而应是互蕴共容的温情关爱。任何把人类视为唯一主体性存在的看法，都是对他者的鄙薄。唯有基于他者主体性，同时以一种厚道的姿态倾听其内在诉求与生命律动，才能使我们真切地感受到共同体的内在温情，这就为构建正义性的交往方式提供了可能性。

（三）"共同体"之他者的终极关切：在整体论立场下谋求共同福祉

近代以来，伴随人类自我意识的进一步增强，主体性逐渐成为一种属人的关系范畴，似乎只有在这个关系范畴中才能够谈论主体。尤其是在笛卡尔二元论解释范式的影响下，主体与他者间的矛盾空前激化。人类自身的利益被赋予了最高的优先性，而他者的福祉则被无情地抛弃，甚至连他者自身也完全沦为主体的从属物。这样，人同他者之间交流互动的可能性就随之被打消。然而，人作为自然界中的普通一员，并非是纯粹超然性的孤立存在。达尔文就认为，不同物种之间的关系是一场"生存斗争"。[1]人与他者之间的依存关系正是通过这种"生存斗争"才得以体现出来的。与达尔文的竞争性他者关系所不同的是，后现代主义者将人与他者之间的关系视作一种协作与共荣状态。整个自然界的演化进程，正是被这种依存共在关系推动向前的。可以看出，无论是竞争或是协同，我们都不能否认他者在社会历史发展进程中的重要作用。

在全球化背景下，资本超越了空间的壁垒得以在全球范围内扩张，而商品生产作为特定空间下的经济活动更加依附于资本。由于空间的差异性，相对落后的东方国家不可避免地沦为边缘化的他者，而遭到西方国家的剥夺，进而形成了东西方的从属关系。就国家内部而言，城市凭借其强大的虹吸效应将生产资料和劳动力进行快速聚集。农乡地区则由于人才、资金、产业的

---

〔1〕 ［英］达尔文：《物种起源》，周建人、叶笃庄、方宗熙译，商务印书馆 2016 年版，第 175 页。

转移而丧失其自身主体性，只能依附于中心城市，凭借单纯劳动力的供给来换取资本掌控下的零星利益。空间区域发展的不平衡直接导致的后果就是分配的非正义。不管是财富、劳动力或是其他相关要素都会依循资本增殖的需要向城市倾斜，而作为农村常常只能作为边缘化的他者被肆意压榨。加之城市化进程的不断加快，城乡之间发展差距将进一步扩大，两者间的矛盾也随之加剧。以马克思的观点来看，一个正义性的社会必定是能够保障所有社会单位的自由全面发展。所以，积极地构建起一个能够包容他者福祉的共同体，就成为消解主体与他者间芥蒂的有效途径。在这个温情的共同体之中，他者与主体平等地享有整个世界，他者的福祉也始终被给予深切关注。通过共同体的建立，主体与他者、西方与东方、城市与乡村间的对抗关系能够得到有效地改善，这就为正义性社会的构建奠定了基础。

　　需要强调的是，共同体无论是时间上、空间上还是历史上都是作为一个有机的整体而存在。这也就意味着人、自然、他者等一切现实单位的运动和变化，都是在整体框架下的相互联系之中进行的。换句话说，从世界联系的普遍性和社会恒久的发展性概念出发，我们总会被引向一个整体性的范畴。任何将他者边缘化的行为，基本都是以纯粹的人类视角来俯瞰自然界的，这就淡漠了历史的发展运动轨迹与我们自身的存在根底。当然，这也并不是说我们要完全地以自然为中心，将人类社会的产生看作是一种纯粹的自然现象，因为这样就忽视了人的实践在历史发展过程中的重要作用。可以说，不管是"人类中心"或是"自然中心"，两者都缺乏一种整体性的视野，因而很难从历史发展进程当中来对他者价值进行确认。马克思将主体与他者的关系搁置于整体性的框架中进行考察，处于整体系统中的每个单位之间不仅有着密切的关联，而且有着共同的利益牵涉。这就意味着，每一个单位在谋求自身福祉时，绝不能妨害他者及整个共同体的福祉。马克思的整体性思维——总体性辩证法，不仅凸显出了人与自然的有机联系，而且彰显了他者的存在意义和价值。通过整体视野来探究人与自然界的关系，能够有助于我们构建起一个为他者谋求利益的共同体。这就将人、自然、他者的福祉根基定位在了整体性上，进而为化解人与自然之间的矛盾冲突发挥了积极作用。他设想在未来的共产主义将实现人与自然、人与人、人与自身关系的和解，每一个人的发展是一切人发展的前提。正如高清海教授所看到的，在马克思那里人类社会从前资本主义社会的"群体本位"，经资本主义社会的个体本位，最终必将在后资本主义社会那里实现"类本位"。显然，这充分体现了马克思对社会历史考察的总体性观点与总体性辩证法的思维方式，重视人类共同体的整体利益，并将其建立在确保共同体成员个人价值实现的基础之上。就是说必须超越以私人利益追逐为中心的资本的逻辑——暴力的逻辑，让"精神性出场"。[1]从而，在改变对象世界的过程中改变人自身。

怀特海则认为，宇宙中的一切存在和存在物皆无法脱离其所处的生存整体系统。机体同环境的生存状态并非是某种实体间的外部空间联动，而是作为有机整体系统的内部感受交汇。世界在本质上是动态的、有机的、整体的经验汇聚，其中的诸多要素之间必然有着紧密的关联性，并彼此影响与推动。个体主义仅仅将情感关爱集中在"人"这个主体上，一切正义原则也只是服务于主体自身。他者在这里实际上总是处于被主体主宰的境况中，其利益与福祉则极少被考量。这一方面导致了主体与他者的紧张对峙状态，另一方面也激化了人与自然的矛盾冲突。然而，当我们立足于整体性的思维方式对整个宇宙进行重新把握时就不难发现，人、自然以及一切他者都是以一种共在性的方式存在于世的。这种共在的存在方式，为我们内在地赋予了他者的属性，同时也将我们自身的命运与他者的福祉紧密地关联在了一起。可以说，在有机宇宙论的解释原则下，主体与他者被赋予了共同的存在根基。二者的冲突在这里不仅得到了有效地化解，而且它们的利益与福祉也达到了前所未有的统一。因此，怀特海认为，环境对其中每一事态的性质都施予了影响。整体系统中的他者自身本就包含有主体的因素，而主体也寓于他者之中，任何一方对另一方的关爱，实际上也都是对自身的关爱。

简言之，工业文明所取得的伟大成就使我们产生了一种"万物皆备于我"的错觉。人类将自身定位为万物主宰的同时，也将自身之外的一切他者排除在情感的关怀之外。他者在正义层面上的严重缺位，直接导致自然界被奴役的悲惨命运。党的十九大提出"生命共同体"的概念，意味着我们必须要把人同他者间的谐和关系，放在更为突出的位置上来。"'生命共同体'的内在蕴含之一就是尊重自然。"[2]人类既不是畏惧自然的臣服者，也不是支配自然

---

〔1〕 张秀华：《回归工程的人文本性——现代工程批判》，北京师范大学出版社 2018 年版，第 221-229 页。

〔2〕 李芳：《"生命共同体"中的辩证关系解析》，载《江淮论坛》2018 年第 5 期。

的征服者，而是保障人与自然共同福祉的直接承担者。这也就是说，无论人类自身主体性得到何种程度的彰显，都不能对他者和自然的尊严进行一丝一毫的贬低。马克思与怀特海尽管有着各自的哲学立场，但"在他们的哲学那里，他者始终在场"。[1]首先，他们从世界的关系性图景入手，为共同体中的他者进行了价值确认。其次，基于他者主体性，主张构建起一种符合他者利益的正义性交往方式。最后，立足有机整体的思维方式，倡导共同体中包括他者在内的共同福祉。无疑，马克思与怀特海关于共同体问题的关注，充分彰显了对他者的真切关怀，进而为宇宙中的每一个他者在正义观层面寻求到了栖居之所。这对生命共同体的构建而言，更是有着难以取代的理论意义和实践价值。

---

〔1〕 张秀华：《在场的他者——马克思与怀特海的他者之维》，载《上海交通大学学报》（哲学社会科学版）2017年第4期。

第六章

理论旨趣的差别：解释世界与改变世界的张力

　　尽管马克思与怀特海的思想有上述种种共通性，但就其哲学的理论旨趣而言二者的差别很明显。在马克思那里"解释世界"是形而上学家们的任务，而更为重要的是"改变世界"，所以他批判一切旧唯物主义和唯心主义都不懂得感性的实践活动，不了解意识形态的经验的物质前提和现实基础，任何观念的文本都有其现实生活的实践文本做支撑，理解实践文本是理解观念文本的关键。这一思想集中体现在马克思对黑格尔哲学的批判性改造上。对怀特海来说，他的哲学还逗留在西方哲学的"主导问题"[1]的线索，试图发现解释宇宙和世界的根据——宇宙的数学形式，以期拯救现象。可以说，怀特海对莱布尼茨有机宇宙论的回归与超越，其目的在于重建有机宇宙论的形而上学。所以，本章拟回到马克思与怀特海思想的主要发源地黑格尔、莱布尼茨的哲学，借助对比分析进一步说明马克思哲学与怀特海哲学的本质特征与理论诉求的差异。

一、成物成己之辨——马克思对黑格尔实体双重化运动的批判性改造

　　在当代哲学范式转换与重建的过程中，黑格尔的体系哲学及其思辨辩证法普遍遭到遗弃，然而，马克思却在批判黑格尔哲学的同时拯救其合理内核——辩证法，特别是吸收了黑格尔关于主体是对象性存在、自我意识双重化运动推动自身发展的思想，只是把规定活生生的实体之本质的精神主体改造为现实的人，把自我展开且塑造自身的精神活动转化为具体主体现实的人

---

［1］［德］马丁·海德格尔著，［德］英格特劳德·古兰特编：《黑格尔的精神现象学》，赵卫国译，南京大学出版社 2018 年版，第 16 页。

之能动实践，并强调物质性的实践辩证法或劳动、生产辩证法之于意识或概念辩证法的基础性，在历史唯物主义立场上确认社会生活决定社会意识而非相反，使实践的观点成为马克思主义哲学首要的观点，人们正是在改变对象世界的现实的物质生产实践之"造物"的历史进程中改变自身，尽管必然经历劳动、生产甚至工业力量的异化，但人类最终会扬弃异化和物化获得解放。但对马克思而言，解放、自由不是观念革命问题而是取决于工业状况、农业状况和商业状况。所以，面对新时代如何做优做强"中国制造"及提升全民素质这一推进现代化进程的紧迫任务，有必要回到马克思对黑格尔对象化与非对象化活动的否定与肯定那里，进一步阐发"成物"与"成己"的辩证关系，以期深化对马克思辩证法及其当代价值的研究。

（一）从抽象主体的双重化运动向具体主体实践的双重化转变

黑格尔在《精神现象学》中首次使用辩证法的方法，展示了活生生的实体自我开显的不同意识形态并不断使精神现实化的发展历程，其中至关重要的动力机制或力就是作为实体本质的主体的对象性活动，即自我意识和精神的双重化运动，自己生产对象——他者，远离自身又回归自身，从而赢获现实性存在的过程，每一次远离（否定）与回归（否定之否定即肯定）都会获得精神更多的规定性，进而趋赴真理并认识绝对直至获得绝对知识，达到思维与存在的同一。他认为认识事物不能执着于目的或结果，而应该把握事情本身，停留在事情之内并沉浸其中，"因为事情并不是在它的目的里面，而是在它的具体展开过程中才得以穷尽，同样，结果本身也不是一个现实的整体，而是只有与它的转变过程合并起来才是一个现实的整体"。[1]马克思在《手稿》中把《精神现象学》看成是黑格尔哲学的诞生地和秘密，在充分肯定其辩证法的基础上立足现实的历史运动创造性地确立了唯物辩证法，把历史看成是对象化的劳动—异化劳动—异化劳动扬弃的过程，在劳动发展史的意义上理解人及其人与外部世界的全部属我关系，把现实的人看成是自然存在物、对象性存在物、类存在物和有意识的存在物、社会存在物、人是人的自然存在物，是受动与能动的统一体，在物质生产、劳动的自由自觉之实践活动中将内在尺度（合目的性）与外在尺度（合规律性）、自律（自由）与他律（必然）统一起来，并能够按照美的规律来建造。在这个意义上，马克思肯定

---

〔1〕〔德〕黑格尔：《精神现象学》，先刚译，人民出版社 2015 年版，第 2 页。

和吸纳了黑格尔劳动创造人的思想，把对象性活动、劳动视为人之为人的根本规定，用对象化活动的结果——工业和工业产生的历史性存在来确证人的本质力量，使对象化与非对象化、改造对象世界与改变自身具有一致性，在唯物辩证法下借助劳动、生产实践重释了黑格尔抽象主体或实体的双重化运动，确立起实践辩证法或历史辩证法，因为实践和历史是内在关联、互动互释的。

1. 塑造对象与回归自身的行动：抽象主体的双重化运动

在笛卡尔确立的理性主义主体性原则基础上，康德完全回到主体自身不仅寻求认识的确定性和客观有效性问题，即基于先验方法完成基于理论理性——知性在认识论上的哥白尼式革命，实现人为自然立法；而且通过实践理性确立起义务伦理，解决了人为自身立法的问题，从而进一步强化主体性原则。但，无论是费希特、谢林还是黑格尔都看到康德将理论哲学与实践哲学二分所导致的知识论的不彻底性和物自体的局限性问题。黑格尔针对费希特自我知识学与谢林哲学在消除物自体上所遭受的学理困境，试图把理性主义主体性原则贯彻到底，在有机总体观、辩证法的过程思维和历史逻辑下，不仅提出实体是主体的原则，而且确立起思维与存在的同一性原理，其分析与论证根本来说体现在能动主体塑造对象和回归自身的双重化运动上。

双重化运动的一个方面就是生产或塑造对象的对象化活动，也称为外化活动或异化。对于黑格尔来说，能动的实体即主体是对象性存在，必须进行自我二分的对象化活动，从自身分裂出他者，但意识主体知道这个有差异性的他者作为自己的对象就是我自身。没有这个对象化展开自身的运动过程，实体就不能克服自身的抽象性，并借助直接性赢获具体性和现实性存在。海德格尔在分析黑格尔关于"意识经验的科学"中经验的内涵时指出，"经验被称为一种'运动'，黑格尔在导言中明确说，意识造成这种经验，这种'运动……对它自己……发生作用'。经验就是意识的经验，只有当意识是经验主体的时候，经验才是可能的"。也就是"在意识通过自身所形成的经验中，意识变成其他的东西；但这种自行转化为他物恰恰就是实现自己本身"。[1]

在《精神现象学》中，黑格尔反反复复表达对象化、异化活动，又言明

---

〔1〕 ［德］马丁·海德格尔著，［德］英格特劳德·古兰特编：《黑格尔的精神现象学》，赵卫国译，南京大学出版社 2018 年版，第 29 页。

对象——他者的属我性。用他的话来说，"自我是关联的内容，是关联活动本身。自我作为一个他者与自己相对立，同时又统摄着对方，因为它知道对方就是它自己"。[1]就是说，对象化的关联活动使得自在存在与为他存在是同一个东西。

尽管，在这个过程中也存在着一个他者，但那是意识自身区分或制造出来的一个东西，这个东西对意识而言又是无差别的存在。然而，这个他者作为主体的对象也作为中介、中项，构成了意识存在和发展的一个不可缺乏的必然环节。借助众多的必然环节，才使得意识从他者那里折返或回归精神本身的自由行动成为可能。正是在意识的这种双重化运动的经验中，"在自我实现的自行转化为他物的过程中——精神达于现象，出现了精神现象学"。[2]

在讨论感性确定性问题时，黑格尔把知识与知识的对象内在关联起来，强调中介活动以及自我与对象的相互依赖性。他在感性确定性那里看到了两种"这一个"，即对象和我，但两者都不是仅仅直接出现在感性确定性之内，而是同时都经历了中介活动。就是说，"通过一个他者，亦即事情，我获得了确定性。同样地，事情也是通过一个他者，亦即我，成为一个确定的东西"。[3]我与对象互为他者，并在他者这个中介那里确立自身的确定性。不过他指出两种不同的认知。起初人们只是以对象为中心：在感性确定性中，一方被设定为单纯的、直接的存在者或本质，亦即对象，另一方被设定为一个无关本质的而且经历了中介活动的东西，这个东西并非自在地存在着，而是借助他者才存在着。这就是我，一种知识，而知识只有当对象存在着才会认知对象，所以它是一种可有可无的东西。但对象存在着，它是真相和本质。即使它没有被认识到，也仍然存在着，但是如果对象不存在，那么知识也不存在。后来，事关本质和感性确定性的对象却成了无关紧要的东西，感性确定性的真理所依赖的对象是我的对象，依赖于意谓。对象存在着，因为我认识到它，感性确定性真理的力量依赖于我，依赖于我的直接的看、听等活动。通过回顾哲学史和对比分析，黑格尔得出结论：我们可以把感性确定性的整体设定为感性确定性的本质，而不再像从前那样，把这个整体仅仅当作是感性确定

---

〔1〕　[德]黑格尔：《精神现象学》，先刚译，人民出版社2015年版，第111页。

〔2〕　[德]马丁·海德格尔著，[德]英格特劳德·古兰特编：《黑格尔的精神现象学》，赵卫国译，南京大学出版社2018年版，第30页。

〔3〕　[德]黑格尔：《精神现象学》，先刚译，人民出版社2015年版，第62页。

性的一个环节，先是把那个与我对立的对象，然后把我，当作感性确定性的实在性。也就是说，只有感性确定性的整体才始终保持为一种直接性，并通过这种方式把之前出现的全部对立排除出去。[1]换句话说，感性确定性的辩证法无非就是这种确定性的一段单纯的运动史或一段单纯的经验史，而感性确定性恰恰就是这段历史。它经历了否定、异化和否定之否定、扬弃的运动过程。只不过经历了逆转又折返回自身的"这一个"与起初的"这一个"并不完全是同一个东西，已不再是直接事物，而是一个在他者存在中保持不变的单纯东西，一个无限多的"这时"，而这才是真正的"这时"。

可以看出，双重化运动的另一个方面就是从他者那里回归自身的折返，相对于生产他者的外化活动这一必然环节，折返与回归更为关键，体现出主体的自由。在探讨力与知性时，黑格尔把上述双重化运动说成是"展开过程"与"收敛过程"的运动，并将其叫做力，把这个运动的前一个环节视为力的外化活动，后一个环节则为被驱赶回自身的力——严格意义上的力。但，被驱赶回自身的力必须首先外化，这种外化活动仍然是力的一种内在存在，正如这种内在存在同时也是外化活动一样。

进而，黑格尔描述道：通过力的一分为二，力的概念成为一个现实的概念。我们可以看到这个转变，以及具体的转变过程。两个力都是作为一种自为存在着的本质实存着。但是它们的实存是一种相互反对的运动，也就是说，它们的存在其实是一种纯粹的依赖于他者的存在，或者说，它们的存在仅仅意味着转瞬即逝。其实，不管它们是什么，它们都只是通过这个中项和相互接触才存在着。在这个过程中，力一方面被驱赶回自身，成为一种自为存在，另一方面也进行着外化，这里面既有诱导也有被诱导……毋宁说，它们的本质完全在于，每一方都只有通过对方才存在着，而任何通过对方才存在着的东西又立即不复存在。因此，实际上双方都缺乏一个自己固有的可以承载并维持着它们的实体。[2]因此，现实的力在任何情况下都仅仅存在于一个外化活动之中，而外化活动又无非是一种自我扬弃。或者说，这个现实的力，就它被设想为一种摆脱了外化活动的自为存在而言，就是被驱赶回自身的力。力的现实性的各个环节、各种实体以及力的运动，都将收缩为一个无差别的

---

[1] [德] 黑格尔：《精神现象学》，先刚译，人民出版社 2015 年版，第 65—66 页。
[2] [德] 黑格尔：《精神现象学》，先刚译，人民出版社 2015 年版，第 90 页。

统一体，即力的严格意义上的概念。

在探讨自身确定性的真理时，黑格尔从感性确定性所认识的存在者、知觉所认识的具体物、知性所认识的力进展到意识对真相的把握，又从意识的确定性把概念（自在存在）与对象（为他存在）看作是同一个东西——自在体，探进到自我意识。在双重化运动解释原则和总体性辩证法下，黑格尔指认自我意识是一个经历了感性世界和知觉世界的自身反映，而且在本质上是一个经历了他者的自身回归，即我与他者的统一（我是他者）、我与自身的统一（我是我）、我与纯粹自我这个单纯普遍者的统一（我是一个类）、我与对象的统一（我即我们或我们即我）。于是，黑格尔断定："一个自我意识为着另一个自我意识存在着。只有到了这个地步，自我意识才真正成为自我意识，也只有在这个过程中，自我意识才通过一个他者获得自身统一。"〔1〕也只有自我意识与他者统一起来，精神形态才能出场。那是由于自我意识成为对象，所以对象既是自我，也是对象。——到此为止，精神的概念已经出现在我们眼前。这个绝对的实体是一种完满的自由，完全不依赖于它包含着的那个对立（亦即各个自为存在着的自我意识之间的对立），把全部自我意识统一起来。我即我们，我们即我。所以，这里"自我意识是精神的概念。意识只有在自我意识那里才获得它的转折点，从此可以摆脱感性的此岸世界的缤纷假象，摆脱超感性的彼岸世界的空虚黑夜，进入到当前存在的精神性白昼之中"。〔2〕进而，黑格尔围绕着承认而展开的运动分析了主奴之辨及其双重化运动的机制。

在黑格尔看来，实体就是设定自身的运动——以自身为中介转变为另一个东西的活动，这种活生生的实体之本质是主体，而实体作为主体是一个纯粹的单纯否定性，正是如此，实体成为一个单纯事物的分裂活动。进而，实体造成对立的双重化活动，并通过他者中介回归自身、重建自身。也只有以他者为中介的自身反映才是真相。就是说，真相恰恰"是一个自身转变的过程，是这样一个圆圈，它预先把它的终点设定为目的，以之为开端，而且只有展开过程并到达终点之后，才成为一个现实的东西"。〔3〕显然，黑格尔已

〔1〕　［德］黑格尔：《精神现象学》，先刚译，人民出版社 2015 年版，第 117 页。
〔2〕　［德］黑格尔：《精神现象学》，先刚译，人民出版社 2015 年版，第 117 页。
〔3〕　［德］黑格尔：《精神现象学》，先刚译，人民出版社 2015 年版，第 12 页。

超越了以往形而上学的实体观，他在批判对立思维和静态地考察方式的同时，确立起有机的总体观与过程思维方式，把哲学看成是哲学史，将事物看成是发展着的，并按照思维与存在同一的原理确认认识是一个过程，实现了本体论、认识论与逻辑学的内在统一。他强调，花朵不是对花蕾的否定，果实也不是对花朵的否定，而"真实的情况是，它们的流动本性使得它们同时成为一个有机统一体的不同环节，在这个统一体里面，各个环节不仅彼此不矛盾，而且每一个都是必然的，正是这个相同的必然性方才构成了整体的生命"。[1]

2. 改造对象的劳动、生产：具体主体即现实的人之实践的双重化运动

如果说黑格尔试图拯救以往的哲学，诉诸辩证法让哲学成为包容全部哲学形态展开过程的科学体系，以期树立起新世界或现代世界的形象，不仅把真相理解和表述为一个实体，而且同样也理解和表述为一个主体。进而，他指认活生生的实体就是主体，实体因主体的纯粹否定性而进行自己设定自己的运动——造成对立的双重化活动，并重建自身的一致性，不断认知和呈现真相、趋赴真理。那么，马克思则在批判、解构传统实体论形而上学的基础上，拯救黑格尔的辩证法，立足历史唯物主义立场，创立唯物辩证法也即实践辩证法或劳动辩证法、生产辩证法，把黑格尔抽象的意识或精神主体转化为具体主体——从事着感性对象性活动——劳动和生产实践的现实的人，把实体的双重化运动改造为现实的人之实践的双重化运动，即人们在改造对象世界或外部世界的实践活动中也改变着自身，因此，以实践为中介或实践中介活动形成了人与外部世界的否定性统一关系。也可以说，马克思总是借助劳动、生产实践的对象化与非对象化、外在尺度（合规律性）与内在尺度（合目的性）、他律（必然）与自律（自由）的辩证统一来理解人并确立人的主体性，借助于中介活动的双重化运动建立起不同于黑格尔抽象主体性原则的"新主体性原则"[2]。

可以说，马克思是用对象性存在和对象性活动理解人的。他在辩证思维下肯定并吸纳了黑格尔关于对象、中介活动的思想。黑格尔用对象、他者、中介等赋予活生生的实体以丰富的规定性，并通过实体的双重化运动（外化

---

〔1〕〔德〕黑格尔：《精神现象学》，先刚译，人民出版社 2015 年版，第 2 页。

〔2〕张秀华、何迪、连冠宇：《"现实的人"和"现实实有"的逻辑——马克思与怀特海哲学的主体性原则之比较》，载《理论探讨》2020 年第 5 期。

与折返行动）来确定实体的自在自为本性和主体性真理之确定性、现实性。但不同于黑格尔，马克思直接把现实的人看成是对象性存在物，并用对象性活动——物质性的劳动、生产实践活动来规定人，说明人的本质力量和能动的创造性特征。

在《手稿》中，马克思对黑格尔的辩证法和整个哲学进行批判，特别着重分析《精神现象学》及其辩证法，针对该文本详细阐发了外化与异化的扬弃、对象化与非对象化的运动，从而回到现实的人及其感性的对象化活动的讨论上来。

正像黑格尔把绝对实体视为展开着双重化运动的自在自为的主体，让主体必然地受制于对象，又从对象那里折返回自身进而扬弃对象成为自为存在，并获得自由，将主体看成受动与能动的统一体，把必然视为实现自由不可逾越的环节，亦如主奴之辨所分析的那样。马克思在费尔巴哈自然主义地理解人，即人是自然存在物，因而是感性、对象性的存在物基础上，借鉴黑格尔关于"人是一种具有自我意识的动物"[1]，以及"人＝自我意识"[2]的判断，指出人不仅是自然的存在物，人还是有意识的存在物，人是类存在物、社会存在物，因而人是人的自然存在物，是受动与能动的统一体。而这种受动与能动的统一根本来说是由不同于"动物的生产"的"人的生产"所决定的。那也是为什么马克思把自由自觉的活动——劳动、生产实践看成是人的类生活，进而用劳动、生产来定义人。

一方面，马克思基于人的自然属性重释对象性存在物和对象。他主张"人直接地是自然的存在物"，也就是有生命的存在物，具有自然力、生命力，是能动的自然存在物。同时，人作为自然的、肉体的、感性的、对象性的存在物，就等于说人有现实的感性的对象作为自己的本质即自己生命表现的对象；或者说，"人只有凭借现实的、感性的对象才能表现自己的生命"。[3]一切自然界中现实的存在物都互为对象。因为，一个存在物如果在自身之外没有自己的自然界，就不是自然存在物，就不能参加自然界的生活；一个存在物如果在自身之外没有对象，就不是对象性的存在物；一个存在物如果本身

---

〔1〕［德〕黑格尔：《精神现象学》，先刚译，人民出版社2015年版，第347页。
〔2〕［德〕马克思：《1844年经济学哲学手稿》，人民出版社2014年版，第101页。
〔3〕［德〕马克思：《1844年经济学哲学手稿》，人民出版社2014年版，第103页。

不是第三个存在物的对象，就没有任何存在物作为自己的对象，也就是说它没有对象性关系，它的存在就不是对象性存在。而非对象性存在物只能是非存在物。针对黑格尔抽象的意识或思维对象，马克思进一步指出，只要我有一个对象，这个对象就以我作为对象。而非对象性的存在物是一种非现实的、非感性、只是思想上的即只是想象出来的存在物，是抽象的东西。严格来说，"说一个东西是感性的即现实的，是说它是感觉的对象，是感性的对象，也就是说在自身之外有感性的对象，有自己的感性对象"。[1]由于说一个东西是感性的，是说它是受动的，因此人作为对象性的、感性的存在物，是一个受动的且有激情的存在物。正是激情、热情成为人强烈追求自己的对象的力量。

另一方面，马克思立足人的社会属性说明自在自为的对象化与扬弃活动。他在论证了人是感性的、对象性的自然存在物的基础上，确认人是人的自然存在物，是自为地存在着的存在物，因而是"类存在物"。就是说，人必须既在自己的存在中也在自己的知识中确证并表现自身。

人作为类存在物有不同于动物的类生活，即自由自觉的活动——劳动、生产实践。马克思认为，劳动这种生命活动、生产生活就是类生活。尽管动物也生产，但动物和自己的生命活动是直接同一的本能活动。动物不把自己同自己的生命活动区别开来，人则使自己的生命活动本身变成自己意志和意识的对象，是有意识的生命活动（知道的做，或主观见之于客观的活动）。这样，有意识的生命活动把人同动物的生命活动直接区别开来，因此人是类存在物，也就是有意识的存在物，他自己的生活对他来说是对象。正是这一点，人的活动才是自由的，能通过物质生产实践改造无机界、创造对象世界，证明自己是有意识的类存在物。[2]就是说，作为类生活的人的生产实践就是人的对象化活动，人借助对象化活动亦即劳动、生产实践创造属我的对象性存在，建构一切属我的对象性关系，在劳动发展史中生成属我的对象世界，并通过对象世界、人化的自然界——现实世界或人类社会塑造人自身。正是在这个意义上，马克思强调，正像人的对象不是直接呈现出来的自然对象那样，而直接、客观地存在着的人的感觉也不是人的感性、人的对象性。自然界无论是客观还是主观的，都不是直接同人相适合地存在着。这也就意味着人作

---

〔1〕 ［德］马克思：《1844年经济学哲学手稿》，人民出版社2014年版，第104页。

〔2〕 ［德］马克思：《1844年经济学哲学手稿》，人民出版社2014年版，第52-53页。

为对象性存在物总是要从事对象性活动，在这个过程中既创造对象世界，又通过改造无机界的工业和工业产生的对象性存在来展示人之本质力量。所以，马克思说，正像一切自然物必须形成一样，人也有自己的形成过程即历史，但历史对人来说是被认识到的历史，因而它作为形成过程是一种有意识地扬弃自身的形成过程，"历史是人的真正的自然史"。[1]

必须通过人的对象化活动即劳动、生产实践活动展开的历史进程来理解人的产生和发展。也正是如此，马克思区分人的生产与动物的生产，并赋予人的生产这种对象化活动的双重化特征，即对象化与非对象化、内在尺度与外在尺度、合目的性与合规律性的统一。同时，相对于动物因直接需要而进行的片面生产，提出了"全面的生产"和"真正的生产"思想，就是人即使不受自己肉体的需要也能从事为他的社会生产，能够按照美的规律来构造，并自由地支配自己的产品。那也就是为什么，马克思不仅在《手稿》中用这种类生活的劳动、生产来定义人，即人是一种过类生活的类存在物，既创造对象世界又塑造人自身，既成物又成己，既为他也为己（在为他者和社会的生产与劳作中，创造对象，并通过这个对象获得自我实现，展示本己的各种生命力量）。在《关于费尔巴哈的提纲》中，马克思批判一切旧哲学都不懂得感性的实践活动，并把实践进一步视为社会生活的本质，将人的本质看作实践活动所建构的一切社会关系的总和。在《德意志意识形态》中，马克思再次不仅用生产来区别人和动物，确认人们既生产自己的生活资料又间接地生产自己的物质生活本身，而且主张人们是什么样的取决于生产了什么以及用什么方式生产。所以，全部人类历史的第一个前提无疑是有生命的个人的存在。必须正视的事实是个人肉体组织以及由此产生的个人对其他自然的关系，"任何历史记载都应当从这些自然基础以及它们在历史进程中由于人们的活动而发生的变更出发"。[2]因为，历史产生的四大因素是物质生产、物质再生产、人口生产以及社会关系的生产。

（二）从单纯精神的提升向人的解放与发展转变

作为辩证法家的黑格尔和马克思都在历史的逻辑下，看到中介活动、对象性活动的双重性，承认外化、异化与扬弃、回归是必然的，但在不同的哲

---

〔1〕　［德］马克思：《1844 年经济学哲学手稿》，人民出版社 2014 年版，第 105 页。
〔2〕　《马克思恩格斯文集》第 1 卷，人民出版社 2009 年版，第 519 页。

学观下他们的理论旨趣不同。黑格尔在唯心主义立场下借助中介活动的双重化运动最终要解决的是实体经历了意识、自我意识、理性、精神等形态是如何获得绝对知识、达到绝对精神的。马克思在历史唯物主义立场下要回答的则是：随着物质生产实践这种对象性活动的展开与发展，人类解放何以可能、现实的人之自由与全面发展怎样实现。

1. 不断外化、异化与回归自身的历程：走向绝对精神

由于黑格尔把作为主体的实体分裂自身之外化活动直接等同于异化，使异化成为精神展开自身的必然环节，也是精神折返回自身、扬弃异化的前提。没有前一个环节的行动就没有后一个环节的行动。所以，无论是异化还是扬弃成为黑格尔考察精神呈现或实现自身历史进程不可或缺的本体活动，直至黑格尔哲学体系的完成，才终止这个双重化运动。

正如海德格尔所看到的，在《精神现象学》那里，"绝对知识在意识通过自身形成的经验开始时，必然是其他的东西，那种经验当然无非就是运动，就是历史，绝对知识在其中以自身转化为他物的方式实现其自身"。[1]就是说，知识在开端处已是绝对知识，但还没有达到自身，仅仅是他物——其所不是，即相对的知识，最初知识被认作意识，对自己有所认识形成经验来到自我意识，而当自我意识失去片面性就成为使意识的确定性成为一切实在性的理性，形成理性就是精神的经验，理性意识到它自己就是它的世界就转化为精神——世界精神，进而形成最切近的经验——宗教，最后通过他物回到自身，才绝对地知道自己，"把自己认作精神的精神，它作为绝对知识才是现实的，它才是绝对地认识着自身的意志……"。[2]

这里以黑格尔关于自我意识的独立性与非独立性、主人与奴隶的关系考察为例，即借助主奴之辨进一步讨论外化与回归的双重化运动以及精神成长的历程。当一个自我意识与另一个自我意识发生关联，这个运动就被黑格尔设想为某一个自我意识的行动。但这个行动本身又具有双重的意义，也就是说，这既是这一自我意识的行动，同样也是他者的行动，因为他者也是独立的，内在封闭的存在，支配着自己的一切。因此，它们的运动必然是一个双

---

〔1〕〔德〕马丁·海德格尔著，〔德〕英格特劳德·古兰特编：《黑格尔的精神现象学》，赵卫国译，南京大学出版社 2018 年版，第 43 页。

〔2〕〔德〕马丁·海德格尔著，〔德〕英格特劳德·古兰特编：《黑格尔的精神现象学》，赵卫国译，南京大学出版社 2018 年版，第 46 页。

重化的运动：既是对方的行动，也是自己的行动。起初双方都企图置对方于死地，并包含着自己的行动（经过生死较量自己扬弃自己，在承认那里化解了冲突）。在这一双重化运动中，出现两个对立的意识形态，一个是独立的意识，以自为存在为本质，另一个是不独立的意识，以生命或为他存在为本质。前者是主人，后者是奴隶。在黑格尔那里，主人是自为存在的意识，不再仅仅是意识的概念，而是通过另一个意识——奴隶的意识而实现自身中介、自为存在的意识。奴隶意识的本质就在于与一个独立的存在或一般意义上的物性结合在一起。主人不仅与欲望的对象——物相关联，而且与一个以物性为本质的意识奴隶相关联。主人直接与自为存在的意识相关联，自身又是一个中介活动。或者说，主人直接与两个环节相关联，通过独立存在的物与奴隶间接地关联，通过较量表明主人有能力支配独立存在，而这个存在又有能力支配奴隶。同样，主人也通过奴隶与物间接地发生关联。奴隶在与主人的较量中失去独立性和自为存在的意识，只有通过物性才能获得自己的独立性。但，奴隶通过对象性活动——劳动对物进行加工改造或塑造物的劳动这一中介活动，直接与物的独立性相关联，并确立起自主的意向（向自为存在转变）。与此同时，主人与物之间的间接关联转变为直接关联，转变为对物的纯粹否定，享受物并得到满足。由于主人把奴隶放在自己和物之间，与物的非独立性相关联，尽管主人获得了奴隶的承认，但一个无关本质的意识成为主人的对象，构成主人的确定性的真理，使其不能确信自为存在是一个真理，却成为一个不独立的意识。与此相反，奴隶通过其中介活动，在塑造物的劳动中获得独立意识，确立起自身的独立性，用黑格尔的话说："奴隶将会作为一个被驱赶回自身的意识进入自身之内，并使自己转而成为一种真实的独立性。"[1]

在这一双重化运动过程中，一方面奴隶通过履行职责消解自身的独立性和自为存在的意识，只是把主人视为自为存在；另一方面奴隶通过履行职责的劳动消除物的自然实存造成的阻碍，重新塑造物，进而也塑造了自身。黑格尔在这里看到了劳动这种塑造活动的肯定意义、积极意义。仆从意识对物进行塑造时发现了自己，从一个不自主的意向转变为自主的意向，从一个自为的存在转变为一个存在者，消除了前一个环节的畏惧与自为存在的迷失，

_____

〔1〕　〔德〕黑格尔：《精神现象学》，先刚译，人民出版社2015年版，第124页。

但前一个环节的畏惧与后一个环节的履职和塑造活动都是必要的，而且必须以普遍的方式出现，否则，具有本体意义的塑造活动就会沦为工具性的技艺。

在黑格尔那里，通过劳动这种对象化活动，奴隶既塑造了物，意识返回自身之内也塑造了自身的确定性和独立意识。劳动是一个长久的塑造行为，使奴隶意识到自己是一个独立的存在者（相对于物而言的独立性，非真正的独立意识），比较早地回答了劳动创造人的问题，这一点为马克思所肯定，尽管黑格尔理解的劳动更多的是精神劳动。

当讨论理性的确定性和真理问题时黑格尔指出，唯心主义认为理性是意识自己的全部实在性，作为理性而登场的意识本身就直接具有确定性，并说出"我是我"这个命题，即"我同时意识到任何别的对象都不存在，我是唯一的对象，是全部实在性，或确切地说，只有当自我意识表明自己是这个实在性，它才不仅对它自己而言，而且自在地看来是全部实在性"。[1]但是，为了表明这一点，意识需要经历一条道路，在这条道路上通过一个意谓—知觉—知性的辩证运动，他者表明是一个自在存在；尔后，通过一个贯穿着"意识在主奴关系中的独立性"——"自由的思想"——"内在分裂的意识为了达到绝对解脱而进行的抗争"等环节，他者作为意识的对象反而自行消失了。相继出现的是任何存在着的东西（包括自在体）都仅仅作为意识的对象存在着，而且任何作为意识对象存在着的东西，也是一个自在存在。所以，如果唯心主义没有将这条道路呈现出来，其所下判断就难以信服，其他确定性的各种保证会以同样的权利站出来。理性诉诸每一个意识的自我意识：我是我，我的对象和本质是我，也意味着赞同了其他的确定性，即有一个他者作为我的对象存在着。"只有当理性摆脱了这个包含着对立的确定性，作为一个自身反映出现，它的自我主张才不只是一个确定性和保证，而是一个真理"，是唯一真理。[2]

在黑格尔看来，当意识确信全部实在性无非就是它自己，它也就达到了理性的层面，即唯心主义阶段：意识知道这个世界是它的世界，是合乎理性的现成存在；因此去观察自然界、观察自我意识与外部现实性的关系，观察自我意识与其现实性之间的关系，把握其中的理性规律，充实空洞的属我性，

---

〔1〕［德］黑格尔：《精神现象学》，先刚译，人民出版社 2015 年版，第 148 页。
〔2〕［德］黑格尔：《精神现象学》，先刚译，人民出版社 2015 年版，第 148-149 页。

自己实现自己。这意味着："在一个独立的他者那里直观到自己与它形成一个完整的统一体"，把貌似独立的事物看作是我的自为存在，"我在所有的人那里都直观到……我和他人组成了一个自由的统一体，这统一体既依赖于我，也依赖于他人，他人就是我，我就是他人"。这样，个体性经验到必然性，但个别意识只能经历自身扬弃，而不能直接成为一个普遍者。[1]

黑格尔批评康德、费希特制定法则的理性和审查法则的理性只是停留在应当，不具有任何现实性；它们不是规律而是戒律。因为，黑格尔相信，未成文的和确实可靠的神律，事情的正当性已经客观地存在着，已经自在且自为地决定下来，我们所需要做的不是追求什么是正当的，而是应当把自己纳入伦理实体，"伦理实体是自我意识的本质，而自我意识则是伦理实体的现实性和实存，是伦理实体的自主体和意志"。[2]这就使意识进展到了精神的形态（包括伦理精神、教化精神、道德精神、宗教精神），并最终在精神的发展道路上达到绝对精神。进入纯概念式的把握，无表象活动，在哲学那里与宗教划清界限；不再是知识与真理的差别，而是达到了绝对知识。这表明精神的自我认识是一个历史过程，真理存在于历史之内，历史就是真理，历史则是精神实体以双重化运动的方式在时间中的展开，即不断外化、异化与回归、扬弃的辩证历程，最终随着黑格尔《哲学科学全书纲要》的完成而停了下来。这种绝对知识是自我意识的纯粹存在，它是我，是这一个我而非别的什么我，同时它又直接经历了中介活动，或者说它是一个遭到扬弃的、普遍的我。

正如黑格尔在《精神现象学》一书出版的图书广告中所言，精神现象学阐述了一种转变过程中的知识，它按照考察精神现象呈现的必然性和秩序，把不同的精神形态作为一条道路上的诸多停靠站点包揽在自身之内，依次经历了精神的低级形态过渡到更高形态，不断去趋赴真理，直至达到纯粹知识或绝对精神。[3]

在后来的逻辑学、自然哲学、精神哲学中，纯粹概念及其前进运动，完全依赖于环节的纯粹规定性，但每一个抽象环节都有一个显现出来的意识形态与之对应，通过各种意识形态的形式去认识那些纯粹概念，也就是通过单

---

〔1〕［德］黑格尔：《精神现象学》，先刚译，人民出版社2015年版，译者序第18页。

〔2〕［德］黑格尔：《精神现象学》，先刚译，人民出版社2015年版，第265页。

〔3〕［德］黑格尔：《精神现象学》，先刚译，人民出版社2015年版，第505页。

纯中介活动而被设定为思维的概念，把这个中介活动的各个环节拆开，并按照内在的对立把自己呈现出来。其中，精神转变的过程，再次被黑格尔看成是外化活动与制造出主体的运动，即绝对理念外化出自然界，又从自然界这种精神的异在回归精神自身，精神经历主观精神（个体精神：灵魂—意识—精神）、客观精神（普遍精神：抽象法—道德—伦理），达到绝对精神（直观的艺术—表象的宗教—概念的哲学），精神从个体的自由意志进展到个人内在精神的外部表现（现实的人类精神所创造的社会、国家、政治法律制度、风俗习惯和伦理道德等的世界），经抽象自由、主观自由实现充分自由，最后在绝对精神那里经历形象化、直接性直观绝对，到呈现绝对，最后以概念把握绝对和真理将合理性转换为现实性，获得绝对知识、达到绝对精神。不过，双重化运动的辩证法在这里也终结了。

2. 异化的历史性与扬弃的必然性：走出最后一个对抗形式的经济社会形态

可以说，精神现象学充分展示出黑格尔的历史主义立场，不知道过去就不了解现在。所以，必须在一条精神展开自身——不断外化与回归的道路上考察精神的各种意识形态或意识形式，这样"意识、自我意识、从事观察和有所行动的理性、精神本身以及不同形式下的精神"依次得到考察。[1]然后在其科学（哲学）——作为各种精神形态整体的结果里最终找到真理，获得绝对知识。只有达到绝对知识，实体才转化为绝对主体，才能用概念把握实体的本质、认知绝对。黑格尔特别强调所有精神转变和展开过程的整个历史总体的重要性，并将精神显现的整个历史看成绝对精神之现实性和确定性根据，即"作为一种得到概念式把握的历史，构成了绝对精神的回忆和骷髅地，构成了绝对精神的王座的现实性、真理和确定性。假如没有这个王座，绝对精神将会是一种无生命的孤寂东西……"。[2]

马克思接纳了黑格尔的历史主义立场，强调历史发展的过程性、阶段性，但却更突显了实践境遇分析的立场，并确立以历史性为主导的历史主义方法论。他认为不懂得现在就不懂得过去，而不像黑格尔只是突显过去、历史和回忆在其精神最高形态中的价值。历史也不再是精神在时间中的展开与呈现，而是人们的实践活动在时间与空间中的展开。因此，马克思更关注人们当下

---

〔1〕［德］黑格尔：《精神现象学》，先刚译，人民出版社2015年版，第505页。
〔2〕［德］黑格尔：《精神现象学》，先刚译，人民出版社2015年版，第503页。

生存的处境，看到在资本主义现代工业中原本作为人的类生活、体现人的类本质的劳动、生产异化了，这种异化使生产、劳动沦为片面化的工具活动，成为单纯的手段，仅仅为维持工人肉体的生命不得不从事的强迫劳动。在异化劳动中不仅不能通过自己生产的对象——产品确定和肯定自身，而且生产的产品越多，越使对象现实化就越使自身非现实化为非人的存在，越是占有自然界就越是失去与外部世界的内在关联。马克思看到异化劳动带给工人的现实苦难与非人的生活。这也就决定了必须扬弃异化劳动的必然性与正当性。

　　然而，必须承认，"无论是黑格尔还是马克思，都设想历史发展是通过一个异化以及克服异化的过程发生的。异化的阶段是这一过程的必要部分……"。[1]马克思同黑格尔一样都不是在单纯道德批判意义上理解异化，而是在历史尺度下赋予异化以积极的历史意义，把异化看成精神成长与社会历史发展的必然环节。只是对于马克思而言，异化现象不是一开始就有的，而是在主体实践的一定阶段——在资本主义雇佣劳动的生产模式那里，主体对象化活动——劳动、生产的物化结果成为否定主体、奴役主体的敌对力量，即发生异化——劳动异化，但这种异化劳动所导致的异化的工业又是社会历史发展的必经阶段，为未来社会的到来提供必要的物质基础与生产力准备。同时这种异化状态又是可以消除的，随着人类实践活动的展开，即资本主义大工业的发展，将会扬弃私有制、扬弃异化。马克思基于实践辩证法对资本逻辑的批判表明社会主义必然代替资本主义，并占有大工业的一切积极成果。惟有此才能从"史前时期"[2]最后一个对抗形式的经济社会形态的生产过程走向未来文明形态，从虚假的共同体走向真正的共同体。

　　在《手稿》中作为显的副主题的异化劳动论构成马克思考察历史、理解人的重要概念框架；作为隐的正主题的实践论成为说明异化劳动的历史性、暂时性与扬弃异化劳动之必然性的关键。只有来到现实的人——具体主体这里，在实践的观点和实践的思维方式下，才能理解马克思关于异化劳动的历史性、暂时性以及扬弃异化的历史必然性。为此，马克思在该书中对黑格尔辩证法及其哲学进行批判并指出："否定的否定不是通过否定假本质来确证真

---

　　〔1〕　〔英〕肖恩·塞耶斯：《马克思与异化：关于黑格尔主题的论述》，程瑶译，中国人民大学出版社 2020 年版，第 1 页。
　　〔2〕　《马克思恩格斯文集》第 2 卷，人民出版社 2009 年版，第 592 页。

本质，而是通过否定假本质来确证假本质或同自身相异化的本质……"〔1〕他进一步分析道：在黑格尔那里，思维自以为直接就是感性现实，其活动是感性现实活动，所以它扬弃的并不是现实的宗教、国家、自然界，在现实中根本没有触动或克服其对象。〔2〕

一般认为马克思在成熟以后的著作中很少提异化，但他在《德意志意识形态》中对强迫分工的描述、在《资本论》中对拜物教的分析无不是对其异化理论的延续和深化。在《德意志意识形态》中马克思通过生产力和交往方式的发展考察社会分工，揭示了资本主义社会强迫分工对人的奴役，指出作为强迫分工的异化：只要分工是自然形成的而非自愿，那么人的活动对人来说就成为一种异己和对立的无法驾驭的压迫力量。分工使任何人都限定在强加的特殊活动范围内……〔3〕在《资本论》中马克思进一步讨论了商品、货币和资本的拜物教问题，并认为产生这种意识形式的原因就在于人类的生产由产品生产转换成了商品生产，这种生产是剩余价值（物）再生产与对抗式的资本主义生产关系（剥削关系）再生产的统一。而消除这种意识的方式只能是扬弃资本主义私有制下的雇佣生产方式。但这种生产方式的变革是资本运动的后果，经济危机使得资本积累不可持续，这时候社会革命的条件才到来，转变这种异己的控制力量为自由人联合体共同掌握的力量，才能真正消除劳动者分工和特殊劳动范围的限制，劳动才能成为人们的第一需要，并借此获得自由而全面的发展。为此，列宁看到了《资本论》与黑格尔《逻辑学》的共通性，并采取互文式的阅读方式，在《哲学笔记》中甚至说，不钻研和不理解黑格尔的全部逻辑学，就不能完全理解马克思的《资本论》。〔4〕

无疑，马克思不像黑格尔那样把对象化、外化等同于异化，只看到这一环节的持续必然性和不可或缺的积极意义以及扬弃异化、回归自身的肯定意义，没能看到异化这一环节之于人的消极意义和否定意义。马克思则既看到了异化产生的历史性和暂时性，以及异化给工人阶级带来的苦难与人之为人的本质的抽离，又确认扬弃异化的历史必然性。因为，异化不是永恒的，而是在实践的特定历史阶段下产生的，必将随着实践这种对象化活动的发展被

---

〔1〕 ［德］马克思：《1844年经济学哲学手稿》，人民出版社2014年版，第108页。
〔2〕 ［德］马克思：《1844年经济学哲学手稿》，人民出版社2014年版，第109页。
〔3〕 《马克思恩格斯文集》第1卷，人民出版社2009年版，第537-538页。
〔4〕 列宁：《哲学笔记》，人民出版社1993年版，第151页。

扬弃，就是说"自我异化的扬弃同自我异化走的是同一条道路"。[1]

尽管马克思也把劳动、生产实践看作对象化活动，但他把这种活动首先归给了现实的人，是现实的人之生存活动和类生活方式，而非自在自为的实体的本体活动，非概念前进的不可避免的必然活动；虽然马克思也看到劳动、生产实践活动的异化，但不像黑格尔把异化直接视为外化而具有不可避免性，随着资本主义私有制的扬弃，异化会被扬弃，并将会在未来的共产主义社会真正实现劳动和生产主体实践的合目的性与合规律性的统一。就是说，随着人类社会的进步，异化劳动必然被扬弃，包括消灭强迫劳动的分工，未来社会不再有固定在某一个职业上的劳动者分工，正如马克思在《德意志意识形态》中所构想的那样，作为现实运动的共产主义社会必将消除人的特殊活动范围，也就是消除劳动者的强迫分工，从而实现主体人的全面发展。同时，马克思又指出：消灭异化需具备两个前提，一是使其变成不可忍受的力量、革命要反对的力量；二是把大多数人变成"没有财产的"人，与有钱有教养的世界相对立。而达到这两个条件还需要前提的前提——生产力的巨大增长和快速发展。也就是通过发展工业进入世界历史并使人们的交往普遍化。从而使"地域性的个人"为"世界历史性普遍的个人"所代替，无产阶级和作为现实运动的共产主义也只有在工业所开辟的世界市场以及世界历史意义上才可能存在。[2]即便工业也作为社会的力量与人相对立——异己的外在力量，那也是走向解放的路径。所以，马克思再次把异化看成历史发展的必经阶段和必要环节，不是直接消灭私有制下的工业，而是把资本主义制度下的工业看成是人的本质力量的体现。再次说明了异化与扬弃异化走的是同一条道路，异化虽然有消极的否定性，但却是历史发展无法逾越的阶段，这也就决定了扬弃异化的客观必然性和解放人并促进人之全面发展的现实意义。

（三）从劳动创造人向劳动解放人、成就人的转变

从上面的讨论可以看出，无论是黑格尔还是马克思他们关于实体、主体的双重化运动，都表达了劳动创造人，在马克思那里又将这一判断探进到劳动解放人与劳动成就人。

---

〔1〕［德］马克思：《1844 年经济学哲学手稿》，人民出版社 2014 年版，第 75 页。
〔2〕《马克思恩格斯文集》第 1 卷，人民出版社 2009 年版，第 538-539 页。

1. 工业、农业、商业状况：人之解放的现实基础

尽管马克思认为，《精神现象学》所展示的整个意识或精神的辩证运动以绝对知识而告终。异化了的哲学家把自己变成异化世界的尺度。因此，整个外化历史和外化的全部消除，不过是思辨思维的生产史。从而，异化构成这种外化的以及这种外化扬弃的真正意义是，"抽象的思维同感性的现实或现实的感性在思维本身范围里的对立……"。[1]马克思进一步讨论道：在这里，是人的本质以不同于抽象思维的方式在同抽象思维对立中的对象化，被设定为异化而扬弃。所以，"对于人的已成为对象而且是异己对象的本质力量的占有，……是对这些作为思想和思想运动的对象的占有"。[2]但是，马克思充分肯定劳动创造人是黑格尔思辨辩证法首先在《精神现象学》中表达出来的，不过黑格尔理解的劳动只是精神劳动而已。

在马克思看来，《精神现象学》及其辩证法作为推动原则和创造原则的否定性之伟大之处首先在于，"黑格尔把人的自我产生看做一个过程，把对象化看做非对象化，看做外化和这种外化的扬弃；可见，他抓住了劳动的本质，把对象性的人、现实的因而是真正的人理解为人自己劳动的结果"。[3]其次，只有作为类存在物的人确实显示出全部类力量（通过人之全部活动的历史的结果才可能），并把它们当做对象，而这只有通过异化的形式才可能。这样，在黑格尔眼里，被视为自我意识的人要拥有自己的本质，还需要进行另一个环节的行动，就是将对象性的本质返回或复归于自身的扬弃，而所谓的复归则是"重新占有对象"。[4]进而，马克思阐明，黑格尔的确通过异化的方式理解到，有关自身的否定所具有的积极意义……简言之，他抽象地"把劳动理解为人的自我产生的行动，把人对自身的关系理解为对异己存在物的关系，把作为异己存在物的自身的实现理解为生成着的类意识和类生活"。[5]

对此，马克思进一步分析在黑格尔那里的"行动"本身：[6]一是这种行动仅是形式的。二是外化的扬弃等于外化的确证。这个运动以其抽象形式的

---

〔1〕 ［德］马克思：《1844 年经济学哲学手稿》，人民出版社 2014 年版，第 96 页。
〔2〕 ［德］马克思：《1844 年经济学哲学手稿》，人民出版社 2014 年版，第 96-97 页。
〔3〕 ［德］马克思：《1844 年经济学哲学手稿》，人民出版社 2014 年版，第 98 页。
〔4〕 ［德］马克思：《1844 年经济学哲学手稿》，人民出版社 2014 年版，第 98 页。
〔5〕 ［德］马克思：《1844 年经济学哲学手稿》，人民出版社 2014 年版，第 110-111 页。
〔6〕 ［德］马克思：《1844 年经济学哲学手稿》，人民出版社 2014 年版，第 111 页。

辩证法被看成神性化了的人之生命。三是这个过程必须有主体作为承担者——绝对精神，但主体在意识运动的结果才出现。而现实的人和自然界却成为谓语、象征，让主体外化并收回自身的过程在自身内转个不停。

应该说马克思上述阐释是深刻的，他既看到黑格尔思辨辩证法的抽象性、主词与谓词关系的颠倒，又肯定了黑格尔劳动创造人的思想，确认黑格尔把人的产生和主体性完善视为运动、变化和发展的过程，不再静态地说明和定义人的本质。特别是结合对黑格尔自我意识的异化与扬弃异化、外化与回归的双重化运动，马克思看到黑格尔扬弃与回归的积极意义。在此基础上，他发挥道：正像无神论作为神的扬弃就是理论的人道主义的生成，而共产主义作为私有财产的扬弃就是要归还人真正生命的实践的人道主义，它以扬弃私有财产为中介和前提。只有通过对该中介的扬弃，积极地从自身开始的即积极的人道主义才能产生。对此，由于对中介、对象存在的必要性的强调，马克思尖锐地批判了直接消灭宗教、消灭私有制和私有财产的宗教批判及粗俗共产主义的主张："无神论、共产主义决不是人所创造的对象世界的消逝、舍弃和丧失……"[1]

正是如此，马克思在《手稿》中尽管揭示了私有制下资本主义工业生产所造成的劳动与人的异化，但马克思还是充分肯定了工业之于人的积极意义。在《德意志意识形态》中认为解放不是抽象的观念变革问题，根本来说要看工业状况、农业状况和商业状况，"只有在现实的世界中并使用现实的手段才能实现真正的解放；没有蒸汽机和珍妮走锭精纺机就不能消灭奴隶制……'解放'是一种历史活动，不是思想活动……"。[2]人们生产自己的观念，但这种精神生产受物质生产方式的制约，社会生活决定社会意识而不是相反。他还批判费尔巴哈只是把对象看成是感性对象，而不是看作感性活动和工业力量。实际上，大工业首次使历史进入世界历史，消灭各国以往形成的闭关自守状态，建立现代大工业城市，极大地促进了生产力发展及随之而来的交往普遍化。尽管大工业也造成两大阶级的对立和工人生存的异化，但正是工人劳动的异化及其成果——工业的异化，才使扬弃产生异化的根源——资本主义私有制成为必要。随着资本主义私有制所导致的生产社会化与资本主义

---

〔1〕 ［德］马克思：《1844年经济学哲学手稿》，人民出版社2014年版，第110页。
〔2〕 《马克思恩格斯文集》第1卷，人民出版社2009年版，第527页。

私人占有之间矛盾的加剧、冲突的不可调和，经济危机的频繁爆发必然引发社会革命，最终会走向自由人联合体——真正共同体共同占有生产资料，不仅解放劳动、解放生产力，劳动成为人们的第一需要而不是逃避强迫劳动，而且在非片面亦即全面的劳动中使人有机会获得全面发展。"只有在这个阶段上，自主活动才同物质生活一致起来，而这又是同各个人向完全的个人的发展以及一切自发性的消除相适应的。同样，劳动向自主活动的转化，同过去受制约的交往向个人本身的交往的转化，也是相适应的。随着联合起来的个人对全部生产力的占有，私有制也就终结了。"〔1〕

这样，马克思就将黑格尔抽象地回答的劳动创造人推进到新的层次和境界，不仅探讨劳动、生产规定人，而且阐发了社会生产人、人也生产社会，即如何摆脱资本主义大工业对劳动者的奴役，并通过扬弃私有制来解放劳动、解放人，使人们在按照美的规律来建造的"真正的生产"过程中成就自身、获得自由和全面发展。

2. 双重化运动的双重功能：既"成物"亦"成己"

其一，作为辩证法家无论是黑格尔还是马克思，他们都在主体性原则下看到主体的生成性和发展的过程性。只不过马克思改造了黑格尔的抽象的主体性哲学，在去除其辩证法"神秘外壳"后确立"合理形态"的辩证法〔2〕，颠倒了主词与谓词的关系，把意识看成是人的意识，将抽象主体自我意识、精神改造成具体主体——现实的人；不再考察活生生的实体展开过程，而是基于主体的实践探讨社会有机体的内部结构、要素间的关系及其发展过程。

其二，立足"感性活动论"〔3〕，马克思把黑格尔作为实体、主体的精神二重化运动——外化、异化与回归、扬弃活动转换为现实的人之感性活动——劳动、生产实践的二重化运动，从思辨辩证法深入到劳动辩证法、生产辩证法也即实践辩证法，历史不再是意识或精神经验并呈现自身整个有机的展开过程，而是一部劳动现象学和劳动发展史，即人们的实践活动在时空中的展开。任何意识问题"必须从物质生活的矛盾中，从社会生产力和生产关系之间的现存冲突中去解释"。毕竟，人类始终只提出自己能够解决的任

〔1〕《马克思恩格斯文集》第 1 卷，人民出版社 2009 年版，第 582 页。

〔2〕《马克思恩格斯全集》第 44 卷，人民出版社 2001 年版，第 22 页。

〔3〕张秀华：《回归现实世界的哲学：马克思与怀特海的感性活动论之共通性》，载《教学与研究》2020 年第 9 期。

务，……只有在解决它的物质条件已经存在或者至少是在生成过程中的时候，才会产生。[1]

其三，马克思在黑格尔的劳动创造人的基础上，用劳动、生产来定义人，用实践规定社会，指出人的本质是社会关系的总和，强调社会生产人同时人也生产社会，把扬弃资本主义私有制看成解放劳动、解放人、发展人的关键。就是说他们二人都把劳动与人自身主体性的确立、必然与自由内在地关联起来，尤其马克思格外强调工业和工业产生的对象性存在标志着人的本质力量，必须把工业的改造（扬弃异己的力量）与人的解放统一起来，让按照美的规律来建造变为现实，真正将实践的合目的性与合规律性统一起来，变动物式的"片面的"生产为"全面的"生产——"真正的生产"[2]。这就能理解为什么马克思在《资本论》中设置了"机器与大工业"一章，格外注重"社会人的生产器官"的社会工艺学研究。[3]

其四，马克思与黑格尔都重视外化活动所形成的中介、对象或他者的作用，所以对象、他者不能或缺，对象具有属我性，主体就是对象性存在物；只有来到对象和他者的环节才能在回归环节占有对象的本质力量，因此不能消灭对象和中介而只能扬弃，必须诉诸主体的双重化运动。也就是说必须通过"造物"，并借助"物"这个中介才能"造人"——塑造人，"成物"方可"成己"，因为自由自觉的劳动和生产就是对象性存在物、人之为人的本己性活动与存在方式。而在资本主义私有制的大工业下受强迫分工的限制，无法达成属于人的"真正的生产"，只有扬弃私有制并占有已取得的一切积极成果，在未来"真正的共同体"那里解放了的劳动才会成为第一需要，才能将人的生命力充分实现出来，即实现自由和全面发展。

毋庸置疑，作为共产主义过渡阶段的社会主义有一项根本任务，就是扬弃异化、解放生产力并促进劳动和生产主体的自我实现。所以，上述思想对于今天我们深化理解做大做强做优"中国制造"的意义重大，不应单纯从提升市场竞争力和发展经济的角度来看待"中国制造"的价值，还应从提升公民科学素质、工程素质特别是弘扬科学精神与工匠精神，以及劳动主体借助

---

〔1〕《马克思恩格斯文集》第2卷，人民出版社2009年版，第592页。

〔2〕《马克思恩格斯文集》第1卷，人民出版社2009年版，第162页。

〔3〕《马克思恩格斯全集》第44卷，人民出版社2001年版，第427–580页。

实践创新获得自我实现的高度来审视"中国制造"的当代意蕴。根据马克思的实践辩证法即主体实践的双重化运动，我们只能在改变对象世界的过程中改变自身，"'做'以成人"[1]。因此，唯有在现代化建设的各个领域的创新发展中，才能使实践主体在参天尽物之"做"的"造物"中融合实事求是的科学精神与精益求精的工匠精神，不仅让劳动者生发出敬畏自然、关切他者、对社会和公众负责的伦理情怀以及追求卓越的劳作心态，而且最终在其独具匠心地打造出品牌产品那里获得满足感及自我提升。从而，激发实践主体的生产积极性和创造性，培养适应新时代创新发展要求的新产业人、新工业人、新工程人等新型实践主体，现实地推进马克思所说的扬弃异化劳动的历史进程，在对象性活动中展现主体生命的本质力量。

二、形而上学的重建——怀特海对莱布尼茨有机宇宙论的继承与发展

尽管莱布尼茨是近代哲学家，怀特海被视为建设性后现代的奠基人，但他们都看到了二元论、实体形而上学和机械自然观的局限，均试图回归传统并在与传统对话的过程中恢复和弘扬有机论、整体论及辩证的思维方式，从而在主体性原则下，分别从作为终极实在的精神实体——"单子"（Monad）和经验主体——"现实事态"（Actual Occasion）或"现实实在"（Actual Entity）出发，创造性地确立了单子论、过程论的宇宙观和哲学观，在自然秩序、自由、知识、真理、价值、宇宙文明等众多问题的阐释上，既有共同之处，也有明显殊异。怀特海在《科学与近代世界》《过程与实在》《观念的冒险》等多部著作中都回应了莱布尼茨的有关思想，本部分将着重围绕有机宇宙论从以下几个方面对二者加以比较研究。

（一）对机械论时空观、自然观的批判与存在论范式的转换

在莱布尼茨生活的时代，机械论的时空观和自然观盛行并取得统治地位，在哲学上出现了一系列为学界所公认的问题，正像张志伟精当表达的那样：机械论实体观不仅陷入"不可分的点"与"连续性"之间的矛盾；无法有效解释经验事实，也未能说明生物的运动变化；而且难以揭示世界的本质，更不能洞见感觉现象和思想现象。莱氏看到，无论是广延还是原子都不能规定

---

[1] 张秀华：《"做"以成人：人之存在论问题中的工程存在论意蕴》，载《哲学研究》2017年第11期。

或作为实体；机械论者所理解的位置移动依赖作用与反作用，表现为广延实体运动的被动性，而这与实体的能动性相矛盾；广延物不能产生感觉、理性，又使得意识和精神的来源晦暗不明。因此，必须离开单纯从"量"或"广延"说明自然事物的进路，而从"质"的角度，基于能动性，寻求一种单纯的、无形体的永恒实体作为万物的基础。于是，莱氏再次区分了三种"点"：作为抽象思维产物而不可分的"数学上的点"；无限可分虽有现实性但却丧失统一性的"物理学的点"；既现实存在又真正不可分的单纯实体——"形而上学的点"。[1]

莱布尼茨把这种"形而上学的点"看作"单子"，赋予其实体规定性，进而，试图利用古代的辩证法和有机论思想来改造近代机械论，以弥补其缺陷，这就促使他重新回到存在论的基础上，并提出不同于传统形而上学宇宙论的有机的单子论宇宙论，临终前写作了共 90 节的《单子论》，并在给出单子的连续性和整体性解释原则基础上，专门讨论了有机的自然观：（1）事物之间普遍联系、相互影响；由单子构成的复合物和物体都能感受到发生在宇宙中所有事情的后果，从而人能在每一事物中洞察各处所发生甚至是时空上遥远的事情；（2）生物由形体与"隐德莱希"（entelechy）构成，动物由形体与灵魂构成。生物和动物的形体是有机的，宇宙为完美的秩序所统御，每个灵魂作为一面活的镜子表象整个宇宙并拥有秩序；（3）每个有机形体都是一台神圣的机器——自然机器，远远胜过人工机器；（4）物质的每一部分都被视为长满植物的花园或满是鱼的池塘。一个活的机体被生物、植物、动物的隐德莱希或灵魂所充满。[2]接着，他又讨论了基于事物自身的变化、生长与死亡。

此外，莱布尼茨在与克拉克的论战中还从多个进路驳斥了牛顿、克拉克机械的绝对时空观，明确提出自己的时空观："我认为空间是共存的事物之间的一种秩序，而时间是事物之间连续的顺序"[3]；原则上现实世界是一个充满物质的空间，而且时间、空间是连续、同质、无限可分的，但当这些性质

---

〔1〕　参见张志伟：《西方哲学史》，中国人民大学出版社 2002 年版，第 427-428 页。

〔2〕　Leibniz. *The Monadology and Other Philosophical Writings*, translated by Robert Latta. Oxford：The Clarendon Press，1898：§61-70.

〔3〕　［德］莱布尼茨：《莱布尼茨与克拉克论战书信集》，陈修斋译，武汉大学出版社 1983 年版，第 27 页。

归属于时间、空间时，也只有在想象和观念中才是可能的。就是说"单纯实体的现在状态是其前一状态的自然结果，同样，其现在蕴涵着将来"。[1]显然，莱布尼茨的时空观是与其单子论形而上学的一系列原则相一致的。

怀特海为对抗机械论的自然观，在《过程与实在》一书中，直接把自己的哲学叫做"机体哲学"（Philosophy of Organism），强调机体哲学与传统形而上学的区别，即在对始于笛卡尔而终于休谟的哲学回顾基础上，指出那些大师们著作中为后来整理者所忽略的成分。[2]从而阐明机体哲学的宇宙观不是立足"实体"及其"属性"来讨论问题，而是研究"现实实在"、"生成"和"存在"的相关性问题，试图用"关系"支配"性质"而不是相反。在第三部分的开篇就说，"机体哲学是关于现实的一种细胞理论。事实的每一个基本单位就是一个细胞复合体，不能分解成具有与现实同样完整性的构成成分"。[3]这一表述批评了机械论的构成论，而凸显了有机论的宇宙观：世界不是由现成的广延事物和事实构成的，而是由作为基本单元并拥有经验的现实事态或现实实在生成的众多现实事态合生的群集、聚合体、集合体或复合体，宇宙就是处于相互联系中的现实实在或现实事态的合生，并始终伴随现实实在的自我生成与消亡；同时，"每个现实实在都产生自那个属于它的宇宙。因果关系只不过是这一原理的产物：每一现实实在都必须寓于其现实世界中"。[4]宇宙中的实在是处于时空中的四维"时—空广延连续体"（Space-Time Extensive Continuum）。广延连续体依赖现实事态而获得现实性，同时也构成未来事态的限制，当前与过去的事态也必须存在于广延连续体的联系中。因而，拥有时间性与空间性、现实性与可能性的"实在"代替了只有广延的"实体"或精神"实体"。

在存在论意义上，怀氏说"这是一种单子论，但它与莱布尼茨单子论的区别在于，莱布尼茨的单子是变化的。而根据机体理论，它们只是生成，每一种单子创造物处在过程中，它'感受'世界，将世界容纳于一个复杂的感受单位。这样一个复杂感受单位便是一个现实事态；它是派生自创造性进展

〔1〕 Leibniz. *The Monadology and Other Philosophical Writings*, translated by Robert Latta. Oxford：The Clarendon Press, 1898：§ 22.

〔2〕 Whitehead, A. N. *Process and Reality*. New York：The Free Press, 1978：p. XI.

〔3〕 A. N. Whitehead. *Process and Reality*. New York：The Free Press, 1978：p. 219.

〔4〕 A. N. Whitehead. *Process and Reality*. New York：The Free Press, 1978：p. 80.

的终极创造物"。[1]

根据小约翰·柯布的描述：怀特海基于爱因斯坦的相对论批判传统的时空观：好像时间和空间可以被理解为具有独立于现实事态的存在，然后事态在其中成为存在。进而指出，现实事态可以共时地分析为它们的摄入，也可以历时地分析为合生的阶段。因为现实的东西不是广延的连续体，而是由现实事态生成的，而每一现实事态都有其确定的广延，即时间中的现实事态把广延的连续体现实化。也就是说，过去、现在和未来不是这种广延连续体的特征，时间根据现实事态的摄入得以界定。怀氏认为，相对论摧毁了以往的"现在"观念，并运用相关性原理和"持续"概念在解构客体（现成事物）的现在基础上，强调界定我们关于现在的感觉之物是张力—轨迹或惯性系统，我们是在其中发现自身的。而对于其他惯性系统来说，其他持续则构成了现在（当下的现在携带着过去的现在一同在场，任何当下的现实实在不仅是摄入过去事态而且影响未来事态的生成）。[2]

在怀氏看来，宇宙是一个有机整体，不能简单、机械地分割。因为，宇宙在扩展着，这是"过程"的首义；而处于任何扩展阶段的宇宙又是"机体"的首义；每一现实实在只能被表述为一个有机过程。它在微观上重复着宇宙在宏观上之所是。[3]

无疑，怀特海立足过程论、生成论的存在论解构了机械论的时空观与自然观。

（二）对精神之维的确认与内在目的论的回归

莱布尼茨在《单子论》的第 1 条就把单子作为实体，认为单子的第一大特性就是没有部分的单纯性，即单纯的精神实体。正是作为精神实体的不可分的单子组成世界上一切复合物。他辩证地看到，世界上的一切事物都是复合物，"既然有复合物，就一定有单纯的实体；因为复合物无非是一群或一堆单纯的东西"。[4]所以"单子不是别的，只是一种组成复合物的单纯实体；

---

〔1〕　A. N. Whitehead. *Process and Reality*. New York：The Free Press，1978：p. 80.

〔2〕　J. B. Cobb. *Whitehead Word Book*. P & F Press，2008：pp. 76-78.

〔3〕　A. N. Whitehead. *Process and Reality*. New York：The Free Press，1978：pp. 214-215.

〔4〕　Leibniz. *The Monadology and Other Philosophical Writings*. translated by Robert Latta. Oxford：The Clarendon Press，1898：§ 2.

单纯，就是没有部分的意思"[1]。既然没有部分，也就没有广延，因而是不可分的。所以，单子一定是精神实体，莱氏有时也称之为"灵魂"。单子是单纯的，没有广延，因而相互之间不存在量的差别而存在着质的差别。因为世界上的事物千差万别、多种多样，如果组成事物的实体即单子没有量的差别，就必然具有质的差别。于是，他提出了一种"普遍差别原则"或"个体性原则"："每个单子必须与任何别的单子不同。因为自然界中决没有两个东西完全一样，而又不可能在其中找出一种内在的、基于固有本质的差别来"[2]。由于单子是单纯的精神实体，其本性在于表象或知觉，所以单子知觉的清晰程度不同就造成了它们在质上的区别。因单子的知觉和表象能力的差异，单子可被分为不同等级，从最低级的微弱的隐德莱希、动物的灵魂，到人的意识、上帝的理性。实际上，莱布尼茨让万事万物都具有精神性的单子，在于强调事物自身的能动性和目的性，甚至提出"内在原则"（Internal Principle）来说明"变化"[3]，以对抗单纯从量的角度规定事物以及事物的被动性。这里他重新让古希腊特别是亚里士多德的内在目的论复活。

因而单子的变化和发展不可能来自外部，只能出于它的内部原因，这也符合实体独立自存而能动的原则。所以，单子一定是自身完满的"自因"："可以把一切单纯实体或被造的单子命名为'隐德莱希'，因为它们自身之内具有一定的完满性，有某种自足性，使它们成为其内在活动的源泉，也可以说，使它们成为无形体的自动机"。[4]

莱布尼茨还把单子的这种内在原则和能动本性称为"力"，每个单子都是一个"力的中心"，表现为"欲求"（Appetitions）；单子就是在"欲求"的自我推动下实现自己的。这里所说的"力"当然不是机械论的外力，而是组成事物的单子的内在目的。[5]

---

〔1〕 Leibniz. *The Monadology and Other Philosophical Writings*. translated by Robert Latta. Oxford：The Clarendon Press, 1898：§ 1.

〔2〕 Leibniz. *The Monadology and Other Philosophical Writings*. translated by Robert Latta. Oxford：The Clarendon Press, 1898：§ 9.

〔3〕 Leibniz. *The Monadology and Other Philosophical Writings*. translated by Robert Latta. Oxford：The Clarendon Press, 1898：§ 11.

〔4〕 Leibniz. *The Monadology and Other Philosophical Writings*, translated by Robert Latta. Oxford：The Clarendon Press, 1898：§ 18.

〔5〕 参见张志伟：《西方哲学史》，中国人民大学出版社 2002 年版，第 430-431 页。

与莱布尼茨有共通性，怀特海明确说，要通过莱布尼茨来赋予笛卡尔在有机哲学中的地位，但单子仅被他看成纯精神性的，而忽略了物质性，当时关于物质形体的种种观念只是从属地或派生地进入莱布尼茨的哲学。因而，怀氏要克服这一局限，更全面地对待物质与精神的观念。[1] 这体现在怀特海将其作为终极存在的现实实在或现实事态的感受与摄入活动给予了"两极性"——"物质感受"（Physical Feeling）与"概念感受"（Conceptual Prehension）或"精神摄入"（包括物质目的性感受，甚至更复杂的命题摄入）。

任何一个现实事态或现实实在包括上帝在内都有两极性，都必须进行物质感受和概念摄入，发生物质感受是作为主体有待自我生成的现实事态与环境打交道并将从环境那里感受或摄入客观资料——客体（其他现实实在），但感受什么是受主体的精神极、主体形式影响的，也就是感受主体（Subject）的概念性摄入对其物质性感受或摄入有确定性的功能，而体现为感受和摄入活动的自我选择、自我生成、自我满足和自我实现的主体能动性，而现实实在一旦完成自我的创造也就成为超体（Superject），就意味着将作为其他主体的潜在客观资料，而其所完成的新颖性创造将在上帝那里获得永恒。然而，现实实在或现实事态的概念摄入资料不是来自现实世界而是来自秩序化了的永恒客体，拥有潜在性的永恒客体也只有进入现实实在才能转化为现实。其中秩序化永恒客体是被作为现实实在的上帝进行概念摄入所秩序化了的东西，也就是说上帝经概念摄入所获得的原生性的质，作为终极价值和目的影响时间中现实事态的主体形式的情感强度，并最终参与作为主体的现实事态的物质摄入、概念摄入乃至自我满足。

可见，怀特海的确超越了莱布尼茨单纯对精神之维的强调，而让作为"单子"的现实实在或现实事态具有物质与精神的两极性，从而克服以往的二元论思维方式。

我们可以说，作为有神论的哲学家无论是莱布尼茨，还是怀特海，尽管后者要解构传统的作为创世的完满的上帝，但二者都把上帝作为了最高的存在，只不过是莱氏把他作为最高的单子——单子的单子，并让其先在地赋予宇宙秩序——先定和谐；怀氏则把上帝看成与世界互动与互释的存在，并未把上帝作为存在范畴，而是作为派生范畴，来说明直接产生于上帝精神极对

---

[1]　A. N. Whitehead. *Process and Reality*. New York：The Free Press，1978：p. 19.

永恒客体的秩序化，及其对产生自物质极的现实事态的摄入方式——主体形式及其进行概念摄入的价值、目的和情感影响，使有秩序、和谐、美的宇宙秩序最终现实地得以形成，而且宇宙和谐是在宇宙自身的进化中逐渐达成的。在这个意义上其有神论是自然主义的有神论，承认宇宙自然进化过程，但又不忽略作为诗人和陪伴者的上帝的价值指导。因此，他批评莱布尼茨把现实世界说成是上帝创造的可能世界中最好的一个，认为"莱布尼茨关于'一切可能世界中的最完善者'的理论是一个鲁莽的谎言，是用来挽救当代及前代神学家们构想的造物主的面子"。[1]但无论如何他还是跟随了莱布尼茨走向了内在目的论，这不仅表现在他让上帝的价值与目的通过现实实在或现实事态的摄入活动而现实化，而且他通过强调现实实在或现实事态的感受和摄入活动的主动性、能动性、价值相关性和自我实现、自我满足而凸显了内在目的论原则。最终二人都分别以自己的方式回归并复兴了古希腊亚里士多德首次提出的目的因，让内在目的论成为阐释事物运动、变化、生成的根本原则。

（三）对有机论、整体论与辩证法的肯定与方法论的变革

对于莱布尼茨来说，单子作为单纯的精神实体具有"知觉"（Perception）和"表象"（Representation）的能力，由于单子"知觉"与"表象"的清晰程度有所不同，在单子之间存在着质的差别，从而使整个宇宙被看作是一个单子的等级系列。

莱氏给出类似布鲁诺的比喻：单子有"知觉"，能凭这种能力像一面镜子一样反映整个宇宙。因此，自然是"大宇宙"，单子是"小宇宙"，它们是"宇宙活生生的镜子"。每个单子知觉的清晰程度虽然不同，但它们都能以自己的方式表象宇宙，因而就构成了相互之间的质的区别。众多有差异的单子共在宇宙之中，宇宙也在单子之中，整个宇宙就表现为一个普遍联系的整体。所以，莱布尼茨把"相互联系"（Interconnection）[2]这个词写成斜体，来特别强调宇宙间所有被造物基于单子实体的相互镜像关系，也使"多"与"一"统一起来。

单子之间可以划分为无限多的等级，主要的等级有：无意识的无机物以

---

〔1〕 A. N. Whitehead. *Process and Reality*. New York：The Free Press, 1978：p. 47.

〔2〕 Leibniz. *The Monadology and Other Philosophical Writings*. translated by Robert Latta. Oxford：The Clarendon Press, 1898：§ 56.

至植物，它们的单子（"赤裸的单子"）只有最不清晰的一些"微知觉""原始的隐德莱希"；动物的灵魂具有较清晰的知觉和记忆，可称之为真正的灵魂，当然还只是感性灵魂；人的灵魂具有更清晰的知觉和自我意识，即理性灵魂，有了"统觉"和"理性"；在人之上还有无数更高级的生物或单子，例如"天使"；最高的单子就是上帝，他是唯一的创造一切单子的单子，全知、全能、全善，因而是"单子的单子"——"太上单子"。上帝是最完满的单子，其他一切单子为上帝所创造。这样，"被造物由于受上帝影响而赢获完满性，但是它们也有从自己的本性而来的不完满性，所以不能没有限制，因此创造物与上帝的区别就在于这一点上"。[1]

尽管他把单子做了上述区分，但却根据单子的"知觉"和"欲求"以及相互之间的等级，提出了"连续性原则"（Principle of Continuity）。从"单子的单子"到最低级的单子，其间有无限多的等级，这些等级之间却没有分离的间隔，因而整体是连续的。不仅如此，每个单子从一种知觉到另一种知觉的发展，也具有连续性。

所以在他看来，"任何事物都不是一下子完成，这是我的一条大的准则，而且是一条最最得到证实了的准则，自然决不飞跃（Nature never makes leaps）"。[2]这就是"连续律"。这条规律表明，在单子与单子之间存在着无数等级的单子，因而在相邻的两个单子之间，一方面有差别，另一方面其差别又是无限的小。于是所有的单子就构成了一个从上帝这个最高的单子到最低级的"原始的隐德莱希"的无限的连续的序列。每个单子都是"不可分的点"，而全部单子又构成了一个连续性的整体，以此来解决机械论实体观的矛盾。莱氏的"连续性原则"和"连续律"根本上在于说明宇宙的整体性、有机性。所以，他曾形象地说，"活的有机体是一台神圣的机器或自然的自动机，它无限地胜过任何人工机器，因为人工机器并非其每一部分都是机器"。[3]而有机体的每一个部分都有自己的运动，并表达着整个宇宙。[4]他确认，的确

---

〔1〕　Leibniz. *The Monadology and Other Philosophical Writings*. translated by Robert Latta. Oxford：The Clarendon Press，1898：§42.

〔2〕　[德] 莱布尼茨：《人类理智新论》，陈修斋译，商务印书馆1982年版，第12页。

〔3〕　Leibniz. *The Monadology and Other Philosophical Writings*. translated by Robert Latta. Oxford：The Clarendon Press，1898：§64.

〔4〕　Leibniz. *The Monadology and Other Philosophical Writings*. translated by Robert Latta. Oxford：The Clarendon Press，1898：§65.

存在着一个由有生命的事物、动物、"隐德莱希"和灵魂组成的创造物的世界，事物的每一部分都可以被看作充满植物的花园或充满鱼的池塘。[1]其阐释的原则无疑是有机论、整体论的，从而超越了当时广为流行的机械思维方式，但这种超越又是回归传统、向传统学习的结果。

如果说，莱布尼茨凭借单子的连续性来说明宇宙的有机性和整体性，而使其宇宙观体现出整体论、有机论的立场，并在辩证思维下阐释了不可分与连续性、一与多、部分与整体的统一。那么，怀特海则通过终极性存在：现实实在和永恒客体及其活动与功能来说明世界和宇宙的统一性、有机性及整体性特征。他摆脱了主客体二元论的思维方式和机械论的自然观，在"过程—关系哲学"（Mesle）、"过程辩证法"（Pomeroy）和历史的逻辑下，把世界和宇宙看成是现实实在的历史性生成过程，及其建立在内在关系基础上的共同体：群集、集合体和聚合体的总体。同时，任何现实实在或现实事态基于摄入或感受活动而生成自身的过程，都必须又根植于现实世界、宇宙整体和提供秩序化的永恒客体的上帝，受制于环境"从下到上"的始于物质摄入的"因果效验"以及"从上到下"的产生自概念摄入的"因果效验"。但怀氏从主体性原则出发，指出在这一现实事态的生成过程中，它自身作为主体，其主体形式——情感、评价、目的、喜欢、厌恶、意识等，又决定主体如何摄入客体材料——曾经作为主体并获得生成的自我满足的超体、具有潜在性被秩序化了的永恒客体，从而完成该事态的"物质感受"（是重演过去的"保形"阶段，体现出过去事态、过去的实在和现实世界对当下事态的继承性关系），"概念摄入"（主体依照自身的主体性特征选择潜在的永恒客体并使之进入物质性摄入，使物质性摄入定型化，因此是摄入的"补充"阶段），最后是"合生"的自我满足阶段，也就是通过事态主体的自我选择、自我决定、自我评价、自我创造、自我享有而获得自身拥有新颖性的现实存在，由主体转换为超体，并成为其他事态生成的永恒性客观资料，即成为客体，但这个客体是曾经活着的主体。主体转换成超体或客体，也就是主体的主体性消亡，其所创造的新颖性价值会被上帝作为物质性摄入而成为其"继生性的质"被保留下来，在这个意义上个体性事态合生的完满所导致的死亡，却在上帝那

---

〔1〕 Leibniz. *The Monadology and Other Philosophical Writings*. translated by Robert Latta. Oxford：The Clarendon Press，1898：§ 66-67.

里获得了永生。上帝通过其物质性摄入而为世界保留了美好的价值，并进而作为诗人引导和陪伴世界及其构成宇宙的现实事态或现实实在自我生成过程。

这样既避免了"因果效验"导致的强决定论，也解释了选择论，使新事物和新秩序成为可能。把以往孤立、对立起来的物质与精神、世界与上帝、一与多、生与死、决定论与选择论、必然与自由、继承与创新、潜在与现实、主体与客体等辩证地统一起来，获得了内在性关系的说明。

从而，宇宙成为一个不断生成的活的整体，从不可再分的单子式的现实事态或现实实在，到聚合体、集合体、群集，再到现实世界、宇宙、上帝，他们不仅具有历时态的持续的因果效验关系，而且还有共时态的区域关系——广延连续体，而广延连续体又依赖于现实事态而存在，现实事态以其特殊的方式把连续体现实化，并且现实事态的合生不仅是宇宙进化的有机微观过程，而且是以个体的方式促成宇宙生成的宏观过程。就是说任何合生的个体经验事态，它既作为整体宇宙的终极实在，其自为的合生摄入活动又总是以提供客观资料的世界整体和提供秩序化永恒客体的价值和意义总体的上帝为前提的，他称此为合生的"前定和谐"。用怀氏自己的话说：机体哲学的学说还表明，每一个合生都将归于一个确定的、自由的开始和一个确定的自由的结束。开始的事实是宏观宇宙的，意思是它与所有的事态都有同等的关联；结束的事实则是微观宇宙的，它对那一事态是独特的。[1]

所以怀氏说，莱布尼茨的单子突出了"变化"，而自己的单子——现实事态则在于强调"生成"。[2]但无论如何，怀特海对莱布尼茨的有机思想都给予了充分肯定。在《科学与近代世界》中，他引用罗素的话："显然，把哲学建基在有机论的前提之上，必须追溯到莱布尼茨"[3]；在《观念的冒险》中，他甚至跟随莱布尼茨对"知觉"（Perception）和"统觉"（Apperception）的语词进行区分与联系，才区别了"摄入"（Prehension）和"领悟"（Apprehension）。[4]

（四）对终极存在及其价值的路径依赖与宇宙文明论的探究

在有机论、整体论和目的论下，莱布尼茨与怀特海都关注宇宙文明问题，

---

〔1〕　A. N. Whitehead. *Process and Reality*. New York：The Free Press，1978：pp. 47-48.

〔2〕　A. N. Whitehead. *Process and Reality*. New York：The Free Press，1978：p80.

〔3〕　A. N. Whitehead. *Science and the Modern World*. New York：The Free Press，1967a：p. 155

〔4〕　A. N. Whitehead. *Adventures of Ideas*. New York：Free Press，1967：pp. 233-234.

形成了各具特色的文明论思想。他们相信宇宙是有秩序、和谐的，并且基于其实在论的存在论，回到终极存在以及实在的内在目的和价值那里寻找解释路径，但却存在殊异。

莱布尼茨没有停在宇宙图景的静态结构分析上，在进行宇宙动力学考察时，主张每个单子都是自因的自动机，而且单子与单子之间没有相互外在的物理影响，所以任何没有窗户的单子变化都有可能破坏整个宇宙的秩序。对此，他提出了"预定的和谐"理论，即宇宙的和谐秩序来自上帝这位创世的工程师。

在他看来，"连续性原则"只能说明在静态条件下宇宙的连续性，而无法解释单子的动态的变化和发展。那么在动态情况下，宇宙这一单子的无限等级序列如何协调一致？也就是宇宙秩序是何以可能呢？莱布尼茨的回答是，因为宇宙万物有一种"预定的和谐"。

按照整体论和先验的原则，莱氏在1714年完成的《基于理性的自然与神恩原则》中指出，理性的上帝不仅使事物通过他而存在，是事物的运动根据，即事物持续地从他那里接受使其获得完满性的东西；而且从上帝创世的完满性可以得出，他选择了最好的可能计划，使世界同时拥有最大秩序和最大多样性。就是说一切事物都一劳永逸地被安排在秩序与和谐之中，在每一个灵魂中可以识见宇宙之美。[1]

莱布尼茨不仅用"预定的和谐"来说明由无限多的单子所组成的整个宇宙的和谐一致，而且以此来解决笛卡尔遗留下来的心身关系问题。

他认为，"心身交感"是不可能的，至于"偶因论"则等于把上帝看作是"很坏的钟表匠"，这显然有损上帝的尊严。从而主张上帝所制造的这两座钟应该自始至终就走得非常准确，而且相互之间又自然地彼此一致，这就是心身之间的"预定的和谐"："灵魂遵守它自身的规律，形体也遵守它自身的规律，它们的会合一致，是由于一切实体之间的预定的和谐，因为一切实体都是同一宇宙的表象。"[2]

此外，莱布尼茨还以"预定的和谐"来证明现实世界是一切可能世界中

---

〔1〕〔德〕莱布尼茨：《莱布尼茨自然哲学著作选》，祖庆年译，中国社会科学出版社1985年版，第128-137页。

〔2〕Leibniz. *The Monadology and Other Philosophical Writings*. translated by Robert Latta. Oxford：The Clarendon Press，1898：§ 78.

最好的世界。至于在这个最好的世界中为什么还有恶的存在，他的回答是，一切可能世界中最好的世界并不意味着其中就没有恶，而是说在这个世界中善超过恶的程度比任何可能世界都更高。

而对于个体自由何以可能的问题，他指认自由不是意志的选择能力，而是从潜能向现实的自我发展。单子的自由在于其内在的自主活动。因而，自由就是某物不受阻碍地变成它必然要变成的那种东西。对人而言，"自由是自发性加上理智"，自由的行为就是"受自身理性决定"的行为。"被决定"是必然，但是，"被自身决定"就是自由。这样，莱布尼茨就把必然和自由统一起来了。

在真理问题上，莱氏把最后的根据再次给予上帝，创造性地提出充足理由律。在调和唯理论和经验论的基础上，他区分了两种真理：既存在"推理的真理"——"必然的真理"，也存在"事实的真理"——"偶然的真理"。支撑这两种真理也有两个原则，即矛盾原则和充足理由原则。当一个真理是必然的时候，我们可以用分析的方法找出它的理由来，把它们归结为更纯粹的观念和真理，一直到原始的真理；对于一个事实的真理，只有通过经验才能知道。如果一个事实是真实的或实在的，它必定有一个为什么这样而不那样的充足理由。就是说，充足理由存在于偶然的真理或事实的真理之中，亦即存在于散布在包含各种创造物的宇宙中的各个事物之间的联系中。宇宙间的事物无穷无尽，如果加以分析的话，在其全部的细节中包含着一些在先的或更细的偶然因素，这些因素又需要以一个同样的分析来说明其理由，如此类推，以至无穷。充足的理由或最后的理由应该存在于这个偶然事物的系列之外，所以事物的最后理由应当在一个必然的实体里面，这个实体就是上帝。[1]

怀特海在讨论宇宙论特别是宇宙、自然的秩序时专门回应了莱布尼茨基于单子论的宇宙观。他在《观念的冒险》一书中指出：莱布尼茨的单子论构成了又一种形式的宇宙原子论学说。莱布尼茨敏锐地意识到知识批判这一问题。于是他从主观方面来接近宇宙论这个问题，而卢克莱修和牛顿则从客观

---

〔1〕 Leibniz. *The Monadology and Other Philosophical Writings*, translated by Robert Latta. Oxford：The Clarendon Press，1898：§129-39.

观点出发来接近它。[1]

在怀特海看来，卢克莱修和牛顿含蓄地问了这样一个问题：对于原子构成的宇宙，一个智者会说什么？这些问题的答案包含在卢克莱修的史诗以及牛顿的《自然哲学的数学原理》这些不朽的著作中。而莱布尼茨回到了另一个问题。他解释了作为一个原子该是什么样子。卢克莱修告诉我们他人眼中的原子是什么样子，而莱布尼茨则告诉我们原子自我感觉是什么样子。……莱布尼茨奋力与一个影响了现代宇宙论的难题搏斗。这是一个亚里士多德、卢克莱修以及牛顿都视而不见的难题，笛卡尔则让自己在旧方式和他所创立的方式之间保持着精确的平衡。[2]

怀氏认为现代世界观来自亚里士多德逻辑学的缓慢影响，历时两千年之久。这样一来，亚里士多德关于述谓和第一实体的学说成为实体的诸属性相互联系，而第一实体之间却相互分离的学说。以至于所有现代认识论和现代宇宙论都为此而大伤脑筋。[3]于是怀特海高度赞扬了莱布尼茨对此所做的工作：莱布尼茨是第一个，也是最伟大的一个，既接受现代宇宙论学说，又坦率地面对它的困难的哲学家。他大胆地把上帝排除在宇宙论学说的范围之外，上帝与每一个单子是相互交流的。因此，据他的学说，单子与单子之间，以上帝为媒介，存在着间接交流。但是每个单子又根据自己的特性独立地发展自己的经验；它的特性是在与上帝的交流中最初被打印上的。进而，怀特海进一步评论道：莱布尼茨的前定和谐说所表现的规律学说是规律外加学说的极端例子，它能以某种方式受到上帝无所不在观念的缓解。但是，他没有解释，为什么上帝这个最高级的单子不遭到其他单子都有的彼此孤立的命运。照他的学说，单子与单子之间没有互通的窗子，那么为什么它们都有通向上帝的窗子？为什么上帝也有通向它们的窗子呢？[4]

随后，怀特海在考察了柏拉图的宇宙论思想后，指认在《蒂迈欧篇》中柏拉图将这个物质世界的诸现实设想成是彼此包容在彼此天性里的成分。这便是规律内在的学说，它来自现实相互包容的学说。因此，柏拉图的容器说、卢克莱修的虚空说，以及莱布尼茨的上帝说，在宇宙论理论中所起的都是同

---

〔1〕 A. N. Whitehead. *Adventures of Ideas*. New York：Free Press，1967：pp. 131–132.

〔2〕 A. N. Whitehead. *Adventures of Ideas*. New York：Free Press，1967：p. 132.

〔3〕 A. N. Whitehead. *Adventures of Ideas*. New York：Free Press，1967：p. 133.

〔4〕 A. N. Whitehead. *Adventures of Ideas*. New York：Free Press，1967：pp. 133–134.

样的作用。[1]

怀氏立足其过程论的存在论，在认识和真理问题上，反对二元论的思维方式，认为二元不是对立的，恰恰是建立在联系的基础上。正像他在《观念的冒险》一书中所揭示的：宇宙是二元的，因为每一终极的实在既是物质的，又是精神的；宇宙是二元的，因为每一现实都需要抽象的特点；宇宙是二元的，因为每一个事态都将它的形式的直接性与客观的他者联合起来了。宇宙是多，因为他可以整体地被分析为许多终极的实在……宇宙是一，因为宇宙的内在性。所以，在一和多这种对比中存在着一种二元论。在整个宇宙中，充盈着对立物的联合，这是二元论的基础。[2]

因此，他反对基于主体的知觉和表象去认知对象、客体的传统知识论。同时他也批评了莱布尼茨建立在单子知觉和表象能力基础上的认识论和真理观。他主张，自然不对心灵开放，"我们生存的基础是'价值'（Worth）的感受，这一价值实质上预设了'有价值的（Worth）东西'。这里的价值概念不应当纯粹是在审美的意义上来解释，它的意义在于存在是完全为了自身的，是对自身的辩护，是具有自己的特性的"。[3]

进而，他强调，感觉—知觉的认识形式必须被放置在认识主体的价值感受与评价的基础之上，即表象直接性的知觉方式是以因果效验的感受方式为前提的，而后者源自主体生存的感受或摄入活动，不仅有物质感受，还有概念感受，直接与目的、情感和被上帝秩序化了的永恒客体相关联。这与莱布尼茨诉诸充足理由让上帝成为真理的最后依据不同，他是想找到认识的始源性生存基础，并在生存的目的性和意义维度使上帝成为自我实现的引领者。

实际上，怀特海建立在现实事态或现实实在这一终极实在之上的有机宇宙论一定程度上也借鉴了莱布尼茨的单子论宇宙论，只不过他用处于过程、关系中的"实在"取代了没有窗户的单子"实体"；用经验主体取代了知觉表象的主体；把来自上帝的预定和谐和宇宙秩序转换为在上帝引导下现实事态的合生过程；因此，现实世界不是可能世界中最好的，而是处于创造性进展并将走向拥有真、美、冒险、艺术与平和品质的文明社会。[4]

---

〔1〕　A. N. Whitehead. *Adventures of Ideas*. New York：Free Press，1967：p. 134.

〔2〕　A. N. Whitehead. *Adventures of Ideas*. New York：Free Press，1967：p. 190.

〔3〕　[英] 阿尔弗莱德·怀特海：《思想方式》，韩东晖、李红译，华夏出版社1999年版，第99页。

〔4〕　A. N. Whitehead. *Adventures of Ideas*. New York：Free Press，1967b：p. 274.

总之，无论是莱布尼茨还是怀特海的宇宙论，都在回归传统与传统对话的基础上试图超越机械论的自然观和宇宙论，进而形成了在整体论、目的论基础之上的有机论宇宙观，只是莱氏作为近代思想家，没能摆脱传统实体论形而上学的实体—属性的理论架构，建立在没有窗户的单子的内在欲求、表象和知觉能力基础上的有机宇宙模式，仅仅是单纯的精神联结，并且把宇宙秩序做出预定和谐的超验解释；而怀特海作为当代思想家在建设性原则下，借鉴传统哲学的有机思想，看到了莱布尼茨有机宇宙观的积极意义并指出其不足，在泛主体性、泛经验论的立场下，诉诸过程—关系辩证法的解释原则，把构成宇宙终极存在的现实事态或现实实在看成是既能动又受动，既自律又他律，既有物质性感受也有精神性感受，并能自我选择、自我生成、自我实现和自我满足，从而使宇宙中任何一员都参与他者和宇宙整体的合生过程，即使上帝也在感受世界过程中获得不同于因概念性感受获得的原生性的质，而拥有持续增加的继生性的质并丰富自身，以永恒客体的秩序化引导众现实事态的生成。从而与莱布尼茨存有明显差异，怀特海用经验主体的"现实事态"代替了无窗户的"单子"，用"过程思维"代替了"实体思维"，用"两极性"摄入活动代替了纯精神的"欲求、知觉、表象"；用现实实在的"生成""关系"代替了实体的"性质""变化"；用诗人般的上帝代替了全能的"太上单子"；用创造性"合生""进化"走向宇宙文明代替了"预定和谐"。无疑，今天重新比较研究这两种有机的宇宙观对生态文明建设不无裨益，这也是当代有机马克思主义视怀特海过程哲学为主要思想来源的原因之所在。

无疑，上文通过阐明马克思对黑格尔实体或主体双重化运动的批判性改造，建立了不同于唯心主义思辨形而上学的历史唯物主义和实践哲学，将辩证法的革命本性贯彻到底而非停留于意识或精神领域，并让历史—实践的辩证法成为精神展开自身的前提，确认只有在改变对象世界的"成物"实践与劳作中才能改变人自身——"成己"。展示出马克思新唯物主义和唯物辩证法之于改变世界、解放人的当代意义与价值。这与怀特海在过程—关系辩证法下确立起来的新有机宇宙论——解释世界的体系哲学在理论旨趣上有明显不同。所以，在对马克思与怀特海思想给予共通性解读的同时，还必须看到二者之间的差异性或殊异性。

结　语

共通与殊异

　　综上所述，作为现代思想家的马克思与建设性后现代主义奠基人的怀特海，解构了传统主客二元论的抽象理性主义哲学和实体论形而上学，都把哲学的目光投向现实世界，在各自的哲学那里拯救并改造黑格尔的辩证法，凸显历史、实践与过程的思维方式，确立起有机论、整体论或总体论的立场，把抽象的主体性原则转换为具体的主体性原则，基于感性活动论强调具体主体的感性活动、经验及其所建构的一切属我之内在关系对于理解主体的决定性作用，并在发展论、文明论意义上考察他者和共同体问题，发现历史规律与宇宙演化模型——物理宇宙的数学形式。从而，使他们的思想具有诸多的共通性，这也是本课题将马克思与怀特海的哲学进行比较研究的关键之所在。

　　然而，当我们揭示和呈现二者共通性的时候，还必须正视他们思想的不同与差异性。既要在殊异中看到共通，又能在共通中辨析殊异。实际上，马克思与怀特海思想的共通性是以差异性为前提的。也就是说，他们思想的殊异是发掘其共通性的必要条件。因此，既不能因差异性而看不到他们哲学的共通性，又应避免因突出马克思与怀特海思想的共通性而遮蔽其殊异性。

　　如果说该手稿的第一章到第五章主要考察马克思与怀特海哲学的共通性的多重维度的话，那么第六章则回到他们思想的源头——黑格尔和莱布尼茨哲学那里，通过对比研究，一方面揭示马克思对黑格尔哲学的继承和超越以及所实现的哲学革命，在哲学观上确立了新唯物主义和现代唯物主义——历史唯物主义和唯物辩证法——历史辩证法或实践辩证法；另一方面阐明怀特海对莱布尼茨单子论的有机宇宙观的跟随与发展，在万有在神论的立场下按照过程—关系辩证法的解释原则重建有机宇宙论，进而走向新有机宇宙论。

遗憾的是，怀特海仍未能彻底逃脱西方哲学"主导问题"[1]的羁绊，继续追问"存在者是什么"，而试图发现宇宙秩序以重建"拯救现象"和"解释世界"的宇宙论形而上学。根本来说，其"机体哲学"就是新有机宇宙论形而上学——以整个宇宙为对象的过程实在论之体系化的经验形而上学。用《怀特海传》的作者维克多·洛（Victor Lowe）的话说，"哲学却发现一位自黑格尔以来最有力的体系型思想家"。因为怀特海哲学是以综合性哲学而闻名于世的，他试图完成康德哲学的遗愿：努力创立一种科学的形而上学理论体系，以便人类和非人类的所有经验都能予以合理的解释。[2]

不同于怀特海的哲学旨趣，马克思则改变了传统西方哲学的研究对象和提问方式，不再追问宇宙世界的本原、本质是什么，而是直接来到社会历史领域探讨人类解放何以可能，关注人们如何在现实的世界中建构文明的未来，摆脱虚假共同体对个体的奴役，在自由人联合体——真正的共同体中实现每个人的自由和全面发展。因而，马克思的哲学不只是重建唯物主义哲学——新唯物主义、历史唯物主义，或重建现代实践哲学的解释和说明现实世界的问题，更重要的是如何"改变世界"并不断使现实世界革命化的问题。

就是说，尽管马克思与怀特海都已然发动了哲学转向、自觉转换哲学范式，批判建立在本体论之上以心灵、自我意识、理性、自我和精神为主体的知识论或认识论哲学，不再以拯救现象或者拯救知识为己任，区别于理论哲学形态，而更具实践哲学的特征。怀特海的哲学以现实实有这一经验主体的纯粹感受批判来消解康德的纯粹理性批判，用过程—关系的辩证法超越康德基于理性分析的消极辩证法和黑格尔概念的辩证法。只不过，相对于马克思立足现实的人之实践考察而完成哲学革命的彻底性——创立历史唯物主义而言，怀特海哲学还没能完全抛弃传统形而上学的问答逻辑，保留着更多的"解释世界"之理论诉求。马克思则强调"解释世界"的观念生产是以人们的现实生活和物质生产实践为基础的，并服务于"改变世界"。立足历史唯物主义立场，他确认观念的东西不外是移入人的头脑并在人的头脑中改造过了

---

〔1〕 海德格尔在《形而上学导论》（商务印书馆 2016 年版，第 23 页）中区分了西方形而上学的"基本问题"与"主导问题"，前者追问存在，而后者追问的是存在者是什么。他在《黑格尔的精神现象学》（南京大学出版社 2018 年版，第 16 页）中再次指出西方哲学的主导问题就是要追问："存在者是什么？"

〔2〕 ［美］维克多·洛：《怀特海传》，杨富斌、陈伟功译，商务印书馆 2018 年版。

的存在而已。某种程度上，怀特海则更看重观念的冒险之于文明秩序重建的意义与价值。

因此，面对理论上的哲学转向与实践上的生态转向，在发掘马克思与怀特海思想共通性以期彰显马克思哲学当代意蕴的同时，还必须正视他们思想的诸多差异性。二者不仅哲学观不同，提问方式与理论旨趣不同，而且研究对象的领域也不同。马克思关注的具体主体是现实的人，而怀特海把具体主体拓展到非人类的存在；前者探究社会历史的发展规律与人类文明的构建，后者关切整个宇宙和谐与美的秩序及其如何实现问题。只有看到他们思想的殊异，才能在中国文化传统和全球化语境下借助他们思想的共通来推动中外学术的理性对话，并在互动互释与互镜或文化互鉴过程中推动马克思主义中国化时代化。对此，必须回到马克思、恩格斯等经典作家的文本，努力"走近马克思"，依循历史唯物主义的解释原则，以积极的姿态回应、反思正在兴起的别一种国外马克思主义，即认同我国传统文化及生态文明理念和"两个共同体"思想、关切共同福祉并建立在马克思与怀特海哲学基础之上，旨在寻找资本主义替代方案的当代有机马克思主义或建设性后现代的马克思主义。进而，更好地促进马克思主义基础理论研究，借助比较分析进一步展现马克思主义的实践性、革命性、开放性和与时俱进的理论品格。

参考文献

《马克思恩格斯选集》（1-4卷），人民出版社 1995 年版。

《马克思恩格斯选集》（1-4卷），人民出版社 2012 年版。

《马克思恩格斯文集》（1-10卷），人民出版社 2009 年版。

《马克思恩格斯全集》（第 3 卷），人民出版社 1960 年版。

《马克思恩格斯全集》（第 20 卷），人民出版社 1973 年版。

《马克思恩格斯全集》（第 29 卷），人民出版社 1972 年版。

《马克思恩格斯全集》（第 30 卷），人民出版社 1974 年版。

《马克思恩格斯全集》（第 46 卷），人民出版社 1979 年版。

《马克思恩格斯全集》（第 47 卷），人民出版社 1979 年版。

［德］马克思：《1844 年经济学哲学手稿》，人民出版社 2014 年版。

［德］马克思：《资本论》（1-3卷），人民出版社 2004 年版。

［德］恩格斯：《自然辩证法》，人民出版社 2014 年版。

《列宁选集》，人民出版社出版 2012 年版。

《普列汉诺夫哲学著作选集》第 2 卷，生活·读书·新知三联书店 1961 年版。

［英］A. N. 怀特海：《科学与近代世界》，何钦译，商务印书馆 1959 年版。

［英］A. N. 怀特海：《自然的概念》，张桂权译，商务印书馆 2016 年版。

［英］A. N. 怀特海：《科学与现代世界》，傅佩荣译，上海人民出版社 2019 年版。

［英］A. N. 怀特海：《过程与实在》，周邦宪译，贵州人民出版社 2006 年版。

［英］A. N. 怀特海：《过程与实在——宇宙论研究》，李步楼译，商务印书馆 2011 年版。

［英］A. N. 怀特海：《过程与实在——宇宙论研究》，杨富斌译，中国人民大学出版社 2013 年版。

［英］A. N. 怀特海：《观念的冒险》，周邦宪译，贵州人民出版社 2000 年版。

［英］A. N. 怀特海：《观念的冒险》，周邦宪译，北京联合出版社 2014 年版。

［英］艾尔弗雷德·诺思·怀特海：《观念的历险》，洪伟译，上海译文出版社 2013 年版。

［英］阿尔弗莱德·怀特海：《思想方式》，韩东晖、李红译，华夏出版社 1999 年版。

［英］怀特海：《思维方式》，刘放桐译，商务印书馆 2010 年版。

［英］怀特海：《教育的目的》，徐汝舟译，生活·读书·新知三联书店 2002 年版。

［英］怀特海：《教育与科学理性的功能》，黄铭译，大象出版社 2010 年版。

［英］阿尔弗雷德·诺思·怀特海：《宗教的形成·符号的意义及效果》，周邦宪译，贵州人民出版社 2007 年版。

［澳］查尔斯·伯奇、［美］约翰·柯布：《生命的解放》，邹诗鹏、麻晓晴译，中国科学技术出版社 2015 年版。

［美］赫尔曼·E. 达利、小约翰·B. 柯布：《21 世纪生态经济学》，王俊、韩东筠译，杨志华、郭海鹏校，中央编译出版社 2015 年版。

［美］大卫·雷·格里芬等：《超越解构——建设性后现代哲学的奠基者》，鲍世斌等译，中央编译出版社 2002 年版。

［美］大卫·格里芬：《复魅何须超自然主义——过程宗教哲学》，周邦宪译，译林出版社 2015 年版。

［美］大卫·格里芬：《怀特海的后现代另类哲学》，周邦宪译，北京大学出版社 2013 年版。

［美］大卫·雷·格里芬：《解开世界之死结》，周邦宪译，贵州人民出版社 2012 年版。

［美］大卫·雷·格里芬：《后现代精神》，王成兵译，中央编译出版社 2005 年版。

［美］大卫·雷·格里芬：《后现代宗教》，孙慕天译，中国城市出版社 2003 年版。

［美］维克多·洛：《怀特海传》，杨富斌、陈伟功译，商务印书馆 2018 年版。

［美］罗伯特·梅斯勒：《过程—关系哲学——浅释怀特海》，周邦宪译，贵州人民出版社 2009 年版。

［美］菲利普·罗斯：《怀特海》，李超杰译，中华书局 2002 年版。

［古希腊］柏拉图：《柏拉图全集》第 3 卷，王晓朝译，人民出版社 2003 年版。

［古希腊］亚里士多德：《形而上学》，李真译，上海人民出版社 2005 年版。

［古希腊］亚里士多德：《尼各马可伦理学》，廖申白译，商务印书馆 2003 年版。

［德］莱布尼茨：《莱布尼茨与克拉克论战书信集》，陈修斋译，武汉大学出版社 1983 年版。

［德］莱布尼茨：《人类理智新论》，陈修斋译，商务印书馆 1982 年版。

［德］莱布尼茨：《莱布尼茨自然哲学著作选》，祖庆年译，中国社会科学出版社 1985 年。

［德］莱布尼茨：《莱布尼茨自然哲学文集》，段德智译，商务印书馆 2018 年版。

［德］康德：《纯粹理性批判》，邓晓芒译，人民出版社 2004 年版。

［德］黑格尔：《哲学史讲演录：第一卷》，贺麟等译，商务印书馆 1959 年版。

［德］黑格尔：《精神现象学》，先刚译，人民出版社 2015 年版。

［德］黑格尔：《小逻辑》，贺麟译，商务印书馆 1980 年版，第 118 页。

［德］黑格尔：《逻辑学：哲学全书·第一部分》，梁志学译，人民出版社 2002 年版。

［德］黑格尔：《哲学史讲演录》，贺麟等译，商务印书馆 1960 年版。

［德］黑格尔：《哲学科学全书纲要》，薛华译，商务印书馆 2021 年版。

［德］路德维希·费尔巴哈：《费尔巴哈哲学著作选集》（上卷），荣震华等译，商务印书馆 1984 年版。

［英］达尔文：《物种起源》，周建人、叶笃庄、方宗熙译，商务印书馆 2016 年版。

［美］杜威：《经验与自然》，傅统先译，华东师范大学出版社 2019 年版。

［法］亨利·伯格森：《创造进化论》，肖聿译，上海译文出版社 2014 年版。

［法］亨利·伯格森：《材料与记忆》，肖聿译，上海译文出版社 2011 年版。

［德］胡塞尔：《现象学的观念》，倪梁康译，商务印书馆 2018 年版。

［德］胡塞尔：《欧洲科学的危机与超越论的现象学》，王炳文译，商务印书馆 2001 年版。

［德］胡塞尔：《逻辑研究》，倪梁康译，上海译文出版社 1998 年版。

［英］伯特兰·罗素：《哲学问题》，贾可春译，商务印书馆 2019 年版。

［奥］维特根斯坦：《逻辑哲学论》，黄敏译，华东师范大学出版社 2010 年版。

［奥］维特根斯坦：《哲学研究》，韩林合译，商务印书馆 2013 年版。

［德］马丁·海德格尔：《存在与时间》，陈嘉映、王庆节译，生活·读书·新知三联书店 1999 年版。

［德］马丁·海德格尔：《形而上学导论》，熊伟等译，商务印书馆 1996 年版。

［德］马丁·海德格尔：《哲学论稿（从本有而来）》，孙周兴译，商务印书馆 2013 年版。

［德］马丁·海德格尔：《黑格尔的精神现象学》，赵卫国译，南京大学出版社 2018 年版。

［德］伽达默尔：《哲学解释学》，夏镇平译，上海译文出版社 2005 年版。

［匈］卢卡奇：《历史与阶级意识——关于马克思主义辩证法的研究》，杜章智等译，商务印书馆 1992 年版。

［德］卡尔·柯尔施：《马克思主义和哲学》，王南湜等译，重庆出版社 1989 年版。

［意］葛兰西：《实践哲学》，徐崇温译，重庆出版社 1990 年版。

［法］让-保罗·萨特：《辩证理性批判》（上、下），林骧华等译，安徽文艺出版社 1998 年版。

［法］让-保罗·萨特：《萨特哲学论文集》，潘培庆等译，安徽文艺出版社 1998 年版。

［法］让-保罗·萨特：《存在与虚无》，陈宣良译，生活·读书·新知三联书店 2009 年版。

［美］弗洛姆：《健全的社会》，孙恺祥译，上海译文出版社 2011 年版。

［德］施密特：《马克思自然的概念》，吴仲昉译，商务印书馆 1988 年版。

［德］阿尔多诺：《否定的辩证法》，王凤才译，商务印书馆 2019 年版。

［德］尤尔根·哈贝马斯：《理论与实践》，郭官义等译，社会科学文献出版社 2010 年版。

［法］莫里斯·梅洛-庞蒂：《辩证法的历险》，杨大春等译，上海译文出版社 2009 年版。

［捷克］卡莱尔·科西克：《具体辩证法——关于人与世界问题的研究》，傅小平译，社会科学文献出版社 1989 年版。

［美］伯特尔·奥尔曼：《辩证法的舞蹈——马克思方法的步骤》，田世锭等译，高等教育出版社 2006 年版。

［英］肖恩·塞耶斯：《马克思主义与人性》，冯颜利译，东方出版社 2008 年版。

［英］肖恩·塞耶斯：《马克思与异化：关于黑格尔主题的论述》，程瑶译，中国人民大学出版社 2020 年版。

［英］斯图亚特·西姆：《后马克思主义思想史》，吕增奎、陈红译，江苏人民出版社 2011 年版。

［美］肯尼斯·J. 格根：《关系性存在：超越自我与共同体》，杨莉萍译，上海人民出版社 2017 年版。

王治河、樊美筠：《第二次启蒙》，北京大学出版社 2011 年版。

中共中央编译局编：《回忆马克思》，人民出版社 2005 年版。

贺麟：《贺麟选集》，吉林人民出版社 2005 年版。

李惠斌、李义天：《马克思与正义理论》，中国人民大学出版社 2010 年版。

陈学明：《“西方马克思主义”命题词典》，东方出版社 2004 年版。

罗伯中：《20 世纪之交的英美关系问题的哲学争论》，复旦大学出版社 2006 年版。

乔瑞金：《英国新马克思主义思维逻辑研究》，北京师范大学出版社 2020 年版。

刘福森：《我们需要什么样的哲学——哲学观变革与历史唯物主义研究》，北京邮电大学出版社 2012 年版。

刘福森：《马克思哲学的历史转向与西方形而上学的终结》，北京师范大学出版社 2017 年版。

俞吾金：《实践诠释学》，云南人民出版社 2002 年版。

孙正聿：《马克思主义基础理论研究》（上下卷），北京师范大学出版社 2011 年版。

杨耕：《马克思主义哲学基础理论研究》，北京师范大学出版社 2013 年版。

邹广文：《当代文化哲学》，人民出版社 2007 年版。

邓晓芒：《实践唯物主义新解：开出现象学之维》，武汉大学出版社 2007 年版。

赵汀阳：《第一哲学的支点》，生活·读书·新知三联书店 2013 年版。

徐长福：《走向实践智慧——探索实践哲学的新进路》，社会科学文献出版社 1996 年版。

金吾伦：《生成哲学》，河北大学出版社 2000 年版。

王前：《生机的意蕴——中国文化背景的机体哲学》，人民出版社 2017 年版。

卢风等：《生态文明新论》，中国科学技术出版社 2013 年版。

黄铭：《过程与拯救：怀特海哲学及其宗教文化意蕴》，宗教文化出版社 2006 年版。

曾永成：《向美而生的人：怀特海有机哲学的人学内涵》，四川大学出版社 2021 年版。

罗嘉昌：《从物质实体到关系实在》，社会科学文献出版社 2008 年版。

俞懿娴：《怀特海自然哲学：机体哲学初探》，北京大学出版社 2012 年版。

王琨：《怀特海与中国哲学的第一次握手》，北京大学出版社 2014 年版。

但昭明：《从实体到机体——怀特海本体论研究》，人民出版社 2015 年版。

杨富斌等：《怀特海过程哲学研究》，中国人民大学出版社 2018 年版。

曲跃厚：《过程哲学与建设性后现代主义》，中国社会科学出版社 2017 年版。

郇庆治：《文明转型视野下的环境政治》，北京大学出版社 2018 年版。

张云飞：《唯物史观视野中的生态文明》，中国人民大学出版社 2018 年版。

张秀华：《回归工程的人文本性——现代工程批判》，北京师范大学出版社 2018 年版。

王治河、霍桂桓、谢文郁主编：《中国过程研究》第一辑，中国社会科学出版社 2004 年版。

王治河、霍桂桓、任平主编：《中国过程研究》第二辑，中国社会科学出版社 2007 年版。

丁立群、李晓娟、王治河主编：《中国过程研究》第三辑，黑龙江大学出版社 2011 年版。

赵成、姜德刚、王治河主编：《中国过程研究》第四辑，中国社会科学出版社 2016 年版。

杨丽、温恒福、王治河主编：《中国过程研究》第五辑，中国社会科学出版社 2019 年版。

［美］柯布：《怀特海的价值论》，参见王治河、霍桂桓、谢文郁主编：《中国过程研究》，中国社会科学出版社 2004 年第 1 期。

［美］小约翰·B. 科布、张学广：《怀特海的价值理论》，载《天津社会科学》2002 年第 6 期。

［美］费劳德、王治河、杨富斌：《马克思与怀特海：对中国和世界的意义》，载《求实学刊》2004 年第 6 期。

［美］费劳德、王治河、曲跃厚：《怀特海过程哲学及其当代意义》，载《求是学刊》2002 年第 1 期。

高清海：《"人"的双重生命观：种生命与类生命》，载《江海学刊》2001 年第 1 期。

孙正聿：《三组基本范畴与三种研究范式——当代中国马克思主义哲学研究的历史与逻辑》，载《社会科学战线》2011 年第 3 期。

王南湜：《进入现代实践哲学的理路》，载《开放时代》2001 年第 3 期。

刘孝廷：《精神实践视野中的科学与科普》，载《科普研究》2010 年第 3 期。

霍桂桓：《一只正在蜕皮的蝉——作为西方哲学当前生长点之一的怀特海过程哲学》，载《哲学研究》2003 年第 4 期。

张云飞：《社会主义生态文明的价值基础——从"内在价值"到"生态价值"》，载《社会科学辑刊》2019 年第 5 期。

张云飞、李娜：《生态哲学有机范式的二重性》，载《国际社会科学杂志（中文版）》2020 年第 2 期。

张秀华：《生态文明的形上奠基：马克思与怀特海的聚合》，载《自然辩证法研究》2010 年第 12 期。

张秀华：《建设性后现代视野中的科学与信仰问题》，载《哲学研究》2011 年第 5 期。

张秀华：《马克思"人也按照美的规律来建造"——"生态文明"的生存论根基》，载《理论探讨》2009 年第 4 期。

张秀华：《过程哲学的生态文明意蕴》，载《光明日报》（理论版）2011 年 1 月 4 日。

张秀华：《"做"以成人：人之存在论问题中的工程存在论意蕴》，载《哲学研究》2017 年第 11 期。

张秀华：《在场的他者——马克思与怀特海的他者之维》，载《上海交通大学学报（哲学社会科学版）》2017 年第 4 期。

张秀华：《从未缺场的"情感调子"——怀特海哲学中情感的价值与功能》，载《江海学刊》2018 年第 4 期。

张秀华：《历险的辩证法——拯救者与拯救者被拯救》，载《理论探讨》2019 年第 2 期。参见《新华文摘》2019 年第 16 期。

张秀华：《回归现实世界的哲学：马克思与怀特海的感性活动论之共通性》，载《教学与研究》2020 年第 9 期。

张秀华：《阐释范式的互动与分野——哈贝马斯"法律的生产"概念及其内在特质》，载《哲学研究》2020 年第 9 期。

张秀华：《西方马克思主义者对卢卡奇辩证法的重释》，载《马克思主义研究》2019 年第 2 期。

张秀华、翟羽佳、何迪：《马克思与怀特海哲学的科学基础之比较》，载《自然辩证法研究》2019 年第 7 期。

张秀华、何迪、连冠宇：《"现实的人"和"现实实有"的逻辑——马克思与怀特海哲学的主体性原则之比较》，载《理论探讨》2020 年第 5 期。

张秀华、翟羽佳、王玉：《共通与殊异——马克思与怀特海的共同体思想之比较》，载《自然辩证法研究》2020 年第 8 期。

张秀华、徐文俊：《自然与经验：马克思与怀特海的关系论之共通性》，载《科学技术哲学研究》2020 年第 5 期。

张秀华、何迪、朱雅楠：《个体与共同体之辨——马克思与怀特海的生命观之共通》，载《理论探讨》2021 年第 3 期。

张秀华、徐文俊：《一种新实在论：怀特海的"经验形而上学"》，载《河南师范大学（哲学社会科学版）》2021 年第 1 期。

张秀华、刘佳佳、朱雅楠：《回归现实世界：马克思哲学的情感之维》，载《河南师范大学（哲学社会科学版）》2022年第2期。

张秀华：《科学精神与工匠精神的实践融合》，载《光明日报》（理论版）2022年4月4日。

张秀华：《二十一世纪中国马克思主义的真理力量》，载《光明日报》（第6版）2018年2月27日。

何景毅：《共同体的他者意蕴——马克思与怀特海正义观上的他者向度》，载《理论探讨》2020年第2期。

曲跃厚：《马克思与怀特海》，载《求实学刊》2004年第6期。

曲跃厚：《怀特海的道德哲学》，载《求实学刊》2007年第4期。

曲跃厚：《怀特海思想与当代中国的相关性》，载《世界哲学》2003年第1期。

杨富斌：《过程哲学方法论探析》，载《光明日报》（国家社科基金专刊）2015年1月21日。

马翠明：《论怀特海有机哲学的母性特征》，载《鄱阳湖学刊》2021年第5期。

周邦宪：《初议〈过程—关系哲学〉》，载《华中科技大学学报（社会科学版）》2009年第1期。

王立志：《怀特海与康德》，载《哲学研究》2007年第6期。

曾永成：《怀特海有机哲学环境论中的美学和生态思维》，载《鄱阳湖学刊》2017年第3期。

曾永成：《从"范畴体系"看怀特海有机哲学的生态美学底蕴》，载《鄱阳湖学刊》2016年第4期。

李世雁、王志平：《从过程哲学的视角解读生态纪产生的必然性》，载《科学技术与辩证法》2005年第6期。

杨丽、温恒福：《我国怀特海有机哲学研究85年》，载《求是学刊》2011年第4期。

郭海鹏：《易经思想与怀特海范畴图式之会通和比较初探》，载《唐都学刊》2013年第5期。

张妮妮：《思辨的后现代主义——怀特海哲学》，载《国外社会科学》1995年第10期。

周建超、吴恒：《普列汉诺夫对马克思社会有机体理论的继承与发展》，载《当代世界与社会主义》2013年第1期。

方秋明、徐县中：《有机哲学视域中的有机体、自然及其价值——怀特海与约纳斯自然观之比较》，载《湘潭大学学报》2019年第6期。

张帆：《女性主体意识与母性特征失衡——对当前影视作品中女性形象的思考》，载《东北农业大学学报（社会科学版）》2008年第4期。

吴兴华：《从"实体"到"机体"——论怀特海对自然观的拯救》，载《中北大学学报》

2019 年第 2 期。

王世红：《怀特海过程哲学视野中的知识观》，载《学术交流》2011 年第 6 期。

孟强：《梅洛-庞蒂、怀特海与当代科学论》，载《现代哲学》2011 年第 4 期。

李芳：《"生命共同体"中的辩证关系解析》，载《江淮论坛》2018 年第 5 期。

秦龙：《马克思对"共同体"的探索》，载《社会主义研究》2006 年第 3 期。

黄铭：《怀特海的和谐范畴及其宇宙论根据》，载《自然辩证法研究》2009 年第 6 期。

黄铭、吕夏颖：《当代国外马克思主义的一种新范式》，载《江海学刊》2016 年第 3 期。

冯颜利：《为什么要加强有机马克思主义研究》，载《国外社会科学》2016 年第 1 期。

王治河、杨韬：《有机马克思主义及其当代意义》，载《马克思主义与现实》2015 年第 1 期。

王治河、杨韬：《有机马克思主义的生态取向》，载《自然辩证法研究》2015 年第 2 期。

王治河、高凯歌、樊美筠：《有机马克思主义是一种厚道马克思主义》，载《江海学刊》2016 年第 3 期。

王雨辰：《有机马克思主义的生态文明观评析》，载《马克思主义与现实》2015 年第 12 期。

汪信砚：《有机马克思主义与马克思的马克思主义》，载《哲学研究》2015 年第 11 期。

卜祥记、周巧：《对有机马克思主义哲学理念的质疑》，载《黑龙江社会科学》2015 年第 6 期。

吴艳东：《有机马克思主义的"第三条道路"研究》，载《国外社会科学》2016 年第 1 期。

田世锭：《有机马克思主义的现代性批判有误》，载《中国社会科学报》2016 年 5 月 26 日。

管小其：《善待有机马克思主义》，参见杨丽、温恒福、王治河主编：《中国过程研究》第五辑，中国社会科学出版社 2019 年版。

柯进华：《有机马克思主义：过程思想与马克思主义在当代的发展》，参见杨丽、温恒福、王治河主编：《中国过程研究》第五辑，中国社会科学出版社 2019 年版。

蔡仲：《对人类未来的关心——记"第三届国际怀特海大会"》，载《哲学动态》1999 年第 3 期。

宇杰：《记"价值哲学与过程哲学"国际学术研讨会》，载《国外社会科学》2002 年第 5 期。

高峰强、陈英敏：《怀特海有机哲学与中国传统哲学的融通及启示》，第十二届全国心理学学术大会论文摘要集（2009 年）。

Alfred North Whitehead. *An Enquiry Concerning the Principles of Natural Knowledge*. Cambridge：Cambridge University Press，1919.

Alfred North Whitehead. *The Concept of Nature* . Cambridge：Cambridge University Press，1920.

Alfred North Whitehead. *Religion in the Making* . Cambridge：Cambridge University Press，1927.

Alfred North Whitehead. *The Aims of Education* . New York：The Free Press，1929.

Alfred North Whitehead. *The Function of Reason* . Boston：Beacon Press，1958.

Alfred North Whitehead. *Modes of Thought* . New York：The Free Press，1968.

Alfred North Whitehead. *Science and Modern World* . New York：The Free Press，1967.

Alfred North Whitehead. *Adventures of Ideas* . New York：The Free Press，1967.

Alfred North Whitehead. *Process and Reality* . New York：The Free Press，1978.

Alfred North Whitehead. *Symbolism*, *Its Meaning and Effect* . New York：Fordham University Press，1985.

Paul A. Bogaard and Jason Bell. *The Harvard Lectures of Alfred North Whitehead*, 1924 – 1925： *Philosophical Presuppositions of Sciences* . Edinburgh University Press Ltd, 2017.

A. H. Johnson. *Whitehead's Theory of Reality* . New York：Dover Publication, Inc. , 1962.

A. H. Johnson. *Whitehead's Philosophy of Civilization* . New York：Dover Publications, 1962.

L. Kleinbach Russell. *Marx via Process* . University Press of America, Inc. , 1982.

Lewis S. Ford. *The Emergence of Whitehead's Metaphysics* . State University of New York Press, 1984.

David Ray Griffin, John B. Cobb. *Founders of Constructive Postmodern Philosophy* . State University of New York Press, 1993.

Nicholas Rescher. *Process Metaphysics*：*An Introduction to Process Philosophy* . State University of New York Press, 1996.

Clare Palmer, *Environmental Ethics and Process Thinking* . Oxford：Clarendon Press, 1998.

Anne Fairchild Pomeroy. *Marx and Whitehead*：*Process*, *Dialectics*, *and Critique of Capitalism* . State University of New York Press, 2004.

Brian G. Henning. *The Ethics of Creativity*：*Beauty Morality and Nature in a Processive Cosmos* . University of Pittsburgh Press, 2005.

C. Robert Mesle. *Process – Relational Philosophy*：*An Introduction to Alfred North Whitehead* . Templeton Foundation Press, 2008.

J. B. Cobb. *Whitehead Word Book* . P & F Press, 2008.

Roland Faber, Brian G. Henning and Clinton Combs. *Beyond Metaphysics?*：*Explorations in Alfred North Whitehead's Late Thought* . NY：Amsterdam–New–York, 2010.

Philip Clayton, Justin Heinzekehr. *Organic Marxism*：*An Alternative to Capitalism and Ecological Catastrophe* . Process Century Press, 2014.

Charles Birch, John B. Cobb, Jr. *The Liberation of Life*：*From the Cell to the Community* . Cambridge University Press, 1982.

Barbour, Ian. *Religion in an Age of Science*: *The Gifford Lectures* . New York: Harper Collins Publishers, 1990.

Leibniz. *The Monadology and Other Philosophical Writings*, translated by Robert Latta, Oxford: The Clarendon Press, 1898.

Stuart Spicher ed. *Organism*, *Medicine*, *and Metaphysics*: *Essays in Honor of Hans Jonas on his 75th Birthday*. D. Reidel Publishing Company, 1978.

L. Althusser. *For Marx* . London: Allen Lane, 1969.

G. A. Cohen. *Karl Marx's Theory of History*: *A Defence* . Oxford: Clarendon Press, 1978.

G. A. Cohen. Self – Ownership, Freedom and Equality. Cambridge: Cambridge University Press, 1995.

后　记

　　本书是北京市社会科学基金重大规划课题"马克思与怀特海思想的共通性研究"的最终结项成果，也是"马克思与怀特海哲学的比较研究"这一北京市哲学社会科学一般项目研究的深化与拓展。正是长期对马克思与怀特海两位大思想家文本的持续研读，以及本人给研究生所开设课程"马克思主义基础理论与现当代实践哲学"的教学实践，始终追问什么是不同于西方传统形而上学主导问题的当代哲学问题？现当代哲学将目光朝向生活世界后究竟如何致思？新的哲学范式支撑起怎样的哲学形态？如何把握不同领域哲学之面相与表达同当代一般形态的实践哲学的关系？现当代哪一种哲学或哪些哲学对实践哲学的建构具有代表性？马克思哲学作为现代实践哲学与当代西方实践哲学的区别、共同点何在？……最终使基于实践观点、历史逻辑与过程思维尤其是强调总体性辩证法以及有机论、整体论和感性活动论的马克思与怀特海哲学的共通性变得明晰起来。当下，应寻求摆脱现代性困境之需而促成哲学的生态转向又使将马克思与怀特海思想的共通性加以课题化研究变得必要和紧迫。

　　因为，马克思与怀特海的新哲学建构不仅成为现当代哲学革命的标志，而且凸显了改变世界、重建文明秩序的理论旨趣与使命担当，能够为当下的生态文明建设提供可借鉴的思想资源。以怀特海有机哲学或过程哲学为理论基石的有机马克思主义、建设性后现代的马克思主义这一学术流派的形成，不仅主动开展马克思与怀特海思想的比较研究，而且自觉推动中西马的学术对话，关注马克思主义中国化时代化的最新成果并做出肯定性回应，甚至认为实现生态文明的希望在中国。这无疑要求我们中国学人，尤其是马克思主义理论工作者必须做出理论回应，围绕"两个共同体"理念，积极参与到关于生态文明建构的问题讨论中来。实际上，我们课题组成员和国内许多同仁，都多次参加以怀特海哲学研究及以生态文明构建为主题的国际会议。如果说有机马克思主义者是在过程哲学视域和建设性后现代主义立场下，审视和诠释马克思主义，那么立足马克思主义的哲学观来反思过程哲学及有机马克思主义，进而阐发马克思与怀特海思想的共通与殊异就成为不能回避的问题，这恰恰是本书的主要理论旨趣。但，受个人洞见能力所限，尚有许多未触及的问题有待未来进一步发掘。为此，恳请广大读者和学术同仁批评指正。

在这部著作即将出版之际，首先特别感谢一直以来关注、支持本人在此领域耕耘和进行观念生产的学界朋友、给予我们课题以高度肯定的北京市社科课题评审专家，以及出席项目开题论证会的各位专家，邹广文教授、崔新建教授、汪世锦编审、李建军教授、崔伟奇教授、张云飞教授、马抗美教授、孙美堂教授、肖士兵处长等为课题研究提供了非常宝贵的意见和建议；感谢课题组成员杨富斌教授、曲跃厚教授、苏志加教授、杨渝玲教授、计彤教授、郭婧副教授、翟羽佳副研究馆员以及马翠明博士、何景毅博士、徐文俊博士、何迪博士、李尚博士、王玉博士、连冠宇博士、刘欣博士、朱雅楠博士、刘佳佳博士等的积极参与和思想贡献；感谢美国过程哲学研究中心创始人、国家人文科学院院士小约翰·柯布、美国中美后现代发展研究院院长菲利普·克莱顿、常务副院长王治河博士、《世界文化论坛》主编樊美筠博士等，他们不但使我有机会跟随柯布先生于克莱蒙研究生大学做访问学者并从事怀特海哲学的研究，还有幸获得美国过程哲学研究中心授予的全球"过程研究杰出奖"；感谢本书引用和参考文献的各位作者。还要感谢我的硕士导师、已故的孙慕天先生，是他引导我步入哲学的殿堂；感谢我的博士导师杨耕教授始终如一的关心和帮助。此外，感谢我们中国政法大学的副校长时建中教授、时任科研处处长栗峥教授、现任处长王青斌教授、杜彩云研究员及有关工作人员予以的指导和帮助；感谢本书编辑牛洁颖以及参与此书校对的刘冬雪、李育鹏、张雪、李翔雄、王雨霏、范星星、李诗奇等同学。

需要特别说明的是本成果的研究过程获得来自北京高校中国特色社会主义理论研究协同创新中心（中国政法大学）的资助，非常感谢中国政法大学党委副书记兼马克思主义学院院长高浣月教授以及各位院领导和同事们的大力支持。

可以说，这本书是在疫情流行的境遇下最终完成的，由于不能去美国帮助女儿照看宝宝，只要不与我的线上授课冲突，几乎每周都听女儿静远讲授亚里士多德《形而上学》的翻译课，把歉疚与思念之情化作学习、思考与写作的力量，才确保了课题研究任务的如期完成。所以，要感谢我的先生和家人的理解与辛苦付出。同时，也感谢刘孝廷教授及爱学学团经典著作读书会全体成员间的精神交往与学术对话所给予我的激情、灵感及启思。

全书的撰写整体上由作为重大课题首席专家的我本人独立完成；翟羽佳和李尚分别承担目录、摘要的英文翻译工作。课题组的部分成员参与了章下面子问题的研究与撰写，具体完成情况如下：

第一章中第二个子问题"怀特海经验—过程实在论与经验形而上学"由张秀华、徐文俊撰写。

第二章中第三个子问题"有机总体的自然辩证法对马克思历史—实践辩证法的确证"由张秀华、王玉、朱雅楠撰写；第四个子问题"总体性辩证法与马克思、怀特海的内在关系论"由张秀华、徐文俊撰写。

第三章中第一个子问题"马克思与怀特海哲学的现代科学基础"由张秀华、翟羽佳、何迪撰写；第二个子问题"马克思与怀特海哲学的新主体性原则"由张秀华、何迪、连冠宇撰写；第三个子问题"马克思与怀特海的共同体思想"由张秀华、翟羽佳、王玉撰写。

第四章中第二个子问题"马克思与怀特海的生命观"由张秀华、何迪、朱雅楠撰写；第三个子问题"马克思与怀特海哲学的情感之维"由张秀华、刘佳佳撰写；第四个子问题"怀特海有机哲学的母性特征"由马翠明、张秀华撰写。

第五章中第二个子问题"马克思与怀特海正义观的他者向度"由何景毅、张秀华撰写。

张秀华
2023 年 6 月 20 日于中国政法大学科研楼